U0923195

◎四川省社会科学高水平研究团队（2018—2020）“四川藏羌彝走廊文化创意产业发展研究团队”科研成果
◎阿坝师范学院校级专项科研项目“阿坝州旧志集成”科研成果

阿坝州旧志集成

汶川卷

董常保 编

四川大学出版社

目　录

汶志纪略

汶川概况资料辑要

汶川县志

汶川图说

（清）李锡书　纂

汶志纪略

嘉庆十年刻本

提　要

清代汶川县，治所在今汶川县绵虒镇，隶属茂州。1950年迁县治于威州镇，1958年设茂汶羌族自治县，1963年复置汶川县。

（嘉庆）《汶志纪略》，（清）李锡书纂。锡书（1756—1830），字洪九，号见庵，山西静乐县人，乾隆五十五年（1750）考中第十一名进士。嘉庆四年任汶川县知县，六年署任浦江，十年回任汶川知县，道光十年病卒。

汶川向无专志，锡书莅任斯土，搜寻旧乘，考察风土，于嘉庆十年成书并刊行。是志卷首有《序》《地舆图》，卷末有《跋》。正文四卷：卷一“疆域”；“建置”；“城邑”，附“职官”；“关隘”，附“桥梁”“驿站”“铺递”“营汛”“塘递”“烟墩”“哨所”。卷二“赋役”，附“仓储”“乡里”；“榷法”；“学校”，附“书院”；“祀典”，附“寺院”。卷三“选举”；“孝义”；“风土”，附“物产”；“山川”。卷四“古迹”，附“八景”；“艺文”；“瓦寺土司”，附“西路土司”。共十五门附十三门。

《汶志纪略》是汶川现存最早的一部方志。

目 录

叙　言

汶无志，或曰：大江奔流，九石而一土，地分边徼，无可志。或曰：《一统志》志之，《通志》又志之，无庸志似也。固将言之：降宅之功，成于敷奠。疏导之事，起自南条。岷山导江，四渎之首。禹以汶人而先岷事，书尝登岷山，瞷江水，峥嵘诡谲，澎湃奔腾。雪山、霞岭环绕乎其外，九龙、天彭蔓延乎其内。纵横排奡，窃有异焉。古人谓：清气为天，浊气为地，天一而地体三，三者何？水、土、石也。《易象》：为土者一，为山者一，为泽为水者二。《经世书》：地分刚柔，水土石各一。故《禹贡》称：奠高山大川为地之平成。而《中庸》称：生物不测，亦以见山水之广大也。今蜀之人曰：吾冬宜麦，夏宜谷，高燥宜禾，卑湿宜稻；山有矿，水有盐，锦则称江，粟亦号海。金流沙底，木拱岩边。包罗水陆之珍，充仞车舟之利。睇夫灵秀之发泄，怪怪奇奇：布以火浣，丝以露染，碱烧于灰，蜡生于树；不灰之木，夏草之虫，地下取油，井中出火。虽《蜀都》不能赋其全，《华阳》未足志其略也。物固有之，人亦宜然。犊鼻而赋，啮饼而元；梦圣传经，著《玄》比《易》。至于伯生南岳之神，太白入怀之月。文同能魁，苏轼为奎。崇伯也，而黄龙；望帝也，而杜宇。道士化鹤，太守斗牛。种种奇人，咄咄怪事，凡此皆山川之发育地气然也。善夫郭景纯之言曰：总其所以，华鼓之于一响；成其所以，变混之于一象。阳火出于冰水，阴鼠生于炎山。故胡人见布而疑黂，越人见罽而疑毳。异也，亦常也。此全蜀之所同而非汶人之所独也。夫江水之盛聚于蜀，江岷之源起于汶。汶之地少土而多石，石气刚烈，迥异寻常。若大禹神人而汶生焉，岂不异甚？今灌之人曰：蚕崖，吾关也；威之人曰：玉垒，吾山也；石泉之人曰：石纽，吾地也。不惟邑之疆界无分，即神灵诞降之异而亦不著也。是不可以不志。见庵李锡书谨述。

嘉庆十年春二月朔日

地舆图

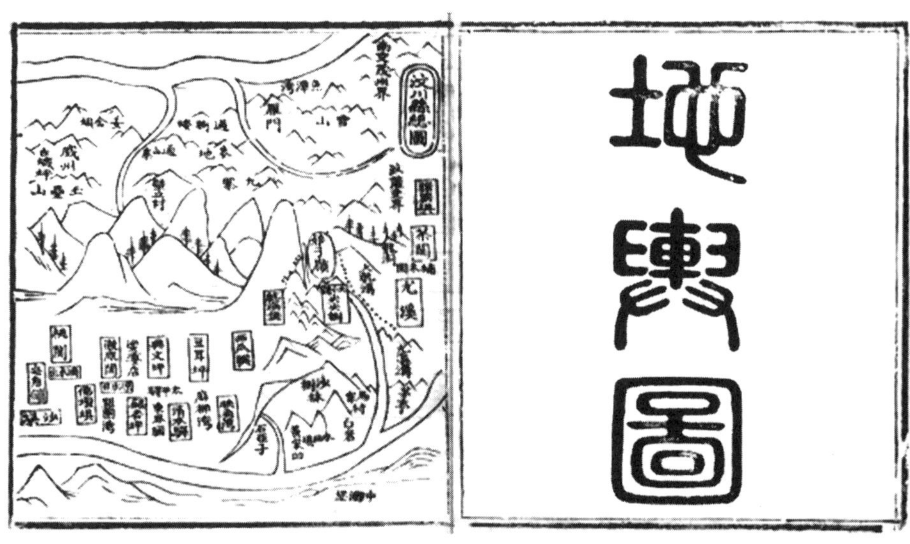

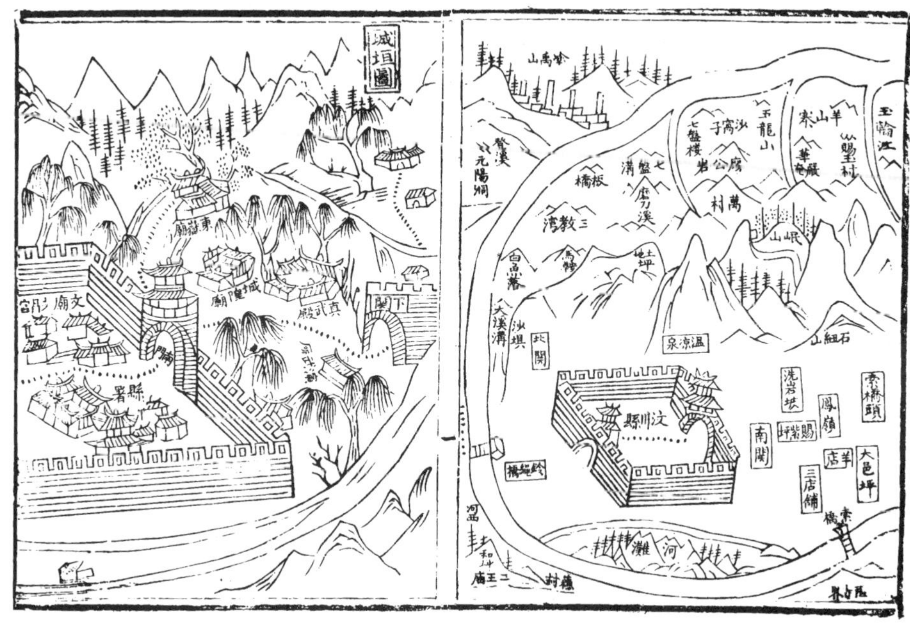

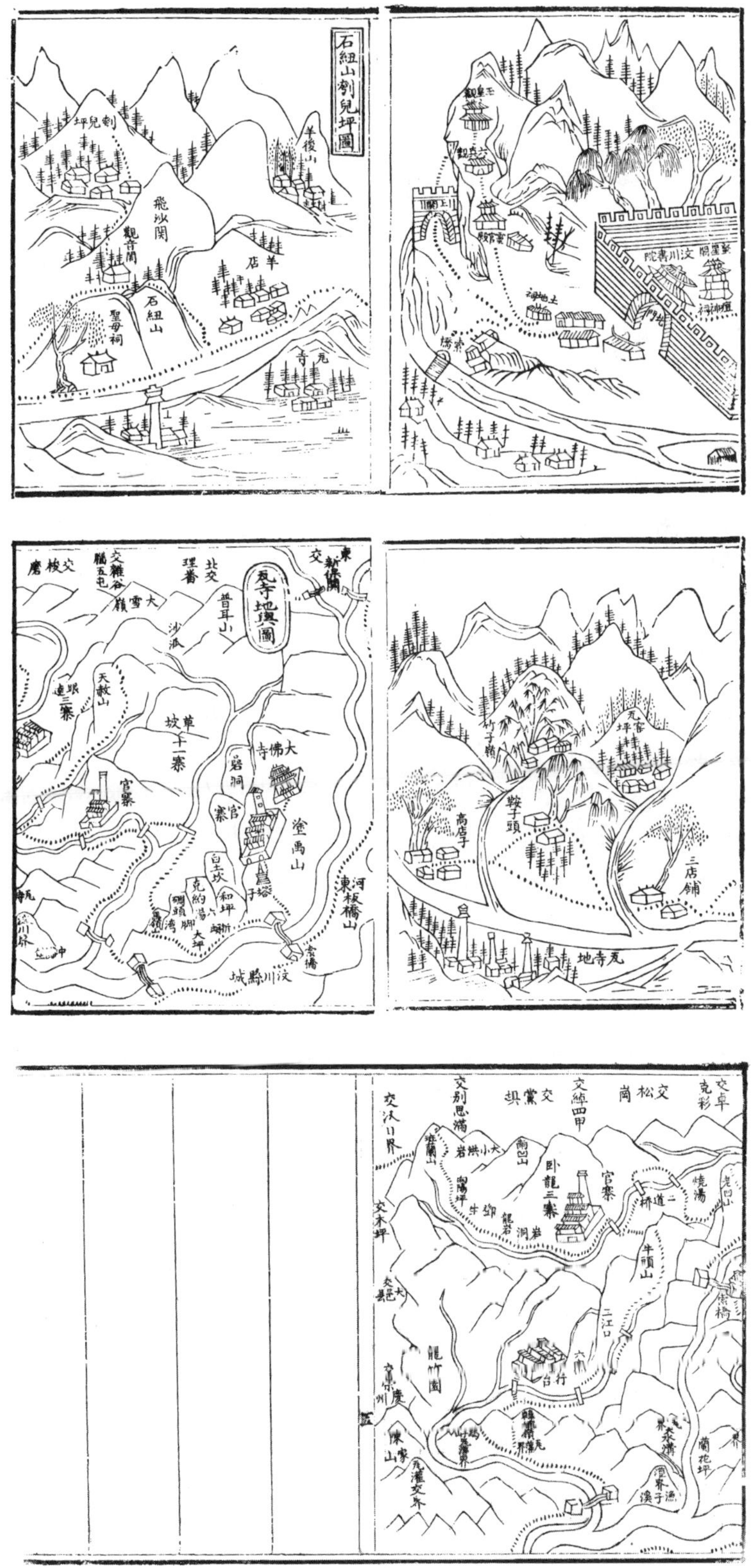

石紐山劉兒坪圖
劉兒坪
飛沙関
觀音閣
石紐山
聖母祠
羊店
瓦寺
汶川書院
瓦寺地輿圖
大雪嶺
普耳山
天赦山
草坡十一寨
大佛寺
官寨
塗禹山
河東板橋山
白土坎
和坪
汶川縣城
高店子
鞍子頭
三店鋪
瓦寺地
交松崗
交黨垻
卧龍三寨
官寨
牛頭山
燒湯
二江口
龍竹園
行台
交木坪

卷　一

疆　域

原夫天开景庆，地一车书；人游华宇，物效勋阶。山陬海隅之乡，甘雨和风之会。皇舆备览，王会呈图。汶邑东界灌口，西限大江，北交茂州，南极江外。江外三道，自保关渡索桥为理番界，自桃关渡索桥为瓦寺地与沃日界，自中滩堡入口，行九十里至跟达桥，与驿道合江内大道，上通松潘。环山绕水，绝壁天梯。分县设官，司牧其地。山川形势，人民风俗，限以地域为之疆圉，志疆域。

天文分野，益州为参分。《通志》载：茂州在井鬼之分，入参宿一度，当鹑首之次；《河图括地象》曰：岷山之下为井络。

汶邑在蜀省西徼，前代多以大江限内外，今江外皆置吏。其幅员则南北二百里，东西亦不减二三百里。汶川地境袤一百九十五里，广不计里。东界东岷山与绵竹山峰相连，东南接彭县山界，南接灌县漩口，西南接崇庆州山界，西接西岷为瓦寺土司，北接壤茂州，东北界九峰山交茂州马厂，西北界杂谷。国初，下水里滋茂乡编入灌邑之筏村。两山夹江，大江以东上至青坡、茂州之荣秀山，抵鱼潭湾，下至珠脑坝、沈家湾、马鹿顶，沿岗俱接灌县白沙沟岭，径至九峰之南铁船河，交彭什二邑之山脊；大江以西，沿江直下至渔子河止，前山俱属县治，后山俱属瓦寺。渔子溪河南岸属灌邑，以上至保县之城堑止。保城系借地置邑城，内与汶川输粮。

邑在茂州南一百三十里。东至灌县界一百四十里，西至瓦寺界二十里，南至灌县界一百二十里，北至茂州界五十里。

《总志》云：氐羌极北，全蜀巨屏，山路七盘，石岩多险。

按：县界北至青坡茂州界五十里；南至珠脑坝灌县界一百四十里；东皆千山万岭，夏犹积雪，从无人居，相其地形，与石、绵、彭三邑相近；西至瓦寺，属草坡，六十里番夷出没，高岗峻岭；再西行四百余里，抵卧龙关，至巴郎山顶与沃日界。

按：汶邑形势，东西两山，中流大江。川之方象则乾巽相对，坎、艮、震、离、坤、兑皆山屏环列，其乾巽则江流之道。居民皆在两岸与山上。

建　置

《周礼》：县州都鄙，皆在畿甸外。秦废封建为郡县，后世因之。蜀郡起于秦，前则荒服也，秦始设太守领全蜀。汉时渐置州县。汶川置县最早，沿及于明。沿革损益，历年不废。献贼之乱，毁弃无存，文献无征，事难备考。国初，始因旧治立县，城池官署渐渐而备。然边鄙弹丸，事多因陋，盖限于地势。而将事者，亦多难于修举云。杨升庵曰："岷"字《说文》作"愍"，省作"岷"。汉人隶书作"汶"，多与汶上之"汶"相混。《列子》：貉不逾汶。为川江，非汶上也。司马温公《类篇》谓：汶音岷。《史记》引《禹贡》皆作汶，盖古通用。《五代史》徐无党注：汶读作岷。

汶治旧为蜀山氏地。周末时为冉駹夷人地。汉绵虒县，属蜀郡。东汉绵虒道。蜀汉置汶山郡。晋改绵虒县曰汶山。东晋郡徙都安而县废。周置汶川县，仍于县置汶山郡。隋废郡。唐以汶川县属茂州。宋熙宁九年即县置威戎军使，政和六年改延宁军，宣和三年废军为寨。南宋以汶川县属茂州。元至元十九年以户口稀少改设巡检司，后复置。明属成都府，宣德间移治寒水驿。雍正五年改隶茂州。

县治，明宣德间草建正堂，其宅舍分建县门外。宏治[①]中，知县张质改作瓦厅。幕宅一所，典史王彦芳修，明末毁。国初顺治间，知县张耀祖始建大堂三楹。康熙六年，知县陆治源建头门、仪门、东西角门。十九年，知县陈名蟠重修。康熙六年，知县陆治源建西宅一座三间，匾曰"绛雪斋"。康熙八年，知县田卜昌建川堂一座，匾曰"玉轮清署"。

察院，在县治东。明副使谢朝宣建，今废。

布政分司，在县治东北。明弘治中建，今废。

兵备道行台，在县治西北。明副使谢朝宣建，今废。

明窄馆，在城南。宋庆元中建，今废。

绵虒故县，在县北。汉置，属蜀郡。后汉曰绵虒道。季汉改置汶山郡，又改县曰汶山，东晋后废。《水经注》：湔水出绵县，亦曰绵夷县，即汶山郡治，昭烈所置。《元和志》：汶川县北至茂州一百里，本汉绵虒县地，因县西汶水为名，仍于县置汶山郡。隋开皇三年罢郡属汶川，唐属茂州，宋元因之。明宣德中，古维州为生番所克，移治霸州，复罹番害，遂迁威治于汶川县，而迁汶川治于寒水驿北。

广柔废县，在旧县城西南七十二里大邑坪。汉置，属蜀郡。晋初属汶山郡，寻废。

威戎军城，在旧县西。《唐志》：茂州有威戎军。《宋志》：熙宁九年即汶川县置威戎军使。政和六年，汤延俊等纳土重筑军城，改名延宁。宣和三年废为寨，属茂州，四年又废寨，入汶川县。

绳州旧治，在桃关。梁普通年置，后废。

汶川故城，在今威州废城东山腰之坦平处，基址尚存。明宏治中迁威州于汶川。知州赵符节、千户赵方筑威城，包玉垒，在城内石壁刻玉垒山三大字。汉之绵虒，晋唐以

① 宏治：当为"弘治"，是明孝宗朱佑樘年号。避乾隆爱新觉罗·弘历讳。下同。

下之汶山、汶川，俱系故城。

汶川新城，明正德七年知县李明所筑石城。周一百四十二丈，高一丈六尺。二门，门各有楼。汶川地瘠多羌，草坡生番，尤为桀黠，旧设巡检一员。因建新城为县治，遂裁巡检。

《名胜记》曰：汉武置汶山郡，即置县曰汶江矣。《蜀水经》曰：汶川县，故绵虒县也。汉置，属蜀郡。后汉为绵虒道。蜀置汶山郡汶川县①。隋开皇六年分置金川县，十八年改金川为通化。宋天圣元年改通化为金川，景祐四年复为通化。熙宁九年置威戎军，政和六年改延宁，宣和三年废军为寨，属茂州，四年省寨入汶川县。明初废通化，以汶川属成都府云②。

《华阳国志》曰：汉严季后为汶江尉。成都人仲呈，少受学于季后，及为汶江，以书呼呈，呈许十日往。会夷反断道，呈期必往。经渡六十③，几死。数四④，卒得至汶江，乃为季后陈策，俱得免难，远近钦⑤之。

《史记》：汉武帝使司马相如驰四乘之传，持节开蜀道，略定西夷，邛筰、冉駹请为内臣。除边关、关益斥，西至沬若水，南至牂牁为徼。又冉駹振恐，请臣置吏。乃以冉駹为汶山郡。

《汉书·西域传》：汉使通西域，道出冉駹。冉駹人遮杀汉使者，故西道不通。考冉駹夷，今之汶川地也。按：汶川走西域亦有二道：一从杂谷，一从瓦寺之草坡，出明正土司地，会于建昌。

《汉书》：冉駹夷土气多寒，盛夏冰犹不释。夷人冬则避寒，入蜀为佣，夏则反其邑。累石为室，高者至十余丈。今其风俗犹存。又云：地有盐土，煮土为盐。则今之理番所属为然。

按：《禹贡》：梁州之域，天文井参分野。古为冉駹夷地。唐虞为氐羌。夏为要服、荒服。商仍氐羌。周为蜀羌。秦分四十郡，梁曰蜀郡，别冉駹地为湔氐道。汉武帝平西南夷，始置汶山郡，即今威、茂、汶、灌之地；宣帝省汶山郡，置北部都尉；光武仍为蜀郡，置三道，曰湔氐、曰汶山、曰绵虒，隶益州；灵帝复置汶山郡，领县三，曰汶江、曰广柔、曰蚕陵，隶益州。昭烈改为汶阳郡。晋仍汶山郡，领州一，曰松，县八，曰汶山、曰升廷、曰都安、广阳、兴乐、平康、蚕陵、广柔，隶益州。梁改绳州，复改汶州。后周仍汶州，置清江郡。隋改蜀州，寻复汶山郡。唐初改为南会州，置总管府；贞观间改为茂州，置薛城县，又置都督府，领县四，曰汶川、石泉、薛城、通化；开元改为通化郡，置都督府，维州、翼州俱置都督府，属剑南道。肃宗复为茂州通化郡，隶都督府；代宗时没于吐番；宣宗时，首领以州内附，领县三，曰薛城、通化、归化，属剑南道。孟蜀茂州仍旧维州，改保州为保宁。宋仁宗景祐间，改维州为威州；神宗罢茂州，置威戎军，寻复茂州，领县三，曰汶山、曰汶川、曰石泉；维州为威州通化军；寻

① 据《蜀水经》，"汶川县"至"隋开皇六年"句间，脱"晋废。后周复置汶山郡汶山县"句。

② 云：据《蜀水经》，应为衍文。

③ 十：《华阳国志》卷十上"仲呈免师"作"七"。

④ 四：《华阳国志》卷十上"仲呈免师"作"年"。

⑤ 钦：《华阳国志》卷十上"仲呈免师"作"叹"。

复并保宁为威州，领县二，曰保宁、曰通化；保州为霸州郡，并属益州路。元茂州立总管府，并领静州、岳希、篷陇木头，各设军民千户所；又立茂州军民安抚司，威州亦立总管府及军民安抚司，俱隶四川道廉访司。明洪武八年，征蛮通道，设平羌将军都督府，镇守松潘、威、茂。宣德间，设都察院，经略地方。正统间，设布政分司专管粮储住札茂州，带管松潘；按察分司专管兵备住札松潘，带管威茂。宏治间，始专设整饬威茂等处地方兵备，总理粮储按察司副使，曰威茂道，辖州二，曰茂州、威州；县三，曰汶、曰保、曰灌；卫一，曰茂州卫；所四，曰左、曰右、曰中、曰前；守御千户所三，曰威州、曰灌县、曰叠溪；隶四川省。洪武十四年，以汶川县省入为茂州，领县一，曰汶川，后改属成都府。雍正五年，复隶茂州。

按：汉武帝置汶山郡，在今之茂州。蜀汉置汶川县，即于县置汶山郡。晋徙汶山郡于都安，在今之灌县。故茂州、汶川、灌县皆称汶山云。

城 邑

汶无城。汶之有城，自邑令李天骏始。方不盈里，高不逾寻，乱石修砌，蓬蒿满垣。近岁以来，年就隳颓，城中居民不及廿家。又无井泉，汲道取于城外。南北二门通出入，为松茂孔道。先是，庚申岁贼匪窜入松潘，游骑达归化，扰平番关外，警报沓至。余以城不可守，募夫于城外山水会隘处，起上下二关，相距二里许，自三月二十四日至四月十五日戒严。闻贼众折入石泉，走龙安，城中乃定。上关在索桥外，壁立千仞，飞鸟绝迹，下临大江，悬流万仞，中通一线，路不容车，亦一险也。自有关则城固，而盗窃无所容迹，居民亦渐阜繁矣。志城邑。《周礼》曰：设官分职以为民则。故职官附之。

汶川旧城，在今新保关城上古城坪。正德七年，生番袭破坝州，徙玉垒，更名威州，迁汶川于寒水驿。今汶城绝小，因驿治也。旧以山石砌垣，坏于康熙戊子之大水，年久未修。乾隆二十八年，知县李天骏详请动项修建，仍以山石乱砌，涂以白垩，名曰虎皮石城。高一丈八尺，底宽九尺，顶宽六尺，周围二百八十丈，垛口五百二十八个，上下二门，南曰永丰，北曰宁远，城楼二所。

附：职官

县设知县一员。

儒学教谕一员。

训导 员，裁。

分驻桃关典史一员。

城守把总一员。

茶关把总一员。

卧龙关屯防千总一员。

桃关把总一员。

按：汉武帝置汶山郡置刺史，县置令长。成帝改为州牧，令长如旧。昭烈建将军府，置将军州牧，令长仍旧。晋魏置汶山郡刺史，三县令长。梁改绳州北郡刺史。隋置蜀郡，州县各置刺史、令长，置总管，隶西南行省。唐太宗置茂州都督，统茂、维、翼三州；置松州都督，统霸、保二州，俱隶剑南道节度使。明皇置通化郡、临翼郡、维州郡，各置都督，升剑南道处置兵马经略为剑南节度使，统六军，屯茂、维、翼，增领松、霸、乾、古四州，西握土蕃，南抚獠夷，内治益州，州、县如太宗时。僖宗改威戎军节度使，领茂、龙等五州。宋太祖分为剑南西路，置知州、县令。元置茂州、威州，汶山、汶川、通化县尹，置威、茂、叠等处军民安抚使司，达鲁花赤三长官军民千户所；达鲁花赤立总管府，设录事司，领成都等府及威茂等州。明初，设平羌将军御史大夫一员，掌征蛮通道；都督总兵官一员，镇守威茂、松潘；镇守都指挥二员：一住叠溪，巡视威茂；一住龙州，巡视松、龙；年终彼此互巡。宣德间，设布政司布政使一员经理。正统间，设都御史一员经略地方。成化间，设兵部侍郎一员提督松潘，后改设都御史一员巡抚军务；设布政司参议一员管粮，住札茂州，带管松潘：按察司副使一员兵备，住札松潘，带管威茂。弘治间，裁去参议，专设整饬威茂等处地方兵备兼综理粮储按察司副使一员、协守参将一员，住札茂州；协赞游击将军一员，住札叠溪，遇贼剿杀。所属设监司一员，住札茂州验粮；通判一员，住灌口；六路提督官六员，指挥间用千户，各关堡掌贴官五十四员，各所千百户。

隋

梁远为汶川总管时，吐蕃谷浑吕夸寇边，远以锐兵击破之，斩首千余级。

明

余珊，桐城进士，为松茂副使。以清介律己，首建汶川学，作兴礼让，茂属皆祀之。

娄廷章，陕西人，嘉靖中知汶川县。设立学校，治汶有声。

寒水土巡检高银儿者，直隶霸州人，洪武七年，授本司世袭巡检。正统七年，高茂林被草坡番杀死，劫去印信。景泰间，高隆奏颁前印，调征龙溪、卜南、黑虎等寨，屡有功。旧称高茂清，勇略过人，侍郎罗公琦作诗嘉之。上舍高袭孝于隆庆二年从征草坡，亦有功。

知　县

张有谅，洪武中任。

黄荣禄，成化中任。

张　质，弘治中任。

魏云璜，隆庆中任。

李　明，正德中任。

万文相，隆庆中任。

邹启元，隆庆中任。

王兴邦，万历初任。

罗钟英，万历中任。

孙　鲁，万历中任。

叶承恩，天启中任。

阙士登，崇祯中任。

朱蕴奇，崇祯中任。

吴语伦，崇祯中任。

按：前代事多不可考，姑志其传闻如左。

张耀祖，顺治中任。建学宫、文昌祠。

陆洽源，浙江平湖人，拔贡，康熙四年任。建大堂、修学宫两庑。

田卜昌，康熙七年任，湖广江夏举人。

陈名蟠，字念斋，福建福宁人，康熙丙午科举人，十九年任。当蹂躏之后，多方抚辑，民免流亡，有中山斜圃，地隶汶川而徭冒威州，年久逋赋，乃按籍得三百户，力请徭随地派，籍乃定。历升刑部郎中，守真定署，井陉道。正己率属，风裁卓然。士民思之，立祠以祀。

胡鸣皋，康熙二十五年任，湖广进士。

王　悰，康熙三十年任，陕西进士。

廖应拔，康熙三十二年任，江西德化县荫生。

陈于琏，康熙三十三年任，湖广黄陂县举人。

甘文煜，康熙三十八年任，正蓝旗监生。

丁懋观，康熙四十四年任，江西举人。

胡　伟，康熙四十五年任，陕西贡生。

董元楠，康熙四十七年任，浙江举人。

何开泰，康熙五十五年任，广东举人。

黄　俞，雍正元年任，江南监生。

郄　源，雍正五年任，云南举人。

郭承缙，乾隆元年任。

梁达才，乾隆五年任，广东进士。

李光先，乾隆八年任，陕西大荔举人。

王声銮，乾隆十三年任，北直举人。置买学田。

郑宗孔，乾隆十六年任，浙江仁和进士。

崔　錀，乾隆二十二年任，北直进士。

李成桂，乾隆二十三年任，陕西进士。修建书院。

徐进业，乾隆二十五年任。

李天骏，乾隆二十六年任，云南进士。修建城垣。

郭本才，乾隆三十一年任，湖广广济进士。

姜　绣，乾隆三十二年任，安徽贵池监生。

李若愚，乾隆三十三年任，山西举人。

刘昌蔚，乾隆三十四年任，广东全州举人。

张依仁，乾隆三十五年任，云南举人。金川用兵，邑当冲繁，粮储挽运不匮，抚驭军民有方。升打箭炉同知，仍留汶川办理。升湖北安陆府知府。

瑺　贵，乾隆四十年任，满洲进士。

刘杞楫，乾隆四十二年任，江苏监生。

马曰璞，乾隆四十三年任，山东监生。

雷应龙，乾隆四十四年任，山西平遥县贡生。

顾　浩，乾隆四十五年任。

许凝文，乾隆四十六年任，河南拔贡。

涂长发，乾隆四十七年任，江西举人。升眉州知州。

沈念兹，字谨庵，浙江归安人。乾隆四十八年任，捐廉修飞沙关路，建仰凤轩三楹，历升重庆府知府。

郑命新，乾隆五十年任，福建举人。

任　绂，乾隆五十一年任，江苏举人。

吉士璜，乾隆五十一年任，江苏举人。

王廷端，乾隆五十二年任，北直举人。

康　登，乾隆五十三年任，陕西举人。

徐廷钰，乾隆五十四年任，北直举人。

沈石麟，乾隆五十五年任，浙江举人。

张宁阳，乾隆五十六年任，江南监生。

陈文鸿，乾隆五十六年任，广东举人。

游际泰，乾隆五十七年任，广东举人。

阮　和，乾隆五十八年任，江西贡生。

卫筠操，乾隆五十九年任，河南举人。详定《修路章程》。

饶觐光，乾隆六十年任，湖广举人。

丁葵籕，嘉庆元年任，山东日照举人。详定《汶学章程》。

解元爔，嘉庆三年任，直隶进士。

李锡书，山西静乐人。乾隆庚戌进士，号见庵。嘉庆四年到任，六年署蒲江，八年署蓬州授同知，十年回任。重修文庙、文昌宫，新建学署、明伦堂、启圣祠、奎星阁，重修雁门关，捐建本城上下二关，改修飞沙关新路。

任会棻，嘉庆六年任，顺天大兴举人。

翟　埰，嘉庆七年任，安徽泾县举人。

刘毓熿，嘉庆八年任，山东举人。

熊学谦，嘉庆九年任，江西廪贡。

连彭年，嘉庆十一年任，浙江举人。

教　职

胡　涛。

宋　鼎。

宋　琏，射洪县贡生。

徐　高，峨眉县举人。

万登春。

黄生太。

陈梦达。

王潜奇。

陈　文。

黄如璜。

刘祖向。

冷　模，乐山举人。

毛　骥，兴文举人。

何清琏，蓬溪贡生。

戴　泽，巴县举人。

傅尔愔，安岳贡生。

刘启焜，中江举人。

郑文佐，眉州举人。

陈家修，温江举人。

何沛霖，涪州举人。

颜　晟，永川贡生。

文　焕，宜宾贡生。

温　琳，保宁府贡生。

王宏纬，资州贡生。

邓以任，广安州举人。

张　岚，万县贡生。

程际亨，温江县举人。

李如椿，南溪县举人。

黄道明，华阳县举人。

淡景符，广安州举人。

夏允松，井研县贡生。

王运隆，温江县副榜。

黄端书，新都县举人。

县　丞

旧设分驻桃关，乾隆五十三年裁。

刘昌蔚，乾隆四十五年任。

洪成龙，乾隆四十八年任，安徽祁门人。

戚祖夔，乾隆五十三年任。

典　史

旧在县城，自县丞裁，分驻桃关。

王彦若，宏治中任。

杨　恒，成化中任。

张　鹤，隆庆中任。

危光源，天启中任。

罗上宠，崇祯中任。

刘　岩，雍正十年任，山西人。

张大经，乾隆元年任。

谢应龙，乾隆十三年任，浙江会稽人。历升宁远府知府。

张伯智。

钮大坤，顺天人。

杨　鳌。

张尚斌。

上官成德，山西人。

杨景清。

王国瑞。

钟调鼎。

陈　炯。

顾培基。

李义尊。

储　泉，乾隆四十三年任，安徽贵池人。

朱登高，嘉庆六年任，山西介休县人。

关　隘

古称蜀地，沃野千里，四合皆山。汶在西山，中倚大江立县。南自灌县入口，行八百里至松潘。悬崖绝壁，深临大江，中通一道，或高或下，或偏桥，或石栈。在汶境者，江内一道抵松潘，江外二谷口：上谷口入杂谷，下谷口入金川。先是置汶山郡，复分置茂州，又分置石泉，又即汶川县立威戎军。李卫公建筹边楼，在威州；李冰设七星桥，即七星关，在茂州；旧皆属汶川。历代设关以守，或废或修。今北自青坡入县境，设雁门关；南自猪脑坝入县境，设茶关。其中二百里关堡，有废有修，悉志之如左。

雁门关，距城五十里，即唐之通鹤军也。外有三墩，负山临水，最为险隘。嘉庆五年重修。

雁门堡，正统十年黑虎等番叛，始设。嘉靖十一年重修，内提督一员住札，掌堡官一员，军兵六十九名，村堡主军六十名，戍军二十五名，番兵三十二名，今废。

定远墩，距城六十里。界内有黄草坪，系黑虎诸番出入要隘。宏治十三年置，今废。

保安墩，距城五十五里，正德十二年黑虎诸番叛，始设。有饮马湾，系生番隘口，今废。

三路口墩，距城五十五里，正德四年设。黑虎等寨生番要口，今废。

青土坪墩，距城五十五里，成化十二年置。三姐等番要隘，今废。

天门石墩，距城四十五里，正德二年建。界内有天门洞，三姐等寨出没要隘，今废。

七盘关，距城三十五里。

三教湾墩，距城十五里，正德十四年，曲山诸番入寇，兵备吴公希由设。系曲山、竹打等番要隘，今废。

上关，距城里许，在索桥上。嘉庆五年春新建。

索桥关，治北门外索桥头，距城一里。乾隆二十五年，知县李成桂详设。稽查盐茶引射及汉羌番民出入。

汶堡，在县河西，距城三里，正统七年设。界内有苏村，系草坡等寨番蛮出没隘口。内提督官一员住札，戍官一员，戍军四十三名，各墩土番兵一百三十七名，今废。

远安堡，在县河西，距城十五里。正德十三年，副使杨公维磨设。界内有板子沟，系曲山、竹打等寨番蛮出入要隘，今废。

下关，距城里许，在城南门下。嘉庆五年春新建。

丫子口墩，距城五里，嘉靖八年，带管兵备佥事戴公元设。界内有大溪口，系草坡番过河剽掠隘口，今废。

落潭墩，距城十五里，正德五年设。有硐头村，系草坡番蛮出入要隘，今废。

马原堡，距城三十里，在马原山岭，当草坡番蛮出入路口。隆庆二年平草坡蛮，议改簇头村，修砌城垣楼橹，增置官府，内设掌堡官一员，备守威州所主军四十名，成都卫戍军六十名，各墩土番兵五十名，今废。

飞沙关，在城南十里。山绝高，中通一线，下临大江。

桃关，在治南三十里，戴家坪索桥之下十里。乾隆四十一年，两金荡平，辟地千余里，安设新疆懋功、崇化、抚边、绥靖、庆宁五营。关当中外之交，分驻县丞一员，特设把总一员、兵丁三十名，分防口外五塘。乾隆五十四年，奉裁县丞，将典史移驻。

彻底关，治南四十里。峭壁千寻，飞涛百丈，为松茂第一要隘。今设之，以盘诘汉羌番民之出入者。

卓堂堡，在彻底关河西，唐设之以御草泉沟口者，今废。

沙坪关，距城四十五里，唐设之以御骏马泉沟口者，今废。

中滩堡，距城一百里，在水田坝河西。唐时于中滩设堡，渔子溪设讯，乾溪设堡，大小河建桥，有警三汛相应。唯乾溪有汛兵，余今俱废。

乾溪堡，距城一百里。古设之以应中滩堡，据娘子岭。

獠泽关，距城一百五十里，今名鹞子山，瓦寺与灌县交界处。有设关遗址，为金川小道。

曲尺寨，距城一百三十里，今名寨子坪，属灌县。

慕义墩，在尤溪沟后，与鹿耳、只台等寨相邻，系黑虎、三姐等寨出没隘口，今废。

社坛墩，在龙溪沟后，宏治十五年设。今废。

茶关，古蚕崖关，治南一百四十里，为县治门户，蜀郡屏藩。江山险绝，凿崖通道，设之以盘诘出入者，与青云营相应。今设汛防把总一员，汛兵四十名。

卧龙关，在口外瓦寺地，距城三百里。两金荡平，安设千总一员、兵丁五十五名，分防瓦寺界地，安设九塘。

按《唐书》：李德裕，字文饶，赞皇人，太和四年为西川节度使。自南诏入寇，一方残弊。卫公作筹边楼，图画地形，南入南诏，西连吐蕃，选悉边事者，访以山川城邑，道路险平远近。未逾月，若躬尝涉历。又筑柔远城，乃练士卒，葺城堡，积粮储以赈饥民，禁鬻女以繁生齿，率南诏所掠百姓归者四千余人，募少壮与土兵，日益精练。吐蕃维州守领悉怛谋请降，德裕以闻，且欲遣生番捣西戎腹心。群臣请如所请，牛僧孺固持不可。诏以城归吐蕃，执悉怛谋，与之其类尽歼。一时惜其失计。董生敏德云：李德裕克吐蕃，于维州路设五军，汶川地设三军，松茂路设三十六关堡，汶地有四关五堡。于松建七层楼、茂建镇岷楼、维建筹边楼、汶建七盘楼。今其基址俱存。又云：卫公设三军，曰通鹤、安远、七盘，不知何据。通鹤、柔远见《唐书》。

薛氏曾曰：汶茂之间旧有乾溪城、柔远城、宋恭城、新山城、通鹤城、龙溪城、望汉城、安远城、挡狗城，共九城。按：汶有乾溪堡，保县有挡狗城，柔远城在治北七盘沟，通鹤城在今之雁门。余无考。

附：桥梁

太平桥，一曰铃绳桥，在治北关内，通瓦寺番地。桥以绳为之，而悬铃其上。其绳用细竹为心，外裹篾索，长四十八丈。索用三股合为一股，围一尺五寸。桥宽八尺左右，各四绳，傍用木栏翼之。栏杆之底有横木相扶，底用一十四绳，上铺密板，可渡牛马。东西岸约五十步，平立两柱，柱长六丈，谓之将军柱。柱有架梁，绳绕梁过，使不下坠。东西各建层楼，楼下各立大柱以系绳，岁时修补。

桃关戴家坪索桥一道，为新疆各屯咽喉隘口。乾隆四十一年荡平两金，奏请修设，以通往来文报。视太平桥更大，三年一修。《蜀水经》曰：桃关本名陶关，明初四川都司遣兵修桥梁及关，汶川土人孟道贵集部落拒阻于此。有索桥横江，为金川要隘。《寰宇记》曰：梁普通三年，于桃关置绳州，取桃关之路，以绳为桥。《蜀水经》曰：绳桥之法，先立两木为柱，架梁于上，以竹为絙，乃密布竹絙于梁，系于两岸。或以大竹篮盛石于上，又以竹绠布于绳，夹岸以木为机，绳缓则转机收之。僧智猛所谓“水崖皓然，百千余仞，飞絙为桥，乘虚而过，窥不见底，仰不见天，寒气惨酷，影载魂栗”是也。又有度索寻橦之桥，大江水峻如箭，两山之胁系索为桥，中刳木为橦，拴系行人于上，以手自缘索到彼岸，则旁有人为解其系，尤极危险。《吴船录》曰：绳桥长百二十丈，分为五架。桥之广十二绳，相鳞排连，上布竹笆。攒力大木数十于江沙中，辇石以固其根，每数木作一架，挂桥于半空。大风过之，掀举幡幡然，大略如渔人晒网、染家晻彩帛之状，须舍舆疾步，稍从容则震掉不可行，望者失色。

永镇桥，在县西登溪，距城十里，通瓦寺地。

庆升桥，在县南一百二十里尤溪沟口。每夏秋水涨，行人病涉。嘉庆五年，贡生陈先达捐建石桥以利济，名曰庆升。先是邑贡生杨一揆建石桥于其地，名仲和桥。乾隆三十八年为大水所逼，渺无了遗。岁庚申，陈生乃因其地而建焉。阅年工竣，署县令任会棻记其事。

镇远桥，在茶关外，距城一百四十里。

万人桥，在猪脑坝，距城一百四十里。

口　外

大邑坪桥。

草坡板桥。

跟达桥。

头道桥。

二道桥。

三江口桥。

黑石江桥。

溜索，县属境内皆有其法，用净篾丝为绳，去来各一，系有低昂。又采坚木刳削如半边竹筒，长一尺，谓之溜壳，壳上有孔。行人渡者合于篾绳，用麻绳系人腰，穿溜壳之小孔，缚系两手而飞渡。

薛氏曰：关塞所以限华夷也。威茂深入夷腹，有关堡以当其冲，桥梁以通其涉，联络经纬，亦云备矣。而民居番寨之邻，出没崖窦之地，筹边君子，当知所重矣。

附：驿站

桃关驿，在治南三十里。

映秀驿，在治南九十里。

右二驿额设马八匹，马夫四名。递送新疆往来文报，照例按日支给草干夫工银两。

按：旧设寒水驿，即今县治也。太平驿在治南七十里。今废。

附：铺递

底塘铺，在县城内。

三店铺，在治南十里。

大邑坪铺，在治南二十里。

桃关铺，在治南三十里。

彻底关铺，在治南四十里。

银杏坪铺，在治南五十里。

兴文坪铺，在治南六十里。

清水驿铺，在治南七十里。

豆耳坪铺，在治南八十里。

映秀湾铺，在治南九十里。

娘子岭铺，在治南一百里。

尤溪铺，在治南一百二十里。

猪脑坝铺，在治南一百四十里。

白鱼落铺，在治北十里。

板桥铺，在治北二十里。

七盘沟铺，在治北三十里。

威州铺，在治北四十里。

过街楼铺，在治北五十里。

右南北二路，共计一十八铺，每铺安设铺司一名、铺兵二名，共铺司兵五十四名，按季照例请领工食银两支给。

附：营汛

汶川县[①]，驻防维州左营把总一员，带兵四十名。

茶关汛，驻防维州左营把总一员，带兵四十名。

桃关汛，驻防维州右营把总一员，带兵五十五名。

卧龙关汛，驻防千总一员，带兵五十五名，系由松维各营派拨，官兵坐塘分防，三年更换。

右四汛，额设兵丁。除坐塘外，其余兵丁驻守汛地。

附：塘递、烟墩、哨楼

汶川塘，在县治南关内。

大邑坪塘，距城二十里。

彻底关塘，距城四十里。

兴文坪塘，距城六十里。俱汶川汛拨兵驻守。

茶关塘，距城一百四十里。

尤溪塘，距城一百二十里。

乾溪堡塘，距城一百里。

豆耳坪塘，距城八十里。驻茶关汛拨兵驻守。

板桥塘，在县治北，距城二十里。系新保关汛拨兵驻守。

雁门关塘，距城五十里。系茂州营南路汛拨兵驻守。

① 汶川县：按上下文体例，当为“汶川县汛”或“汶川汛”。

右南地十塘，每塘安兵五名驻守。

桃关戴家坪索桥，在治南三十里出口。

大邑坪塘，距城六十里。

草坡塘，距城九十里。

树林口塘，距城一百二十里。

黄草坪塘，距城一百五十里。

跟达桥塘，距城一百八十里。俱桃关汛拨兵驻守。

纳凹山塘，距城二百一十里。

烧汤塘，距城二百四十里。

二道桥塘，距城二百七十里。

卧龙关塘，距城三百里。

岩洞塘，距城三百三十里。

龙岩塘，距城三百六十里。

邓生塘，距城三百九十里。

向阳坪塘，距城四百二十里。

大石包塘，距城四百五十里。与懋功厅所属沃日土司地交界止，系卧龙关汛拨兵驻守。

右口外十四塘，每塘安设汉兵五名、土兵五名。汉兵系由松维各营派兵，三年递换一次。土兵系饬瓦寺土司分派。

卷　二

赋　役

《禹贡》：则壤成赋，所以定经制而足国用也。汶邑无水利，沙田石衬，赋法最轻，地丁不过百余，而一年经费三千余金，皆动支司库。所以然者，守边备而纾民力，招徕柔远之道，宜尔也。百姓终年勤苦，不足衣食，何能有三九之余？役法照里出夫，官给雇钱，即用雇役法。为赋役志。

顺治十八年奉文清丈地亩，至雍正七年止。汶川山高岭峻，刀耕火种，不产稻谷，无从清丈。下地估种一石，榷下地五亩。每亩载荞麦一斗，荞、麦各半，荞每石征银二钱，麦每石征银四钱。每荞麦一石九升六合六勺二抄一撮三圭五粒四粟。载丁一丁，每丁征银一钱二分。原载税粮三百三石八斗九升四合，原载人丁二百七十一丁七分五厘九毫八丝四忽，共载丁粮银一百二十三两七钱七分九厘三毫八丝八微。遇闰每两加增银六分二厘六丝一忽四微七尘三纤五沙一渺六漠三涯。解司完纳。雍正七年，丁粮合并积算，按亩征银四分九毫四丝二忽七微一纤。

清查田地至嘉庆十年止。除藉田四亩九分不征丁粮外，新旧花户孟朝荣等承粮山地估种七百三石九斗九升四合，下地三十五顷十九亩五分二厘五尘五纤。

共现征丁粮银一百四十四两零九分八厘三毫二丝九忽九微二尘三纤二沙一渺八漠四埃。随征加一五火耗银二十一两六钱一分零，遇闰加增正耗。新旧承粮花户六百八十三户。

岁　支

知县一员，俸银四十五两，养廉银七百五十两。

额设衙役三十一名，内：门子二名、皂隶十四名、马快八名、轿伞扇夫七名。每名岁支工食银六两，共一百八十六两。

改设仵作一名，岁支工食银六两。又设习学仵作二名，每名岁支工食银三两。共银十二两。

设民壮二十名，每名岁支工食银八两，共银一百六十两。

设禁卒八名、更夫五名，每名岁支工食银六两，共银七十八两。

添设捕役二名，每名岁支工食银六两，共银十二两。

设仓夫一名、斗级一名，每名岁支工食银六两，共银十二两。

又设铺司十八铺，共铺司兵五十四名，每名岁支工食银六两，共银三百二十四两。遇闰每名加增银五钱。

典史一员，岁支俸银三十一两五钱二分，养廉银八十两。

额设衙役六名，内：门子一名，皂隶四名，马夫一名。每名岁支工食银六两，共银三十六两。

儒学教谕一员，岁支俸银四十两。

额设门斗一名、斋夫一名，每名岁支工食银六两，共银十二两。

原编春秋祭祀银三十二两，酌增银二十两。嘉庆七年酌增文昌宫祭祀银十四两，共银六十六两。

儒学廪生十七名，每名岁支饩粮银三两二钱，共银五十四两四钱。遇闰每名加增银二钱六分零。

凡俸工、祭典、饩粮等项，除扣留地丁正耗、盐茶羡截外，不敷银两按季请领。孤贫口粮，岁无定额，有则详请拨支。其乡饮、迎春、习仪等项，因地方凋残，钱粮不敷，听地方官培养作育。乾隆四十一年荡平两金，安设桃关、映秀湾两驿，每站设马四匹、马夫二名，每马一匹日支草干银六分，每马夫一名日支工食银四分八厘，每季给棚厂槽铡银四钱八分，年例倒马二匹，在于驿站银内按季请领。

旧于四十一年平定两金，安设桃关县丞一员。五十四年奉裁，将典史移驻桃关。每月加给月费银十五两，岁共支银一百八十两。遇闰加增银十五两。

又设通事、译字、仓夫、斗级四名，每名岁支工食银六两，共银二十四两。于屯防银内按季请领。

又设卧龙关千总一员，日支盐菜银八分、口粮四分。汛兵十名，口外一十四塘塘兵共七十名，各日支盐菜银三分、口粮各一分。

土兵七十名，每名日支炒面一斤，折银一分；每名日支茶叶八钱，每斤折银七分八厘；每十名月赏羊一只，折银五钱。在于屯防银内请领。至汉官兵等所需口粮共八十九分，例系米面兼支，每分日支半米四合一勺五抄，灰面半斤。按年详请，札饬灌县采办，运桃供支。

附：仓储

常平仓，额贮仓斗小麦二千八百三十七石六斗九升三合五勺五抄，荞子一千二百六十石零八斗三升一合。

社仓，存贮仓斗小麦五石，荞粟二十二石六斗六升二合一勺。

附：乡里

汉置六里，明置五里。索桥里自七盘沟起，兴文坪止。旧县里姜舍坝以上至青坡止。东界里太平驿起，至珠脑坝①止。上水里附县河西以上，接威州。下水里附县河西以下中滩堡起，东至排沙门赵公山脊，直交崇庆州横源镇，北以牛头山为界。今并为二里：上水里、旧县里。又改北路旧县里为上水里，南路上水里为下水里。为之编户。

上水里村寨

县城，汉居。

苏村，治西三里，汉居。

沙坝，治北五里，汉居。

三店，治南十里，汉居。

白鱼落，治北十里，汉居。

板桥，治北二十里，汉居。

磨刀溪，治北二十五里，汉居。

七盘沟，治北三十里，汉居。

沙窝子，治北三十五里。汉居。

万村，治北四十里，汉居。

古城坪，治北四十里，汉居。

壁立村，治北四十五里，汉居。

茨玉村，治北四十五里，汉居。

姜舍坝，治北四十五里，汉居。世传姜维于此舍兵。

过街楼，治北五十里，汉居。

麦地村，治北五十五里，汉居。

雁门关，治北五十里，汉居。

河坪，治西十里，羌居。

簇头，治西十里，羌居。

里坪，治西十里，羌居。

马念坪，治西十里，羌居。

高东山，治西十里，羌居。

白土坎，治西十里，羌居。

崖鸣，治西十里，羌居。

鞍子头，治南五里，羌居。

瓦窑坪，治南十里，羌居。

刳儿坪，治南十五里，羌居。

羊后山，治南十五里，羌居。

木瓜坪，治北十里，羌居。

马鞍山，治北十五里，羌居。

半坡，治北十五里，羌居。

---

① 珠脑坝：亦作“猪脑坝”。

椒岭，治北三十里，羌居。
竹子岭，治北三十二里，羌居。
青岭，治北三十五里，羌居。
黄土坎，治北三十七里，羌居。
花银庵，治北四十里，羌居。
毛坡，治北四十二里，羌居。
羊山寨，治北四十五里，羌居。
上白水，治北五十二里，羌居。
下白水，治北五十五里，羌居。
青土坪，治北六十里，羌居。
牛脑寨，治北六十里，羌居。
水井湾，治北六十里，羌居。
月里，治北六十里，羌居。
通山寨，治北六十里，羌居。
放马坪，治北六十里，羌居。
罗挂搭，治北六十里，羌居。
大寨子，治北六十五里，羌居。
小寨子，治北六十五里，羌居。
索桥寨，治北七十里，羌居。
萝葡寨，治北七十里，羌居。

下水里村寨

羊店，治南十五里，汉居。
大邑坪，治南二十里，汉居。
索桥头，治南二十五里，汉居。
沙坝，治南二十五里，汉居。
皂角头，治南二十八里，汉居。
桃关，治南三十里，汉居。
滴水岩，治南三十二里，汉居。
佛坛坝，治南三十五里，汉居。
彻底关，治南四十里，汉居。
凉水井，治南四十二里，汉居。
罗圈湾，治南四十五里，汉居。
沙坪关，治南四十七里，汉居。
连三村，治南四十八里，汉居。
银杏坪，治南五十里，汉居。
娑婆店，治南五十五里，汉居。
一湾水，治南五十八里，汉居。

兴文坪，治南六十里，汉居。
太平驿，治南七十里，汉居。
东界脑，治南七十里，汉居。
清水驿，治南七十里，汉居。
大沙坝，治南七十二里，汉居。
麻柳湾，治南七十五里，汉居。
豆耳坪，治南八十里，汉居。
敲梆石，治南八十五里，汉居。
映秀湾，治南九十里，汉居。
水田坝，治南九十五里，汉居。
中滩堡，治南一百里，汉居。
马家村，治南一百零五里，汉居。
白岩赵二坝，治南一百一十里，汉居。
黄家凹，治南一百一十五里，汉居。
石垭子，治南一百二十里，汉居。
石柱坝，治南一百四十里，汉居。
西瓜脑，治南九十里，汉居。
乾溪堡，治南一百里，汉居。
娘子岭，治南一百零五里，汉居。
大小湾，治南一百一十里，汉居。
尖尖树，治南一百一十五里，汉居。
尤溪，治南一百二十里，汉居。
楠木园，治南一百二十五里，汉居。
茶关，治南一百三十里，汉居。
茅亭，治南一百三十里，汉居。
猪脑坝，治南一百四十里，汉居。
白龙池，治南一百四十里，汉居。

榷 法

古称经费，曰盐、曰铁、曰茶、曰矿、曰木。汶邑环山，矿木之利皆有。木厂，县不征税，会垣西门外设税所收焉。矿厂在土司地，久经封禁。尤溪一路俱产茶，户有茶园，按蜀省产茶者共三十一处。而商人所行之引，曰腹、曰边，腹引行于通省，汶川所行者边引。茶自尤溪来县，设一关商一人稽所出，岁行边引一万五千张有零，票商行照，票亦不下五千有零，所以济边外夷人之乏。而商人多以易牛马入关市，倍如所出之茶。多则茶价低而商困，少则壅关不通而茶户亦困矣。产盐州县三十九处，汶民所食较少，故所行之引亦少于他邑云。

盐法：每岁额行盐陆引一百六十二张，每张配盐四包，每包重一百斤，随带附盐一十五斤。简州配盐，至县行销，每张征税银二钱七分二厘四毫，共银四十四两一钱二分八厘八毫。每张征截角银四分八厘，共银七两七钱七分六厘。每张征羡银二钱六分七厘六毫，共银四十三两三钱五分一厘二毫。通共盐额正耗银九十五两二钱五分六厘。

茶法：额行边引一千二百八十三张，代销雅安县边引二百二十三张，共边引一千五百零六张，每引配茶一百斤，随带附茶一十四斤，本县采买，松潘发卖，每张榷课银一钱二分五厘，共银一百八十八两二钱五分。每张征税银四钱七分二厘，共银七百一十两八钱三分二厘。每张征羡银一钱二分四厘，共银一百八十六两七钱四分八厘。又额行边引一千二百八十三张，每张征截角银一钱，共银一百二十八两三钱。代销雅安县边引二百二十三张，每张征截角银一钱四分二厘，共银三十一两六钱六分六厘。通共茶额正耗银一千二百四十五两七钱九分二厘。解贮道库。

学　校

学校之设，所以培风俗而养人才也。汶邑僻陋荒边，往者登明选公之士亦接踵而兴。清乾隆五十二年，制军李改繁为中。嘉庆二年裁额学二名，七年裁训导一员。青衿寥寥，散处零星，何古今人不相及耶？然家敦礼义之行，士鲜游荡之习。入其邑，循循有礼让风也。一切春秋祀典与夫饮宾、读法之礼渐渐而兴，且以观后效焉。为学校志，并附书院于后。

明嘉靖二年，提学副使张邦奇奏立。中为大成殿，左右两庑，前戟门，棂星门，泮池东西为义路、礼门，殿后启圣祠。年久损坏。清顺治七年，知县张耀祖重建正殿。康熙六年，知县陆洽源始建两庑，后又损坏。乾隆六十年至嘉庆五年，重修正殿、两庑、乡贤、名宦，新建节孝祠一所。嘉庆九年，新建明伦堂，又建学署三间、泮水、宫墙，于是备矣。

学　官

大成殿。

崇圣祠。

东西两庑。

名宦祠。

乡贤祠。

节孝祠。

明伦堂。

清康熙二十三年，钦颁御书“万世师表”匾。

四十二年，御制训饬士子碑文。

四十五年，敕建《平定朔漠碑文》于殿左。

雍正元年，崇圣祠恭设五代王牌位。

四年，钦颁御书“生民未有”匾。

八年，敕建《平定青海碑文》于殿右。

乾隆四年，钦颁御书“与天地参”匾。

乾隆四十一年，敕建《平定两金碑文》于殿右。

嘉庆五年，钦颁御书“圣集大成”匾。

旧例：汶邑入学八名，廪生二十名，增生二十名。贡例：二十四个月，廪生月支饩银二钱六分六厘零，闰月加增。科岁二试就成都棚与资、绵、松合。嘉庆七年，省保县就理番学。嘉庆元年，奉裁额学二名、廪生三名、增生三名归秀山县，裁训导一员，补新设太平厅。现额科试文生六名、岁试六名、武生六名，贡缺照旧，廪生十七名、增生十七名。

先是汶邑生徒最少，而外州县有来寄籍者岁以为常，后滥甚。嘉庆元年，知县丁葵籀详请议立章程，非土著不得应试，永以为例。于明伦堂建亭立碑纪事：为请立定章程，以杜岐冒事。伏查汶川境内土瘠民稀，子弟虽有秀良，总因地方苦寒，以至父兄无力教读。今数十年来，附近州县之人，窃视汶邑童试寥寥，心存觊觎，或认汶川同姓为一宗，或置买些微山场，称为载粮民籍。请嗣后非土著人民，即有分厘微粮并冒认本籍同姓为宗，其实系居他县各有本籍可归者，一概不准应试，以杜冒滥歧考。其廪生非本地土居素行端谨者，不准作认保派保，庶学校不致有名无实。边塞寒士得以鼓舞而兴起矣。蒙学院李批准，饬遵奉行。以后每逢岁科，该冒籍生童犹朦混捏控，批县查覆，均蒙历任学宪陈、钱、周批照前定章程立案。

乙丑岁，邑士孟其敏、高从孔等，因汶学试童稀少，且乏斧资，劝邑中士民有力者共捐银千余金，买本县尤溪山地二段，岁出租银数十金，以为应试童子资助云。买汤奕祥山场一段，上底[①]山顶与郭姓界，下底大河心界，左底杨姓大土埂横截界，又左底尤溪文昌宫地界，直下与杨姓界，右底郄姓，直下与高姓大界为界。随载地丁银七分。又买汤芝艳山场一段，左底郄姓水沟界，右底河坝石墙，直上岩嘴、茨楸树、灰桩、坟园墙脚，直上一路扁柏树、灰桩、杨柳桩，直上土埂底岩嘴，横截水沟界，下以大河心界。随载地丁银三分。

附：书院

书院一所。题曰“汶川书院”。乾隆二十五年，知县李成桂建。乾隆三十年，知县李天骏迁文昌宫于书院中堂，捐修讲堂三楹，即以宫之东西偏为生徒肄业所。嘉庆十年，于门楼上起奎星阁一座。乾隆十四年，知县王声銮并汶城绅士、瓦寺土司共捐资，在崇宁县置买水田六十三亩零，每岁收租银五十两。嘉庆三年，又加租银三十两。共银八十两，作师生膏火之资。田地坐落崇宁县后村三甲四支、名平乐乡川主庙侧。共计田六十三亩零，载粮一两零八分二厘。其田东至覃文彬小堰沟为界，南至覃文彬田为界，西至文起凤小堰沟为界，北至邵卯田为界。每岁收租，着诚实绅士经管，岁以为常。

---

① 底：疑为“抵”之讹，下同。

祀 典

祭祀典礼，颁自天府，郡国下县州无有不共恪彰。彰著已其[①]不在祀典者，各以其地之所宜祀祀之。尝称西南之俗，尊神信鬼。然以余所睹，不甚差异，大要不出《国语》所称“能御大灾”数语。而二氏之寺观，多传于前代之修举，日见圮废，岂非风俗与化移易耶？志祀典。

文庙祭祀，春秋二祭，用上丁日。

关帝庙，在县城南门内，春秋二祭。

文昌祠，在县城内。康熙元年知县张耀祖重建，春秋二祭。嘉庆七年，奉文增添祭祀银两，用九叩礼。并修启圣宫。

社稷坛，在南门外。春秋二祭，用上戊日。

风云雷雨山川坛，在治北。春秋二祭。

先农坛，在治南。三月祭。

城隍庙，在县南门外。康熙元年知县张耀祖重建。嘉庆十年，新建内殿。

奎星阁，在文昌祠前。

马王庙，在城内。

瘟神祠，在城内。

龙王庙，在尤溪。

过街楼、夷齐庙，在治北。邑董生云：庙奉二像，皆冠唐帽，衣红袍，居民以山神祀之。至乾隆四十二年改修易像。中存夷齐名字，系明成化七年改建。庙前有冬青二株，大可合抱，居人不可伐。

七盘山武侯庙，在治北。山巅有古庙，题曰“丞相武乡侯祠”。神像森严，年久祠倾。万历二十三年，西川按察使刘孟雷者过而祀焉，且命邑令杨某重修祠宇，建春秋祀，泐文于石，曰：

惟公龙卧南阳，忠扶汉室。管乐岂[②]俦，伊吕其匹。奋志讨贼，尽瘁勤王。义不两立，帝业重光。惟维与汶，声教旁暨。仰止威名，百世不替。爰秩祀典，崇报勋劳。苍山碧水，遗像清高。望神格止，辑宁西边。锄暴佑良，亿万斯年。

七盘楼先贤祠，在治北。董生云：在旧治之南七里。旧有七盘楼，祀历朝名宦：秦蜀守李冰，汉文党、诸葛武侯、姜维，唐李德裕、严武、韦皋、杜悰，明张瓒、孙仁。今并废。

河坪川主庙，在县西。祀蜀守李冰及太守之次子二郎。

石纽山启圣祠，在县南。旧说启圣祠在飞沙顶刳儿坪，久经倾颓。乙丑岁，余改修飞沙关上路于山脚下，因建圣母祠于其侧云。

娘子岭关帝庙，旧系元天宫，久圮。乾隆二十八年，道人邓来芳凿开重建，兼施茶

① 已其：疑为倒文，应作“其已”。

② 岂：当为“其”之纸。

以解渴烦，岁久不废。

附：寺院

福缘寺，在过街楼，明成化间重建。

玉峰观，在玉垒山巅，明宣德间建。

涌泉寺，在七盘沟，元至正间建，有碑记。

东岳庙，在县治南，明洪武年建。

真武殿，在县治南。

平正庙，在河西。

三官堂，在河西。

普照寺，在河西。

广生宫，在河西。

观音阁，在治北。

土地祠，在治南大邑坪，距城二十里。旧于此立县，故存。

三清殿，在治南小娘子岭，距城五十五里。

云岫宫，在治南兴文坪。

南岳庙，在治南太平驿。

太平寺，在治南太平驿。

天王殿，唐时所建，元友谅为之记。

广福寺，在治南尤溪。

涌山寺，在映秀湾。唐时大刹，久废。今修。

镇江庙，在楠木园。

天功寺，在治北。

六真观，又为玉皇观，在治北关内道角山。茂才孟诹所建也。家阜于财，少言语，自少好道，人莫测。其隐，自言遇仙人张三丰，授以服符之法，在道角山洞口巨石上盘坐二十年，石为之滑，乃建阁于洞口为玉皇阁，阁下复建一祠，祀吕祖、钟祖、萨祖、丘真人、马真人及张三丰，名曰六真。嘉庆三年，阁垂成。七月十五日午时，独登阁，于壁上题诗云：万物皆空道不空，世人何苦这聩聋。五三得道今五脱，点化后人再用功。人望见其蹑屋梁，越山巅而去，莫知所之。墨迹淋漓，字有张真人体，人以为盖仙去也。道号来登，自称静乐真人云。

元阳洞，在河西白土坎山腰，洞深不可测。邑人马成德于半山洞口静坐，久之，得道，题其壁云：道自前皇得，深有长生诀。不言亦不笑，幽居伏岩穴。墨迹犹存。人称马真人云。

龙会庵，在尤溪沟。明万历间，有邑僧日久行成，克日坐化，举火升坐，顷刻煨烬。有人自灌县来，遇于龙洞，以竹杖挑蒲团，自言将西归，致谢众人而去。人名其地为化身崖，在今栗子坪。邑人董生云。

文庙礼

正殿神位

至圣先师孔子神位

四　配

复圣颜子，名回，字子渊，鲁人。

宗圣曾子，名参，字子舆，鲁南武城人。

述圣子思子，名伋，孔子之孙，鲤之子。

亚圣孟子，名轲，字子舆，一作子车，邹人。

十二哲

东六位：

先贤闵子，名损，字子骞，鲁人。

先贤冉子，名雍，字仲弓，鲁人。

先贤端木子，名赐，字子贡，卫人。

先贤仲子，名由，字子路，鲁之卞人。

先贤卜子，名商，字子夏，卫人。郑康成云：温国，卜商。《索隐》曰：温国即河南温县，属卫。

先贤有子，名若，鲁人。

西六位：

先贤冉子，名耕，字伯牛，鲁人。

先贤宰子，名予，字子我，鲁人。

先贤冉子，名求，字子有，鲁人。

先贤言子，名偃，字子游，吴人。

先贤颛孙子，名师，字子张，陈人。郑康成《目录》：阳城人，阳城县名属陈。

先贤朱子，名熹，字元晦，建宁人。其先世皆居婺源。受业李侗，阐扬性道精蕴，学者宗之。生宋高宗时，康熙五十一年升配。

东庑先贤三十九位

蓬　瑗，字伯玉，卫大夫。旧以非弟子改祀于其乡。雍正二年复入。

澹台灭明，字子羽，武城人。

原　宪，字子思，《檀弓》作仲宪，宋人。

南宫适，《家语》作南宫韬，《檀弓》作縚，《史记》作南宫适，字子容，一名说，一名敬叔。孟僖子之子，懿子之兄。鲁人。

商　瞿，字子木，鲁人。

漆雕开，《家语》：字子若，蔡人。《史记》：字子开，习《尚书》，不乐仕。鲁人。

司马耕，字伯牛，《家语》作司马梨[①]耕，与《史记》同，俱字子牛，向魋之弟。宋人。

梁　鳣，《史记》注作鲤，字叔鱼。齐人。

冉　儒，《家语》作冉儒，字子鱼，《史记》作字子鲁，一作曾。鲁人。

伯　虔，《家语》字子楷，《史记》字子析。鲁人。

冉　季，字子产，鲁人。

漆雕徒父，《家语》字子文，一作子有。鲁人。

漆雕哆，《家语》作侈，字子敛。鲁人。

公西赤，字子华，鲁人。

任不齐，字子选，楚人。

公良儒，字子正。贤而有勇，孔子周游，常以家车五乘从陈。

公肩定，《家语》字子仲，《史记》作公坚定、字子中。鲁人，一或[②]云晋人。

鄡　单，字子家，卫人。徐广曰：一云邬单，钜鹿有鄡县，太原有邬县。

罕父黑，《家语》作宰父黑，字索，一字子墨。《史记》：字子索。鲁人。

荣　祈，《家语》作祈，字子旗。《史记》：字子祺。鲁人。

左人郢，《家语》作左郢，字子行。《史记》字行。鲁人。

郑　国，《家语》作薛邦，《史记》讹薛为郑，又避汉高祖讳，以邦为国，字子徒。鲁人。

原　亢，《家语》作原桃，字子藉。《史记》作原亢藉。鲁人。

廉　洁，《家语》字子曹，《史记》字庸。卫人。

叔仲会，字子期，鲁人。郑康成曰晋人。

公西舆如，字子上，鲁人。

邽　巽，字子敛，《家语》作邽选。鲁人。

陈　亢，字子禽。鲁人，一作陈人。

琴　张，名牢，字子开，一字子张。卫人。

步叔乘，字子车，齐人。

秦　非，字子之，鲁人。

颜　哙，字子声，鲁人。

颜　何，字冉，鲁人。郑康成曰：晋人。索隐曰：《家语》字称，旧以字画相似。黜，雍正二年复入。

县　亶，字子象，鲁人。旧以县亶与鄡亶为一人，故天下学宫止祀鄡亶而不及县亶。雍正二年始增入。

乐正克，雍正二年增入。

万　章，雍正二年增入。

---

① 梨：当为“犁”之讹。

② 一或：或衍“一”，或衍“或”。

周敦颐，字茂叔，道州营道人。著《太极图》，又著《通书》，发明太极之蕴。生宋真宗丁巳。

程　颢，字伯淳，世居山中，与弟颐同受业周子。所著有《定性书》。生宋仁宗壬申。

邵　雍，字尧夫，范阳人，徙河南。所著有《皇极经世书》。生宋真宗辛亥。

西庑先贤三十八位

林　放，字子邱，鲁人。旧以非弟子改祀于其乡，雍正二年复入。

宓不齐，字子贱，为单父宰，身不下堂，鸣琴而理。鲁人。

公冶长，字子长，《家语》作苌，鲁人。《史记》齐人。范宁云：字子芝。

公皙哀，字季次，《索隐》云：《家语》作公皙克。齐人。

高　柴，字子羔，《家语》云：齐人。郑康成曰：卫人。

樊　须，字子迟，鲁人。郑康成曰：齐人。

高　泽，字子秀，《史记》作子季。鲁人。

巫马施，字子期，《家语》陈人。《史记》字旗。鲁人。

颜　辛，《史记》作幸，字子柳，鲁人。

曹　恤，字子循，蔡人。

公孙龙，《家语》作宠，字子若，卫人。《史记》字子石。郑康成曰楚人。

秦　商，《史记》字子丕，《家语》字丕兹。鲁人。《左传》云：秦堇父生子丕，兹事仲尼。郑康成曰楚人。未知何据。

颜　高，字子骄，《家语》作颜刻，鲁人。

壤驷赤，《家语》作穰，字子从。《史记》作壤，字子徒，秦人。

石作蜀，字子明，《家语》作石子蜀，成纪人。

公夏首，《家语》作守，字子乘，鲁人。

后　处，《家语》作石处，字里之。《史记》字子里，齐人。

奚容蒧，《家语》作奚藏，字子阶。《史记》字子皙，卫人。

颜　祖，《家语》作相，字子襄。鲁人。

句井疆，《家语》作勾井疆，字子疆。《史记》作句井疆。《阙里志》字子野。《山东志》字子孟。卫人。

秦　祖，字子南。《家语》卫人，《史记》秦人。

县　成，《家语》字子横，《史记》字子旗，鲁人。

公祖句兹，《家语》作公祖兹，字子之，鲁人。

燕　伋，《家语》作级，字子思。鲁人。

乐　欬，《家语》作乐欣，字子声，鲁人。

狄　黑，《家语》字皙之，《史记》字皙，卫人。

孔　忠，《家语》作孔弗，字子蔑。孔子兄孟皮之子。

公西蒧，字子尚，《史记》作子上。鲁人。

颜之仆，字子叔，鲁人。

施之常，字子恒，鲁人。

申　枨，字子周，《家语》作申续，又讹[①]为续。《史记》作申蒙，又讹为党。鲁人。

左丘明，左史倚相之后，鲁中都人。

秦　冉，字开，蔡人。旧以字画相似。黜，雍正二年复入。

牧　皮，刀牧之后。雍正二年增入。

公都子，雍正二年增入。

公孙丑，齐人。雍正二年增入。

张　载，字子厚，大梁人。所著书有《正蒙》《西铭》，扩前圣所未发。生宋真宗庚申。

程　颐，字正叔，颢弟。张载谓：其兄弟得孔孟不传之秘，为诸儒倡。晚年著有《易》及《春秋》传。生宋仁宗癸酉。

东庑先儒二十三位

公羊高，周末齐人，子夏门人。

伏　胜，字子贱，济南人。秦时为博士，治《尚书》，汉文帝使晁错往受之。

董仲舒，字宽夫，广川人。治《公羊春秋》，西京文章，惟董最醇。生汉景帝时，武帝时为江都相。

后　苍，字近君，东海郯人。从孟卿学《礼记》，说礼数万言，号《后曲台记》，授戴[②]德。生汉景帝时，武帝时为博士。

杜子春，字时元，河南缑氏人。受业刘歆，授《周官》，能通其解。生汉成哀帝时。

诸葛亮，字孔明，琅琊阳都人。尝戒子云：静以修身，俭以养德，非淡泊无以明志，非宁静无以致远。初相汉昭烈帝，定三分业，继相后主。前后《出师表》，希踪典谟。

王　通，字仲淹，龙门人。教授河汾，诵法孔子。隋文帝时人。

范仲淹，字希文，江南吴县人。初居僧寺读书，断齑画粥，中真宗祥符八年进士。后为宰辅，先忧后乐，以天下为己任。

欧阳修，宋[③]永叔，庐陵人。得韩昌黎遗稿，读之忘寝食，遂以文章冠天下。撰《五代史》，法严词约。生宋真宗丁未，仁宗天圣八年进士。

杨　时，字仲立，延平将乐人。潜心圣学，师事程颢，相得甚欢。及归，明道目送之口[④]：吾道南矣。生宋仁宗癸巳，神宗熙宁九年进士。

罗从彦，字仲素，延平沙县人。闻杨时得正学，徒步往师之。文公谓：龟山倡道东南，游其门者豫章为首。生宋神宗元丰间。

李　侗，字愿中，剑蒲人。邓迪称其如冰壶秋月，莹彻无瑕。著有《延平问答语

① 讬：疑为“讹”之讹。按，下文正作“讹”。

② 戴：原讹为“载”，据《汉志》及《汉书·儒林传》改。

③ 宋：当为“字”，永叔是欧阳修的字。

④ 口：按上下文意及体例，当为“曰”。

录》。生宋哲宗癸巳。罗从彦门人，文公受业焉。

吕祖谦，字伯恭，金华人。受业程颐，著有《左氏博议》《诸史节要大事记》。晦翁云：推其有，足以尊主庇民；出其余，足以范俗垂世。生宋高宗丁巳，孝宗时进士。

蔡　沈，字仲默，建阳人。文公以《书传》属之。著《书集传》，说精而确，后世所宗。生宋孝宗丁巳。

陈　淳，字安乡，漳州龙溪人。宋宁宗时朱子门人。

魏了翁，字华父，邛州蒲江人。论事忤时相，筑室白鹤山下，教授生徒。宋宁宗元庆五年进士。

王　柏，字会之，金华人。宋理宗时黄幹门人。

赵　复，字仁甫，德安人。宋末元初，私淑朱子。

许　谦，字益子，金华人。宋末元初，早年肆力于学，贯通群书。教人忠诚谆恳，独不以科举文授人，曰：此养利所由分也。金履祥门人。

吴　澄，崇仁人。勤谨有箴，敬和有铭，著述甚富。元武宗时授国子监监丞。

胡居仁，字淑心，江西余干人。受业吴与弼，所著有《居业录》《敬斋集》。生明宣宗甲寅。

王守仁，字伯安，浙江余姚人。毅然有希圣之志，辟书屋于阳明，默坐研究，提“良知”二字为圣学宗旨。生明宣宗丙辰，成化十二年进士。

罗钦顺，字允升，江西泰和人。庄笃刚正，自号整庵，尝曰：立身行己，不能打破。义利关头，悠悠何益？著书三篇曰《困知记》。明宏治六年进士。

西庑先儒二十三位

谷梁赤，字元，周末鲁人。子夏门人。

高堂生，字伯，汉秦季鲁人。汉时为博士，以《礼书》七十篇授萧奋。

孔安国，字子国，孔子十一世孙。有《书传序》一篇，注十三卷。汉武帝时博士，仕至临淮太守。

毛　苌，字长公。赵大夫毛公享[①]作《诗训诂》以授苌，故曰《毛诗》。汉武帝时为河间献王博士。

郑康成，以字行，北海高密人。师事马融。经传洽熟，称醇儒，教授山中。有书带草。汉桓帝时人。

范　宁，字武子，鄢陵人。东晋武帝时豫章太守。

韩　愈，字退之，河南南阳人。文起八代之衰，天下仰之如泰山北斗。唐德宗贞元八年进士，宏辞科。

胡　瑗，字翼之，扬州人。生宋太宗癸巳。仁宗景祐初为苏湖教授，置经义，治事两斋，为义传经义，教人严条约，子弟无圣愚，俱循循雅饬。

司马光，字君实，陕州夏县人。以圆木为警枕，枕转则起读。自言平生无事不可对

① 享：当为“亨”之讹。

人。著有《资治通鉴》。宋仁宗宝[①]进士。

尹　焞，字彦明，洛阳人。受业程颐，得《易传》，辟三畏斋。宋神宗时人。

胡安国，字康侯，崇安人。强学力行，著有《春秋传》。生宋神宗甲寅，哲宗绍圣四年进士。

张　栻，字敬夫，汉州绵竹人。颖悟夙成，以古圣贤自期，作《希颜录》。生宋高宗己卯。以荫补官。

陆九渊，字子静，抚州金溪人。其学重尊德性，与朱子反复辩难，时有异同。至讲君子小人义利之喻，朱子亦深服之。生宋高宗己未，孝宗乾道八年进士。

黄　幹，字直卿，闽县人。晦庵谓：志坚思苦，与之处甚有益。宋宁宗时朱子门人。

真德秀，字景元，一字希元，浦城人。传濂洛考亭之学，以斯文自任，日讲《大学衍义》。宋宁宗庆元五年进士。

何　基，字子恭，金华人。纯固笃实。学本朱子而随事发明新意。宋理宗时人，王柏门人。

陈　澔，字可大，号云住。著《礼记集说》。宋末都昌人。

金履祥，字吉夫，金华人。宋末元初，讲贯精详，践履笃实。著《通鉴前编》及诸经《学》《庸》《论》《孟》等书，各有注疏。私淑朱子。

许　衡，字仲平，河内人。尊信朱子。行己似秋霜烈日，化人如甘雨和风。生宋宁宗己巳，元世祖时国子祭酒。

薛　瑄，字德温，山西河津人。年十二能赋诗，既壮，读周、程、朱、张书，遂专心性理之学。所著有《读书录》。生明太祖乙巳，永乐十九年进士。

陈献章，字公甫，广东新会人。闻江西吴与弼讲学临州，遂弃其学而学焉。其教人不立语言文字，以主静为先。生明宣宗戊申，正统十二年进士。

蔡　清，字介夫，福建晋江人。其学以六经为正宗，四书为嫡传，宋四儒为真脉。明成化二十年进士。

陆龙其，字稼书，浙江平湖人。著有《四子大全》《困勉录》等书。国朝康熙庚戌进士。

崇圣祠神位

肇圣王木金父公位，正中南向。

裕圣王祈父公位，东一室南向。

诒圣王防叔公位，西一室南向。

昌圣王伯夏公位，东二室南向。

启圣王叔梁公位，西二室南向。

---

① 宝：当为“宝元”，脱“元”字。“宝元”是宋仁宗年号。

配　位

颜氏，名无繇，字路。《家语》作颜繇，字路。复圣父。
曾氏，名点，字晳。《家语》字子晳，《史记》作曾蒧。宗圣父。
孔氏，名鲤，字伯鱼。述圣父。
孟氏，名激，字公宜。亚圣父。

东　庑

周辅成，字伯大，周子之父。
程珦，字伯温，程子之父。
蔡元定，字季通，蔡沈之父。

西　庑

张迪，字□□，张子之父。
朱松，字乔年，朱子之父。

大成殿祭品：帛一（白色）、牛一、羊一、豕一、登一、铏一、簠一、簋一、笾十、豆十，酒樽一、白磁爵三。

四配祭品：每案帛一、羊一、豕一、铏一、簠二、簋二、笾八、豆八、酒樽一、白磁爵三。

东西哲祭品：五案，朱子一位一案，案照乾隆十八年颁行。每案帛一、羊一、豕一、铏一、簠一、簋一、笾四、豆四、酒樽一、白磁爵一。

东西庑祭品：先贤东西各二案，先儒东西各二案。每案帛一、羊一、豕一、簠一、簋一、笾四、豆四、酒樽一、铜爵三。

崇圣祠祭品：每案帛一、羊一、豕一、铏一、簠二、簋二、笾八、豆八、酒樽一、白磁三。

配位祭品：每案帛一、羊一、簠一、簋一、笾四、豆四、铜爵二。

东西庑祭品：每案东西各少牢。

春秋二祭仪注

每岁二、八月上丁日致祭。先期，知县率领陪祭各官齐赴文庙阶下，行一跪三叩头礼。教官涤器、视牲、献毛血。至期，黎明，各官衣朝衣，齐集行礼。分献陪祭各入两旁门序立。（赞）引承祭官至盥洗所，盥手毕，引至阶下立。（通唱）乐舞生就位，执事官各司其事，分献官、陪祭官各就位。（引唱）就位。（引承祭官就拜位立，分献官，随后立。）

（通唱）迎神。（又唱）举迎神乐，奏咸平之章。乐作。（引唱）跪、叩、兴。（承祭官分献官俱行三跪九叩头礼。）兴，乐止。（通唱）奠帛，行初献礼。（又唱）举初献乐，奏宁平之章。乐作。（引唱）诣酒樽所，司樽者举幂酌酒。（导承祭官由东阶上，进殿左门。）诣至圣先师孔子神位前跪、叩、兴。（承祭官行一跪三叩头礼。）兴。（引唱）奠帛。（司帛者捧帛跪、进，承祭官接帛，拱举立献。）（引唱）献爵。（司爵者捧爵跪进，承祭官接爵，拱举立献。）（唱）读祝文，诣读祝位。（读祝官至祝案前，一跪三叩头，捧祝板立于案左。）乐止。（引唱）跪，众官皆跪。（引唱）读祝文。（读毕，捧祝文至正位前案上，跪，安帛匣内，三叩头，退。）乐作。（引唱）叩，兴。（承祭官及各官行三叩头礼毕。）兴。（引唱）诣复圣颜子神位前。（承祭官就案前立。）（引唱）跪、叩、兴。（行一跪三叩头礼。）兴。（引唱）奠帛献爵。（如前仪又一叩头礼。）兴。（引唱）诣宗圣曾子神位前。（如前仪。）诣述圣子思子神位前。（如前仪。）诣亚圣孟子神位前。（如前仪。）

（通唱）行分献礼。（其十二哲两庑分献官俱照前仪行。）（引唱）复位。（承祭官、分献官皆复拜位立。）乐止。（通唱）行亚献礼。举亚献乐，奏安平之章。乐作。（如初献仪，毕。）乐止。（通唱）行三献礼。举三献乐，奏景平之章。乐作。（如亚献仪，毕。）（引唱）复位。（承祭官分献官各后位立。）乐止。（通唱）行饮福受胙礼。（引唱）诣饮福受胙位。（承祭官至位。）（引唱）跪，饮福酒。（承祭官受爵，拱举授，接爵。）受福胙。（承祭官受胙，拱举授，接胙，毕。）（引唱）三叩头，兴，复位。（承祭官复位立，行谢福礼。）（通唱）跪。（承祭官及分献官、陪礼官俱行三跪九叩头礼。）兴。（通唱）撤馔。举撤馔乐，奏咸平之章。乐作，（撤讫。）乐止。（通唱）送神，举送神乐，奏咸平之章。乐作。（引唱）跪。（承祭官及分献官、陪祭官俱行三跪九叩头礼。）兴，乐止。（通唱）捧祝帛馔，各诣燎位。（捧祝官、捧帛官至位前，一跪三叩头，捧起祝文在前，帛次之。捧馔官不叩头，捧起在后，俱至燎所。承祭官退至西旁立，候祝帛馔过，仍复位立。）（通唱）望燎，举望燎乐。（与送神同。）乐作。（引唱）诣望燎位。（承祭官至望燎位立。）（引唱）焚祝帛。（祝帛焚讫。）乐止。（通唱）礼毕。（退）

乐器：麾、金钟、玉磬、鼓、搏拊、柷、敔、琴、瑟、排箫、笙、箫、笛、埙、篪。

乐章：乾隆八年奉部颁发。

春季，夹钟为宫倍，应钟起调。

迎　神（咸平）

大哉孔子，先觉先知。与天地参，万世之师。
伬伉仩伍　伬仕伍仩　伬仩仕伍　伬仕伍伍
祥徵麟绂，韵答金丝。日月既揭，乾坤清夷。
伍仕伬仩　伣仕伬仕　伣仩伬伍　伣仩伣伬

初　献（宁平）

予怀明德，玉振金声。生民未有，展也大成。
伬伣仩伍　仕伣伬仕　仩伣仕伍　伣仩伍仩
俎豆千古，春秋上丁。清酒既载，其香始升。
伍仕伬伍　仩仩伍仩　伬仕伣伬　伣仩伣伬

亚　献（安平）

式礼莫愆，升堂再献。响协莪镛，诚孚罍甗。
亿仉伬伍　仩伍仉亿　仩伍亿伬　伍仩伍亿
肃肃雍雍，誉髦斯彦，礼陶乐淑，相观而善。
伍伍伬伬　仉亿仩亿　仩伍仉伬　伍伬仉亿

终　献（景平）

自古在昔，先民有作。皮弁祭菜，於论思乐。
亿仉伍伬　仩伍仉伬　伍仩仉亿　仩伍伬仉
惟天牖民，惟圣时若。彝伦攸叙，至今木铎。
伍仩亿伍　仉仩仉伬　伍伍仩亿　仩伍仉亿

撤　馔（咸平）

先师有言，祭则受福。四海黉宫，畴敢不肃。
亿仉伬伍　亿仩亿伍　仉亿伍仩　仉伬仉亿
礼成告撤，毋疏毋渎。乐所有生，中原有菽。
伍仩亿伍　仉伬仉亿　伍仩仉亿　仉伬仉亿

送　神（咸平）

凫绎峨峨，洙泗洋洋，景行行止。流泽无疆。
亿仉伬伍　仩亿仉伬　仩伍伍仩　亿伬伍伬
聿昭祀事，祀事孔明。化我蒸民，育我胶痒。
伍仩仉亿　亿仩仉伬　亿伍亿仩　仉伬仉亿

秋季：南吕为宫，仲吕起调。

迎　平（咸平）

大哉孔子，先觉先知。与天地参，万世之师。
伬仉仩亿　伬仉伬仩　仉仩仉亿　伬仉亿亿
祥徵麟绂，韵答金丝。日月既揭，乾坤清夷。
亿仉仉仩　仉亿伬仉　仉仩伬亿　仉仩仉伬

初　献（宁平）

予怀明德，玉振金声。生民未有，展也大成。
仩仉仩亿　仉仉伬仉　仩仉仉亿　仉仩亿仩
俎豆千古，春秋上丁。清酒既载，其香始升。
亿仉伬亿　仩仩亿仩　伬仉凡伬　凡仩凡伬

亚　献（安平）

式礼莫愆，升堂再献。响协鼗镛，诚孚罍甗。
伬仜仩伬　仜伬凡伬　仜伬凡仩　伬仜伬伬
肃肃雍雍，誉髦斯彦。礼陶乐淑，相观而善。
伬伬仩仩　凡伬仜伬　仜伬凡仩　伬仩仜伬

终　献（景平）

自古在昔，先民有作。皮弁祭菜，於论思乐。
伬仜伬仩　仜伬凡仩　伬伬凡伬　仜伬仩凡
惟天牖民，惟圣时若。彝伦攸叙，至今木铎。
伬仜伍伬　凡仜凡仩　伬仜仜伬　仜伬凡伬

撤　馔（咸平）

先师有言，祭则受福。四海黉宫，畴敢不肃。
伬仜仩仜　伬仜伬伬　凡伬伬凡　凡仩凡伬
礼成告撤，毋疏毋渎。乐所有生，中原有菽。
伬仜伬伬　凡仩凡伬　伬仜仜伬　伬仩凡伬

送　神（咸平）

凫绎峨峨，洙泗洋洋。景行行止，流泽无疆。
伬仜仩伬　仜伬凡仩　仜伬伬仜　凡仩伬仩
聿昭祀事，祀事孔明。化我蒸民，育我胶痒。
伬仜凡伬　伬仜凡仩　伬伬伬仜　凡仩仜伬

舞器：节、羽、籥。
乐舞生：九十一名。
礼生：三十八名。
纠仪官：一员。

祭　文

乾隆九年部颁（祭先师文）

维先师德隆千圣，道冠百王。揭日月以常行，自生民所未有。属文教昌明之会，正礼和乐节之时。辟雍钟鼓，咸恪荐于馨香；泮水胶庠，益致严于笾豆。兹当仲春秋，祗率彝章，肃展微忱，聿将祀典以复圣颜子、宗圣曾子、述圣子思子、亚圣孟子配，尚飨。

祭五王文（部颁行，三跪九叩头礼）

维王奕叶钟祥，光开圣绪。盛德之后，积久弥昌。凡声教所覃敷，率循源而溯本。宜肃明禋之典，用申守土之忱。兹届仲春（秋），聿修祀事，以先贤颜氏、曾氏、孔氏、孟孙氏配飨。

祭贤良文（部颁行，二跪六叩头礼）

维灵文武宪邦，公忠体国。当皇朝之肇造，心膂攸同；值列圣之丕承，股肱作辅。明良合德，奋庸而庶绩咸熙；中外宣猷，敷泽而兆民永赖。洵属廊庙之硕望，允宜俎豆以明禋。考绩纪勋，崇报昭垂于令典；陈牲奠币，馨香祗荐于岁时。尚飨。

祭忠义孝弟文（部颁行，二跪六叩头礼）

维灵禀赋贞纯，躬行笃实。忠诚奋发，贯金石而不渝；义闻宣昭，表乡闾而共式。祗事懋彝伦之大，性执莪蒿；克恭念天显之亲，情殷棣萼。楷模咸推夫懿德，纶恩特阐夫幽光。祠宇维隆，岁时式祀。用陈尊簋，来格几筵。尚飨。

祭节孝文（部颁行，二跪六叩头礼）

维灵纯心皎洁，令德柔嘉。矢志完贞，全闺中之亮节；竭诚致敬，彰阃内之芳型。茹冰蘖而弥坚，清操自励；奉盘匜而匪懈，笃孝传徽。丝纶特沛乎殊恩，祠宇昭垂于令典。祗修岁祀，式荐尊醪。尚飨。

武庙礼

每岁春秋仲月及五月十三致祭。

春秋二祭祭品：帛一（白色）、牛一、羊一、豕一、笾十、豆十。

五月十三日祭品：帛一、羊一、豕一、果五盘。

仪注：如文庙礼，止无乐舞。

祭　文（部颁）

维帝浩气凌霄，丹心贯日。扶正统而彰信义，威震九州；完大节以笃忠贞，名高三国。神明如在，遍祠宇于寰区；灵应丕昭，荐馨香于历代。屡征异迹，显佑群生。恭值嘉辰，遵行祀典。筵陈笾豆，几奠牲醪。尚飨。

祭后殿：雍正三年追封三代公爵。光昭公，正中，南向；裕昌公，东一室，南向；成忠公，西一室，南向。

春秋二祭祭品：帛各一（白色）、羊各一、豕各一、笾豆各一。

仪注：行二跪六叩头礼。承祭官诣三公各案前行献礼。余同前殿。

祭　文（部颁）

维公世泽贻庥，灵源积庆。德能昌后，笃生神武之英；善则归亲，宜享尊崇之报。列上公之封爵，锡命攸隆；合三世以肇禋，典章明备。恭逢诹吉，祗事荐馨。尚飨。

文昌宫礼：嘉庆六年，部颁。

春秋二祭，祭品：帛一（白色）、牛一、羊一、豕一、笾十、豆十。

仪注：如文庙礼，止无乐舞。

祭　文（部颁）

致祭于文昌帝君之神曰：维神迹著西垣，枢环北极。六匡丽曜，协昌运之光华；累代垂灵，为人文之主宰。扶正久彰夫感召，荐馨宜致其尊崇。兹届仲春秋，用格时祀。尚其歆格，鉴此精虔。尚飨。

祭后殿

春秋二祭，祭品：帛各一（白色）、羊各一、豕各一、笾豆各一。

仪注：行二跪六叩头礼，承祭官诣三代各案前行献礼。余同前殿。

祭　文（部颁）

致祭于文昌三代之神曰：祭引先河之义，礼崇反本之思。矧夫世德弥光，延赏斯及。祥钟累代，炯列宿之精灵；化被千秋，纬人文之主宰。是尊后殿，用答前庥。兹值仲春秋，肃将时事。用申告洁，神其格歆。尚飨。

祭先农耕耤礼

每岁仲春，奉部文所颁之期，定于亥日巳时致祭先农坛，午时行耤礼。祭日，正官率各官请神位供于坛上，衣朝衣行礼，祭毕，奉神位入祠。

坛高二尺一寸，广二丈五尺；牌高二尺四寸，广六寸；座高五寸，广九寸五分。

祭品：帛一白色、羊一、豕一、铏一、笾四、簠二、簋二、爵三、豆四。

祭仪注：祭日，各官衣朝衣，至拜位。通唱：承祭官就位，陪祭官皆就位，执事者各司其事。瘗毛血，引唱：诣盥洗所，盥洗，净巾，诣香案前迎神，行三跪九叩头礼，兴。通唱：行初献礼。引唱：神位前跪，奠帛，献爵，读祝文。毕，叩首，兴，复位。通唱：行亚献礼。引唱：诣神位前跪，献爵，叩首，兴，复位。通唱：行三献礼，如亚献仪。通唱：饮福受胙。引唱：诣饮福受胙位，跪，饮福酒，受福胙，三叩头，兴，复位。通唱：撤馔、送神，仍行三跪九叩头礼，兴。通唱：司祝者捧祝，司帛者捧帛，各诣燎所。引唱：望燎位，焚帛，复位。通唱：礼毕。各官更蟒衣，行耕耤礼。

迎　神（乐奏永丰之章）

勾芒秉令，土牛是驱。天下一人，苍龙驾车。念彼田畴，民命所需。生成有德，尚式临诸奠帛。

初　献（乐奏时丰之章）

先农神哉，耒耜教民。田祖灵哉，稼穑是亲。功德深厚，天地同仁。肃将币帛，肇举明禋。厥初生民，万汇莫辨。神锡之休，嘉种乃诞。执兹醴斋，农功益见。玉瓒椒醑，肃雍举奠。

亚　献（乐奏咸丰之章）

上原下隰，百谷盈止。粒我生民，秀良兴起。乐舞具备，吹豳称兕。再跻以献，肴香酒旨。

终　献（乐奏大丰之章）

糜芑秬秠，维神所贻。以神飨神，日予将之。秉耒三推，东作永宜。五风十雨，率土何私。

撤　馔（乐奏屡丰之章）

于皇农事，自古为烈。莫敢不承，今兹忻悦。笾豆既丰，簠簋云洁。神视井疆，执事告撤。

送　神（乐奏报丰之章）

麻麦芃芃，秔稻连阡。纵横万里，皆神所瞻。人歌鼓腹，史载有年。岁有常典，苐禄绵延。

望　燎（乐奏庆丰之章）

玉版苍帛，来监来歆。敬之重之，藏于厚深。典礼由古，予行自今。乐之利之，国以永宁。

祭　文

某年月日致祭于先农之神曰：维神肇兴稼穑，粒我烝民。颂思文之德，克配彼天，念率育之功，陈常时夏。兹当东作，咸服西畴。洪惟九五之尊，岁举一推之典。共膺守土，敢忘劳民；谨奉彝章，聿修祀事。惟愿五风十雨，嘉祥恒沐于神庥；庶几九穗双歧，上瑞频书于大有。尚飨。

耤　田

耤耕：正印官秉耒，佐贰官执青箱播种（或用耆老），各官俱用右手扶犁，左手执鞭，各行九推礼，农夫终亩。耕毕，各同官厅更朝衣，望阙恭行三跪九叩头礼。仍将遵行耕耤日期具报。

耕耤：农具一（赤色）、牛一、种箱一（青色）。

社稷坛：雍正二年刊图颁行。每岁春秋仲月上戊日，出主于坛而祭之。

祭品：帛二（黑色）、羊一、豕一、铏一、笾四、豆五、簠二、簋二、爵三。

仪注：同先农坛，朝衣行三跪九叩头礼。

祭　文（部颁）

维神奠安九土，粒食万邦。分五色以表封圻，育三农而蕃稼穑。恭承守土，肃展明禋。时届仲春（秋），敬修祀典。庶芃芃松柏，巩磐石于无疆；翼翼黍苗，佐神仓于不匮。尚飨。

风云雷雨：居中，帛四。

山川：居左，帛二。

城隍：居右，帛一。俱白色。

每岁春秋合祭。

仪注：衣蟒衣，行二跪六叩头礼。

祭　文（部颁）

维神赞勷天泽，佑助苍黎。佐灵化以流形，生成永赖；乘气机而鼓荡，温肃攸宜。磅礴高深，长保安贞之吉；凭依巩固，实资捍御之功。幸民俗之殷盛，仰神明之庇护。恭修岁祀，正值良辰；敬洁笾豆，祗陈牲币。尚飨。

雩　禜

雩祭：帛用黑、白、青各一具，长一丈八尺。乾隆七年定，《礼·月令》，仲夏大雩，吁嗟求雨之祭也。《尔雅·释训》：舞号雩也。其注亦引“吁嗟求雨”之句。《说文》：雩，夏祭乐于赤帝以祈甘雨。《论语集注》：舞雩祭天，祷雨之处。《左传》：龙见而雩。盖皆言为百谷祈甘雨，求有年也。

仪注：同社稷。

祭　文（部颁）

恭膺诏命，抚育群黎。仰体彤庭保赤之诚，勤农劝稼；俯维蔀屋资生之本，力穑服田。今甲爰颁，肃举祈年之典；惟寅将事，用申守土之忱。黍稷惟馨，尚冀明昭之受赐；来牟率育，庶俾丰裕于盖藏。尚飨。

禜　祭

祭城门也。乾隆七年定。旱则雩祭祈雨，涝则禜祭求晴。行礼斋戒，俱照雩祭。

祭　文（部颁）

诏命临民，职司守土。惟兆人之攸赖，并藉神功；冀四序之常调，群蒙福荫。必使雨旸应候，爰沾物阜而民安；庶其寒燠咸宜，共庆时和而岁稔。仰灵枢之默运，聿集嘉祥；襄[①]元化以流形，俾无灾害。尚飨。

厉　坛

国初顺治年定，雍正三年添设饭米。每岁春则清明，秋则七月望日，冬则十月朔日，凡三祭。先期一日，牒本县城隍，焚牒文。祭日，迎城隍行神于坛上，两旁分列本境无祀孤魂各位。

祭品：羊、豕、米饭。

牒　文

四川直隶茂州汶川县知县某，为祭无祀孤魂事，某等遵依某[②]功，今于某年某月某日，洁备牲酒汤饭，致祭无祀孤魂。理应移牒于神，先期召集本县阖境无祀孤魂，至日悉赴坛所，普享一祭。为此预行移牒，祈照依奉施行。

某年某月某日移

祭　文

维某年某月某日，四川直隶茂州汶川县知县某，遵奉祀典内开载。普天之下，后土之上，莫不有人，莫不有鬼神。人鬼之道，幽冥虽殊，其理则一。独念冥冥之中无祀孤魂，昔为生民，未知何故而死。其间有遭兵刃而死者，有遇水火盗贼而死者，有被人劫财而逼死者，有被人强夺妻妾而致死者，有妄受刑祸以负屈而死者，有天灾流行以疾疫而死者，有为猛兽哮虫所害而死者，有为饥饿寒暑所迫而死者，有因战斗伤身而死者，有因危急自缢而死者，有因墙屋倾压而死者，有死后并无兄弟妻子者，有死后并无宗族甥婿者，此等孤魂，或终于前代，或殁于近世，或兵戈扰攘流移于他乡，或人烟断绝久缺其祭奠，悲号于星月之下，呻吟于风雨之中。凡遇人间令节，魂杳杳而无依，意悬悬而望祭。兴言及此，曷胜凄惨！故令本处有司依时祭享，仍命本处城隍亲为监临。今某等不敢有违，设坛城外，以某年某月某日，洁备牲醴羹饭，致祭合境无祀孤魂。灵其不寐，来格来歆。尚飨。

① 襄：同治《直隶理番厅志》写作“勷”。

② 此“某”及“某年某月某日”，原皆空缺，今补入，下文亦如此。

乡饮酒礼

每岁正月十五日、十月初一日，于儒学行乡饮酒礼。前一日，执事者于儒学明伦堂依图陈设坐次，司正率执事者习礼。至日黎明，执事者宰牲具馔。主席及僚属、司正先诣学，遣人速宾僎以上。比至，执事者先报曰：宾至。主席率僚属出迎于庠门外，揖，入，主东宾西，三揖三让而后升堂，东西相向立，赞两拜，宾坐。执事者又报曰：僎至。主席又率僚属出，揖让、升堂、拜坐如前仪。宾、僎、介既就位，执事者唱：司正扬觞。执事者引司正由西阶升堂中，北向立，唱：宾僎以下皆立。唱：揖。司正揖，宾僎以下皆揖。执事者以觯酌酒授司正。司正举酒曰：恭惟朝廷，率由旧章；敦崇礼教，举行乡饮，非为饮食。凡我长幼，各相劝勉：为臣尽忠，为子尽孝；长幼有序，兄友弟恭；内睦亲族，外和乡里。无或废坠，以忝所生！读毕。执事者唱：司正饮酒。饮毕，以觯授执事。执事者唱：揖。司正揖，宾僎以下皆揖。司正复位，宾僎以下皆坐。唱：读律令。执事者举律令案于堂之中，读者诣案前北面立，宾僎以下皆立，行揖礼。读曰：《大诰》，乡饮酒礼，序长幼，崇贤良，别奸顽。其坐席间，年高德邵者居上，高年淳笃者并之，以次序齿而列。其有违条犯法者，不许干与良善之席，违者罪以违制。敢有喧哗失礼者、扬觯者，以礼责之！读毕，复位。唱：供馔案。执事举馔案至宾前，次僎、次介、次主各以次举讫。唱：献。宾主起席北面立，执事者酌酒以授主，主授爵诣宾位置于席，稍退，赞两拜。宾答拜讫。复献介。礼亦如之。毕，主复位。赞唱：宾酬酒。宾起席，介从之，执事者酌酒授宾，宾受爵诣主前置于席，再拜讫，各就位坐。执事者分左右立，介，三宾、众宾以下，以次斟酒于席讫。赞唱：饮酒。或三行，或五行。供汤。又唱：斟酒、饮酒、供汤三巡毕。唱：撤馔。撤讫。唱：宾、僎以下皆行礼。僎、主、僚属居东，宾、介、三宾、众宾居西，赞两拜讫。唱：送宾。以次下堂，分东西行，仍三揖，出庠门而退。

凡乡饮酒礼：主：知府、知州、知县。如无正官，佐贰官代之，位于东南。大宾：以致仕官为之，位于西北；僎：择于里中年高有德之人，位于东北；介：以次长，位于西南；三宾：以宾之次者为之，位于宾、主、介、僎之后。除宾、僎外，众宾序齿列坐，其僚属则序爵。司正，以教职为之，主扬觯以罚。赞礼者，以老成生员为之。

诗　歌

工歌《鹿鸣》《四牡》《皇皇者华》，笙《南陔》《白华》《华黍》；歌《鱼丽》，笙《由庚》；歌《南有嘉鱼》，笙《崇丘》；歌《南山有台》，笙《由仪》。于是合乐《关雎》《鹊巢》《葛覃》《采蘩》等诗。饮讫，撤馔。此乡饮酒礼之乐章也。

附：乡饮酒图

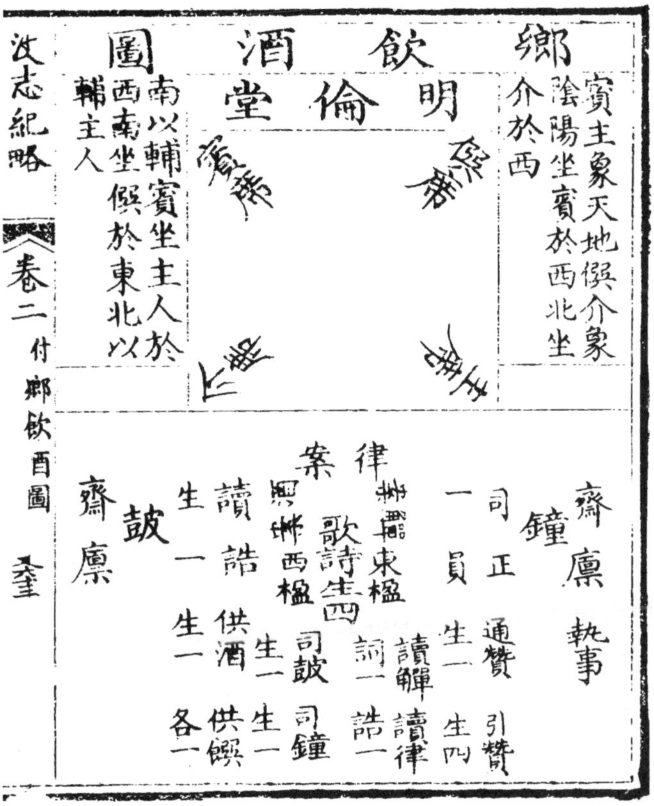
鄉飲酒圖
明倫堂
賓主象天地僎介象陰陽坐賓於西北坐介於西
南以輔賓坐主人於東北以輔主人
律案
齋廩
鐘
執事
司正一員
通贊生二
引贊生四
讀律
歌詩生四
鼓
齋廩
供酒生一
供僎各一
汶志紀略
卷二
付鄉飲酒圖

卷　三

选　举

薛氏曰：余按，古今论西蜀人文之盛者，必曰：岷峨毓秀、江汉炳灵。汶山镇岷临江，宜灵秀焕发，代不乏人，乃间生若此，何哉？或者谓：山行南驰，江流奔下；发源之区，精淑靡聚；金气刚烈、水土迫促。故其人勇悍轻狡，取于目前而忘远虑；掇华衔藻，乏浑深坚厚之诚。虽有美质奇器，罔克培植，以底于成，则亦山川之故也。噫！周秦同地而修短殊焉，跖季同气而善恶异焉。性近习远，亦在乎人焉耳。若以地近荒服，灵秀不钟，则所谓舜文夷产，大禹羌生者非耶？余考山川之说，有聚有散。汶川，山水之聚处也。自北来七百里，一锁于漩口，再锁于青营，至灌口而散焉，其为气也厚矣。先世科名，尚一间出。近何寥寥？意者畜而必发，将迟之又久，而后有以大发，其复耶！为选举志。

甲　科

元友谅，唐元和年进士。

乙　科

董　策，明万历乙卯举人，任河南巩县知县。

杨开运，清顺治甲午举人，任福建福安县知县。

郭安世，康熙己酉举人，任湖北黔阳县知县。

郭经世，康熙辛酉举人。

马士骥，康熙癸酉举人，任陕西河州知州。

杨　珏，康熙戊子举人。

刘之炳，乾隆丙辰举人，任涪州学正。

高　溥，康熙甲午举人，任南溪县教谕。

孟　侯，康熙丁酉举人。

董朝纪，乾隆辛卯经魁。

郭　璜，雍正癸卯举人。

高　炯，乾隆丙辰举人。

孟其才，乾隆庚寅举人。

周化南，乾隆甲寅举人。

武乙科

汤德一，明□□举人。
李　瑜，康熙甲午举人。
杨　瑛，康熙丁酉举人。
刘　瑛，康熙庚子举人。
黄　甲，雍正丙午举人。
高泽衔，雍正乙卯举人，任达州千总。
王德溥，乾隆丙午举人。
马大骧，乾隆己酉举人。
曾应昌，乾隆甲寅举人，任漕河千总。

选　拔

孟　琦，明拔贡，任湖北永明县知县。
孟绍孔，明拔贡，历升云南曲靖道。
高应宿，明拔贡，任湖北善化县知县。
高仕祥，明拔贡，任湖广蓝山县尉。
王学文，雍正七年拔贡，任安县教谕。
罗大纬，乾隆五年拔贡。

明　经

孟时正，任河南西平县知县。
董嘉猷，任河南昌平县知县。
孟时寅，任山东知县。
董继志，任江西抚州府通判。
郭干城，任梁山县教谕。
董　琪，任湖北襄阳县丞。
高仲选，任大足县教谕。
蹇宏誉，任江南华亭县丞。
郭　鼎，任纳溪县教谕。
孟光斗，任隆昌县教谕。
郭景仪，任成都府教授。
曹繁祚，任蓬州训导。
孟缵孔。
郭应举。
孟缉孔。
贾文龙。

高符升，任蓬溪县训导。

马腾霄。

高步衢。

郭大忠。

蹇　升。

郭　琅，任富顺县训导。

孟光称。

郭万里。

马士珣。

郭凤翊。

张应昌。

郭晴皇。

余宗裔。

郭维皇。

董如瑗。

郭翊皇。

高扶翼。

胡　珽。

贾士俊。

高　玺。

陈　章。

董　上。

孟　畯，任雅州府训导。

高联元。

郭翊世。

高双元，任南江县训导。

胡　钰。

孟　闾。

胡大椿。

孟　訢。

孟申生，任安岳县训导。

高　灏，任资阳县训导。

董林芳，任大宁县训导。

高一桂。

马于班。

董　诲。

董士彦。

董洪经。

董士哲。

杨一揆。

罗大清。

高　模。

董敏学。

汤　瀞。

董　谐。

汤　法。

马于琏，任永川县教谕。

郄廷模，任新宁县训导。

郭文珩，任通江县训导。

方国璠。

马学乾，任合江县训导。

孟其业。

高从孔。

孟其敏。

王式贤。

董步瀛。

陈先达。

连士镠。

贾德申。

郭　锜。

孝　义

历代正史皆立《节义传》，或称“节孝”，或称“忠义”。妇人女子别为一传，曰“列女”，比而合之，以志一朝之事。近来，为邑乘者，多仿此意，不以地之偏小而忽诸。汶邑边徼，前代事多不传。献贼之乱，有蹈白刃、捐家室而不顾者，岂匹夫匹妇之为谅耶？他若为善于乡，古称独行。因为人无几，编为一帙，以存其概。

郭干城，邑贡生，少孤，事母孝。县令娄君赠以匾，曰“纯孝可风”。官梁山县教谕。自少至老，不言人过。

高仲选，邑贡生，官大足县教谕。既归里，甲申之难，闻贼犯阙，率子德馨及妻女七人投水死。

孟时正，邑贡生，知河南西平县建学课士，爱民如子。归里，赈贫好义，人咸钦服。

朱让栋，号几山，明宗室也，袭封奉国将军。笃孝友，常捐资内外婚丧，以居让族人之贫者。中年丧妻，不复娶。

李氏，汶川人，明中丞燋嫡配，封恭人。年二十三，燋没，事舅姑孝，抚子成立，守节六十五载。祀节孝祠。

高韩氏，无考，从祀节孝祠。

高牟氏，郫县明经牟思槐之女。年二十二适邑生高淳，五载而寡，守志养姑舅，以孝闻。抚侄如己出，宗祧赖以不坠。

苟罗氏，邑之处女也。年十五，无赖子欲玷之，力拒得免，自缢而死。奉文旌表。

桑朗麦氏，瓦寺宣慰司荣宗之母也。夫容忠卒，子荣宗幼，氏抚之成立，一应军民差役诸事务，经理得宜，笃志守贞，满三十年。将事者以上闻，题名旌表，崇祀节孝祠。

余既纂邑志，而邑生高万昆之母苏氏，奉姑训子，守节垂三十年，未满而卒。前令以未合例，故未题表，聊志于后。

风　土

天下之大，乡邑之小，方舆既限，风俗异焉，土宜分焉。天气之寒暄，地力之厚薄，人情之醇浇，物类之美恶，皆不相同。故曰：千里不同风，百里不同俗。《禹贡》载“田赋之上下”，《周礼》称“男女之多寡”，《毛诗》纪“《国风》之贞淫”，皆所以导人情而出治化，本地势以施政刑也。汶邑山高风猛，地瘠民贫，而置邑最久，历来不废者，岂非以地分边腹，人杂华夷，风土之陋，往往为人稽笑。而其实事简民醇，风气近古，可以合番夷为一家，联中外为一体者乎！人分羌汉，里分上下，羌汉之俗，迥不相同。即上下里，人情地脉，亦有小异。语曰：庶而富教。汶地无土，无以聚人焉；能庶，无以生财焉；能富，惟在司牧者生养安全，无惊扰我民焉耳。于是，采旧说之载者纪之，为风土志。

《华阳国志》曰：土地硗瘠，人士俊义。

《通志》云：石田山地，俗尚勤俭；咿唔之声，彻于四境。

《绳州旧志》云：汉服诗书，羌遵王化。

旧说：地瘠民贫，风淳讼息。其人诚朴，其俗俭，士颇知自爱。又云：人好弓马，勇悍相高。又云：婚丧之礼，饶有古风。冠婚用鼓吹，葬必深茔厚穴，尤淹殡。祭祀诚信，人尚鬼。此汉俗也。

羌人病不服药，以祷为事。殁用火化，检骨掩之。尝于二八月朔日，烹羊煮酒，祀山神为社，男女合食，即报赛之意。所居叠石为碟。妇女织毛为衣服。此羌俗也。

邑人董生曰：县自沙坪关以上多风，常患旱；自映秀湾以下多雨，常患涝。旧治以上，土性横，田可灌溉；近城上下，土性直，不可溉；兴文坪以下，土性潮润，不须灌溉。大江以东，溪水多白色，浣衣鲜洁，其人皙白；江以西，水色多黑，其人黧黝。地气然也。

按：汶邑地势南北亘二百里，东西深山大泽亦总得三四百里。然较其居民，只六七百户耳。民皆世业，俗尚重迁，游荡之徒不入其境。天无时不风，地无处宅土。团沙为田，垒石作室。冬春积雪，早晚生云，霾雾弥沦，烟岚横罩，雷生屋角，雨起山腰，怒浪奔涛，飚沙飞石，风土之猛，无异沙漠。地不产谷，桑不茧蚕，织毛为衣，和酪作食。五月着皮，三时下坝，艰于食力，习在勤劳，瘠土之民良善，理或然也。其地羌汉并处，其土羌汉杂耕，然各安其业，耦居无嫌。羌民附山而居，耕田凿井，勤劳艰辛之状，苦不可言。而岁时伏腊，酬酢往来，击鼓迎神，烹羊送腊，差徭征赋，勉力趋公。衣食语言，自为风气。汉民风俗，无异郡城。惟是人敦古处，俗尚醇良而已。羌民之情，最嗜小利，略加煦育，则欢欣鼓舞，亲上之意，出自天真。男耕女绩，夫唱妇随，嘻嘻喁喁，陶然乐也。无怀葛天之民，又何异焉？

附：物产

余为邑志，而鸟兽草木之类，不可得而知也。邑人董敏德，家世业儒，又能遍观尽识，有《物产》一卷，为采其尤雅者载之。

谷

麦，有数种。秋种夏收曰宿麦，粒小者曰米麦，穗短而毛者曰草麦，长而多颗者曰青稞。

油麦，荞麦也。《尔雅》：蘥，雀麦。注：即燕麦也。

芋麦，川中皆呼包谷，北方曰玉茭。

莜，荞也，甜苦二种，春冬两熟。

黍，一曰穈。

粱，膏粱也。

豆，菽也。有数种，曰黄豆、胡豆、豌豆、爬山豆、绿豆、黑豆。

粟谷，谷也。惟县属有。《尔雅》注：江东人呼粟为粢。

稻，谷稻也。县境最少。

麻，有数种，曰苏麻、胡麻、菜麻、芝麻。

蔬

圆根，芋也，产山上，移栽平地即成蔓菁。《蜀都赋》曰：蹲鸱所伏。

瓢儿菜，一名厚皮菜。

罗汉韭，韭属。

鹅头薤，薤属。

鹿耳葱，葱类。

齐头蒿，一名鱼尾嵩。

长馨菜，苦荬也。《尔雅》注：谁谓荼苦，苦菜可食。

山蕨，青白二种，根可作粉。

山菌，川中呼为菌，北方呼为蘑菇。

西瓜，小而多子。

花　果

桂，黄、白二色。

梅，遍生山岭。

兰，有二种。一茎一花冬开者，无香；一茎数花，春开者，最香。或曰蕙也。

荼蘼，黄、白二色，或曰七叶芸香。

牡丹，红、白二色，白者佳。

夜合，合欢也。

杜鹃花，即羊踯躅，或曰艳山红也。

茂林春，株如楠花，红紫色，极艳。

石榴，最大，味甘。

梨，极爽。

桃，有大者，味甘。

木瓜，味极酸。

竹　木

桤。

榆。

青桐，楢杻也。《山海经》：楢杻，木，音秋。

花樟。

香杉，《尔雅·释木》作“煔”。

红豆木，色赤极细。又有合欢木、交让木。交让两树对生，一荣一枯。《蜀都赋》曰：交让所植。

白果，木色白，极细，又有鹅掌木、罗汉木。

楠，有数种，香楠最少。

枇杷木，十二年而一实，状如小枣，无核而味酢。

竹有数种，斑竹、龙竹、白荚竹、苦竹、慈竹、紫竹，又有筋竹、油竹各名。

货　物

茶，茅田最佳，又野产白茶树，极大。

蜜之底为黄蜡，陆佃云：蜂之化蜜，必取匽猪之水，注之蜡房，而后成蜜，故谓之蜡者，蜜之跖也。苏轼诗：蜜蜂采花作黄蜡，黄蜡为花亦其物。

碱，荞灰烧成。

漆。

桐炭。

煤炭。

白土，又有缁土。

花蕊石，珉石也。《山海经》：山下多白珉。

药　材

茯苓。

百合。

羌活。

贝母。

蜘蛛香。

五加皮。

大母花、冬虫夏草，皆生雪山，近茂州马厂。

鸟

鹖鴠，司晨鸟也。

鹈鹕，鹅也，喙长，可啄鱼，故不濡味。《尔雅》：一名鴮鸅。

鹦䳇，婴母也。

竹鸡，泥滑滑也。《博物志》：白蚁闻声化为水。

雪鸡，山鸡也，青黑色，可十余斤。双目向前，性绝痴。《山海经》曰：蝺渠，黑身赤足，雉类。县境雉种甚多，有锦鸡、白鹇诸名号。《山海经》：“岷山鸟多白翰，赤鷩，一名鵫雉，又曰：白雉。”

杜鹃，杜宇也，声曰“子规”，口鲜红如血。

鹡鸰，点水雀也，一名雍渠。《尔雅》注：“飞则鸣，行则摇。”

鸴鸠，鸤鸠也。郭璞谓为鸴斯，或云窃脂，即桑扈也。

钩辀革戛，鹧鸪也，又曰懊恼泽家。状似鸽而翅长，有翠毛，将雨则旋飞。其名自呼也。土人呼为铁翎爵。《山海经》云：赤身白首，名曰窃脂。郭璞注为小青雀。

行不得也哥哥，鸠属，其名自呼也。雌雄相应而成声。《本草集解》云：鹧鸪啼声。非是，其形状不类。

点灯捉蛒蚤，状如鸠而足高，黑色，夜鸣不歇，其名自号也。

黄鸦，绀色，有花翎，能言，俗呼“沙和尚”。

青铜鸡，黑首白喙，雌雄相应也。

桃花爵，绿身花翅，赤喙绀趾，二月来食桃花。

兽

野牛，夔牛也。《山海经》：岷山多夔牛，又有犏牛，肉可千斤。

山驴，羬羊也。状如羊而马尾，大如驴。

小羊，麢羊也。《山海经》：岷山多夔牛，麢臭犀兕。

山豕，野猪也。耳立，牙横出。又有黄毛猪，味最脆。

果子狸，狸也。最肥脆，食白果所致。又有九节狸，毛最温厚。

汇豕，豪猪也。《山海经》：状如豚而白毛，大如箕而黑端，名曰毫彘。注：狟猪也。吴楚呼为鸾猪。

熊，有数种，有马熊、猪熊、狗熊。又有白熊，白团花毛，性最痴。

猴，有数种。黄猴、青猴，皆果食。唯细臂长股、长毛、金色赤面，曰狨，即猱也，俗名金线猴。他猴见之，不能走，择其肥者啖之。《山海经》：岷山多熊罴、猿蜼。注：蜼似猕猴，鼻露向上，尾四五尺，头有歧，苍黄色，雨则自悬树，以尾塞鼻也。

虫

羌活鱼，生羌活丛中。

百节虫。

涎涕虫，可制蜈蚣。

老木虫，蝤蛴也。《尔雅疏》：《方言》云：关东谓之蝤蛴，梁益之间谓之蝎。其在木中者白而长，故诗人以比妇人之颈。《诗·卫风》：领如蝤蛴。

鳞

重唇，细鳞也。或曰嘉鱼。

虎鱼，无鳞、大首、圆身、巨口，或曰《山海经》所称鳛鱼者是，未审。

石扁头。

黄蜡丁，有毒。

山川

汶川之山，为蜀山之首。其川，则江源也。山之麓，水之湄，鸟道蚕丛，设立城县，盖以山川为城池者也。其山岷山，其渎汶江，其浸则有若龙池者是。昔人有考其源委者云：《禹贡》“岷山导江”，《史记》作“汶山”。《汉·地理志》：岷山在湔氐道西徼外，江水所出。郭璞曰：岷山在广阳县。《华阳国志》：汶山在汶山郡左封县，又汶山在临洮郡临洮县。《括地志》：岷山在溢乐县，连绵至蜀几二千里，皆名岷山。《寰宇记》：羊膊山在平康县。《舆地广记》：岷山在汶山县西北，俗名铁豹岭。《方舆胜览》：《禹贡》梁州之山四，岷、嶓、蔡、蒙。西山皆岷，北山皆嶓，南山皆蒙也。《舆城记》：有人分水岭，在卫西北二百二十里，有二派，一东南流为大江，一西南流为大渡河，或曰：即羊膊岭也。《一统志》：在茂州列鹅村，去州四十里，其高六十里，山有九峰，四时积雪，经暑不消，每晨光射之，烂若红玉。去成都五百里，西望之，若在户牖，居人呼为九顶山。杜子美诗所咏西山是也。《元和郡县志》：岷山郡汶山，南去青城山百里，天色晴明，望见成都；山顶积雪，尝深百尺，夏月融消，江为之溢，即陇之南首也。史注云：在陇西郡岷州溢洛南一里，连绵至蜀二千里皆为岷山，连峰叠岫，重接险阻，不详远近，青城、天彭诸山之所环绕，其为羊膊山、为铁豹岭、为渎山、为鸿蒙、为汶岭，皆是也。江自湔氐道西徼外，流入松潘北，又东南经叠溪茂州，过保子关索桥外，东合沱水，入汶川县。《益州记》：大江泉流，始发羊膊岭下，缘崖散漫，小大百数，殆未滥觞。东南下百余里至白马岭，回行二千余里至龙洞，又八十里至蚕陵县，又南六十里至石镜，又六十余里而至北部。《元和志》：有江源镇，在汶川县西北三十里。《江源记》

云：江发源于陕西临洮之木塔山，水自山顶分东西流，东流者即岷江也。由草地甘松岭八百里至漳腊，由磨刀湾达于松潘，至下水关入红花屯，经叠溪至穆肃堡。黑水从南合之入深沟，经茂州至汶川转岭，合草坡河，出蚕崖关，至灌口，分道而下。在威玉垒山为玉轮江，在汶川为皂江，在灌口过新繁入成都为外江，自灌为锦江，由温江东流入府为皂江，自落口分流，经汉州、新都入简州、资阳为中江。《省志》：一名湔水，湔水每斤较沱水轻二两。湔水即次玉水也。按：江源出于黄河之西巴颜哈拉岭七七勒哈纳，番名岷捏撮。《汉书》所谓“岷山在西徼外，江水所出”是也。古人谓：江源与河源相近。又有江河一源之语，汶江其出山处也。因备载其源流，为山川志。

岷山，董生曰：岷有东西二山，大江在其中。江以内东岷也，延袤九百余里，上有九峰，终年积雪，人迹罕到。自西夷鼻浪架岭，绵亘千余里，入川为松之雪兰、茂之铁豹、汶川之玉垒、灌之雪岩、彭之丹景、什之蓥华、绵之武都九龙、安之天台、石泉之石鼓，随地异名，总名之曰崌山。江以外，西岷也。出皂以西，象山延蔓诸番，千里未极。其入内地者，青城、峨眉、蔡、蒙、临邛、瓦山，总名曰崃山。《禹贡》称：岷山之阳。至于衡山，山以南为阳，即西岷也，西岷南下出峡结为衡；山以北为阴，东岷之脉历过九江至于敷浅源而止。按：《山海经·中次九经》：岷山之首曰女儿之山。又东北三百里曰岷山，江水出焉。又东北一百四十里曰崃山，江水出焉，东流注大江。又东一百五十里曰崌山，江水出焉，东流注于大江。考其形势脉络，与鸟兽草木之名，良不诬也。

雪龙岭，在旧治北，即西岷之顶也。人迹罕到，与九峰相对，而高过之。

雁门山，在旧治北二十里。《隋志》有雁门山，即此山也。

玉垒山，旧治城里许，县徙，为威州主山，奇石千尺，翠苍可挹。镌“玉垒山”三大字，甚奇古。或曰宋淳熙时书也。《华阳国志》：蜀山氏王蜀，以褒斜为前门，以熊耳、灵关为后户，以峨眉、玉垒为池泽。或谓在灌县西二十五里。今灌西山巅有玉垒峰、有玉垒墩，灌城有玉垒关，成都有玉垒坊，又有玉垒堂，皆非。

岷峡，在旧治南三里。有奇峰屹立，刻字于上。

七盘山，在县北三十里。有七盘路，险要非常。

涂禹山，俗呼为“同灵山”，土司住宅在江外。或云山上旧有瓦寺，故名曰瓦寺也。

道角山，在治北关内。马道人修真处，有洞曰“道角洞”。

白土坎元阳洞，在治北江外半山。相传为马真人得道处。

须弥山，一名寿山，在县治二里外苏村。山上有灯如火毬，见之者贵，岁有科名，则圣灯现。

挂榜山，在县治学宫之右，如挂榜然。

河屏山，在城西江外五里许。山腰大坪，诸峰罗列。

襄阳山，在县东。《隋志》：北川县有襄阳山。

飞沙岭，一名凤岭，在县治南十里。绝高，小道盘旋，路为沙壅，下临深渊，时时大风吹沙上飞。或曰：山下池水一泓，为杨贵妃少时浴澡处也。

羊后山，县南十里。顶上有平地，名刳儿坪。

马鬣山，在县河西新疆路。

龙泉山，在县南四十里。下有龙泉，祈祷有应。一名骏马泉，若牧马山侧多产骏驹。

白云山，在兴文坪。旧有白云古刹，今废。

巨人山，在治南。

娘子岭，在治南一百里，一名银岭。山岭高绝，越三十里。夏秋多雨，春冬积雪，望若银台。

白岩冈，在县南一百二十里，高十里。

湿坂山，在县南。《水经注》云：自汶山故郡西南一百八十里至湿坂。《元和志》云：在县南一百三十里，岭上树木森郁，常有水滴。《元一统志》作湿冻岭。在今之赵二坝，大江之出岷山处也。

天彭山，一名汶山。在灌县北三十里漩口对面汶江出口处。东西二山如峡，壁立千仞。李冰谓为天彭门，李膺名为天彭阙。

岷江，一名汶江。大江之总名也。《山海经》云：大江出汶山，北江出曼山，南江出高山。高山在成都西。董生曰：岷江之源，古称滥觞。东源弓横岭，与汉水分流者第一源，与嘉陵江分流者为二源，与潼川分流者为三源。西源自人堕出皂沟，与泸河分者为一源；与雅河分者为二源；与邛河分者为三源。由茂州会东路之水，至保县会西河之水，入汶为玉轮江，会草坡、渔溪之水。是江之东源有四，西源有五。东源水白色，质微重；西源水黑色，质微轻。今简州产盐，白色，东源之水也；嘉定产盐，青黑色，西源之水也。

玉轮江，出玉垒山后，经次玉村流入保关城内，经玉垒脚下，出北门入大江。

湔水，出玉垒山中，经新保关，东流入江。

桃川，在县治南三十里。山溪也，水自沟中出，两山桃树盛开，在桃关沟。

尤溪水，在沟内四十里。自龙池流出，地名大寺坪，形如偃月，阔三十余亩。九岭环抱，九涧归池，左右旋作如意形，三抄三叠而下。中有二白龙，长可二尺。池上有鸳鸯一双，败叶入池即衔出。每遇旱祷，请水一瓶，池中起泡，出雾一缕，须臾肤寸而合，澍雨随注。其水自沟中出，经尤溪出楠木园入大江。

龙洞，在治南一百三十里，为龙池之水。入深涧中，石壁对峙，道断悬石板为栈，宽不容车，壁书“龙洞”二字，又书“关塞极天”。水至此，分一半入洞里，不知所之，或云至楠木园山脚下流入大江也。

按：汶川山川之胜，岷山大江而已。其他支分派别，皆会归焉。间有摭拾传闻，敷衍俗说，因地命名，稽之古昔，盖不多见。《寰宇记》曰：七盘山在汶川县北九里，上有七盘坡。唐大历十四年吐蕃入寇，分道出茂州，又扶文，官军败之于白坝，又追之于七盘山。此七盘山之名所见也。但考七盘山在汶旧治之南十里，今云在北九里，误也。《水经注》曰：江水又径汶江导汶出徼外，岷山西玉轮坂下西南行，又东径其县而东注于大江。《水经》又云：江水历氐道，县北有湔水入焉。注曰：水出绵道，又曰绵虒县之玉垒山，吕忱云：一曰半浣水也，盖玉垒山出湔水即所谓玉轮江者也。《寰宇记》曰：玉垒山在县南三里，又有玉轮坂，汶水所经，谓之玉轮江。山出璧玉，即郭景纯所谓“玉垒作东北之标”者。今按，县南三里，盖云旧治也。《方舆胜览》云：七盘山去汶川县九里。志云：即玉垒关也。唐贾岛《送元岩上人归西蜀》诗云：玉垒山中寺，幽深胜概多。药成彭祖捣，顶受七轮摩。去腊催今夏，流光等逝波。会当依粪扫，五岳遍头陀。按，以七盘为玉垒关误也。任豫《益州记》曰：江水自白马岭回行二十余里至龙洞，又八十里至蚕陵县，又南行六十里至石镜，又六十余里而至北部，始百许步。又西北二十余里至汶川故郡，乃广二百余步。又西南百八十里至湿坂，江稍大矣。故其精则井络缠曜，江汉炳灵，白流深远，盛为四渎之首。《元和志》曰：湿坂在汶川县南一百三十七里，岭树森沉，尝有水滴，未尝暂燥，故曰湿坂。此则湿坂为汶之最著者也。又《蜀水经》云：江水东受草坡河，源出天赦山，东受龙潭，东经加渴瓦寺土司，受沙派水，又东经湿坂入江。按，草坡河出天赦山至大邑坪口，出桃关即入大江。而《水经》所称"至湿坂入江"者，其水自卧龙关东下抵三江口，出漩口经湿坂与大江合。《水经》所称误也。又《胜览》云：龙洞在牛溪镇，入洞数步，向南石壁有穴可通，无路可陟。掌洞道人附巨竹一枝于穴内，令游人攀竹而上可达龙池。按，掌洞之说荒唐失实，而龙溪之名误作尤溪，又以尤溪误作牛溪云。其他若须弥挂榜诸名号，盖不得而考云。

按：汶川山川，自茂州来，至青坡入县境，经雁门山，有沟曰雁门沟，深林巨木，深不可测，近处尚有人居，或云通灌之白沙沟。云雁门南下十余里曰次玉，有沟，玉轮江所出。又十里曰七盘，有沟曰七盘沟，古木参天，奇鸟怪兽往来其中。曾有人作木厂，然路险山深，难于搬运，亦废。入沟行二十五里，地名雪花坪，前时曾有居民，今仅存其基。再行三十五里，有池，俗亦呼为龙池，然非白龙池也。自七盘行十里曰板桥沟，有居民，中设木厂，商人以巨木浮江中，乱流而下，名曰放漂，至娘子岭脚下乃编筏运成都也。又南下二十里至县治之北关外，有沟曰大溪，中无居民，深不可测，危崖断壁，坠石荒榛，难于攀跻。传言昔有采药人，裹粮行数日，不知所之，忽见一大地界，庙宇宏敞，出以语人，再觅不得见。或曰：盖仙境也。其地可通龙溪之龙池云。至县以南十里曰安家沟。又十里曰鹦哥嘴，有沟皆浅，近有居民。再十里桃关，有沟曰桃关沟，即所称桃川者也，深远宽阔，差平易，有居民，路可以通尤溪之龙溪池及灌之白沙云。又五里曰佛堂坝，沟深而平易，居民较多，有田土可种植。过彻底关又五里，有村落，俗称罗圈湾，即沙坪关也。其沟通白龙池，路差平。再南下行十五里，至太平驿，沟最深，有居民，可以通茂之马厂及佛堂坝沟。明末献贼陷成都，将掠松茂等州，兵至彻底，地险守御严，不得过，乃由太平沟进，绕出佛堂坝，已越彻底，由是乃得至茂，后从石泉一路归。又南行四十五里，过娘子岭，即古龙溪沟。沟最宽，又最深，可以上至茂，东达彭境，居民繁庶，田土宽广，读书、治生产，此地为最。又产茶，户有茶园以为生计。其水自北来，过尤溪镇，经龙洞出山口与大江合。而大江先从娘子岭脚下循山而南，经湿坂过茅田，折而东至楠木园，尤溪之水入焉。此二百里皆称岷山，深溪大壑，围数百里，其中门户，无不相通。惟是巨木深林，重岩绝壁，行步艰难，绝少人迹，其中所有，不过药物及飞走而已。然每沟壑中，皆有水流出，以汇于大江云。语曰：古山川丘壑无沟称。《论语》：尽力沟洫。《周礼》：十夫有沟。后世河渠、沟洫诸志皆田间水道。山有沟，方言也。两山夹水曰涧，一山中断曰壑。

按：汶川山川，江以内，汶治也；江以外，旧治之西为杂谷山川；新治以西，过索桥则瓦寺土司地。自桃关出口行六十里名草坡，左右皆深山老林，山顶积雪不消，树木荫翳，阴不见日，中通一涧。行三十里有塘汛，名树林口，道愈狭愈险。上下各十五里曰天成山，或呼为青城山，其实则天赦山也。山出泉，流水成河，出草坡，名草坡河，径入大江。山路积雪成冰，春秋冬三时不消。路盘曲蜿蜒不得上，缘附而行。既过山，下十五里有驿站名黄草坪，路渐平，山渐阔。行三十里至跟达桥，水自巴郎山来，绕老凹山足，抵二道桥，出中滩浦，在娘子岭背与大江合。即渡跟达桥，山行更陡，曰老鸦山，外即卧龙关矣。过关行九十里，有大山曰巴郎，即斑烂山，自足至岭盖七八十里，药气迷人。三步一喘，五步一息，竟日而行不过三十里。至大石包，行山顶不过数里即沃日界。水之在卧龙关者，一出牛头山，一出围塘，一出鹿耳坪，东行至三江口合焉。东出水磨沟，即灌县地，抵漩口，对湿坂，汇大江也。山水之属，在瓦寺境者，其略如此。

卷　四

古　迹

迹，蹟也，人与地相值而并传。荐绅先生爱博嗜奇者志焉。然深山穷谷，兵燹风霜，半归零落。今取其可考者纪于左，间附传闻，以当信疑之义，参以考辨，要不诡于正而止。志古迹。

石纽村刳儿坪

县南十里飞沙关，岭上里许，地平衍，名曰刳儿坪。有羌民数家，地可种植。相传为圣母生禹处，有地址数百步，羌民称为禹王庙，又称为启圣祠云。

按：《通志·石泉志》曰：刳儿坪在九龙山第五峰，禹穴碑在县南二十里。而《通志》载：汶川县亦有刳儿坪。

《寰宇记》：石纽村在县西一百二十里，又云：在今茂州之汶川县北四十里。《括地志》云：在县西七十三里。《元和志》：禹生处名刳儿坪，至县治五里。宋眉州刺史计有功曰：《华阳国志》云：石纽，古汶山郡也。崇伯得有莘氏女，治水行天下，而生禹于石纽之刳儿坪，夷人营其地，方百里，不敢居牧，有过，逃其野，不敢追，云：畏神禹。藏三年，为人所得，则共原之，云禹神灵佑之。山下有村曰石纽村，有禹穴，刻“禹穴”二字于岩石，方广二丈，世传李太白书。盖不独会稽有禹穴也。尝求其故，大抵山川曼邈，代远时移，郡邑名号，废置离合，而石纽故处，莫释主名。秦汉而下，为国曰冉駹，为道曰绵虒，为邑曰广柔。一也。汉灵帝析而郡之，曰汶山；后周又析而邑之，曰汶山；唐贞观八年，又析而县之，曰石泉。唐以前，石泉之名未立。谯周、陈寿、皇甫谧皆指石纽为汶山之地。周曰：禹生于汶山广柔之石纽，其地为刳儿坪。寿曰：禹生汶山石纽，夷人不敢牧其地。自石泉名立，其后，唐《地理志》、国朝《职方书》、先儒《舆地记》皆以石纽归石泉，虽莫辨其故，然汶山之山曰铁豹，江水出焉；汶川之山曰玉垒，湔水出焉；石泉之山曰石纽，大禹生焉。合之则一，离之则散，处于三邑之近。石泉始隶于茂。宋熙宁割隶于绵。政和抚戎，又升而军之。传曰：反本求古，不忘其所由生。越之人曰：吾禹之会稽。楚之人曰：吾禹之宛委。思其人，宝其地。使蜀之人不曰：“吾禹之石纽？”是不知天降神，地发祥，人允赖也。

按：以禹穴为刳儿坪，非是。

明杨升庵慎曰：广柔，隋改汶川，今之石泉县也。石纽村，今之石鼓山也。其山朝暮二时有五色祥气，又有大禹采药亭在大蒙山，其地药气触人，往往不可到。禹穴者，禹藏书之所也。按《正义》：禹至衡山，梦见绣衣男子，自称元夷苍水使者，却倚覆釜之山，东顾谓禹曰：欲得我山神之书者，斋于黄帝之岳崖石之下。三月季庚，乃登宛委之山，发石得金简玉字，以知水泉之脉。及治水功成，乃藏书于所生之地焉。按《广舆记》：会稽之穴，石如臼，可知非藏书所也。

按：以汶川为石泉、石鼓山为石纽，非是。

明王舜卿曰：大禹，黄帝五世孙。父曰鲧，娶有莘氏之女修己，见流星贯昴，娠而生禹于石纽山。又曰：圣而不可知之谓神，人而至于神，不可以复加矣。圣人以神称者，惟炎帝与禹耳。炎帝以医药永民命，万世享其寿，故称神农。禹以治水振民生，万世享其利，故称神禹。呜呼！非天下之至神，孰能与于斯？又云：风泄土襄，云兴寸石，在物云微，宜彰所自。禹，圣人也，精一执中，二帝授其道，地平天成，万世赖其功，巍巍不与，孔无间然。发迹之地，吾人可冥然乎？正尝瞻禹穴，已异其地之秀灵，及阅有功之庙文，缗华阳之国志，按杂史以求源，本《禹贡》而著绩，观鼎瑚、轩辕之迹可寻；过尼山，曲阜之容可挹。正遂纂而为纪，以祛群疑。涉于伪妄者，计有功已不书，正曷敢赘？又曰：按大禹生于石泉石纽山。石泉，古广柔县地，即今茂州也。陈寿、谯周及《华阳国志》皆云：禹生汶山郡石纽之刳儿坪。

按：以石泉为广柔县即茂州，非是。

邑令郑命新于戴家坪立碑纪事云：县南十里许，名飞沙关，山顶有石纽刳儿坪，相传即禹诞生处。论者谓禹为石泉人，盖泥石泉县有禹穴故耳。不知禹穴为憩息处，无石纽名。今考《蜀志·秦宓传》谓：禹生石纽，即今之汶川郡。按汶始于汉，五代时，置郡置县，称汶山、汶川不一。自隋及唐，罢郡建汶川县，属茂州，至今因之。《皇舆表》载：汶山县省入茂州，汶山即汶川也。谯周《本纪》：禹本汶山郡广柔县人，生于石纽，其地名刳儿坪。按广柔县，晋初属汶山郡，寻废，则广柔之地已并入汶川也。今刳儿坪石纽现在，知禹生汶川，洵不诬矣。夫神圣诞生之区，后人往往传闻附会，争之为里邑光。况禹生汶川，稽之往册，实有明征。而竟令其久而不传，则官斯土者之咎也。因续入志乘，并泐石焉。

按：以禹穴为游憩所，无考。

太初李元《禹迹考》云：汶邑之南十里许飞沙关，俗称凤岭，岭端平衍，方可十余亩，土人传为刳儿坪。坪南悬崖峭壁，下临岷江，前有巨石百丈，前人摩崖书“大禹王故里”五字。保县南四十五里，禹穴在焉。保县治，即汶邑之故治也。加渴瓦寺土司署，在治西北十里，谓之涂禹山，与刳儿坪相距十里有奇，盖即涂山氏之故国。余自入川以来，留心搜访神禹之迹，其所得者如此。因而，考诸载籍以证之。《易林》云：舜升[①]大禹石夷之野。《吴越春秋》云：禹家于西羌，地名石纽。《水经注》云：广柔县石纽乡，禹所生也。《青城记》云：禹生于石纽，起于龙冢。龙冢者，江源岷山也，有禹

① 升：当为“生”。

庙镇山上，庙平八十亩。《益州记》云：广柔之石纽村，其地名刳儿坪，夷人不敢畜牧，畏禹之神也。《元和郡县志》云：禹，汶山广柔县人，生于石纽乡。《路史》云：石纽在汶山西番界，龙冢山之原。《括地志》云；石纽山在汶川县西七十三里。《寰宇记》云：石纽山在汶川县北四十里。广柔县者，汉武帝所置，至晋而废于羌，邑乘家以为今之保县也。保县本汶川之地，则禹为邑人无疑矣。石纽山当即飞沙关，与《青城记》所言形势相符。而山有神灵，行旅肃然而过，毋敢喧哗，如敢不肃，飞石伤人。得毋《益州记》所谓禹之神者耶?《石泉县志》乃谓：其治南一里石鼓山即石纽山，治南二十里有九龙山、有刳儿坪，崖镌“禹穴”二字。然与诸志不合，而龙冢、江源去之更远。“禹穴”二字，盖好事所为也。石泉为广柔属地，故得而附会之。今会稽亦有禹穴、涂山，岂禹生于浙，而涂山迁都于越州乎？不足据也。夫禹迹之著于汶邑者，在在可据，而见于载籍者，亦班班可考。是汶邑在唐虞之世，皆时雍之黎民，而神尧之所协和也。自吐蕃侵扰，羌人窜据，居民播迁，遂为荒服，而神圣故迹，乃移于文人歌咏之乡矣。邑风淳朴，未有好事而附会者，则碑碣之仅存，宝同彝鼎；故老之传述，义胜简编。神禹之明德远矣，余也详说而表彰之。

按罗泌《路史》载：禹先出于高阳，高阳生骆明，骆明生白马，是为伯鲧。蜀山氏出自人皇、蚕丛、柏濩、鱼凫，最后乃得望帝杜宇，是为满捍，盖蜀之先也。高阳颛顼之祖曰昌意，黄帝之震嫡也。娶蜀山氏女曰景鶮，生乾荒。乾荒亦娶于蜀山氏枢，是为河女，所谓淖子也。淖子感瑶光而生颛顼。鲧，高阳氏孙，字熙，汶山广柔人也。鲧纳有莘氏女曰志，是为修已，年壮不字，获若后于石纽，服媚之而孕。岁有二月，以六月六日屠腹而生禹于僰道之石纽乡，所谓刳儿坪。长于西羌，西夷之人也。师于大成挚，学于西王悝。

《蜀志》云：禹生于石纽，今之汶山郡石纽山也，在西番界龙冢山之原。《水经注》云：禹生广柔县石纽村。《青城记》云：禹生于石纽，起于龙冢。《世纪》作“石坳”。任豫《益州记》云：广平之石纽林[①]者，今其地名刳儿坪，又作痢儿畔。赵华[②]《吴越春秋》云：女嬉于岷山，得薏苡而生高密，地曰石纽，在蜀西川也。《世纪》云；修已行山，见流星贯昴，梦接薏感，生禹于石纽。《遁甲开山图》荣氏注云：女狄暮及石纽山下，泉中得月精如鸡子，爱而吞之，遂孕，十四月而生禹。又《十道记》：石纽为秦州地名。《青城记》云：龙冢，江源岷山也，有禹庙，平八十亩，每朔望池自满，继有水给千口。《蜀本纪》云：禹生石纽，本汶山郡广柔县人。

按：数说皆言生于石纽。

又《易林》云：大禹生石夷之野。《正义》云：禹名文命，字密，身长九尺二寸，西夷人也。《后汉书》戴良曰：大禹生西羌。《洛书》云：有人出于石夷。《随巢子》谓，禹生昆石，又谓禹生碣石之东。

按：数说皆不言石纽及刳儿坪。

① 林：按上下文意，当为“村”。

② 赵华：当为“赵晔”。

按：石纽之说，见于陈寿《三国志》之《秦宓传》及谯周《本纪》，二子皆蜀人。周作太史，寿仕晋，称为信史。传信传疑，固当不诬。虽然，犹有说秦皇焚书，故典殆尽，汉武下诏求遗，犹多伪作。龙门太史，历数十年，博采散逸，访求故实。其曰：上会稽而探禹穴。此言禹巡狩处，云穴，则葬处也。未明其所生处。作《本纪》谓：禹名文命，不言生某处也。《索隐》注亦无是说。而《正义》引扬子云《蜀王本纪》云：禹本汶山郡广柔县人，生于石纽。则唐长史张守节所述者也。《左氏传》出《史记》后，所称鲧禹事，俱不言所生。司马长卿，蜀人，博学，未言及。《春秋繁露》，董子作，曰：禹生发于背，未明其地也。至西汉末，扬子云著《蜀记》乃称：鲧为广柔县人。而刘向、班固、桓谭辈所著如《白虎》《新语》等书，总未道及。盖扬雄妄诞，千古罕有，其说亦无有述者。郑康成，后汉人，博雅醇正，为东都第一，历考古注，未有以大禹为生石纽者。王充、蔡邕，异人异书，皆未有论。岂扬雄曾为是言，而蜀人谯周、陈寿等传之耶？自是以后，旁见杂出，繁引博称，竟以禹生石纽，为确有所据，不知皆扬子云“鲧为广柔人”一言导之也。汲冢书《竹书纪年》西晋时方出，其中如舜会西王母，太甲杀伊尹，武乙杀王季等言，皆荒谬过甚。其纪帝王年岁，亦未有禹生石纽之说。《易林》，前汉时书，戴良，后汉时人，不过曰“西羌及石夷之野”而已。此皆不可知之事也。后之人既以禹确为石纽生，又以石纽为广柔县，而广柔为汶川古废县，则石纽当在汶川，而禹固宜为汶川人也。或以石泉有禹穴，谓石泉亦旧属广柔。计有功遂以禹穴字为石纽，岂不牵强？杨用修石鼓山之言，诬罔已甚。文人博议，大抵皆然。大要，志石泉则引归石泉，志汶川则称系汶川而已。或曰：石泉置县在后，汶川置县在前，汶川又系广柔废县，则禹生石纽刳儿坪为汶川地，于说为较长云。

按：汶山郡之名，茂州、汶川、灌县皆曾置建，是三邑皆可称汶山。而汶川县之名，乃绵虒故县地，他邑不得而混也。唐置茂州，因置石泉，是二处皆汶山郡地，于汶川置县绝不相与。旧称禹广柔县人，广柔废县在今治之南大邑坪，遗址尚存，与石泉盖风马牛不相及矣。扬子云称：鲧为汶山郡广柔县人，岂可以石泉相混乎？《括地志》云：石纽山在汶川县西七十三里。此以汶川旧治而言。又云：广柔废县在汶川治西七十三里。云汶川县西，非汶川之石纽山乎？以道里稽之，亦无不合。《元和志》称：刳儿坪在县治五里。此指广柔县治而言，今飞沙关下大邑坪一带是也。《寰宇记》云：在县西一百二十里。此指汶山郡而言，今之茂州城也。今刳儿坪，离茂州盖一百二十余里。又云：在茂州汶川县北四十里。此指汶川旧治而言，与七十三里之说大同，盖山路参差，传闻异也，言北言西，亦传闻之异。今相其地势，盖在西南。而石泉县乃在汶、茂之东，形势悬殊，何得捏合？以汶考之无不合，以石泉视之不啻秦越矣。况传记皆曰广柔、曰汶川、曰汶山郡之广柔县，盖分广柔县于汶山郡也。然则石泉安可混耶？计有功无可奈何，乃曰：合之则一，离之则散，处于三邑之近。直欲笼统混过，以建石泉之祀。彼其心亦有所不安，而故为此朦混说法也。不然，则耳食之士，未能如太史公之登会稽而探禹穴者。愚既博采汉唐以来之说，复述友人李太初之论，因就扬子云之纪与各传记道里之说，姑为之解，以辨其似是而非者，且以质博闻强识者焉。

廖立故居

汉廖立，徙汶山郡，今其居宅在治北之五龙山右，地名廖公岩。后人于故居址建观音院，即其地也。墓不可考。

前代古墓

旧志县署后有古墓，未详何时人，或曰姓董名策，又曰瑄。前邑令郑命新竖碑为之记。李天骏修城时，迁其墓于北城中，中有圹志，剥蚀不可辨，唯云姓董名光，封某将军云。

玉垒山

治北四十里玉垒山，壁上镌“玉垒山”三大字。《蜀水经》曰：玉垒山在保县东三百里，众峰丛拥，远望无形，唯云表崔嵬稍露之，山石莹洁，可为器，即碔砆[①]之类。唐贞观创关其下，名七盘关，亦名玉垒关。按，在保县三百里。非是。保县旧治离玉垒山亦无三百里，而七盘山离玉垒山有十里许。《名胜记》曰：维州治后，即玉垒山。蜀后主观湔江至此，亲书“玉垒山”三字于州署后，其大盈尺。或云昭烈帝书，或云宋淳熙时书，皆不可考。前松茂副使程凤翔云：昔刘梦得常爱终南、太华，谓此外无奇；爱女儿、荆山，谓此外无秀。及登九华，悔前言之失。盖山水非躬造其胜，心习其情，或耳到而手足心眼未到，未许轻加品题，不独梦得为然也。老人与玉垒作缘，寝息其下者三年，每忆杜少陵“锦江春色来天地，玉垒浮云亘古今”之什，窃谓：锦江春色，刻画天然，无可易矣。玉垒浮云，似于此山真面目，未有理会。因记往岁游青城时，灌以青城之玉垒为玉垒，岂少陵当日上下锦官、白帝间，游迹所至，盖止于灌，未及威耶？夫古人一物命名，无不相肖，况巍然都郡之表出者乎？昔人谓玉垒之在青城者，幽秀深渺，白色苍狗，变幻无端。今观玉垒之在威者，峭壁嶙峋，截然玉立，如垒如城。左太冲所谓“包玉垒而为宇”，盖名与实无不称焉相肖。山既出其真面目以向我，则何敢以少陵足迹未到之玉垒，而使青城窃其似，以冒其名，且使后人谓如子美，容有不相肖之句，诬玉垒以并诬少陵也。至山半有大书“玉垒”二字，传为汉昭烈手书，此不足据。老人所据，据夫三年寝卧其下，领略其体貌性情，不作生客草草评论，以贻他日之悔，山灵之笑而已。若乃穴沸清泉，源本石潭，依稀无异慧山；清冷香柔，功德备焉，向来未遇知己。旧名龙洞，后人复题为“玉液池”，亦觉草草。岂玉垒山下，果有珠如方诸见月津而为水者乎？抑真有鳞物瀺灂其洞中耶？若昙隐大师寓东梁，潭中涓涓沸出，相传每旱祷雨辄应者，不足分八功德水之一也。八功德水注：一清、二冷、三香、四柔、五甘、六净、七不饐、八不疴蠲也。自此泉污塞多年，今春末老人为疏涤而领略之，以渐得其清冷香柔之故。未几，而详请督抚减征之檄适下，边氓困苦稍苏，又龙、蒲诸逆番相继戡定，郡人去卧榻之大患，士庶讴歌，如出潦泉而饮清凉焉。则以谓功德之一也，固无不宜。

① 碔砆：古同“珷玞”。

玉液池

玉垒山下有池曰玉液池，俗称为龙洞。深五丈，阔一丈，上荫异木十余株，各长十数丈，枝叶幽蓼，不见天日。水深四五尺，甚寒而甘，中有鱼四五，长数尺，时游水面，人莫敢玩，谓为龙也。波流绕城而达于江，旱祷即雨。元至正间，石刻“洞龙深处”四大字于洞额。

玉垒行窝

《明史》：王元正，字舜卿，陕西盩厔人。正德辛未进士，官翰林检讨。嘉靖三年，大礼议起，何孟春等二百二十余人跪左顺门，帝使司礼谕退，不从，杨慎、王元正撼奉天门大哭。帝怒，俱下狱，为首者戍边。于是，元正受廷杖，谪戍茂州。初，元正号三溪，少时，有过青城经玉垒之梦，因改号玉垒。及谪，过玉垒山叹曰：前定之矣。徘徊不去。题所居曰“山水间读书处”，人号玉垒先生云。

张道古墓

玉垒脚下，有张道古墓。《蜀梼杌》曰：蜀王建武成二年，召张道古为武部郎中。道古至玉垒，谓所亲曰：吾唐室谏臣，终不能拳跪与鸡犬同食，今召还，必再贬此，死后葬关东不毛之地，题曰“唐左补阙张道古墓”。

懿简王墓

明天顺四年，蜀和王第五子封汶川，名友壒。成化年薨，谥懿简。墓在县灵溪山。子荣康王申销嗣。销薨，子宾潼卒，次子恭僖王宾沙嗣。沙薨，子让栕卒，孙安惠王承炯嗣。炯薨，子宣𨭚嗣。府在城内，明末毁于兵。今失其基址。

石　室

《寰宇记》云：冉駹夷人所造者，高十余丈，山岩之间，往往有之。按汶治一道，皆冉駹旧地，风俗最为淳良。今之羌民，冉駹种也。或云草坡一路皆冉駹地。存考。

苏村高碉

城西五里苏村，相传云：五代时，陈后主选妃，得之于此。苏氏乃建高碉七层以志喜。按陈后主不得在此选妃，或王或孟未可知。然诞不可信。

筹边楼

筹边楼，有三。一在保县，筹西边也；一在清溪，筹南道也；一在蜀城大慈寺，兼筹西南道也。或曰：楼在今之理番府，非是。当卫公筹边时，维州地陷入吐蕃。后悉怛谋以维州降，在卫公去后，杜悰继镇时，则建楼当在汶川旧治。然已不可考。

临渊亭

雁门关内有堡，曰雁门堡，古为通鹤城。明指挥使宋琏建亭于江水边，曰临渊亭。毁于兵，基址尚存。威牧范渊纪其事曰：汶山郡，蜀西要地，南去七十里有堡，曰雁门。上连松茂，襟喉之要也。官军戍守，必择智勇将官为之督，以蛹责成。正德间，镇巡推擢本郡御所武略将军宋公来典斯任。公智勇天成，尤读书好礼、精晓边务，尝曰：保障边城，可苟焉哉？必城池兵戎之雄壮也。堡之荒废，皆彻而新之。中有小亭，亭前有沼，活水流通，翠崖掩映。昔人以为憩息游观之所。公曰：居是任者，上系朝廷，下系生灵，居安思危，吾分内事，游观何暇焉？遂名其亭曰“临渊”。于憩息之际，其有惧心乎？《兵法》云：勿谓彼之不攻，惧我之不备。其心惴惴焉。恐吾城池之不高深也，兵甲之不坚利也，士马之未练习也，人心之未和顺也。以攻何由而取，以战何由而克，以守何由而固。凡此皆吾之事，敢不战战兢兢，存此心于无事时乎？予闻其言而壮之。盖天下事，未有不成于忧患而败于怠荒。后之继公，能以公之心为心，必无纵观游耽、杯杓流连废事矣。正德三年。

过街楼留题

治北五十里过街楼，上下建二阁，高五六丈。书宋嘉祐三年大学士范仲淹题上曰“岷山起凤”，下曰“汶水腾蛟”。墨迹犹存。

率然堂

率然堂者，明副使谢朝宣所建也。县南二十里大邑坪建察院行台，即于东偏建堂，曰率然。明末毁于兵。堂西有飞来石、盘陀石、试剑石、晒书石、伏象石，俱镌字。今虽淹没，基址尚存。

记云：

经制之术，视一方犹天下，大要居重驭轻，以近治远，一或偏废，是不知率然之势也。常山之蛇，谓之率然，击首尾应，击尾首应，击中则首尾俱应。昔人论天下形势，取喻于此。汶川宪治，新构一堂，以“率然”名之，岂无谓哉？我朝建都冀北，合晦庵大风水之论，是天下率然之势也。松茂为四川藩屏，既设总戎于中，又设左右参将分治南北，是一方率然之势也。盖威茂之地，以灌为首，叠溪为尾，汶川介于灌茂间，两道适均，乃颈脊之处也。治茂不治汶，本虽壮，气势不接。宋汪若海有言：天下者，常山蛇是也。秦蜀为首，东南为尾，中原为脊。今以东南为首，安能起天下之脊哉？吾亦曰：汶川不治，威茂不可得而治，犹欲振蛇而弱其颈也。故经制威茂，必治汶川。治之何如？乃移仓廒以足食，增关堡以足兵，应变于彼，取用于此。积以岁月，文告则气充，用兵则气锐。信乎吾说，治天下之道不外是矣。后之君子，必能大有为也。吾且为吾堂云。

滋茂池

县南一百二十里尤溪沟，入四十里，四合皆山，中一巨浸，俗呼为白龙池，曰滋茂池，一名慈母池。在慈母山下，广数里，汪洋无涯岸，常有风雷，人不敢近。天旱祷雨，必往求焉，得水则雨，土人以为神。俗传：明时有王道者，居汶之尤溪。一日，有僧至门乞斋，卧于石磨上。王出，见一龙蟠睡，讶之。僧忽起，以一袈裟覆地上，遂陷为池。授王氏以接骨方。邑人祷雨，至潭乞水，雨随至。因名其池曰“滋茂”也。又传，梁时，有道士游文镇，谓主人曰：我汶川龙溪龙池中之娑竭罗龙神也。按此二说颇荒唐，而出于乡里之传闻，未可信。姑志之，以存旧说。

按《方舆胜览》云：慈母山在青城山东，导江人冯大量与神仙相遇，入隐此山。《外史》云：滋茂龙池，在汶之尤溪，万山丛立，中有方池，周四十里，广几百亩。清水镜开，芳草四积，真灵境也。登真书云“滋茂龙池”。一曰慈母，在益州西南四百里，有灵药可以已疾，无毒害，犹慈母焉，故曰慈母。此一说也。田况《益州龙神祠记》云：蜀之西山，有池曰滋茂，亦曰慈母，以其能兴云雨，救旱暵，茂养百谷而名。又一解也。唐开元中，章仇兼琼既得平戎城，梦一女子谓曰：我此城之龙也，今弃戎归唐，愿有以居我。章仇异之，表为立祠。又按《总志》：慈母山在县南百五十里。昔有妇人，引子采药山中，虎负其子去。母逐虎不得，因长号而绝。见者哀之，曰慈母也。此则旧志所载之说，其传闻又异矣。按，《碑目》云：滋茂池《善应庙碑》，张商英无尽处士文，其神或传姓吴，或传姓郭，颇有同异。又按，张商英曾为相，称为商霖相公者，何以称处士？今庙与碑俱失。无考。

胜因院

县南一百三十里，地名百花滩。在中滩堡之南，漩口之北，湿坂山之麓，为胜因院。清幽旷远，真异地也。旧说宋蒲宗闵有记，今不可考。院久废，止存其址。

宋文同与可有记云：

繇玉垒山南下，过犛逩西，循皂江左折，越太平渡，行深入曲，无虑六十里，至茂之汶川，有地曰柘平。群山却立，大陆初露；畦麻畛稻，杳远空阔；披壖带麓，壤土鲜润；景物瑰丽，人物纯笃。就其居处，有院曰罗汉，昔有头陀德钦，戒操甚严。岁腊居久，其徒委散。是身独在，常惧其所将底堕落，愿择高行属以香火，得永康军大中祥符寺僧义海者付之。至惟简师，凡五世也。惟简性颛洁，所趣端慎，守僧律，作佛事。瘽形晦面，不避风雨。远近四众，咸宗仰之。既至此地，乃图崇饰，伐木镌岩，大辑材础，构广厦、设尊像、储秘典、纳净侣，凡所欲有一二完具，殆逾一纪，功力方绝，以名上列，乃锡今号。庭堂虚敞，檐宇飘动，丹明碧照，缋绣崖谷，诚归向之福地，而庄严之道场也。惟简，余之邑人，远来求纪其事，间尝谓余曰：青城诸峰，唯大岷最为高厚。然丈人上清之望者，乃世俗之所能见尔。如吾所居，正向其面，脉络表里，披敛出没，涧壑钩蔓，峦岭曲折，高林巨樾，巍岗险顶，晨霞夕霭，染渍辉耀，湍瀑淙激，禽虫啼响，一日万状，无有穷极，蒐眼倾耳，不知厌倦。此方外清绝之境，世间奇伟之观，而惟简辄擅有之。山林之人，所获多矣，安得君之车马，一至其地，以幸[①]吾言之不诬。余听其说，衮衮令人喜闻。回视此身，若处泥窣，何时濯洗，以从师傲兀于其间哉？因命笔缀次其事，使归琢诸岩石，遂以为记云。熙宁二年十月十五日记。

茅亭

县南一百二十里，岷山之麓。相传蜀王作亭，盛夏避暑，曰茅亭。居人没其址，今讹为茅田。又蜀汉建兴四年，幸湔山登坂，观汶川之流，遂名其地为观坂。晋大始[②]八年，皇甫晏为益州刺史，讨叛羌，到都安，屯兵观坂，今之茅田地也。

娘子岭

县南一百一十里，山曰银岭，俗名娘子岭。为入省大路，有关帝庙，道士居之，往来者献以茶，其茶即岭上道士自摘者，味最佳，水亦清洌。左右山峰对峙，中通一路，青篁古木，参差相映。

传志不载，土人以娘子岭呼之，相传为杨贵妃入长安时路过，故名。或云：孟昶游茂州，其妃张太华迎候于此，故名。不可考。友人太初李元曰：娘子岭，俗传杨贵妃归京时经过此岭，故名。《太真外传》曰：杨贵妃小字玉环，宏农华阴人，徙蒲州永乐之独头村。高祖令本，金川刺史。父元炎，蜀州司户参军。妃早孤，养于叔父河南府士曹元璬家。又《峤南琐记》曰：贵妃本广西容州普宁县云陵里人。父维，母叶氏。都督杨康乞为女，长史元炎转乞为女。《蜀水经》曰：《唐史》：妃蒲州永乐人，父元炎，叔父元圭，与《外传》合，独圭、璬二字小异。方妃贵盛时，其父元炎、母李氏，叔父元圭、堂兄铦、堂弟锜鉴、再从兄钊即国忠，姊韩国夫人，妹虢国夫人、秦国夫人，国忠长男暄、小男朏，韩国婿崔珣，虢国男裴徽，秦国婿柳澄、澄弟潭、澄男钧，皆蒙贵显，何得本生父母独无荣施？《琐记》不足信也。又按，杨元炎任蜀州司户参军，而贵妃生焉。唐蜀州，武德元年置，天宝改唐安郡，今之崇庆州也。世传贵妃生茂州，而汶川因有娘子岭。然茂州在隋开皇三年废汶川郡为蜀州，七年已改会州矣。又按，开元二十三年册寿王妃杨氏，二十八年度杨氏为道士，号太真。天宝三载潜纳于宫中，号娘子；四载，册为贵妃。十载，安禄山生日，召入禁中，用缯帛为大襁褓，使宫人裹而沐浴，赐贵妃洗儿钱。十五载，缢死马嵬。考明皇生于垂拱元年八月五日，贵妃生于开元七年六月一日。纳宫之年，明皇六十一岁，贵妃二十六岁。何媟昵之甚也？安禄山生于景龙四年二月，至天宝十载已四十四岁，贵妃方三十有三，乃襁褓洗儿？明皇不悟，亦大可怪矣！正史不载此事，当由小说之诬也。

---

① 幸：民国《汶川县志》作“信”。

② 大始：当为“泰始”。

附：八景

汶邑八景之说，言人人殊。前邑令黄俞有凤岭飞沙、虹桥夜渡之说。前松茂副使薛曾有东山夕照、苏村春晓之说。邑生董敏德亦开列八景之名以示余，凿凿可听。因采其尤雅者列为八景。若夫凤岭虹桥，其险已甚；层台天巧、灵峰呈霁之说，虚渺难窥；而屏山远钟似涉于诡，磨溪文石又近于俗矣。故未敢从众。

道角灵山，元阳古洞，须弥圣灯，温凉异水，雁门晴雪，龙洞潜流，玉垒浮云，银台宿雨。

艺　文

历代史志，俱有艺文，或称文苑、或称文学、或称文艺，皆取一朝之能文章、工词赋者，编为列传。各处州县志，既不能多有其人，每邑或几人，每人或几章，载入志内，为一邑光。汶自置县来，既未有扬马文章之士，而先辈碎金片玉又不一存。为取碑石之仅存者，摩娑而书之，以备一斑。为艺文志。

修建文庙碑记

康熙元年大学士胡世安

圣皇初御万年之历，汶川学宫于时告竣。众谓有词，宜勒石以纪成功，而属之余。谨拜首稽首而言曰：粤自洪濛肇判，圣喆挺生，羲轩而降，作者非一人矣。乃孔子独巍然为帝者师，万世无改。岂直以包举群圣，金声而玉振之哉？盖以孔子之道，乾坤不足以喻其大，日月不足以喻其明，山海不足以喻其高深。先孔而圣者，非孔子无以传；后孔子而圣者，非孔子无以法。生民以来，未有盛于孔子者。所谓贤于尧舜，岂虚语哉？自周西而后，或尊孔子为尼父，为褒尊侯，为文宣王，宋加至圣，元加大成，极崇褒之而未有定制。至明始改王为师，易像为主，礼备四代，乐用八佾。倚欤休哉！昭天地而超今古矣！

皇清定鼎，首重文教。以学校之废兴，课有司之殿最，万代瞻仰在此举也。汶川屡遭寇兵屠蹂，城舍、丘墟、学宫鞠为茂草，濒九年所欲图更造而未能。大参陈公子达以内翰分藩咸茂，聿兴盛举。邑侯张公殚襄厥成。汶人亦相帅出力以缮其事。工不阅岁，而烬者兴、墟者完，门殿宫墙，焕乎一新。诸生趋跄其中，卒德励行，共修大业，与海内结轨而驰，孰不曰自今日始？第兵燹后，琐尾流离，文献淹没而不可考，诸生亦知尔汶庠之发祥有自来乎？唐元友谅以名进士起家，文章事业彪炳一时。明董策中乙卯科乡试，孟绍孔以恩选贡，由州守仕至二千石，而臬而藩而抚军，功业烂然。其余府佐州县不可缕数。

盛朝初辟贤科，杨开运以髫龄中甲午科乡试。时当圣主当阳，海宇宁谧，方修礼乐，崇儒术，以致太平。诸生幸逢其会，当必有硕大光明之才应期而出。树骏流鸿，以为兹学宠重，庶不负邑侯张公耀祖兴起学校、乐育人才之美意哉！张公，山阴人，自署篆即真县令，莅汶者二十余载，与士民共甘苦，同患难，生聚教养，不遗余力。如复县治、筑城堡、建神祠，重建桥垒，调驭夷情，湛恩汪濊，沦洽肌髓，汶民之尸祝恐后，不亦宜乎？是役也，四川监军道程公凤翔、松龙副戎沈公继芳经始于前，捐助有差，于法得并书而复系之以诗，曰：

昊穹生民，厥有圣神。体阴法阳，尊主群伦。于灿宣尼，道隆德博。金玉其成，时惟木铎。

六经删定，典训煌然。譬彼日月，朗而行天。流泽鸿庞，以觉来裔。万祀宗之，血食勿替。

皇清御宇，惟圣是式。薄海之内，庙貌有翼。瞻彼岷麓，黉宫兀突。流氛鼓焰，建遭回禄。

上下交饬，亟命鼎新。斥金捐廪，心经目营。爰度爰谘，爰兴缔构。群工毕艺，不日而就。

肆肆其筵，奕奕其楹。丹雘黼黻，既穆且贞。爰入其门，爰跻其堂。执事具陈，金丝琅琅。

厥奠维何，豆笾簠簋。神之来临，既安且喜。章甫峨峨，缝掖翩翩，威仪有楚，载歌载弦。

元灵有辉，万年有造。人文丕炽，赞我皇道。岷山矗矗，汶文汤汤。琢词贞珉，并垂无疆。

书院学田记

王声銮

余登岷山，涉汶水，见石骨崚嶒，江流盘折，白云青霭，遍点桃花，碧岫丹岩，时舒兰臭，鸟鸣千涧，猿啸三更。意必有钟江山之秀，抱瑜瑾之光者，乃青衿领袖，质则胜文。而丹雘宫墙，名无其实。门庭寥落，几兴茂草之嗟；书卷飘零，竟作焦灰之悼。深求其故，知古之以贫而工者，今且以贫而废也。余亟思振之，岁省养廉之余，为士子延师膏火之费。又值边陲有事，路当孔道，军行火烈，檄动星驰。凡我士民，相从于奔驰扰攘间者，日无宁晷。回思曩志，仅托空言矣！

十四年春，圣德覃敷，元臣振旅。予恰受特恩，迁合州牧；得代之后，稍有余暇。光华纠缦，云霓扬千羽之辉；淑问清和，膏雨润琴书之气。山明川媚，铺开锦绣文章；巷咏途谣，击动康衢舞籥。乃进绅士孟申生等，买田六十三亩于崇宁县之平乐村，岁得租五六十石，作饘粥之资，为经久之计。投戈讲学，绰有余闲，而偃武修文，良无废事。余买田租之意，非徒为文人骚客玩山林花鸟之资，实欲使异质殊尤，储经济猷为之器也。嗟嗟，风平浪息，河清海晏之秋；雾散空晴，虹贺云垂之势。进琴堂而习礼，远绍鹿洞洙源，函绛帐以传经，快睹龙门蔚起。式鲁齐之遗意，推文正之良模。勉尔生徒同登衽席，将见焚膏继晷，为韩潮苏海之词宗；不患画粥谈经，无刘庄陆厨之错助也。至买田为数甚少，本不足筹，但源不清则流浊。谨纪其事于石。

温凉泉铭

王元正

县城南有泉曰温凉泉。嘉靖戊戌夏五月八日，玉垒山人王元正游汶，观寒水，异而铭之。曰：

气生天一，脉漏山下。孰澄之光？孰引之泻？厥流涓微，靡昼靡夜。厥味甘寒，罔冬罔夏。玉浆江滈，渊珠海漉。时乎其静，天空月莹。时乎其动，云蒸雨应。君子清之吉，小人浊之凶。汶氓视铭，厥惟有终。

石纽山圣母祠碑记

李锡书

城南十里曰飞沙岭，俗呼凤岭，即石纽山也。岭上平衍处曰刳儿坪，有祠曰启圣祠，年久圮废。山侧有路，陡险不可行，飞沙射人，往来以为难。乙丑岁，邑士孟其敏等请移其路于山之麓。于是凿壁开道，阅三月而成，建祠于其上而崇祀焉。考诸纪载，禹，汶山人，母曰修己，见流星贯昴，生禹于石纽。又曰：女嬉得薏苡而生高密。又曰：女狄得月精吞而孕。而《路史》称：修己，年壮不字，获若后于石纽，服媚之而孕十四月，以六月六日屠腹而生禹。数说不同，皆荒远不可稽。太史公犹近古，无所依据，其意可知也。虽然，大禹神人也，其所自出必神人也，或称字、或称名，纪载不同，要亦汶人也。平成之绩，明德远矣。天下后世被其泽，而不推其所自出以崇报之，可乎？况我汶人犹当溯水源木本之思，而不祀圣母以崇报之，可乎？祠既成，爰以六月六日率乡邑民人而致享焉，岁以为常。用鼓吹牲醴令愚夫愚妇尽知之，自为祈报。圣母，神人也，必有以佑我汶人而延受多福也。爰书而志之于石。

古墓记

徐廷钰

乾隆戊申冬，余摄汶篆。偶步东偏小园，抚墙瞻眺，见一古墓，鞠为茂草矣。有碑记曰：前代老先生之墓。不详何朝，人第浑言之曰前代，亦不详其乡里姓氏，第称之曰老先生。夫老先生者，必有德行道艺，然后可以当之。今既不知其朝代、不知其姓氏，又何由知其有德行道艺，而目之曰老先生？闻之长老云：每阴霾之日，仿佛有服绛袍着乌纱者，若隐若现，初不知为墓中游魂也。后因改修城垣，墓崩而绛袍乌纱者豁然外露焉，乃择他地而瘗之。余以为观其服制，知为前代矣，而着绛袍乌纱，则必曾官此土者也。特游魂为变，时或现形，似非有德行道艺者所为，奚以尊之曰老先生？伏思其故，知所由然矣。今夫匹夫匹妇饮恨而死，气结不散，往往化而为厉，齐彭生、郑伯有，其较著也。今先生时或现形，意必有抑郁未伸之志，抱恨于九泉之下；而不可磨灭之气，遂时形于阴云愁惨之中，特不同含冤蓄毒之夫，化为厉鬼，骇听闻，惊父老也。

余尝考诸往昔，蜀郡之地，每为奸人窃据。而汶川为川西极边之地，益州有变，则汶川即为孤城。群山隙地，羊肠鸟道，上达松潘，旁无可通之路。故虽得地险，适以自困，纵有石田，不足备饷。由汶而西皆羌氐部落，反覆无常，既不可倚以为援，又无可退以为守，即有孙吴之术，一入此地，束手为虏已。先生其或官此地，值此变，蓄其忠君忧国之念、战阵守御之奇，而为地所扼，无从发泄，是以精英之气历久不灭。若夫与世浮沉之辈，日逐于声色货利之场，以自竭其精气，死则寂然灭矣。而先生如此神异者，故知其有德行道艺；又遭时之变，抑郁而殁于此者也。前之宰是邑者，无从考其本来。第曰前代，尊之曰老先生。余是以因故老之传闻，推其所由然，以记其事。

奇石记

徐廷钰

一石也，而遭遇各异，盖有幸不幸焉。戊申，余来治汶，与友人薛生散步荒园，见一巨石横卧颓垣之下，偃蹇若狮子状，东抵短垣，蹲然外峙，旁有缺陷，可拾级而登。虽形体磈磊，而古貌天然，迥异寻常。由是，芟其荒芜，日与友人登临其上，见夫群峰拱峙，番寨历落；暮火朝烟，起灭隐现；直不啻画图之悬于牖也。闻江涛之汹涌，仰涂山之巍峨，则相与谈大禹随刊疏导之绩，心志为之豁然一畅焉。是余之幸也，亦石之幸也。是为记。

见庵氏曰：乙丑岁，余回汶治。时四境宁恬，年岁充仞，簿书无事，竟日闲居。乃于治之东偏，剪荆榛，砌乱石，构堂而居焉。汶地产花蕊石，白质而黑理。东垣立一巨石，余就而笼焉。辽阳徐君，曾为《奇石记》以志之。余既作堂，即颜其额曰“蕊石山房”，因镌以诗云：

门外万仞山，门内一砫石。晤对两忘言，相与娱晨夕。

时小阳第八日也。

祭玉垒王舜卿文　元正

明 杨慎

古语有之：同病相怜，同忧相救。嗟君我之行踪，何斯言之相副。忆嘉靖之甲申，当金商之卒候。昧一鸣以斥伏，同三进而及霤。嗤蒙梏之未脱，冒瞽言之难奏。纷巧簧之易如，惭面甲之益厚。违天颜于咫尺，褫龙章于阙右，落孤影于清浔，下承明于紫宙。孑孑孑以无依，子茕茕而在疚。联觿艭于潞水，竭唫咤而相叩。赴严督以难征，怅非狂而东走。交呻吟于蓬席，忘饘粥于昏昼。苦吊影于罔两，甘生涯于䶕鼬。君违秦而巴僝，我去蜀而滇僽。哽题绅以分袂，各扶伤而携幼。限天隅之一柱，望月弦而几彀。捧戎檄以予归，喜少城之君逅。讶垂白之如新，命重碧以话旧。歌嗙喻以无解，语聊浪而失读。听南音于西林，主北道于草阜。发狐笑于群忧，伸眉颦于面皱。吟江鸿之夜度，赋鬼车之晨雊。杂欢悲于须臾，类栩梦之一宿。泪[1]甲鼌以吾行，胖[2]竝会之难又。望北风而开襟，怪嗣音之不复。竟庚子之日斜，忽辰巳之相焕。长赍斧于旅巢，慨河清于人寿。感徒系于匏瓜，恻不食于井甃。涕却留而已零，杯欲奠而先覆。呜呼！盈万物于两间，恒接构而心斗。何淑贶之罕临，而良辰之希遘。巾柴车以碧纷，幪驽骀以朱

① 泪：民国《汶川县志》作“相”。
② 胖：民国《汶川县志》作“牍”。

就。既贫尼而富虒，且焚焚而葠茂。岂黔赢之混施，兼造物之垢瞀。屈《天问》其焉陈，柳《天对》兮焉咎。惟珵美之莫藏，树令名其不仆。匊芳馨于皎日，等尘劫于刻漏。慰夫君兮九原，庶斯语之不谬。声已吞兮何言，魂归来兮兹侑！

禹　庙

唐 杜甫

禹庙空山里，秋风落日斜。
荒庭垂橘柚，古屋画龙蛇。
云气生虚壁，江声走白沙。
早知乘四载，疏凿控三巴。

登玉垒山

唐 岑参

玉垒天晴望，诸峰尽觉低。
故园江树北，斜日岭云西。
旷野看人小，长空共鸟齐。
高山徒仰止，不得日攀跻。

赠王舜卿游玉垒山

明 郭庄

金马风流玉垒仙，紫鸾黄鹤驾青天。
浮云变态含今古，美酒忘怀见圣贤。
旧雨仍同今雨好，他生已结此生缘。
登临一任恣多兴，收拾奚囊入古编。

酬郭观察

明 王元正

鹭巾凫舄学飞仙，五月寒潭玉垒天。
蚁绿醉忘身是客，鹿鸣歌愧我非贤。
台端藻句能遥寄，云里山灵结旧缘。
谁近锦官传盛事，登临那得少陵编。

雪山天下高

明 周洪谟

巨灵擘断昆仑山，移来坤维参井间。
内作金城障三蜀，外列碉碌居百蛮。
自昔蚕丛始开国，千岩万谷积寒雪。
疑有五城十二楼，玉色玲珑界天白。

光临银汉霏素虹，六月大暑飘寒风。
俯见五岳在平地，遥窥三岛皆冥濛。
此去石纽无几许，昔钟灵秀生大禹。
当时自此导江流，至今名垂千万古。

羌佣行

明 孙复竑

太平天子真洪福，六合之内不异族。
我来西蜀四经年，眼见羌蛮乐豢畜。
其地距蜀又极西，峭峰插汉多阴谷。
其性畏暑不畏寒，春去秋来避炎燠。
其俗不任蚕桑功，杂织色毛为彩服。
朱离音解变华言，雅有名姓人皆熟。
不分长幼与妻儿，负重履危若平陆。
蜀人利其操作能，年年相赁亟乘屋。
壮者刈茅老者苫，女者负土男者筑。
自秋徂春日无虚，朝此暮彼群相逐。
戮力不省何名勤，率性那辨谁与睦。
嘻嘻笑语处处家，团团起处便便腹。
吁嗟乎！乐莫乐兮此羌佣，几忘荷我圣主之陶育。
君不见，中原万里辞家人，故园儿女欲穿目。

汶　山

黄　俞

翠屏千障立，险峻岭摩天。
老树依岩屋，青溪漱石田。
寻花过涧底，采药步云巅。
俯视群峰小，悠然势欲仙。

汶　水

浩浩来天际，流通吴楚遥。
浪过庚岭雪，怒挟浙江潮。
野鹜飘如叶，浮鸥散苕舠。
看人竞晚渡，扶缆跻绳桥。

汶　日

日出天将午，暄阳鸟语残。
晴晖临院宇，山色隐阑干。

竹径苔犹润，花阴露未干。
漫嗟弹指过，景物亦奇观。

汶　风

边庭临塞域，日落晚风狂。
飒飒声驰壁，阴阴冷透房。
飘飖松翠滴，萧瑟竹枝凉。
兀坐空亭久，呼童索绮囊。

汶　云

山川灵秀气，日日起岩窝。
历乱铺吴锦，氤氲漾越罗。
钟鸣知野寺，鸟语识禽窠。
莫叹溪云幻，人情较更多。

汶　雪

积雪原无异，相看夏月奇。
山山冰作质，树树玉为枝。
风劲人游少，寒凝花信迟。
最怜清苦士，惆怅怨天时。

汶　路

鸟道盘峰顶，王阳恨未平。
石形蹲似虎，山势直如城。
雨润苍苔滑，岩崩古木横。
萧然人境外，何事苦虚名。

汶　城

蕞尔中流峙，居民杂汉羌。
垣危石磊磊，江滚日汤汤。
署令歌长铗，碑残卧短墙。
荒城堪吏隐，石户乐陶唐。

砥亭新月

一派残霞带夕烟，新华浅露翠峰巅。
银梳斜挂笼青鬓，玉镜微悬浸碧天。
小圃疏辉香淡淡，半亭清瘦影娟娟。
姮娥素性甘幽寂，乍出宫帏未肯圆。

碉楼夕照

楼傍江流一水湾，危垣苔迹色斑斑。
千峰紫气倾西牖，半岭斜辉映雪山。
野鹤寻巢连影去，寒鸦翻翅带霞还。
登临王粲浑无力，吩咐傒童静掩关。

索桥春涨

霭霭春风起碧波，忽闻惊浪泻银河。
潺湲石触千条练，盘转龙飞百丈涡。
两岸人游临水叹，数茎竹缆带云拖。
依稀声出藤萝杪，江上渔翁晚唱歌。

岭上梅花

春光微暖月微凉，月映梅花月亦香。
冉冉松枝堪作侣，青青竹径共成行。
罗浮有梦寻山径，和靖多情卧草堂。
莫摘池边初放蕊，任他日日着风狂。

登玉垒山

保县令 陈克绳

谢公有高兴，蜡屐远登山。
绝磴千盘上，危峰一线攀。
鸟鸣深涧里，人影乱云间。
不觉东风至，野花色欲殷。

龙洞远眺

邑孝廉 杨开运

洞峡流清去复旋，两山环抱一溪烟。
岚嘘岫偃山疑侧，水激桥浮石似悬。
高下阴樗同蔽日，嶙峋古柏独撑天。
才疏不厌功名薄，无限闲情寄辋川。

娘子岭

石磴迂回矗五云，南晴北雨岭头分。
香生堕马新兴髻，翠绕留仙擘皱裙。
月镜开妆当岭挂，泉声似织隔林闻。
巫山艳述襄王梦，此地何年亦有云。

龙溪卜居

儒门作用佛门装，玉尘金卮白昼长。
避世身轻麻履健，逃名梦稳布衣香。
猖狂弄笛和鹂唱，酩酊携尊就竹凉。
三万六千皆此日，神仙有术笑荒唐。

岷山二首

邑孝廉 杨珏

梁镇岷山势极天，高逾三百镇西埏。
平开沃野环千里，深锁群羌障一边。
六月怀冰流玉柱，三更喷火散金莲。
灵钟石纽平成奏，明德巍巍亿万年。

西北从来势已高，更当玉垒接天遥。
日临傍午方知影，雪积弥年总不消。
万里江源分绣岭，三城关塞锁绳桥。
连峰截断华夷界，独树坤维第一标。

次韵索桥

野水无舟渡索桥，未经风雨已飘摇。
凌云自许登龙首，蹑雾全疑跨鹤腰。
百尺断虹江渺渺，半轮残月夜寥寥。
诸生莫作浮梁看，一觉登天梦已超。

吊邑侯郑君堕马落水处

姜　绣

何年沦落使君舟，为尔招魂吊故侯。
雪拥寒关山寂寂，花随流漾水悠悠。
为官上应星孤落，入梦前缘月一钩。
䞍罢语凉伤往事，飞崖倒影下江头。

吊郑邑侯和前韵

邑孝廉 孟其才

急流如驶不胜舟，策蹇崎岖误郑侯。
风舞平沙怀渺渺，云愁断岸恨悠悠。
驰回峻坂肱三折，吊罢深渊黍一钩。
惆怅寒山人宛在，何年紫气到关头。

金川凯旋

张依仁

数载辛勤湔水旁，大军西讨驻疆场。
寒霜渐染须眉异，火檄凭催晓夜忘。
悬瓠未传劳李愬，车师不定问陈汤。
一朝露布闻驰驿，洗尽尘氛奠永康。

过娘子岭

潼川太守 沈清任 澹园

青山索我上青云，及到云根山未分。
十五回环娘子岭，罗衣翠髻并氤氲。
挽粟飞刍供亿烦，三年朝夕走元元。
何如一匹逍遥马，啸入秋林看水源。

龙洞潜流

邑孝廉 孟侯

远疑无路觅西东，忽到溪头一线通。
劈破高峰开锦嶂，列成崖岸养神农。
猿啼绿树山山外，月落寒潭隐隐中。
锁住烟霞千万里，长留彩翠映苍穹。

题卫公筹边楼

李锡书

节度西川历几年，精思广运在全川。
七星桥跨三江水，百尺楼撑一线天。
此地画疆称扼要，当年图阁亟筹边。
八关俱在公先出，记取丹扆列圣筵。

观太学纪功碑

荒城一片枕山隈，高碣巍峨石作堆。
域外恪遵丞相教，军中呼动令公来。
柝建玉宇层峦作，道出金城次第开。
屯议三章终古事，马援应不画云台。

出口四首

行跟达桥

盘蛇一径最纡徐，山谷人家散漫居。
矗矗沙洲硐作寨，零星茅店草为庐。
峰回已渡王阳坂，野舍才停郭伋车。
荒俗也知尊长吏，群啾莫辨笑攀舆。

早过天成山

浓云霭霭雨濛濛，早雾漫漫塞涧中。
石栈陡铺冰练滑，篾丝松系板桥空。
几家驿舍经年戍，万仞蚕丛曲径通。
伫立岭头频眺望，弥沧一气接苍穹。

宿草坡驿

重重叠叠绕山蹊，历尽长坡路渐低。
匹马鹭飞腾雪窖，群蛮蜂拥下云梯。
野人尚献燎衣火，酋长犹添供馔鸡。
茅屋数椽行役瘁，暮烟横罩画桥西。

回渡索桥

行见长江夹两山，危桥悬跨镇重关。
索垂断岸千寻矗，板衬中腰一带弯。
踏处晃摇风漾漾，凌虚缥缈水潺潺。
自从通道西戎日，疆吏由来任去还。

行灌口观堰

字迹平凹古壁题，洶滩深处作堰低。
湍流下就能归壑，泛滥浮漂不坏堤。
云外青城山叠叠，眼前绿野草萋萋。
徘徊太守疏渠意，日到浮云玉垒西。

蕊石山房即事

修墙补屋便栽花，一椽茅檐即是家。
古砚墨凹东岭雾，旃檀香透北窗纱。
芳兰入涧才舒叶，红药当阶未吐葩。
莫怪春光来不早，东风已着绛桃华。

行过观坂

季兰亭

闻说后主观江处，云山苍苍水泱泱。
我从城外祠堂看，不配老子配儿郎。

读花蕊夫人诗题后

十四万人同解甲，百篇新咏奉君王。
可怜一块沉香木，不及当年七宝装。

过娘子岭

传说贵妃年少日，从斯选入寿王宫。
原来多少倾城者，生在深山大泽中。
杨钊首唱西巡策，妃子从中赞有言。
却恨马嵬埋玉早，不会随驾到兴元。

乙丑岁李明府再来汶任敏馈一鱼并诗呈正

贡生 孟其敏

恬淡儒风朴布车，休将尘釜笑莱芜。
已无封鲊侵官物，自有衔鳣集上庐。
爨下析薪人共抱，街头乞米字频书。
殷勤惭愧山阴老，厅事何年认挂鱼。

观邑侯李明府演武厅校士

贡生 高从孔

山抱长江一线流，翠屏环绕白沙洲。
几重卧雪堆蛮寨，半落飞云隐碟楼。
学道有源王赣抚，传心不让陆荆州。
今朝鼓角来观射，命中无须贯革求。

春日校志仰凤轩

邑生 孟维世

倚红叠翠映围垣，晨乡相寸仰凤轩。
丞相有恩洣廖立，廷臣无术走王元。
天边峻岭云间树，雨后鸣莺雾里猿。
座右研朱详点缀，为从龙驿问渊源。

登道角山六真观留题

邑生 尚崇山

层峦叠翠忆崆峒，户接青天一线通。
殿阁俯临岩洞外，人家罗列晓烟中。
鳌峰未许寻徐福，龙鼎何曾守葛洪。
记得河图参妙谛，无须道角问元功。

石纽山

邑生 高万选

势极龙山一气通，山形纽折石穹窿。
香传薏苡王孙草，瑞霭流星圣母宫。
古道几弯留野牧，危江一带锁长虹。
羌人指点刳儿畔，隐约朝霞暮雾中。

飞沙关

邑生 孟维聪

巍巍高岭挂斜晖，渊下何年浴贵妃。
日照华清娘子倦，钱盈绣褓羯儿肥。
紫茵已断霓裳舞，白垄空传土粉緋。
回首泰陵遗事在，可怜风扑乱沙飞。

温凉泉

邑生 高吉安

山间一沼大如盆，味最清凉性最温。
曲曲小池澄碧落，萋萋芳草伴黄昏。
读书自许陶真性，执谏何为撼禁门。
世庙不原诸议礼，流泉和泪湿苔痕。

玉垒山题字

邑生 何肇沅

蜀帝亲题玉垒山，深岩窅窅水潺潺。
渊沉静处青云里，峰插高标碧汉间。
丞相营田屯渭上，将军卷甲赴天关。
遥怜舆驾登临日，曲唱无愁避暑还。

七盘古道

邑生 高辉斗

由来蜀道共称难，谁把蚕丛凿七盘。
丞相庙临江水激，卫公楼衬日光寒。
征衣半透朝云润，陨马高衔晓月残。
行到山头回顾望，不知何处是层峦。

过雁门观晴雪

邑生 高万昆

竟夕凉风促晓行，披裘五月度边城。
云浮玉垒千层现，雪映龙山一片明。
岭外虹霓垂古道，人家烟火趁新晴。
凝眸身在瑶池里，忘却蓬壶海上生。

汶阳八景咏

邑生 高辉光

道角凌霄一鹫峰，元阳洞口白云封。
星明碧汉灯初挂，草入池塘露已浓。
曾上雁门嘲食雁，屡经龙洞忆犹龙。
朝来散步银台望，玉垒高标听晓钟。

重修文庙碑记

世运之盛衰在人才，人才之奋兴由学校。圣天子重道崇儒，诞敷文教。亲致祭于阙里，洒宸翰于泮宫。配享诸贤有赞，训饬士子有文。颁示宇内，光昭天壤。近奉考试直省师儒，分黜陟以端表率，即有司考成，亦必以学校之兴理为课最良，以胶庠乃风化之本，尼山实万代之宗，非若梵宫萧院，兴废一任乎人也。汶学创始嘉靖三年，后燹于兵。康熙壬寅岁，始克重建，规模初具，皆属草创。朔望非不谒也，惟循阶四拜；春秋非不祀也，仅举爵三登。以致菁莪胜地，将同茂草荒区。

甲戌春，浔阳廖公来莅兹土，目击心凛，毅然以重修为己任。奈需费甚奢，名虽因而实则创也。捐俸倾笥，心力交瘁。几几乎大观矣，乃功未竟而公遽卒。有心者，犹系思不置。甲申夏初，威郡陈公兼摄汶篆。谒庙之际，虑废坠之不修，惜成劳之并弃，慨然追廖公而终其事。于是，由殿宇而及庑门、墙坊，而及圣龛、贤座，几鸠工庀材，丹涂既焕，悉捐囊办理，不数月间，而自昔丹雘之盛于今复觏。且欲建魁楼以培地势，筑泮桥以肃观瞻，宗庙之美，必臻其备。史传文翁治蜀，郡国皆置文学，蜀人自此显名不绝。今汶之有学，辉煌甲于他邑。入其门而赫然以临，登其堂而忾然如见，则从事于圣人之道也，必力于文翁之化，不几先后有同揆耶？《易》曰：圣人作而万物睹。余汶虽处僻壤，沐浴既久，殆必有仰副盛朝作人之雅化者也。至于端学术、正人心、立品行、存道德，非法言不敢言，非法行不敢行，破拘牵之习，以进于圣贤之途，是在我辈之克自振拔而已。是役也，肇始于甲戌，告讫于甲申，阅今十年。天干合而人事竣，夫岂偶然也哉？后之君子，可以兴矣。

重修关帝庙碑记

汶川知县 张耀祖①

粤自炎鼎将倾，群雄竞起。关公以天生神武，义重桃园，忠扶帝胄，独伸志誓死不回。予耀②，披阅志余，当兼危之际，公叱吴人曰：大丈夫生则立威，死则立节。我死，当有精灵上薄霄汉。且将神随天帝缥缈，下鉴人世顺逆忠节，若者福，否者祸，令万古知有我。大哉斯言，炳若丹券，迄于今千百余年，令人景仰于九天之上。其勇雄义风、精忠大节，真堪以骑箕驭无，类日月之星辰。庙食普天，神灵百代。凡有血气，莫不钦崇。至其振古之威名，累朝之封号，夫且与天壤同其悠久，小子何敢复赘一辞。汶城西南，旧有关帝庙。自置县以来，久经崇祀。国朝定蜀之年，耀祖来守兹土，拜谒之余，亟图所以新之。惟边疆甫靖，拮据匆遑。于己亥春正月望后三日，鸠工缔造，阅数月而告成。嵬然翼然，不特重新其坛宇，复有像而尊奉之，俨然如在其上，俾瞻拜之下者，凛凛其敬，不啻亲接神灵于觌面者，何莫非公之精爽所致也哉。盖申公之忠义，历万古而不磨；故公之英灵，自亘万古而不朽。益信乾坤正气，无往不周。正所谓：掘地得泉，随在见水，又何独汶之庙祀而已。庙貌既新，神明孔赫。爰匾其榜曰“关帝庙”。夫公之称号多矣。前将军，固蜀汉本号也。称真君、称元帅、称侯、称王以至称帝，皆历代崇之号。予之建庙至尊也，故从其尊者而称云。

大清康熙元年岁次壬寅吉日立

文林郎知汶川县事蓬莱张耀祖鼎建

重修城隍庙碑记

汶川知县 张耀祖③

《传》曰：天生民而立之君，使司牧之。故长吏为天子守土而亲民，是大君所分符而出治者也。设一州县，必设一城隍，会典中皆载有封号，于其理幽冥而司祸福，是上帝所分灵而幽赞者也。是故幽明一理也。鬼神之德之盛，其彰瘅之微权，直堪以佐衮钺之用，而襄政教所不及也。使天下之人，群而奉之，莫不敢射也。汶川之下关，出城数十武，旧设有城隍庙，每祷必灵，为民除害，至今遗有获豹碑，威灵赫如也。兵燹后，满目沧柔④，神庙且鞠为丘墟而莫之问。予耀滥叨司牧，怅然伤怀，亟亟焉议复新之，不靳劳费，而修善者亦愿乐输以从。然无材木，弗⑤给何？丙申夏，忽大水陡作，江流澎湃，涌至大木若干。随材取用，罔不具备，而独少一柱为栋木，索之弗得也。无已，

① 原文署名在文末，今据《艺文志》体例乙正。

② “耀”后当脱一“祖”字，见后文可知。民国《汶川县志》亦作“耀”，应为承袭前误。

③ 原文署名在文末，今据《艺文志》体例乙正。

④ 柔：或当为“桑”。

⑤ 弗：当为“费”，民国《汶川县志》正作“费”。

命工由水滨觅至凤头关下，见沙渚上露有大木寸许，循而求之，其大小与前栋木同。及揣其本末，则长短尺寸与前栋木恰相合，众皆异然，惊喜过半。冥漠中真有若启若翼于其间者，微神威灵不及此。遂于是岁七月，告吉兴工，不几月而工竣，宜若有神助焉。规尽经营，适皆如式；黝垩丹漆，焕然一新。从此拜邀神贶，庇我蒸民。予何幸而乐观厥成也。虽然朔望之期、公议之会，入其庙，神明在上，司牧者得无恍然思乎？思何以抚下而保民，思何以奉公而经国，思何以恪供乃职而服官。思之切而慊，自心之神明使可以对在上之神明。入其庙，天鉴在兹，司牧者得无悚然惧乎？惧其剥膏而浚民生，惧其覆餗而隳国计，惧其簠簋不饬而玷官箴。惧之深而不愧，自心之天鉴，使可以对在上之天鉴。定以古人膺任之初，必斋宿于庙，然后升堂视事，盖惟先质鬼神而后乃莅民物，惟贞白乃心，而后能靖共尔位。则分灵而幽赞，与分符而出治者之感召，志气之蒸，未尝不互相协赞，而谓幽明有二理哉？予承乏汶川，先后几二十年，所治民事神，行虽不逮而心窃志之，庶神之灵有以鉴其言。记于后，以告后之君子。

大清康熙元年壬寅仲夏。

文林郎知汶川县事蓬莱张讳耀祖。

重修城隍庙碑记

孟其才

寰宇之大，凡府卫州邑，无不立庙祀城隍。诚以理明治幽，神盖与牧守令长分司此土者也。汶邑神庙，旧载康熙元年壬申，邑侯张公耀祖建，落落数楹，简略弗备。历百余年，风雨剥蚀，且就倾圮。邑人议更新之。乾隆三十二年己丑，粤西刘父台摄县事，领首等具由以请捐资报可。因分募于众，一时士民商客，咸乐输以襄厥美，敛金颇饶。庙基故窄隘，买地改筑，倍加深广。鸠工庀材，凡殿寝廓庑，以及乐台垣墙，次第兴作，阅三年告成。迎神殿中而拜妥之，并庄像诸所宜奉，惟称其所羡金，复筹派起息于前。四十二年买业邑之下水里尤溪，以资焚献。事难而克就，固人情慕善之诚，要莫非神之默为助也。从兹以还，神之为汶祐者，宁有极哉？计始事迄今，春秋已十二易，恐日久实晦，谨列其端末，泐诸碑阴，以志不朽。

附：求雨文

郑宗孔

维神鉴观有赫，德溥无私，奠万井之生灵，将享原期上达，司九天之雨露，辨香仰冀潜通。兹者，月届清和，时当耕耨。曦轮焦灼，四邻多辍耒而嗟；膏雨微寒，兆姓尽悬锄而待。虑赫炎之炽烈，芟柞空劳；忧雨泽之愆期，耘耔失候。况汶邑汉番交错，鹑结堪怜。即使风雨常调，犹有呼庚呼癸之窘；若乃亢旸滋甚，奚来多秫多黍之休。岁或勿登，民何堪命？爰是谨涓吉旦，敬展香筵，下吏某亲率僚属人等，洁斋顶礼，盥沐投诚，伏望神慈俯垂恩鉴，泻明河而洒润。须臾，乳滴层霄，通瀛河以飞甘；俄顷，膏流九陌，处处珠联绿野。麦陇飘香，村村玉散青畦；禾畴舒秀，士庶被沾濡之泽。无庸刻遍桐鱼，村郊无枯悴之虞，不致望穿石燕。则荷蓑戴笠，既优既渥。茅檐共仰神庥，将女馌男耕，有干有年，蔀屋群邀惠泽矣。用伸虔告，布沥丹忱，鹄俟甘霖，惟祈神鉴。

下吏等无任迫切待命之至。敬缮辞，焚献以闻。

谢雨文

维神德育穷黎，恩周边邑。怜蔀屋羌巢之苦，灵雨时行；悯高山瘠土之艰，甘霖飞沛。千畦流润，荞麦不妨播种之期；四野沾濡，麦陇玉按登场之候。村郊喜溢，士庶欢腾。下吏等制锦未娴，负蚊滋惧。蒙湛恩之汪濊，益知职守当勤；感矜恤之宏慈，弥惕鉴观匪远。伏愿阴阳协序，二气交宣，箕毕从风，五辰咸正。处处衢歌巷舞，颖粟生香；年年物阜民和，衮箱致庆。则禾成双穗，乐皇王有道之长；将梦多鱼，邀神恩无疆之锡矣。下吏不胜踊跃祷切之至。谨缮俚词，瓣香陈谢以闻。

瓦寺土司

瓦寺土司索诺木氏，旧称桑朗氏，乌斯藏加渴人。其先世雍中罗洛思与兄桑朗纳思霸。明中叶，贡土物。正统六年，威州孟董、九子、黑虎等寨生番跳梁，罗洛思奉调出藏，翦除诸番，即住扎汶川之涂禹山瓦寺地，给宣慰使印，世袭土职。罗洛思卒，子克罗俄坚灿嗣。俄坚灿卒，子直巴扎什嗣。扎什卒，子满葛喇嗣。葛喇卒，子舍利永中嗣。永中卒，子占叫加嗣。占叫加卒，子南葛嗣。南葛卒，子亦舍雍中嗣。雍中卒，子甲思巴嗣。甲思巴卒，子南吉儿贾士八嗣。贾士八卒，子南吉二朋嗣。隆庆二年，草坡番作乱，寒水土巡检高茂林被害，南吉二朋以土兵讨定之。二朋卒，子舍躬嗣。万历中，以草坡十二寨土蛮地给舍躬安插。舍躬卒，子山查儿加嗣。儿加卒，子曲沃太嗣。当是时张献忠据成都，将略松茂，兵至彻底关，曲沃太以兵守关，贼不得过，乃由太平沟绕出关后，曲沃太退守本寨。曲沃太卒，子曲翊伸嗣。自罗洛思历十四世至曲翊伸，我朝顺治九年，平定全蜀，曲翊伸倡先投诚，缴宣慰使印，奉旨给加渴瓦寺安抚使印号纸一道。康熙二年，杂谷阿朋乱，曲翊伸率土兵随大兵进剿。事定，赉予有差，吴逆之略四川也，成都失守。曲翊伸以兵守茶关，誓不从逆。既而县属通山五寨羌人图变，二十年负固不服，曲翊伸以兵临之，皆归诚，地方遂定。曲翊伸卒，子坦朋吉卜嗣。康熙三十九年，炉蛮乱，坦朋吉卜从大军直抵新路，炉蛮逃遁至那咱顶歼焉。坦朋吉卜卒，子桑朗温恺嗣。康熙五十九年，大兵进藏，调土兵六百名于拉里巴塘地方护送粮饷，又随征郭罗克地，俱有功，加宣慰使衔。温恺卒，子桑郎容忠嗣。乾隆十七年杂谷土司仓旺作乱，容忠奉派领兵直捣杂谷，夺取官寨并喇嘛寺，招抚日猪卜地等寨。从大军竟抵松岗，杂谷平。至三十二年，而小金之事起，先是两金川土司以互噬启衅。十三年[①]经公相傅大兵进讨后，金酋每于隘口山巅可通人行处，添修战碉，排比相连，久蓄异志。辛卯，遂起兵围沃日寨，沃日与小金接八十里，先有备，寨固不得破，乃分兵越沃日，迳出巴朗山扎营。瓦寺闻变，即遣土弁帅兵迎敌，扎巴朗山之卧龙关，互有杀伤，进攻山神沟、得尔密等处。以故，贼不得出，而大兵随至卧龙关，分道进讨，卒荡两金，置屯政府。容忠卒，子荣宗嗣。母麦氏，训育有方。四十四年，奉派进京，赏给二品顶

---

① 十三年：按上文纪年，当为“三十三年”。

戴。五十五年，奉旨改桑朗为索诺木，赐花翎一羽。征郭尔喀也，遣土弁领二百人从大军进讨，事定优赏。秀山事亦派兵从戎。已而教匪事起，又以兵从元戎，分路剿除。以功加升宣慰使，给瓦寺宣尉司印号纸一道。

自曲翊伸至荣宗，凡历五世。其住牧之地曰涂禹山，距汶城二十里，东至保子关与西沟一带接壤，南至韩坡岭二百里与灌县水磨沟大白石界，西界斑烂山即巴朗山沃日界五百里，北至沙沟与五屯接壤二百五十里；东南交灌崇二百里，东北交三杂谷四百里，西南六百里接木坪土司地，西北接党坝、绰斯甲地五百里。重山复水，古木深林；境阔人稀，天寒地险。其寨落河东坂桥山一寨，河西河坪、白土、四山与汶属羌民杂处，草坡、三江、卧龙大小二十八寨。其民番户八百，人一千余口。其赋应纳汶川丁粮银一十三两八钱零，兼纳理番粮银九两八钱、灌县粮银八两零。其地产杂粮，番民计斗种、出租赋，头人、土舍各分山地一分，自为栽牧。其物则有野牛、熊、鹿。其药则有贝母、茯苓。其服毡褐、短衣、长裙，以花布包头，虽贵人不异。其俗信佛，每年遣僧进藏念经，必有输献。俗于正月八日会诸弁于山寨，讽经作会。番民生三子即度一人为僧，若其家无人，则以僧还俗，此大较也。其山则有天赦、老鸦、牛头、南桦诸称号。其水则有黑石江、三江口汇流于大江。余各分载邑志。

先是桑朗温恺随征西藏，果亲王赏给“敬恭职守”匾字以奖诚恪，赉予甚厚，世世谨守。盖亦足以显其恭顺云。

按汶川土司称阃内土司，谓其输租纳赋无异齐民，其共职服勤又居然官守。与羌民杂处，而土俗间有小异；与汉民周旋，而风教又似无殊。噫！所谓戴仁寿之天而入芝兰之室者耶！

附：西路土司

汶川所辖上下里皆汉民，四山九寨皆羌民，其瓦寺所属则番民。《周书》：庸蜀羌髳。《史记》：自筰以北，君长以什数，冉駹最大。《括地志》云：蜀西徼外羌。《后汉书》：冉駹其山有六夷、七羌、九蛮，各有部落。今羌民一种，番民又一种。

汶川为西道总口，其北则杂谷口，其中则草坡口，其下为漩口。杂谷旧为苍旺地，今置理番府；两金平，置屯政府。西路土司之著者，有梭磨、松岗、卓克基、党坝、沃日五处，一道同风，与置吏又何异焉？崔氏鉬曰：蜀西南徼外，诸蛮皆吐蕃种也。唐末部落分散，各自为长相吞噬。今皆设官置吏，稽其土官土兵及赋税差役，设宣慰、宣抚、招讨、安抚长官等司。

自汶川西道入，经杂谷五百余里，有梭磨。梭磨土司，系杂谷土司桑吉朋之后。东西距三百余里，南[1]距五百余里。有直固雪山，高四五十里，瘴雾迷人。八月枳雪，沿岗预插高岗以防迷误。又有克州、扣叟诸山，人迹不到。直固山水，南北分流。北由杂谷入江，南流者经卓克基、松岗、绰斯甲、党坝，过泸定桥入大渡河。所属部番一百五十余寨，共计五千余户。自梭磨以西一百余里，曰卓克基。

---

① 南：当为“南北”。

卓克基土司系杂谷土司桑吉朋长子阿吉之后。东西距一百余里，南北四百余里。东界梭磨，西界松岗，南界党坝，北界松潘之郭罗克。部番一百二十余寨，共计三千余户。自卓克基以西一百余里，曰松岗。

松岗土司，系梭磨土司勒尔悟胞弟根绰斯甲之后。乾隆十七年苍旺伏诛后，分松岗为土司。东西距八十余里，南北距一百余里。西界绰斯甲，北界松潘。部番一百余寨，共计一千五百余户。自松岗以西为绰斯甲，分属南路。

党坝土司，北界松岗，西界绰斯甲，东南界两金。系杂谷舍人分住党坝。苍旺伏诛，将斗柔一带地给为土司。东西距七十余里，南北距九十余里。部番六十余寨，共计八百余户。

沃日土司，其先吐蕃部落，世袭土职。东与汶川之瓦寺为界，南界木坪，西界小金，北界杂谷，有茟蓬雪山与金川之商角俱称险峻。部番八十余寨，共计一千余户。沃日以西，今为屯政府，以南如革什咱、绰斯甲皆属南路矣。

诸番土俗于扼要之处垒石，高五六、八九丈，或方或八角，四面砌枪眼，曰碉楼。

俗信佛，喜度僧。唯以一子承祧，曰血人。

俗以三冬月望日为岁朝。妇人长裙短衣。庭列大酒瓮，男女更唱，执手跪跃，自夜达旦，名曰跳锅庄。

病，延僧祈祷，不服药。烧羊膊骨以代卜筮，以什物置囊中，探而布之，曰扯索卦。

死，用火葬。取脑骨送西藏喇嘛寺，余贮瓶中掩埋。以彩缯插高竿，曰插旗。

每岁差酋长，赍金帛，赴西藏送喇嘛寺，曰熬茶。

崔氏曰：卫公筹边，亦惟防之而已。细审诸番部落，宜分不宜合，宜散不宜聚。盖分则弱而易制，散则难相并吞。相机乘势，早为之所务。令常有求于内地，而勿遽满其欲。威信所加，诚无不格矣。

按崔氏所纪民人土著，大概如此。今其属往来汶地，与汉民相周旋，不异内地之民。《唐书》载：陈子昂七验之言称：羌民忠顺。噫！独羌民也哉？方今普天化育，率土同仁。诗采輶轩，书登风俗，至于回准编氓，流沙被远，乌斯置吏，巴勒输忱，神灵赫濯，声教覃敷，以莫不亲，无远弗届。猗欤，休哉！

附：捐资置买尤溪山场茶园士庶姓名

陈先达：捐银五十两；

张宏绅：捐银十二两；

贾德申：捐银五十两；

郭登杰：捐银十二两；

王式贤：捐银五十两；

罗天培：捐银十二两；

吴　畀：捐银五十两；

郄文辉：捐银十二两；

杨明远：捐银五十两；

蹇文清：捐银十二两；
孙　茝：捐银五十两；
杨　鲲：捐银十二两；
孟其基：捐银三十二两；
连宅仁：捐银十二两；
傅廷举：捐银三十两；
董泙昌：捐银十两三钱；
汤芝艳：捐银三十两；
高从义：捐银十两；
王文星：捐银二十四两；
高思良：捐银十两；
杨正仁：捐银二十四两；
吴友善：捐银十两；
尚廷书：捐银二十四两；
董源昌：捐银十两；
郭清员：捐银二十二两；
董　泽：捐银十两；
董步瀛：捐银二十两；
连士镕：捐银十两；
夏仲广：捐银二十两；
郭　海：捐银十两；
董芳槮：捐银二十两；
吴开元：捐银十两；
董　海：捐银二十两；
高品奇：捐银十两；
高文华：捐银二十两；
高从柱：捐银十两；
汤奕瑞：捐银十六两；
郭　淮：捐银十两；
董　治：捐银十六两；
杨启柱：捐银十二两五钱；
孟大龄：捐银十六两；
汤　淮：捐银十两；
张凤仪：捐银十六两；
董如锡：捐银十两；
郭泮捐：银十六两；
高从惠：捐银十两；
郄廷模：捐银十六两；

冯　钊：捐银十两；
阮有兰：捐银十六两；
连　銮：捐银十两；
董　漗：捐银十二两；
蹇时中：捐银十二两；
汤　淇：捐银十二两；
冯　锡：捐银十二两；
冯仁先：捐银十二两；
汤登才：捐银十二两；
汤友仁：捐银十二两；
瓦寺宣慰司索诺木荣宗：捐银八十两；
领袖孟其敏弟其睿：捐银五十两；
领袖高从孔弟从孟：捐银五十两。

题　后

元游蜀垂二十年，山川城邑之名，人物事迹之实，尝访求焉。往往一地互见，一事异闻，或有其轶见于他说，而地势名称甚悬殊。商瞿，鲁人也，而志之双流。李白，陇人也，而志之彰明。盖核实之难也。余与见庵交最笃，见庵于书无不读，且能探天根月窟之微奥。所著有《河洛图说》《周官图说》二种。元受而读者屡年矣。今岁春，以老且病，将去蜀，见庵以《汶志纪略》一卷邮致观之，不知其髦之祛而疴之却也。大要体段，得迁、固遗意，而谨严如陈令史中所称引，又如裴松之注陈志者。然名以纪略，是见庵之碎金而汶人之拱璧也。余先有书致见庵，云考辨禹迹，极为详确，纂入志乘，要是千秋佳话。旋里在即，不及拜别为怅。他日相思，仅得邮筒一寄，阔怀也。

乙丑三月上巳书于锦城东岳僦舍太初李元题后

边政设计委员会 著

汶川概况资料辑要

民国二十九年铅印本

提　要

《汶川概况资料辑要》属《川康边政资料》二十九种之一，于民国二十九年（1940）刊刻，有时任成都行辕主任贺国光序。贺国光 1935 年任参谋团主任期间，即注意川康边事之整理，爰烦边政设计委员会甄综搜采，“都凡二十九县，详其区域，条其风俗，推表山川，胪列士官，宜名之曰‘某某县资料辑要’，发交各部分研讨”（贺序）。贺氏 1939 年任成都轩辕主任时又说：“前所辑资料一书，虽未足言详赡，但大体已具梗概，堪供讲求边区政治教育者及各地军政人员之探索寻绎。”于 1940 年刊印。

《汶川概况资料辑要》在“目录”后附有地图，正文分“疆域”“沿革”“山脉”“河流”“气候”“建置”“种族”“户口”“官制”“交通”“民政”“司法”“财政”“教育”“警团”“储蓄”“垦务”“物产”“礼俗”“生活情况”“名胜古迹”等二十一门类，与方志体制相仿。资料主要来自实地调查，辅之以汶川县历代志乘典籍，内容充实，条例分明。汶川自嘉庆《汶志纪略》之后再无续志。该《辑要》为民国《汶川县志》的编纂提供了重要的文献资料。

目 录

地 图

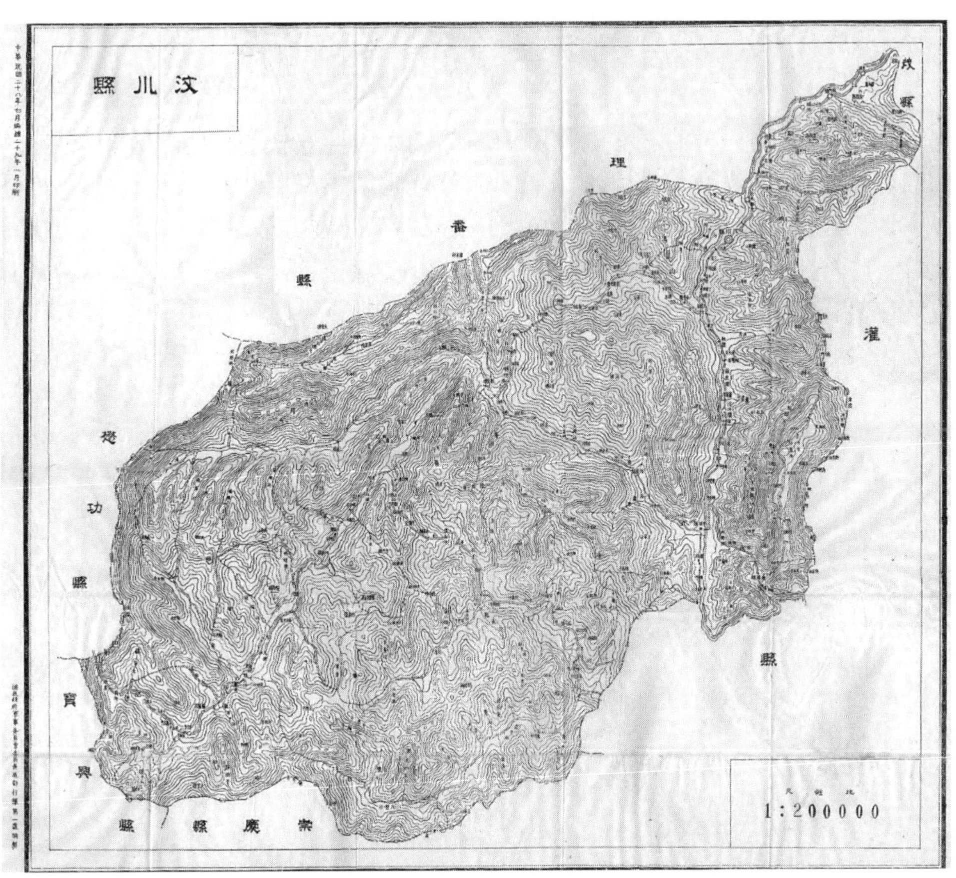

疆 域

一、疆界

据《四川陆地测量局图》：东以九峰山与彭县为界（该峰系岷山之脉，再东与绵竹、什邡两县峰峦衔接），东南以白龙池、楠木园等处与灌县交界，南以牛头山等处与崇庆县交界，西以巴郎山与懋功交界，北以纳凹山与理番交界，东北以青坡与茂县交界。

《汶志纪略》：北至青坡茂州界五十里，南至珠脑坝灌县界一百四十里，东面千山万岭，夏犹积雪，从无人居，相其地形，与石、绵、彭三邑相近，西至瓦寺属草坡六十里，番夷出没，高岗峻岭，再西行四百余里，抵卧龙关，至巴郎山顶与沃日交界。

二、形势

《汶志纪略》：东西皆[①]山，大江中流。

三、面积

《汶志纪略》：东西横百二十五里，南北直九十里，共一万一千二百五十方里。

---

① 皆：嘉庆《汶志纪略·疆域》作“两”。

沿　革

节《汶志纪略》：汶川古为蜀山氏地。周末时为冉駹夷人地。汉绵虒县，属蜀郡。东汉绵虒道。蜀汉置汶山郡。晋改绵虒县曰汶山。东晋，郡徙都安，而绵虒县废[①]。周置汶山县，仍于县置汶山郡。隋废郡。唐以汶山县属茂州。宋熙宁九年即县置威戎军使，政和六年改延宁军[②]，南宋以汶川县属茂州。元改设巡检司[③]，后复置。明属成都府，宣德间移治寒水驿。雍正五年改隶茂州。

民国仍为汶川县。

① 嘉庆《汶志纪略·建置》为：东晋，郡徙都安而县废。

② 嘉庆《汶志纪略·建置》为：宋熙宁九年即县置威戎军使，政和六年改延宁军，宣和三年废军为寨。

③ 嘉庆《汶志纪略·建置》为：元至元十九年，以户口稀少，改设巡检司。

山　脉

《汶志纪略》所载如左：

一、岷山：董生曰：岷有东西二山，大江在其中，江以内东岷也，延袤九百余里，上有九峰，终年积雪，人迹罕到。自西夷鼻浪架岭，绵亘千余里，入川为松之雪兰，茂之铁豹，汶之玉垒，灌之雪岩，彭之丹景，什之蓥华，绵之武都、九龙，安之天台，石泉之石鼓，随地异名，总名之曰岷山①。江以外西岷也，出皂以西象山延蔓诸番，千里未极。其入内地者，青城、峨眉、蔡、蒙、临邛、瓦山，总名曰崃山。《禹贡》称：岷山之阳，至于衡山。山以南为阳，即西岷也。西岷南下出峡，结为衡山。以北为阴，东岷之脉，历过九江，至于敷浅源而止。按《山海经·中次九经》：岷山之首曰女儿之山，又东北三百里曰岷山，河水出焉。又东北一百四十里曰崃山，江水出焉，东流注大江。又东一百五十里曰嶓山，江水出焉，东流注于大江。考其形势脉络，与鸟兽草木之名，良不诬也。雪龙岭在旧治北，即西岷之顶也，人迹罕到，与九峰相对，而高过之。

二、雁门山：在旧治北二十里。《隋志》有雁门山，即此山也。

三、玉垒山：旧治城里许，县徙，为威州主山。奇石千尺，翠苍可挹，镌“玉垒山”三大字，甚奇古，或曰宋淳熙时书也。《华阳国志》：蜀山氏王蜀，以褒斜为前门，以熊耳、灵关为后户，以峨眉、玉垒为池泽。或谓在灌县西二十五里，今灌西山岭有玉垒峰，有玉垒墩，灌城有玉垒关，成都有玉垒坊，又有玉垒堂，皆非。

四、岷峡：在旧治南三里，有奇峰屹立，刻字于上。

五、七盘山：在县北三十里，有七盘路，险要非常。

六、涂禹山：俗呼为“同灵山”，土司住宅在江外。或云山上旧有瓦寺，故曰瓦寺也。

七、道角山：在治北关内，马道人修真处，有洞曰“道角洞”。

八、白土坎元阳洞：在治北江外羊山，相传为马真人得道处。

九、须弥山：一名方山，在县治二里外苏村，山上有灯如火毬，见之者贵，岁有科名，则神②灯现。

十、挂榜山：在县治学宫之右，如挂榜然。

十一、河屏山：在城西江外五里许，山腰大坪，诸峰罗列。

十二、襄阳山：在县东，《隋志》：北川县有襄阳山。

---

① 岷山：嘉庆《汶志纪略·山川》作“嶓山”。

② 神：嘉庆《汶志纪略·山川》作“圣”。

十三、飞沙岭：一名风岭，在县治南十里，绝高，小道盘旋，路为沙壅，下临深渊，时时大风吹沙上飞。或曰：山下池水一泓，为杨贵妃少时浴澡处也。

十四、羊后山：县南十里，顶上有平地，名刳儿坪。

十五、马鬣山：在县河西新疆路。

十六、龙泉山：在县南四十里，下有龙泉，祈祷有应。一名骏马泉，若牧马山侧，多产骏骑[①]。

十七、白云山：在兴文坪，旧有白云古刹，今废。

十八、巨人山：在治南。

十九、娘子岭：在治南一百里，一名银岭，山岭高绝，约[②]三十里，夏秋多雨，春冬积雪，望若银台。

二十、白岩冈：在县南一百二十里，高十里。

二十一、湿坂山：在县南，《水经注》云：自汶山故郡西南一百八十里至湿坂。《元和志》云：在县南一百三十里，岭上树木森郁，常有水滴。《元一统志》作湿冻岭。在今之赵二坝，为大江流出岷山之处也。

二十二、天彭山：一名汶山，在灌县北三十里漩口对面汶山出口处。东西二山为峡，壁立千仞。李冰谓为天彭门，李膺名为天门关[③]。

---

① 骏骑：嘉庆《汶志纪略·山川》作“骏驹”。

② 约：嘉庆《汶志纪略·山川》无。

③ 天门关：嘉庆《汶志纪略·山川》作“天彭阙”。

河　流

《汶志纪略》所载如左：

一、岷江：一名汶江，大江之总名也，《山海经》云：大江出汶山，北江出曼山，南江出高山。高山在成都西。董生曰：岷江之源，古称滥觞。东源弓杠[①]岭，与汉水分流者[②]第一源，与嘉陵江分流者为二源，与潼川分流者为三源；西源自人堕出皂沟，与泸河分流者为一源，与雅河分者为二源，与邛河分者为三源。由茂州会东路之水，至保县会西河之水，入汶为玉轮江，会草坡、渔溪之水，是江之东源有四，西源有五。东源水白色，质微重；西源水黑色，质微轻。今简州产盐，白色，东源之水也；嘉定产盐，青黑色，西源之水也。

二、玉轮江：出玉垒山后，经次玉村流入保关城内，经玉垒脚下，出北门入大江。

三、湔水：出玉垒山中，经新保关，东流入江。

四、桃川：在县治南三十里，山溪也，水自沟中出，两山桃树盛开，有桃关沟。

五、油溪[③]水：在沟内四十里。自龙池流出，地名大寺坪，形如偃月，阔三十余亩，九岭环抱，九涧归池，左右漩作如意形，三抄三叠而下。中有二白龙，长可二尺。池上有鸳鸯一双，败叶入池则衔出。每遇旱祈祷[④]，请水一瓶，池中起泡，出雾一缕，须臾肤寸而合，澍雨随注。其水自沟中出，经油溪出楠木园入大江。

六、龙洞：在治南一百三十里，为龙池之水。入深涧中，石壁对峙，道断悬石板为栈，宽不容车，壁书“龙洞”二字，又书“关寨极天”。水至此，分一半入洞里，不知所之，或云从[⑤]楠木园山脚下流入大江也。

---

① 杠：嘉庆《汶志纪略·山川》作“横”。

② 嘉庆《汶志纪略·山川》“者”后有“为”字，当据补。

③ 油溪：嘉庆《汶志纪略·山川》作“尤溪”。

④ 祈祷：嘉庆《汶志纪略·山川》无“祈”字。

⑤ 从：嘉庆《汶志纪略·山川》作“至”。

气 候

一、温度及季候

汶川教育科长周铁汉《报告》：天气最寒时可华氏表零下十度，最热七八十度，每年寒期亦长，约自阳历十月便入冬，至次年三四月方可暖和。

二、旱涝

《汶川纪略》：邑人董生曰：县自沙平关以上多风，常患旱；自映秀湾以下多雨，常患涝。

三、风雨

《汶川纪略》：冬春积雪，早晚生云，霾雾弥沦，烟岚横罩，雷生屋角，雨起山腰，怒浪奔涛，扬沙飞石，风土之猛，无异沙漠。

建　置

一、县城

（一）城垣

《汶川纪略》：汶川旧城在今新保关城上古城坪，正德七年生番袭破霸[①]州，徙玉垒更名威州，迁汶川于寒水驿。今汶城绝小，因驿治也。旧以山石砌垣，壤于康熙戊子之大水，年久未修。乾隆二十八年知县李天骏详请动项修建，仍以山石乱砌，涂以白垩，名曰虎皮石城，高一丈八尺，底宽九尺，顶宽六尺，周围二百八十丈，垛口五百二十八个，上下二门，南曰永丰，北曰宁远，城楼二所。

（二）街道

《川西边事辑览》：城内仅正街一道，冷静异常，县署、文庙、教育局、学校在焉，城外始有商店，过索桥，通瓦寺土司官寨。

二、乡店

《川西边事辑览》所载如左：

龙溪镇：在娘子岭之麓，有居民百余户，汶川县公安分局在焉。由此经尖尖树、小湾、大湾、乱石窖等地，到银台观。

映秀湾：由下游数里之中滩堡过索桥，可至灌县之水磨沟、漩口一带，此地住户七八十家，有茶号堆栈，出坞向右上山为旧道，向左下坡傍山而行为新道，较旧道平而且近，惜仍狭隘，故驼运仍循旧道。

兴文坪：此地有居民三十余户，由此五里至婆娑店，道中有小娘子岭、一碗水等地。

银台观：此处为娘子岭之极峰，有道院一所，自此经西瓜脑至映秀湾。

豆荣坪：此地有居民十余户，由此经麻柳湾、沙坝、清水驿等地至东界脑。

白鱼落：至此可望见对岸之瓦寺官寨，此地仅有居民数家，由此十里至板板桥，有

① 霸：嘉庆《汶志纪略·城邑》作“坝”。

居民二十余户，又五里磨刀溪以达于七盘沟。

七盘沟：有居民约二十户，街户整洁。由此前行三里，至沙窝子，道旁有溜沙一段，蜿蜒十余丈，系由风卷河沙堆积而成，异观也。由沙窝子经浑水沟、较场坝等地至威州。

雁门关：此地有居民十余户，场外坡际之两侧，岩石逼矮，形如洞府者，即雁门关也。

青坡：茂汶交界于此，有居民二十余户，市街逼狭，为骡帮驻脚之所。

三、关隘

《汶志纪略》：古称蜀地，沃野千里，四合皆山。汶在西山中，倚大江立县。南自灌县入口，行八百里至松潘。悬崖绝壁，深临大江，中通一道，或高或下，或偏桥，或石栈。在汶境者，江内一道抵松潘，江外二谷口：上谷口入杂谷，下谷口入金川。最先置汶山郡，后分置茂州[①]，又分置石泉，又即汶川县立威戎军。李卫公建筹边楼，在威州；李冰设七星桥，即七星关，在茂州；旧皆属汶川。历代设关以守，或废或修。今北自青坡入县境，设雁门关；南自猪脑坝入县境，设茶关。其中二百里，关堡有废有修，悉志之如左。

雁门关：距城五十里，即唐之通鹤军也。外有三墩，负山临水，最为险隘。嘉庆五年重修。

雁门堡：正统十年黑虎等番叛，始设。嘉庆[②]十一年重修，内提督官一员驻扎，掌堡官一员，军共六十九名，村堡主军六十名，戎军三十五名，番兵三十二名，今废。

定远墩：距城六十里，界内有黄皂[③]坪，系黑虎诸番出入要隘。弘治十三年置，今废。

保安墩：距城五十五里，正德十二年黑虎诸番叛，始设。有饮马湾，系生番隘口，今废。

三路口墩：距城五十五里，正德四年设。黑虎等寨生番要口，今废。

青土坪墩：距城五十五里，成化十二年置。三姐等番要隘，今废。[④]

七盘关：距城三十五里。

三教湾墩：距城十五里，正德十四年，曲山诸番入寇，兵备吴公希由设。系曲山、竹打等番要隘，今废。

上关：距城里许，在索桥上，嘉庆五年春新建。

索桥关：泊北门外索桥头，距城一里。乾隆二十五年，知县李城柱[⑤]，详设稽查盐

---

① 最先置汶山郡，后分置茂州：嘉庆《汶志纪略·关隘》作“先是置汶山郡，复分置茂州”。

② 嘉庆：嘉庆《汶志纪略·关隘》作“嘉靖”。

③ 皂：嘉庆《汶志纪略·关隘》作“草”。

④ 嘉庆《汶志纪略》“青土坪墩”下有“天门石墩”一条：天门石墩，距城四十五里，正德二年建。界内有天门洞，三姐等寨出没要隘，今废。

⑤ 李城柱：嘉庆《汶志纪略·关隘》写作“李成柱”。

茶，引射及汉羌番民之出入。

汶堡：在县河西，距城三里，正统七年设。界内有苏村，系草坡等寨番蛮出没隘口，内提督官一员驻扎，戍官一员，戍军四十三名，各墩土番兵一百三十七名，今废。

远安堡：在县河西，距城十五里。正德十三年，副使杨公维磨设。界内板子沟，系曲山、竹打等寨番蛮出入要隘，今废。

下关：距城里许，在城南门下，嘉庆五年春新建。

丫子口墩：距城五里，嘉靖八年，兵备签事戴公元设。界内有大溪口，系草坡番过河剽掠隘口，今废。

落潭墩：距城十五里，正德五年设。有碉头村，系草坡番蛮出入要隘，今废。

马原堡：距城三十里，在马原山岭，当草坡番蛮出入路口。隆庆二年，平草坡蛮，议改簇头村，修砌城垣楼橹，增置官府，内设掌堡官一员，备守威州主军四十名，成都卫戍兵六十名，各墩土番兵五十名，今废。

飞沙关：在城南十里，山绝高，中通一线，下临大江。

桃关：在治南三十里，戴家坪索桥之下十里。乾隆四十一年，两金荡平，关[①]地千余里，安设新疆，懋功、崇化、抚边、绥靖、庆宁五营关，当中外之交，分驻县丞一员，特设把总一员，兵丁三十名，分防口外五塘。乾隆五十四年，奉裁县丞，将典史移驻。

彻底关：治南四十里，峭壁千寻，飞涛百丈，为松茂第一要隘。今设之，以盘诘汉番羌民之出入者。

草堂堡：在彻底关河西，唐设之以御草泉沟口者，今废。

沙坪关：距城四十五里，唐设之以御骏马泉沟口者，今废。

中滩堡：距城一百里，在水田坝河西。唐时于中滩设堡，渔子溪设汛，乾溪设堡，大小河建桥，有警三汛相应。今惟乾溪有汛兵，余俱废。

乾溪堡：距城一百里，古设之以应中滩堡，据娘子岭。

獠泽关：距城一百五十里，今名鹞子山，瓦寺与灌县交界处。有设关遗址，为金川小道。

曲尺寨：距城一百三十里，今名寨子坪，属灌县。

慕义墩：在光[②]溪沟后，与鹿耳、只台等寨相邻。系黑虎、三姐等番出没隘口，今废。

社坛墩：在龙溪沟后，弘治十五年设，今废。

茶关：古蚕岩[③]关，治南一百四十里，为县治门户，蜀郡屏藩。江山险绝，凿岩通道，设之以盘诘出入者，与青云相应。今设汛防把总一员，汛兵四十名。

卧龙关：在口外瓦寺地，距城三十里[④]。两金荡平，设[⑤]千总一员，兵丁五十五名，

① 关：嘉庆《汶志纪略·关隘》作“辟”，误。

② 光：嘉庆《汶志纪略·关隘》作“尤”。

③ 岩：嘉庆《汶志纪略·关隘》作“崖”。

④ 三十里：嘉庆《汶志纪略·关隘》作“三百里”。

⑤ 设：嘉庆《汶志纪略·关隘》作“安设”。

分防瓦寺地界，安设九塘。

按：《唐书》：李德裕字文饶，赞皇人，太和四年，为西川节度使。自南诏吐蕃选悉边事者，访以山川城邑，道路险平远近，未逾月若躬尝涉历。又筑柔远城，乃练士卒，葺城堡，积粮储，以赈饥民，禁鬻女以繁生齿。董生敏德云：李德裕克吐蕃，于维州路设五军，汶川地设三军，松茂路设三十六关堡，汶地有四关五堡，于松建七层楼，茂建镇岷楼，维建筹边楼，汶[①]建七盘楼，今其基址俱存。又云：卫公设三军曰通鹤、柔远[②]，见《唐书》。薛氏曾曰：汶茂之间，旧有干溪城、柔远城、宋恭城、新山城、通鹤城、龙溪城、望汉城、安达城、挡狗城，共九城。

按：汶有十[③]溪堡，保县有挡狗城。柔远城在治北七盘沟，通鹤城在今之雁门，余无考。

四、桥梁

《汶志纪略》：

（一）桥名

太平桥：一曰铃绳桥，在治北关内，通瓦寺番地。桥以绳为之，而悬铃其上。其绳用细竹为心，外裹篾索，长四十八丈。索用三股合为一股，围一尺五寸。桥宽八尺左右，各四绳，旁用木栏翼之。桥栏杆之底有横木相扶，底用一十四绳，上铺密板，可渡牛马。东西两岸约五十步，平立两柱，柱长六丈，谓之将军柱。柱有架梁，绳绕梁过使不坠[④]。东西各建层楼，楼下各立大柱以系绳，岁时修补。

桃关：戴家坪索桥一道，为新疆各屯咽喉隘口。乾隆四十一年荡平两金，奏请修设，以通往来文报。视太平桥更大，三年一修。

《蜀水经》云：桃关本名陶关。明初，四川郡司遣兵修桥梁及关，汶川土人孟道贵集部落拒阻于此。有索桥横江，为金川要隘。

《寰宇记》曰：梁普通三年，于桃关置绳州，取桃关之路，以绳为桥。

庆升桥：在县南一百二十里尤溪沟口。每夏秋水涨，行人病涉。嘉庆五年，贡生陈先达捐建石桥以利济，名曰庆升。先是邑贡生杨一揆建石桥于其地，名仲和桥，乾隆三十八年为大水冲毁[⑤]。岁庚申，陈生乃因其地而建焉。越年工竣，署县令任曾棻[⑥]记其事。

镇远桥：在茶关外，距城一百四十里。

万人桥：在猪脑坝，距城一百四十里。

---

① 汶：底本讹为“次”，今据嘉庆《汶志纪略・关隘》改。

② 通鹤、柔远：嘉庆《汶志纪略・关隘》作“通鹤、安远、七盘”。

③ 十：嘉庆《汶志纪略・关隘》作“乾”。

④ 使不坠：嘉庆《汶志纪略・附桥梁》作“使不下坠”。

⑤ 为大水冲毁：嘉庆《汶志纪略・附桥梁》作“为大小所逼，渺无孑遗”。

⑥ 任曾棻：嘉庆《汶志纪略・附桥梁》作“任会棻”。

大邑坪桥。

草坡板桥。

跟达桥。

头道桥。

二道桥。

三江口桥。

黑石江桥。

永镇桥：在县西登溪，距城十里，通瓦寺地。

（二）绳桥造法[①]

《蜀水经》曰：绳桥之法，先立两木为柱，架梁于上，以竹为絙，乃密布竹絙于梁，系于两岸。或以大竹篮盛石于上，又以竹绠布于绳，夹岸以为机绳，缓则转机收之。僧智猛所谓："水崖皓然，百千余仞，飞絙为桥，乘虚而过，窥不见底，仰不见天，寒气惨酷，影戢魂栗"是也。又有渡索寻橦之桥，大江水急如箭，两山之胁系索为桥，中刳木为筒，拴系行人于上，以手自缘索到彼岸，则旁有人为解其系，尤极危险。

《吴船录》曰：绳桥长百二十丈，分为五架。桥之广十二绳，相并排连，上布竹笆，攒立大木数十于江沙中，辇石以固其根，每数木作一架，挂桥于半空，大风过之，掀举幡幡然，大略如渔人晒网，染家晾帛之状，须舍舆疾步，稍从容则震荡不可行，望者失色。

（三）溜索桥造法

溜索，县属境内皆有其法，用净篾丝为绳，去来各一，系有低昂。又采坚木刳削如半边竹筒，长一尺，谓之溜壳，壳上有孔，行人渡者合于篾绳，用麻绳系人腰，穿溜壳之小孔，缚系两手而飞渡。

① 此节文字与《汶志纪略》稍有出入，可参看。

种　族

《汶川县教育科长周铁汉报告》列表如左：

汶川县种族表

种族名	过去沿革	分布区域	语言文字	性格	所操职业
汉	内地人前往垦种，现在以安岳、遂宁、潼川、乐至为最多	沿岷江之城镇及其他交通较便地	汉语汉文	多勤苦，但有雅片癖者亦多	多业农，次为商贸小贩及公务员
瓦寺土司	瓦寺土司自称系由西藏迁来	瓦寺土司之耿达桥及卧龙关高山，瓦寺土司之其他地已为汉民	原有藏语藏文，现已少人学习	忠实拘谨，但多数吸烟，较汉族尤普通	全体业农，兼经牧畜、挖药
羌	相传为汶境一带之原始种族，大半已同化	汶城以北之一带山地	汉羌两语俱用，无文字，有少数习汉文	勤奋守法，有少数吸烟	全体业农牧，兼挖药、狩猎，做贸易者很少
回	由甘肃及青海入川	地市地方	通用汉文	团结力甚强	经商

补：第十六区谢专员培筠《报告》

节录如左：

汶川县属土司，仅瓦寺宣尉司一部落，管辖二十八寨，地域广大，数倍于原汶川县直辖区域。唯以紧接内地，汉化甚深，所管百姓，入赘及自往垦殖之汉人，约占半数以上。历代土司对于政府，亦均效命唯谨。现任土司索观沄人极平庸，已无统治所属之能力，仅成一大地主，原管寨落，均经汶川县编组保甲，与齐民等量齐观，虽未明令改土，确已完全归流矣。

四川省建设厅《川西北垦牧调查报告》番夷状况：

汶川县以汉人居多，其原有羌戎，人都汉化，除居县北边界高山之番民，尚能说羌汉两口语外，其居县城附近之番民，则只通汉语，而不能说羌话。其据有土司兼宣慰使之职者，只有瓦寺土司，原为乌斯藏加渴人，语言同嘉戎。于明中叶，纳贡土物。正统元年，威州孟董、九子、黑虎等寨，生番跳梁，遂奉调出藏，剪除诸番，即就所剿汶川之涂禹山瓦寺地，给予宣慰使，世袭土职。及后对征服羌番，皆冒死前驱，屡立战功。其住牧范围亦逐渐广大，至今日竟有东西南北各约二百里见方之土地，约占汶川县全面积三分之二。兹因其接近腹地，人民多已汉化，所管二十八寨，现已编组保甲。

户　口

《汶川县教育科长周铁汉报告》所载如左：

种族名	户数估计	每户平均人口假定数	人口数估计	备考
汉民	4000	5.5	22000	
瓦寺土司番民	1500	5.5	8000	纯粹为其族者二三百户，其余为混种
羌人	1000	5.5	5500	
回民	200	5.5	1100	
总数	6700	5.5	36800	

《屯政纪要》所载如左：

种别	户数	人口数	备考
汉族	3360	17400	
番族	1400	7500	
共计	4760	24500	

《省政府档籍》所载如左：

户数	人口总数	壮丁数
4211	20821	5610

补：《第十六区专员谢培筠报告》本县现存番夷部落概况表

部落名称	首领姓名	沟寨数	户数	备考
瓦寺宣慰司	索观沄	二十八寨	一千余户	已编保甲

官　制

一、县府

《四川省政府公报》所载如左：

职别	县长	秘书	科长	科员	警佐	督学	技士	办事员	雇员	政警	公役
员额	1	1	3	6	1	1	1	6	10	12	20
月薪	280	120	300	300	60	80	80	180	200	98	144
备考											

附注：本县为三等县，每月例支二千一百二十二元，由省库支六百元，其余由地方公款开支，详见财政门。

二、瓦寺土司

（一）瓦寺土司历史

《汶志纪略》：瓦寺土司索诺木氏，旧称桑朗氏，乌斯藏加渴人。其先世雍中洛思[①]与兄桑朗纳思霸。明中叶，贡土物。正统六年，威州孟董、九子、黑虎等寨生番跳梁，罗洛思奉调出藏，剪除诸番，即往剿[②]汶川之涂禹山瓦寺地，给宣慰使印，世袭土职。罗洛思卒，子克罗俄坚灿嗣；俄坚灿卒，子直巴扎什嗣；扎什卒，子满葛喇嗣；葛喇卒，子舍利永中嗣；永中卒，子占叫加嗣；占叫加卒，子南葛嗣；南葛卒，子亦舍雍中嗣；中雍[③]卒，子甲思巴嗣；甲思巴卒，子南吉儿贾士八嗣；贾士八卒，子南吉二朋嗣。隆庆二年，草坡番作乱，寒水土巡检高茂林被害，南吉二朋以土兵讨定之。二朋卒，子舍躬嗣。万历中，以草坡十二寨土蛮地给舍躬安插。舍躬卒，子山查儿加嗣，儿加卒，曲沃太嗣[④]。当是时张献忠据成都，将略松茂，兵至彻底关，曲沃太以兵守关，

① 雍中洛思：嘉庆《汶志纪略·瓦寺土司》作“雍中罗洛思”。

② 往剿：嘉庆《汶志纪略·瓦寺土司》作“住扎”。

③ 中雍：当为“雍中”。嘉庆《汶志纪略·瓦寺土司》作“雍中”。

④ 曲沃太嗣：嘉庆《汶志纪略·瓦寺土司》作“子曲沃太嗣”。

贼不得过，乃由太平沟绕出关后，曲沃太退守本寨。曲沃太卒，曲翊伸嗣[①]，自罗洛思历十四世至曲翊伸。清顺治九年，平定全蜀，曲翊伸首先投诚，缴宣慰使印，奉旨给加渴瓦寺安抚使印号一纸一道[②]。康熙二年，杂谷阿明乱，曲翊伸率土兵随官兵进剿，事定，赏予有差。吴三桂[③]之略四川也，成都失守。曲翊伸以兵守茶关，誓不从逆。既而县属通山五寨羌人图变，二十年负固不服，曲翊伸以兵临之，皆归诚，地方遂定。曲翊伸卒，子坦朋吉卜嗣。康熙三十九年，炉蛮乱，坦朋吉卜从官军[④]直抵新路，炉蛮逃循至那咱顶歼焉。坦朋吉卜卒，子桑朗温恺嗣。康熙五十九年，官兵进藏，调土兵六百名于拉里巴塘地方护送粮饷，又随征郭罗克地，均[⑤]有功，加宣慰使衔。温恺卒，子桑朗容忠嗣。乾隆十七年杂谷土司苍旺作乱，容忠奉派领兵直捣杂谷，夺取官寨并喇嘛寺，招抚日猪卜地等寨。从官军竟抵松岗，杂谷平。至三十二年，而小金川事起，先是两金川土司以互噬启衅。十三年，相傅[⑥]大兵进讨后，金酋每于隘口山岭可通人行处，添修战碉，排比相连，久蓄异志。辛卯，遂起兵围[⑦]，沃日与小金川相接处八十里，先有备，寨固不得破，乃分兵越沃日，迳出巴朗山扎营。瓦寺闻变，即遣土弁帅兵迎敌，扎巴朗山之卧龙关，互有杀伤，进攻山神沟、得尔密等处。以故，贼不得出，而大兵随至卧龙关，分道进讨，卒荡两金，置屯政府。容忠卒，子荣宗嗣。母麦氏，调育有方，四十四年，奉派进京，赏给二品顶戴。五十五年，奉改桑朗为索诺木，赐花翎一羽。及征郭尔喀也，遣兵弁领二百人从大军进讨，事定优赏。秀山事亦派兵从戎。已而教匪事起，又以兵从元戎，分路剿除。以功加升宣慰使，给瓦寺宣慰司印号纸一道。

（二）瓦寺现任土司

《川西边事辑览》：土司原为索代赓，号季皋，人极机警，兼任屯殖督办署屯殖军第一队队长。民国廿年，随军征伐黑水夷人，于维古地方殉难，当由二十八军部及屯殖督办署委任其子索观沄代理屯殖军队长。

（三）瓦寺土司之统治组织

《汶川县教育科长周铁汉报告》所载如左：

甲. 统治区域：瓦寺土司辖地共廿八寨（总管共辖廿七寨，土司辖官寨），在汶川县之西北区，土司以下分统管（即头人）各辖若干。如后表：

---

① 曲翊伸嗣：嘉庆《汶志纪略·瓦寺土司》作“子曲翊伸嗣”。
② 印号一纸一道：嘉庆《汶志纪略·瓦寺土司》作“印号纸一道”。
③ 吴三桂：嘉庆《汶志纪略·瓦寺土司》作“吴逆”。
④ 官军：嘉庆《汶志纪略·瓦寺土司》作“大军”。
⑤ 均：嘉庆《汶志纪略·瓦寺土司》作“俱”。
⑥ 相傅：嘉庆《汶志纪略·瓦寺土司》作“经公相傅”。
⑦ 遂起兵围：嘉庆《汶志纪略·瓦寺土司》作“遂起兵围沃日寨”。

瓦寺土司之五总管辖地分区表

总管姓名	王某	董克勤	明世泽	林镇江	徐清福
辖地范围	第三区内之四山三寨	草坡十一寨	耿达桥三寨	卧龙关五寨	三江口五寨
总管署所在地	殷家坝	草坡	耿达桥	卧龙关	三江口
备考					

乙．土署组织：土署设有下列人员。

（一）文案一人，类似书记，司起草稿件等。

（二）司书二人，即缮写稿件者。

（三）内管家一人，司储藏银钱什物等。

（四）外管家一人，司购置买卖事项。

（五）翻译。

（六）传号若干人，即传达。

（七）管山若干人，司各寨山地出产（归土司所有者），在外居处，未住衙署。

此外如遇兵役讼案，及收纳粮税山价之事，土司不能兼顾时，则视当时情况，饬令土舍办理，土舍为土司族人，其先世便享有土司分封之领土，袭递至今。

丙．土司地方统治制度：地方政治由大小头人治理，稍大事件，上诉土司。大头人即总管，分辖数寨至十余寨。小头人称曰寨首，只管一寨，承受总管之指挥。均系代土司经管粮税及调派轮班服役之夫役，审理诉讼（小头人不理诉讼），编练土兵等事，每寨尚有乡约一人，辅助寨首，传达上级命令于该寨民户。

（四）番民与土司

甲．纳粮：土司所辖之民，概编为土兵，称曰班，每兵一名，授田一份，据说为一石四五斗种，每斗约当内地一亩，每兵一名，年课粮税五斗上下，如产贝母之地，则纳贝母二三斤。

乙．当差：每名兵额，年须上班一二月，须自备口粮，因故不到，得折钱缴纳（最近系折钱四十千文）。倘遇兵役，则须听从调遣，火饷由调派者发给，土兵须自备兵械。

丙．夷民与土舍：土舍为土司之宗族，领有土地者，多数土舍因豪奢淫侈，入不敷用，横征暴敛其居民（原土民做其地者，迳与之纳粮，不复再与土司上纳），居民不堪其苛政，往往弃地而逃，如经捉获，便受严刑。

（五）土司与县府

土司受县府之管辖，每年纳粮[1]十三两八钱，境内诉讼在土署讯后，不服者，往县府申诉。县境内有守备之处，县府令土司调兵供役。

---

① 据文意，“粮”或当为“银”字。

（六）土司之衰落

瓦寺土司由明代迁至汶川，历时三四百载，人口渐减少。真正瓦寺土司种族之民，只二三百户。考其原因，不外下列两点：

土司境内领土不行买卖，但遇土舍及土司奢侈耗用，有将地土典押汉族农夫，以后不得征粮上税，汉民照习只服县官管辖，土司不能干涉。由此汉民日众，土司政治权、领土权日削。

番民嗜雅片，多好逸恶劳。番家情愿招汉民子弟上门（即赘婿），或嫁其女来汉家，其子孙以后均自认为汉民，由此种族逐渐混合，汉化进程日快。而土司之种族，基础日以毁灭，从国家立场着想，固为统一前途庆幸。

《屯政纪要》：故土司索代赓亡后，未准承袭，土职无形撤废，业将全境编组团甲，惟土地制度未经改革，土司政权，尚存一部。

交　通

一、由灌县经汶川达茂县路线里数

《川西边事辑览》由灌县至白沙八里，由白沙至麻柳湾五里，由麻柳湾至龙洞十一里，由龙洞至龙溪镇六里，由龙溪镇至银台观十五里，由银台观至映秀湾十五里，由映秀湾至豆芽坪十里，由豆芽坪至东界脑十里，由东界脑至兴文坪十里，由兴文坪至银杏坪十里，由银杏坪至彻底关十里，由彻底关至桃关十里，由桃关至索桥十二里，由索桥至飞沙关八里，由飞沙关至汶川县十里，由汶川县至白鱼落十里，由白鱼落至七盘沟十九里，由七盘沟至威州十一里，由威州至雁门关九里，由雁门关至青坡十一里，汶川与茂县交界于此，逾此至文镇为茂县极南之镇，北走为入茂县大道。

上列二段路线表列如下：

甲．灌汶段

起止地点	里数
灌县至白沙	8
白沙至麻柳湾	5
麻柳湾至龙洞	11
龙洞至龙溪镇	6
龙溪镇至银台观	15
银台观至映秀湾	15
映秀湾至豆芽坪	10
豆芽坪至东界脑	10
东界脑至兴文坪	10
兴文坪至银杏坪	10
银杏坪至彻底关	10
彻底关至桃关	10
桃关至索桥	12

乙．汶茂段

起止地点	里数
汶川至白鱼落	10
白鱼落至七盘沟	19
七盘沟至威州	11
威州至雁门关	9
雁门至青坡	11
青坡至文镇	16
合计	76

续表

起止地点	里数	起止地点	里数
索桥至飞沙关	8		
飞沙关至汶川县	10		
合计	150		

二、由汶川县城到卧龙关之路

汶川县教育科长周铁汉《报告》：由汶川县城六十里到草坡，由此经天成山到耿达桥，约百二十里，自此左走，可到洞礶，右走可达卧龙关，均在灌懋大道上。

三、其他小道

汶川县教育科长周铁汉《报告》所载如左：

到理番县境：由汶川城到草坡，由此西行到雪龙山，左顺丹札木沟可到杂谷脑，右走顺蒲溪沟，到威州、理番县城大道，顺甘溪沟到甘溪，顺通化沟到通化，皆在威、理大道上。

到懋功县境：由耿达桥经三公馆，正沟坐棚入懋功境，沿是平沟可抵懋功之日隆关。

到彭县境：威州出东门约五里到别立村，再五里至水井湾，此地多雨，设有小学校于此，再六七里至下白水，产药材甚丰富，再经青坡通山岩、花果园等寨，约二百余途程，可达彭县县城。

四、运输

《汶川县教育科长周铁汉报告》：岷江在汶川境内，不通舟楫，运输赖骡马驼载，及人夫挑负，翻山越岭，背负较便，边地盛行之，沿途犹有军队估支乌拉情形，觅区正负责，常惹纠纷。

背负与骡马运输比较表

种类	能载重量	日行里数	每日价值
骡马	二百四十斤	五六十里	七八角至一元
背负	百二三十斤上下	三四十里	多以斤计，如由汶至灌每斤力价五百文，水货约六百文

注：以二千五百文作一角计。

附一：驿站

《汶志纪略》所载如下：

桃关驿在治南三十里。

映秀驿在治南九十里。

右二驿额设马八匹，马夫四名，递送新疆往来文报，照例按日支给草干夫工银两。按，旧设寒水驿，即今县治也。太平驿在治南七十里，今废。

附二：铺递

《汶志纪略》所在如下：

底塘铺，在县城内。

三店铺，在治南十里。

大邑坪铺，在治南二十里。

桃关铺，在治南三十里。

彻底关铺，在治南四十里。

银杏坪铺，在治南五十里。

兴文坪铺，在治南六十里。

清水驿铺，在治南七十里。

豆耳坪铺，在治南八十里。

映秀湾铺，在治南九十里。

娘子岭铺，在治南一百里。

尤溪铺，在治南一百二十里。

猪脑霸[①]铺，在治南一百四十里。

白鱼落铺，在治北十里。

板桥铺，在治北二十里。

七盘沟铺，在治北三十里。

威州铺，在治北四十里。

① 霸：嘉庆《汶志纪略·附铺递》写作“坝”。

民　政

一、县府组织概况

《四川省政府档籍》：已遵令裁局改科，合署办公，余详本编“官制”门。

二、分区

《四川省政府档籍》：县以下分三区，一区署在县府，二区署在龙溪，三区署在三江口。

三、保甲

《四川省政府档籍》：共设联保主任七，保甲四十二，甲长三百二。

附：《汶川县旧时分区表》

汶川县教育科长周铁汉《报告》所载如左：

区名	第一区	第二区	第三区	第四区	第五区	第六区
所辖区域	县城附近板桥与兴文坪之间	板桥以北至茂县境	前瓦寺土司境	兴文坪以南至娘子岭	娘子岭以南至灌县境	前瓦寺土司境
区公所所在地	县城	不详	草坡	不详	不详	三江口

注：瓦寺土司实际已改流。

司　法

一、司法机关

《屯政纪要》：由县府兼理。

二、讼费

《屯政纪要》：凡非以财产价额计算之案件，每案只征讼费一元，财产案件二百元以下征一元；二百元以上，每五百元递加一元计算征收；贫无赀力者准由邻右证明免征。

财　政

一、粮税

（一）汉民粮税

《汶志纪略》：清顺治十八年，奉文清丈地亩，至雍正七年止。汶川山高岭峻，刀耕火种，不产稻谷，无从清丈，下地估种一石，榷下地五亩，每亩栽荞麦一斗，荞麦各半，荞每石征银二钱，麦每石征银四钱，每荞麦一石零九升六合六勺二杪一撮三圭五粒四粟；载丁一丁，每丁征银一钱二分，原载税粮三百零三石八斗九升四合；原载人丁二百七十一丁，七分五厘九毫八丝四忽，共载丁粮银一百二十三两七钱七分九厘三毫八丝八微，遇闰每两增加银六分二厘六丝一忽四微七尘三纤五杪一渺六漠三埃，解司完纳。雍正七年丁粮合并积算，按亩征银四分九厘四毫四丝二忽七微一纤。清查田地，至嘉庆十年止，除籍田四亩九分不征丁粮外，新旧花户孟潮荣等承粮山地，占种七百三石九斗九升四合，下地三十五顷十九亩五分二厘五尘五纤。

共现征丁粮银一百四十四两零九分八厘三毫二丝九忽九微二尘三纤二杪一渺八漠四埃，随征加一五火耗银二十一两六钱一分零，遇闰加增正耗，新旧承粮花户六百八十三户。

（二）番粮

《四川省政府档籍》：瓦寺土司依照旧例，缴纳县府丁粮银十三两八钱零。

（二）粮税合银数目

《四川省政府档籍》：全县粮额，合银仅一百六十八元。

二、茶法

《汶志纪略》：茶法，额行边引一千二百八十三张，代销雅安县边引二百廿[①]三张，共边引一千五百零六张，每张引配茶一百斤，随带附茶一十四斤，本县采买，松潘发卖，每张榷课银一钱二分五厘，共银一百八十八两二钱五分，每张征税银四钱七分二厘，共银七百一十两八钱三分二厘，每张征羡银一钱二分四厘，共银一百八十六两七钱四分八厘，又额行边引一千二百八十三张，每张征截角银一钱，共银一百二十八两三钱，代销雅安县边引二百廿三张，每张征截角银一钱四分二厘，共银三十一两六钱六分六厘，通共茶额正耗银一千二百四十五两七钱九分二厘，解贮道库。

三、盐法

《汶志纪略》：盐法，每岁额行盐陆引一百六十二张，每张配盐四包，每包重一百斤，随带附盐十五斤，简州配盐，至县行销，每张征税银二钱七分二厘四毫，共银四十四两一钱二分八厘八毫。每张征截角银四分八厘，共银七两七钱七分六厘。每张征羡银二钱六分七厘六毫，共银四十三两三钱五分一厘二毫。通共盐额正耗银九十五两二钱五分六厘。

四、县府开支

《四川省政府公报》：县府月支经费二千一百二十二元，由省库每月补助六百元，其余由地方公款开支。内列数目如下：

薪俸，一千八百四十二元（详见“官制”门）。

办公费，二百元。

特别费，八十元。

此外司法经费，规定月支六百元（照简县开支），就各地原有司法经费开支。

① 廿：嘉庆《汶志纪略》作“二十”。按，本书中均将嘉庆《汶志纪略》中作“二十”者改为“廿”，下不再出校。

教　育

汶川县教育科长周铁汉《报告》：汶川县城与龙溪各设小学一所，初级小学全县共有三十余校，内中岷江西岸，仅有三所，因住户星散，无寨地，难设立，其他私塾读诵四书五经者，亦常有之，县教育经费，由地方款筹充。

警　团

《四川省政府档籍》所载如左：

一、编队：汶川共成立保安队一中队，分三分队，以一分队驻县城，一分队驻龙溪，一分队任游击。

二、枪支：保安队共有枪支九十四支，半系向士绅借用，其他民有枪支，尚无统计，但为数甚少。

三、夷匪：无。

附一：营汛

《汶志纪略》所载如左：

汶川县，驻防维州左营把总一员，带兵四十名。

茶关汛，驻防维州左营把总一员，带兵四十名。

桃关汛，驻防维州右营把总一员，带兵五十五名。

卧龙关汛，驻防千总一员，带兵五十五名，系由松维各营派拨，官兵坐塘外防，三年更换。

右四汛额设兵丁除坐塘外，其余兵丁，驻守汛地。

附二：塘递、烟墩、哨楼

《汶志纪略》所载如左：

汶川塘，在县治南关内。

大邑坪塘，距城二十里。

彻底关塘，距城四十里。

兴文坪塘，距城六十里，俱汶川汛，拨兵驻守。

茶关塘，距城一百四十里。

尤溪塘，距城一百二十里。

乾溪堡塘，距城一百里。

豆芽坪塘，距城八十里，系茶关汛拨兵驻守。

板桥塘，在县治北，距城二十里，系新保关汛拨兵驻守。

雁门关塘，距城五十里，系茂州营南路汛拨兵驻守。

右南地十塘，每塘安兵五名驻守。

桃关戴家坪索桥，在治南三十里出口。

大邑坪塘，距城六十里。

草坡塘，距城九十里。

树林口塘，距城一百二十里。

黄草坪塘，距城一百五十里。

跟达桥塘，距城一百八十里，俱桃关汛拨兵驻守。

纳凹山塘，距城二百一十里。

烧汤塘，距城二百四十里。

二道桥塘，距城二百七十里。

卧龙关塘，距城三百里。

岩洞塘，距城三百三十里。

龙岩塘，距城三百六十里。

邓生塘，距城三百九十里。

向阳坪塘，距城四百二十里。

大石包塘，距城四百五十里，与懋功县所属沃日土司地交界，俱系卧龙关汛拨兵驻守。

右口外十四塘，每塘安设汉兵五名，土兵五名，汉兵系由松维各营派兵，三年递换一次，土兵系饬瓦寺土司分派。

附三：清季边防兵制

本项见里番县本门附录。

储　恤

一、仓储

《汶志纪略》：常平仓额贮仓斗小麦，二千八百三十七石六斗九升三合五勺五杪，荞子一千二百六十石另八斗三升一合。

社仓存贮仓斗小麦五石，荞、粟廿二石六斗六升二合一勺。

二、赈恤

《四川省政府档籍》：民二十五年因“共匪”劫余，由四川省赈会分配赈款三千五百元。

垦　务

一、荒地面积

《四川省政府档籍》：熟荒面积在二千亩以上。

二、垦荒情形

（参考《理番县资料辑要》本门）

附：《松懋五县三屯屯殖督办署屯垦章则》

见理番县本门附录。

物　产

一、动植物

（一）食用植物及观赏植物

《汶志纪略》所载如左：

甲．谷类

麦有数种，秋种夏收，曰宿麦，粒小者曰米麦，穗短而毛者曰草麦，长而多颗曰青稞。

油麦，荞麦也。《尔雅》：蘥，雀麦。注：即燕麦也。

玉蜀黍，川中皆呼包谷，北方曰玉米。

莜，荞也。甜苦二种，春冬两熟。

黍，一曰粟。

粱，高粱也。

豆，菽也。有数种，曰黄豆、胡豆、豌豆、爬山豆、菜豆，黑豆。

粟谷，谷也，惟县属有。《尔雅注》：江东人呼粟为粢。

稻，谷稻也，县境最少。

麻有数种，曰苏麻、胡麻、菜麻、芝麻。

乙．蔬

圆根，芋也。产山上，移栽平地，即成蔓菁。《蜀都赋》曰：蹲鸱所伏。

瓢儿菜，一名厚皮菜。

罗汉韭，韭属。

鹅头薤，薤属。

鹿耳葱，葱类。

齐头蒿，一名鱼尾蒿。

长馨菜，苦菜也。《尔雅注》：谁谓荼苦，苦菜可食。

山蕨，清白二种，根可作粉。

山菌，川中呼为菌，北方呼为蘑菇。

西瓜，小而多子。

丙．花果

桂，黄白二色。
梅，遍生山岭。
兰有二种，一茎一花，冬开者无香；一茎数花，春开者最香，或曰蕙也。
荼蘼，黄白二色，或曰七叶芸香。
牡丹，红白二色，白者佳。
夜合，合欢也。
杜鹃花，即羊踯躅，或曰艳山红也。
茂林春，株如楠，花红紫色，极艳。
石榴，最大，味甘。
梨，极爽。
桃，有大者，味甘。
木瓜，味极酸。

（二）鸟兽虫鱼

《汶志纪略》所列如下：

甲．鸟

鹖鴠，司放[①]鸟也。
鹈，鹕鹈也。喙长，可啄鱼，《尔雅》：一名鴮鸅。
鹦鹉，婴母也。
竹鸡，泥滑滑也。《博物志》：白蚁闻声化为水。
雪鸡，山鸡也。青黑色，可十余斤，双目向前，性绝痴。《山海经》曰：蝺渠，黑身赤足，雉类。县境雉种甚多，有锦鸡、白鹇诸名号。《山海经》：岷山鸟多白翰，赤鷩，一名鵫雉，又曰白雉。
杜鹃，杜宇也。声曰子规，口鲜红如血。
鹡鸰，点水雀也。一名雍渠。《尔雅》注：飞则鸣，行则摇。
鸴鸠，鸠也。郭璞谓为“鸴斯”，或曰窃脂，即鳸桑也。
钩辀革戛，鹧鸪也。又曰懊恼泽家。状似鸽而翅长，有翠毛，将雨则旋[②]，其名自呼也，土人呼为铁翊爵。《山海经》云：赤身白首，名曰窃脂。郭璞注为小青雀。
行不得也哥哥，鸠属，其名自呼也，雌雄相应而成声。《本草集解》云：鹧鸪啼[③]非是，其形状不类。

① 放：嘉庆《汶志纪略·物产》作“晨”。
② 旋：嘉庆《汶志纪略》作“旋飞”，当据补。
③ 啼：嘉庆《汶志纪略》作“啼声”，俱通。

点灯捉角[①]，状如鸠而足高，黑色，夜鸣不歇，其名自号也。

黄鸦，绀色，有花翎，能言，俗呼沙和尚。

青铜鸡，黑首白喙，雌雄相应也。

桃花爵，绿身花翅，赤喙绀趾，二月来食桃花。

乙. 兽

野牛，夔牛也。《山海经》：岷山多夔牛。又有㸲牛，肉可千斤。

山驴，羬羊也，状如羊，马尾，大如驴。

山羊，麢羊也。《山海经》：岷山多夔牛，麢臭，犀兕。

山豕，野猪也。耳立，牙横出。又有黄毛猪，味最脆。

果子狸，狸也，最肥脆，食白果所致，又有九节狸，毛最温厚。

汇豕，毫猪也。《山海经》：状如豚而白毛，大如箕而黑端，名曰毫彘。注：狟猪也，吴楚呼为鸾猪。

熊，有数种，有马熊、猪熊、狗熊，又有白熊，白团花色，性最痴。

猴，有数种。黄猴、青猴，皆食果[②]。惟细臂长股、长毛、金色赤面曰狨，即猱也，俗名金线猴。他猴见之，不能走，择其肥者啖之。《山海经》：岷山多熊罴、猿蜼。注：蜼似猕猴，鼻露向上，尾四五尺，头有岐，苍黄色，雨则[③]悬树，以尾塞鼻也。

丙. 虫

羌活鱼，生羌活丛中。

百节虫。

涎涕虫，可制蜈蚣。

老木虫，蝤蛴也。《尔雅疏》：《方言》云：关东谓之蝤蛴，梁益[④]之间谓之蝎，其在水中者白而长，故诗人以比妇人之颈。《诗·卫风》[⑤] 领如蝤蛴。

丁. 鳞

重唇，细鳞也。或曰嘉鱼。

虎鱼，无鳞，大首，圆身，巨口，或曰《山海经》所称鐲鱼者是，未审。

石扁头。

黄蜡丁[⑥]，有毒。

---

① 点灯捉角：嘉庆《汶志纪略》为“点灯捉蛒蚤”。

② 食果：嘉庆《汶志纪略》作“果食”，俱通。

③ 嘉庆《汶志纪略》“则”后有“自”字。

④ 益：底本作“盖”，嘉庆《汶志纪略》作“益”。按，“益”是。形近而讹，今据改。

⑤ 《诗·卫风》：底本作《卫风》，据嘉庆《汶志纪略》补。

⑥ 黄蜡丁：底木讹为“黄丁蜡”，今据嘉庆《汶志纪略》乙正。

（三）竹木

《四川省政府档籍》所载如左：

桤。

榆。

旨枫，栖杻也。《山海经》：榈木音秋。

花樟。

香杉。《尔雅·释木》作“煔”。

豇豆木，色赤极细。又有合欢木、交让木。交让两树对生，一荣一枯。《蜀都赋》曰：交让所植。

白果，木色白，极细，又有鹅掌木、罗汉树木。

楠，有数种，香楠最少。

枇杷木，十二年而一实，状如小枣，无核而味酢。

（四）其他

甲. 碱

《四川省政府档籍》：碱，年产有四万斤。

乙. 黄蜡

《汶志纪略》：蜜之底为黄蜡。陆佃云：蜂之化蜜必取匽猪之水，注之蜡房而后成蜜，故谓之蜡者蜜之蹠也。苏轼诗“蜜蜂采花做黄蜡”。

丙. 漆等

《汶志纪略》：漆、杠炭、煤炭。

白土，又有偈土。花蕊石，岷石也。《山海经》：山下多白珉。

碧玉，产汶治南五十里银杏坪，俗称础玉。

二、农产物

汶川教育科长周铁汉《报告》所载如下：

（一）籽种与产量

凡说一斗种，与理番同。乃以京斤斗论之，其实只四五升。至如荞或麦，凡说一斗种，则仅指一升。以玉黍种而论，大概种三斗，即三升，玉黍在中等地可收一石，最好可收一石六斗，其产量亦随地土而论，高山，半山坡，与沿江之地，脊肥不同，产量亦殊。

（二）轮种法

农物轮种，各地农庄俱是如此，在内地种稻虽可年年重复，然稍分若十类别，每类亦可得在同一土地种三四年。在汶川高山，年只一季庄稼，轮流种荞子、麦子。半山及低谷地，两年可种三季，亦轮流换种。

（三）人工及经营

务农者因人工不易觅得，普通实行换工制，即掉工互助，间亦有雇工，每日工资约一角，供给伙食。犁田时，用双牛犁，每撒种前，犁一二次，种时施肥，尤重耘耨。放火烧山后之火耕，仅限于边远之地，在汶川东部之深山老林中如是。

野猪夜出窃食粮物或种籽，为汶茂等县之通害，农人夜间搭棚外宿，遇野猪结群而来，则一呼四应，互擎铜锣驱逐之，是谓守野猪。

（四）租佃

佃户向主人租佃时，缴有押租，普通租粮，主人所收者，约占全产量三分之一，与内地略似。又有分租者，即主客各收全产量二分之一。但佃户常常偷藏，亦不见得多收。

分租有二种：一分为把子，即草秆亦要平分；一为分籽，即仅分粮食，草秆归佃户。又有所谓吊租者，为以秤称所上租之量。

（五）牧畜

牧畜为农家副业，并为肥料之来源，每年自阴历十月初一起，牛羊便可任在何山牧放，每一寨之旁，有一片荒山作为牧地。

三、茶叶

《屯政纪要》所载如下：

边茶与腹茶：汶川南境产茶，分边茶、腹茶二种。边茶由松、理两县运销夷番，腹茶则输销内地各县。近以腹茶受商人操纵，边茶为印茶及腹茶倾销。产量浸衰，腹茶年产约五千担，边茶年产约二千担之谱。

茶之品类：龙溪之茅亭及兴文坪所产之茶为上品。

四、药材

《屯政纪要》所载如下：

（一）各种产量估计

地名药品别	草坡	耿达桥	卧龙关	上九寨	马鞍山	河坪	白土坎	桃关沟	龙溪沟	马家村	三江口	七盘沟
麝香	○	○	○	○	○		○	○				○
虫草		○	○									
贝母		⊗	⊗									
羌活		○	○									
秦艽	○	○	○	○								○
大黄	○			○	○	○	○	○				○
木香	⊗	○	○								○	
五加皮	○		○	○								○
当归	⊗			⊗	⊗	▽	⊗	○			○	○
厚朴									○	○	○	
半夏				⊗	⊗	○	○					○
茯苓	○			○	○	○						
柴胡	○			○	○	○	○	○	○	○	○	○
前胡	○			○	○	○	○	○	○	○	○	○
泡参	○	○	○	○	○	○	○	○	○	○	○	○
五倍子	○			○	○							○
赤芍	○	○	○	○	○	○	○	○	○	○	○	○
木通	○	○	○	○	○	○	○	○	○	○	○	○
猪苓	○			⊗	⊗	⊗	⊗	○				○
金石蚁斛								○				○

注：▽表最多　⊗表多　○表少

（二）每年所产价值

《四川省政府档籍》：药材年产约值四万元。

五、矿产

（一）金矿

《四川月报》九卷二期：三江口矿区在汶川境内，民十三年呈准开办，其地因距汶、灌两县俱近，购运粮食甚便，商民礌户前往挖掘者渐多，产量不定，近来每日可获纯金十余两，色黄如菜花，金商谓非上色，价值稍低，粒金粿金兼有，闻久于挖金之礌户言，将来挖金至中层，可获较佳之赤色爪子形金云。

《屯政纪略》：产金区：七盘沟、卧龙关、三江口（详前段）。

（二）铜矿

《屯政纪略》：产铜区：一碗水。

（三）铁矿

《屯政纪略》：产铁区：板桥、桃关。

（四）煤矿

《屯政纪略》产煤区：侏杂坝、雁门。

（五）锑矿

《屯政纪略》：产锑区：卧龙关、三江口。

（六）铅矿

《屯政纪略》：产铅区：桃关沟。

礼　俗

一、羌俗

汶川县教育科长周铁汉《报告》：在汶川之羌人，汉化浸染甚深，羌女常招汉郎上门，或嫁汉人，言语文字及习惯等，半多仿汉。惟尚可寻出若干羌族遗迹，如羌人夏季多着厚麻布，其神供在进屋之左角，无喇嘛，但有巫师，喜忧事俱请作祷告。兹将其婚丧礼，略述如左。

（一）婚礼

女子出嫁时，多仿汉俗，其不同者，为请巫师到家，插各色纸旗于屋之周围而拜祀之，是日举行跳歌装，夜供笑新娘、新郎，由巫师导拜，并杀牲畜涂血于屋之周围。

男子若被招赘上门时，女家于门前设酒宴，男子与其从人饮食后，进门行礼成婚。

（二）丧事

丧葬分土葬、火葬，均须请彼等之巫师，埋时杀牲畜，涂其血于屋之四周。

二、番俗

见理番县本门。

生活情况

一、边地移民生活

汶川县教育科长周铁汉《报告》：往松茂汶一带经营和开边者，大概有四类人。

第一类：为作挑担背运之苦力，后经营小生意者。

第二类：为木工、裁缝、铁匠、硝皮匠等手艺人。

第三类：为作农工，或挖药贩药者。

第四类：为专从事较大规模之商务者。

我们可以说，中国政府，历来也注意殖民垦边之事，但是由于一般人民自动的地方，确是很多，如像上列的边地经管前驱者。

第一类人是非常辛苦，此辈力夫，多由内地贫乏，农夫经若干时之肩挑背磨，稍有储蓄，便从事做小贩，自己负运，再若干时，苦心经营，也就可做小商人，由此积为大商，也常有之，其成功全系自己努力，政府未尝加助。

第二类人恃其手艺，于春末暖和时，奔走边地各村落卖技，积数月之久稍有积蓄。到秋末略购轻便易携之物，如药材兽皮等，返内地可赚一笔款项，此为一年辛苦所得，俟到次年春末，又可再去。

第三类人为内地贫农，或孤身农夫，亦于春末往边地作雇农，或代人挖药，待数月所获，亦可以较贱之价，略购药物回转内地。亦有农夫作长工至数年，受人招赘，成立家室，终身侨住该地者。

第四类人多住家内地，稍具有资本，经营商务，回民从事此者亦多。

上述四类人中有三种特点：（一）不须政府扶助，自动往边地经营；（二）多数是夏初去，秋末冬初复还；（三）其中有一部分上门入赘，娶夷女为妇，依习改夷姓，但多于后时，仍复汉姓，由此生齿繁殖，通婚变俗，可加速夷人改汉进程。

二、羌民生活

（一）服饰

《川边季刊》一卷四期《屯区鸟瞰》：羌族耕地，均留有麻田，自割麻起，剥纺编织，均其妇女任之。成品宽只一尺，长以二丈四乃至二丈八尺为止。其色纯白，质紧厚，如帆布然，用以缝制长衫。男子者长可至膝，女子者则长至脚背，四时咸宜，日久洗濯，系以灰水浸泡，而双脚蹦践之。每衣一件，率可着至七八年之久，入山操作，不暂去身，坚韧至是，可谓佳矣。惟质地粗厚，汉人不耐服用耳。至羌民之内衣袴料，则系购用遂宁、灌县一带之土布，工作时表面又有羊皮马褂以护衣服。羊皮均系自饲之山羊，至肥壮时，食其肉而取其皮为衣，不用硝制，不用面子，恃其坚厚，以便出入林箐，冒犯雨雪。入冬则服毪制之衣，毪料亦自饲羊群中剪取之毛制成。羌族妇女，无论何时何地有无其他工作，大都手执羊毛杆及羊毛兜各一具，盖即纺制毛线之具也。纺成后并自织成料，即为毪子，其长短及用途与麻布同，惟视麻布为厚，着之颇暖。羌民少有戴帽者，无论冬夏，男女均以白布、蓝布或青布等缠头上。女子均穿耳，蓄发而辫之，耳环特大，有银制者，有铜制者，嫁则髻焉。男子近虽全剃光头，然必留经寸许之圆形发辫于头上，非关眷攘满清，以被等出入深山，往往为猎户所藏之药刀药弩所伤（猎户猎取野兽所藏刀弩上有毒药，见血瞬间即死），非以长发缚伤口两端，不能止毒势四窜，非烧发敷于创口，不能使伤口告愈也。足着草履（名麻窝子，不同汉人所着之偏耳子），冬间并裹以毪子，虽践雪不寒。妇女着布鞋，鞋端略尖，莲船盈尺，汉人尚不能及焉，脚有裹以红布者。

（二）食品

《川边季刊》一卷四期《屯区鸟瞰》：羌族纯以玉蜀黍、小麦、荞麦为主要食物，均系磨为面粉，或烧成饼饵，或煮作汤，或蒸作饭状而食，佐餐者不过洋芋、油菜、野菜等。非有宾客，油盐亦不能率用，更非大故不割肉。唯食量特大，每日食面粉有达三斤者。至素封之家，仍学步汉人籴米市肉，购时行鲜菜，使用调和，然终觉烹调失宜，风味大异矣。

（三）居室

《汶志纪略》：羌俗，所居叠石为�。

《川边季刊》一卷四期《屯区鸟瞰》：平房四周皆以石砌，高可一丈七八至二丈余，前方留门，以便出入，其顶一概平坦，系于梁端搭盖椆木（如椽大之木材严密铺放），上铺竹稿，再上则铺细黄土，棰之使坚，不漏雨雪。

补《四川省建设厅川西北垦牧调查报告》：汶川之穷，在全川为第一。开全川举行上中下三种县代表调查时，会以仁寿为上县，全县之粮赋为十七万元；金堂为中县，全县粮赋九千元；汶川为下县，全县粮赋二百五十元；其贫穷可知。据汶川县估计，灾前有耕牛一千二百余头，民国二十三年，牛瘟，损失百分之八十五，二十四年又经“兵匪”杀食净尽，元气大伤，近经两年，虽经政府屡次放赈散牛及农贷等救济，现全县之牛，尚不足二百头。“匪前”，有绵羊一千五百余双，山羊三千余双，亦因二十三年之瘟，二十四年之“兵匪”，现时尚不足百双。猪在前约四千头，现时不足一千头。即此以观，则人民生活状况可想见矣。

名胜古迹

《汶志纪略》所载如左：

玉垒山：治北四十里，壁上镌玉垒山三大字。《蜀水经》曰：玉垒山在保县东三百里，众峰丛拥，远望无形，惟云表稍露崔嵬[①]，山石莹洁，可为器，即碔趺之类。唐贞观创关其下，名七盘关，亦名玉垒关。按：在保县三百里，非是。保县旧治离玉垒山亦无三百里，而七盘山离玉垒山有十里许。《名胜记》曰：维州治后，即玉垒山。蜀后主观湔江至此，亲书“玉垒山”三字于州署后，其大盈尺。或云昭烈帝书，或云宋淳熙时书，皆不可考。前松茂副使陈凤翔[②]云：昔刘梦得常爱终南、大华，谓此外无奇；爱女儿、荆山，谓此外无秀。及登九华，悔前言之失。盖山水非躬造其胜，心悉[③]其情，或耳到而手足心眼未到，未许轻加品题，不独梦得为然也。老人与玉垒作缘，寝息其下者三年，每忆杜少陵“锦江春色来天地，玉垒浮云变[④]古今”之句[⑤]，窃谓：锦江春色，刻画天然，无可易矣。玉垒浮云，似于此山真面目，未有理会。因记往岁游青城时，灌以青城之玉垒为玉垒山，岂少陵当日上下锦官、白帝间，游迹所至盖止于灌，未及威耶？夫古人一物命名，无不相肖，况巍然都郡之表出者乎？昔人谓玉垒之在青城者，幽秀深渺，白衣苍狗，变幻无端。今观玉垒之在威者，峭壁嶙峋，截然玉立，如垒如城。左太冲所谓“包玉垒而为宇”，盖名与实无不称焉[⑥]。山既出其真面目以白[⑦]我，则何敢以少陵足迹未到之玉垒，而使青城窃其似，以冒名[⑧]，且使后人谓如子美，形[⑨]容尚有不相肖之句，诬玉垒以并诬少陵也。至山半有大书“玉垒”二字，传为汉昭烈手书，此不足据。老夫[⑩]三年寝卧其下，领略其体貌性情，不作生客草草评论，以贻他日之悔，山灵之笑而已。若乃穴沸清泉，源本石潭，依稀无异慧山；清冷香柔，功德备焉，向来遍过[⑪]知己。旧名龙洞，后人复题为玉液池，亦觉草草。岂玉垒山下，果有珠如方诸，

---

① 嘉庆《汶志纪略·古迹》“玉垒山”作“崔嵬稍露之”。
② 陈凤翔：嘉庆《汶志纪略·古迹》“玉垒山”作“程凤翔”。
③ 悉：嘉庆《汶志纪略·古迹》“玉垒山”作“习”。
④ 变：嘉庆《汶志纪略·古迹》“玉垒山”作“亘”。
⑤ 句：嘉庆《汶志纪略·古迹》“玉垒山”作“什”。
⑥ 实无不称焉：嘉庆《汶志纪略·古迹》“玉垒山”作“实无不称焉相肖”。
⑦ 白：嘉庆《汶志纪略·古迹》“玉垒山”作“向”。
⑧ 以冒名：嘉庆《汶志纪略·古迹》“玉垒山”作“以冒其名”。
⑨ 嘉庆《汶志纪略·古迹》“玉垒山”无“形”字。
⑩ 老夫：嘉庆《汶志纪略·古迹》“玉垒山”作“老人所据，据夫”。
⑪ 遍过：嘉庆《汶志纪略·古迹》“玉垒山”作“未遇”。

见月而为水者乎①，抑真有麟物瀺灂其洞中耶？昔昙隐大师寓东梁，潭中涓涓沸出，相传每旱祷而辄应者，不足分八功德水之一也。八功德水注：一清、二冷、三香、四柔、五甘、六净、七不溢、八不蠲痼②也。且此泉污塞多年，今春来老人为疏涤而领略之，以渐得其清冷香柔之故。未几，详请督抚，减征之檄须③下，边民困苦稍苏，又龙、蒲诸逆番相继勘定。郡人去卧榻之大患，士庶讴歌，如出火宅④而饭⑤清凉焉，则以谓功德之一也，固无不宜。

玉液池：玉垒山下有池，曰“玉液池”，俗称为“龙洞”，深五丈，阔一丈，上荫异木十余株，各长十数丈，枝叶幽翏不见天日，水深四五尺，甚寒而甘，中有鱼四五，长数尺，时游水面，人莫敢玩，谓为龙也。清⑥流绕城而达于江，旱祷即雨，元至正间，石刻“龙洞深处”四字于洞额。

玉垒行窝：《明史》：王元正，字舜卿，陕西盩厔人。正德辛未进士，官翰林检讨。嘉靖三年大礼议起，何孟春等二百廿余人跪左顺门，帝使司礼论退，不从，杨慎、王元正撼奉天门大哭。帝怒，俱下狱，为首者戍边。于是元正受廷杖，谪戍茂州。初，元正号“三溪”，少时有过青城经玉垒之梦，因改号“玉垒”。及谪，过玉垒山叹曰：“前定之矣。”徘徊不去，题所居曰“山水间读书处”，人号“玉垒先生”云。

张道古墓：玉垒脚下有张道古墓。《蜀梼杌》曰：蜀王建武成二年，召张道古为武部郎中。道古至玉垒，谓所亲曰：“吾唐室谏臣，终不能与鸡犬同食⑦，今召，还必再贬此。”死后葬关东不毛之地，题曰“唐左补阙张道古墓”。

懿简王墓：明天顺四年，蜀和王第五子友壖封汶川，成化年薨，谥懿简，墓在县灵溪山。子荣康王申销嗣，销薨。子宾潼卒，次子恭僖王宾沙嗣。沙薨，子让栴卒，孙安惠王承炯嗣。炯薨，子宣题⑧嗣。府在城内，明末毁于兵。今失其墓⑨址。

石室：《寰宇记》云：冉駹夷人所造者，高十余丈，山岩之间往往有之。按：汶治冉駹旧地⑩，风俗最为淳朴⑪。今之羌民，冉駹种也。或云草坡一路，皆冉駹地，存考。

---

① 见月而为水者乎：嘉庆《汶志纪略·古迹》“玉垒山”作“见月津而为水者乎”。

② 蠲痼：嘉庆《汶志纪略·古迹》“玉垒山”作“蠲疴”。

③ 须：嘉庆《汶志纪略·古迹》“玉垒山”作“适”。

④ 火宅：嘉庆《汶志纪略·古迹》“玉垒山”作“潦泉”。

⑤ 饭：嘉庆《汶志纪略·古迹》“玉垒山”作“饮”。

⑥ 清：嘉庆《汶志纪略·古迹》“玉液池”作“波”。

⑦ 终不能与鸡犬同食：嘉庆《汶志纪略·古迹》“张道古墓”作“终不能拳跪与鸡犬同食”。

⑧ 题：嘉庆《汶志纪略·古迹》“懿简王墓”作“票隆”。

⑨ 墓：嘉庆《汶志纪略·古迹》“懿简王墓”作“基”。

⑩ 汶治冉駹旧地：嘉庆《汶志纪略·古迹》“石室”作“汶治一道，皆冉駹旧地”。

⑪ 淳朴：嘉庆《汶志纪略·古迹》“石室”作“淳良”。

苏村高碉：城西五里苏村。相传[①]五代时，陈后主选妃得之于此，苏氏乃建高碉七层以志喜。按：陈后主不得在此选妃，或王或孟未可知，然诞不可信。

筹边楼：筹边楼有三，一在保县，筹西边也；一在清溪，筹南道也；一在蜀城大慈寺，兼筹西南道也。或曰：楼在今之理番府。非是，当卫公筹边时，维州地陷入吐蕃，后悉怛谋以维州降，在卫公去后杜悰继镇时[②]建楼，当在汶川旧治，然已不可考。

临渊亭：雁门关内有堡曰雁门堡，古为通鹤城。明指挥使宋琏建亭于江水边，曰临渊亭。毁于兵，基址尚存。威牧范渊记其事曰：汶山郡，蜀西要地，南去七十里有堡曰雁门，上连松茂，咽喉之要也。官军戍守，必择智勇将官为之督，以专责成。正德间，镇巡推擢本郡御所武略将军宋公来典斯任。公知勇天成，尤读书好礼，精晓边务，尝曰：保障边城可苟焉哉？必于城池兵戎加之意也[③]，堡之荒废皆彻而新之，中有小亭，亭前有沼，活水流通，翠崖掩映。昔人以为憩息游难[④]观之所。公曰：居是任者，上系朝廷，下系生灵，安居思危[⑤]，吾分内事，游观何暇焉？遂名其亭曰临渊。于憩息之际，其有惧心乎？兵法云：勿谓彼之不攻，惧我之不备。其心惴惴焉，恐吾城池之不高深也，兵甲之不坚利也，士马之未练习也，人心之未和顺也，以攻何由而取，以战何由而克，以守何由而固。凡此皆吾之事，敢不战战兢兢存此心于无事时乎？予闻其言而壮之。凡天下也[⑥]，未有不成于忧患，而败于怠荒。后之继公，能以公之心为心，必无纵观游、耽杯杓，流连废事矣，正德三年作[⑦]。

过街楼[⑧]：治北五十里留题过街楼[⑨]，上下建二阁，高五六丈，书宋嘉祐三年大学士范仲淹题，上曰“岷山起凤”，下曰“汶川[⑩]腾蚊”。墨迹犹存。

率然堂：率然堂者，明副使谢朝宣所建也。县南廿里大邑坪，建察院行台，即于东偏建堂，曰率然。明末毁于兵。堂西有飞来石、盘陀石、试剑石、晒书石[⑪]，俱镌字。今虽淹没，基址尚存。《记》云：经制之术，视一方犹天下，大要居重驭轻，以近治远，一或偏废，是不知率然之势也。常山之蛇谓之率然，击首尾应，击尾首应，击中则首尾

---

① 嘉庆《汶志纪略·古迹》“苏村高碉”“传”后有“云”字。

② 嘉庆《汶志纪略·古迹》“筹边楼”“时”后有“则”字。

③ 必于城池兵戎加之意也：嘉庆《汶志纪略·古迹》“临渊亭”作“必于城池兵戎之雄壮也”。

④ 难：嘉庆《汶志纪略·古迹》“临渊亭”无此字。

⑤ 安居思危：嘉庆《汶志纪略·古迹》“临渊亭”作“居安思危”。

⑥ 凡天下也：嘉庆《汶志纪略·古迹》“临渊亭”作“盖天下事”。

⑦ 嘉庆《汶志纪略·古迹》“临渊亭”无“作”字。

⑧ 过街楼：嘉庆《汶志纪略·古迹》作“过街楼留题”。

⑨ 治北五十里留题过街楼：嘉庆《汶志纪略·古迹》“过街楼”作“治北五十里过街楼”。

⑩ 川：嘉庆《汶志纪略·古迹》“过街楼”作“水”。

⑪ 堂西有飞来石、盘陀石、试剑石、晒书石：嘉庆《汶志纪略·古迹》“率然堂”作“堂西有飞来石、盘陀石、试剑石、晒书石、伏象石”。

俱应。昔人论天下形势，取喻于此。汶川县治[①]新构一堂，以“率然”名之，岂无谓哉？我朝建都冀北，合晦庵大风水之论，是天下率然之势也。松茂为四川藩屏，既设总戎于中，又设左右参将分治南北，是一方率然之势也，盖威、茂之地，以灌为首，叠溪为尾，汶川介于灌、茂间，两道适均，乃颈脊之处也。治茂不治汶，本虽壮，气势不接。宋汪若海有言：天下者常山蛇是也，秦蜀为首，东南[②]，中原为脊。今以东南为首，安能起天下之脊哉？吾亦曰：汶川不治，威、茂不可得而治，犹欲振蛇而扼[③]其颈也。故经制茂[④]，必治汶川，治之何如？乃移仓廒以足食，增关堡以足兵，应变于彼，取用于此。积以岁月，文告则气充，用兵则气锐。信乎吾说，治天下之道不外是矣。后之君子，必能大有为也。吾且为吾堂云。

滋茂地：县南百廿里尤溪沟，入四十里，四合皆山，中一巨浸，俗呼为白龙池，一曰滋茂池，一名慈母池。在慈母山下，广数里，汪洋无涯岸，常有风雷，人不敢近。久[⑤]旱祷雨，必往求焉，得水则雨，土人以为神。俗传：明时有王道者，居汶之尤溪。一日，有僧至门乞斋，卧于石磨上。王出，见一龙蟠睡，讶之。僧忽起，以一袈裟覆地上，遂陷为池。授王氏以接骨方。邑人祷雨，至潭乞水，雨随至，因名其池曰滋茂也。又传：梁[⑥]，有道士，游文镇，谓主人曰：我汶川龙溪池中之娑罗龙神也[⑦]。按：此二说颇荒唐，而出于乡里之传闻，未可信，姑记之以存旧说。

按：《方舆胜览》云：慈母山在青城山东，导江人冯大量与神仙相遇，入隐此山。《外史》云：滋茂龙池在汶之尤溪，万山丛立，中有方池，周四十里，广几百亩。清水镜开，芳草四积，真灵境也。登真书云：滋茂池。一曰慈母，在益州西南四百里，有灵药可以已疾，无毒害犹慈母焉，故曰慈母，此一说也。田况《益州龙神祠记》云：蜀之西山有池曰滋茂，亦曰慈母，以其能兴云雨救旱暵，茂养百谷而名，又一解也。唐开元中，章仇兼琼既得平戎城，梦一女子谓曰：我此城之龙也，今弃戎归唐，愿有以居我。章仇异之，表为立祠。又按《总志》：慈母山在县南百五十里。昔有妇人引子采药山中，虎负其子去，母逐虎不得，因长号而绝。见者哀之，曰慈母也。此则《旧志》所载之说，其传闻又异矣。按《碑自》[⑧]云：滋茂池，《善应庙碑》张商英无尽处士文，其神或传姓吴，或传姓郭，颇有同异。又按：张商英为相，称为商霖相公者，何以称处士？今庙与碑俱失，无考。

---

① 县治：嘉庆《汶志纪略·古迹》“率然堂”作“宪治”。
② 东南：嘉庆《汶志纪略·古迹》“率然堂”作“东南为尾”。
③ 扼：嘉庆《汶志纪略·古迹》“率然堂”作“弱”。
④ 故经制茂：嘉庆《汶志纪略·古迹》“率然堂”作“故经制威茂”。
⑤ 久：嘉庆《汶志纪略·古迹》“滋茂池”作“天”。
⑥ 梁：嘉庆《汶志纪略·古迹》“滋茂池”作“梁时”。
⑦ 我汶川龙溪池中之娑罗龙神也：嘉庆《汶志纪略·古迹》“滋茂池”作“我汶川龙溪池中之娑竭罗龙神也”。
⑧ 《碑自》：嘉庆《汶志纪略·古迹》“滋茂池”作“《碑目》”，当从之。

胜因院：县南一百三十里，地名百花滩。在中滩堡之南，漩口之北，湿坡[1]山之麓，为胜因院。清幽旷远，真异地也。旧说：宋蒲宗闵有记，今不可考。院久废，止存其址。宋文同与可有记曰：县玉垒山南下，过笮迤西循皂江，再[2]折越太平渡，行深入曲无虑，六十里至茂之汶川，有地曰柘平。群山却立，大陆初露，畦麻畛稻，香[3]远空阔，披壖带麓，壤土鲜润；景物环丽，人物纯笃。就其居处，有院曰罗汉，昔有头陀德钦，戒操甚严，岁腊居久，其徒委散。是身独在，常惧其所将底堕落，愿择高行，属以香火，得永康军大中祥符寺僧义海者付之。至惟简师，凡五世也。惟简性颛洁，所趣端慎，守僧律，作佛事，癯形晦面，不避风雨。远近四众，咸宗仰之。既至此地，乃图崇饰，伐木镌岩，大辑材础，构广厦，设尊像，储秘典，纳净侣，凡所欲有一二完具，殆逾一纪，功力方绝，以名上列，乃锡今号。庭堂虚敞，檐宇飘动，丹明碧照，缋绣崖谷。诚归向之福地，而庄严之道场也。惟简，余之邑人，远来求纪其事，间尝谓余曰：青城诸峰，惟大岷最为高峻。然丈人上清之望者，乃世俗之所能见耳。如吾所居，正向其面，脉络表里，披荆出没，间壑钩蔓，峦岭曲折，高林巨樾，巍岗险岭，晨霞夕霭，苍翠[4]晖映，湍瀑淙激，禽虫啼响，千态万状[5]，无有穷极，蒐眼倾耳[6]，不知厌倦。此方外清绝之境，世间奇伟之观，而惟简辄擅有之。山林之人所获多矣，安得君之车马一至其地，以辛吾言之不诬？余听其说混混[7]，令人喜闻，回视此身，若处泥穽。何时濯洗，以从师傲兀于其间哉？因命笔缀次其事，使归琢诸岩石，遂以为记云。康熙[8]二年十月十五日记。

茅亭：县南百廿里岷山之麓。相传蜀王作亭，盛夏避暑，曰茅亭。居人没其址，今讹为茅田。又，蜀汉建兴四年，辛湔山登坂，观汶川之流，遂名其地为观坂。晋太始八年，皇甫晏为益州刺史，讨叛羌到都安，屯兵观坂，今之茅田地也。

娘子岭：县南百一十里，山曰银岭，俗名娘子岭，为入省大路，有关帝庙，道士居之，往来者献以茶，其茶即岭上道士自摘者，味最佳，水亦清冽。左右山峰对峙，中通一路，修[9]篁古木，参差相映。传志不载，土人以娘子岭呼之。相传为杨贵妃入长安时路过，故名。又[10]云：孟昶游茂州，其妃张太华迎候于此，故名。俱不可考。友人太初李元曰：娘子岭，俗传杨贵妃归京时经过此岭，故名。《太真外传》曰：杨妃，小字玉环，弘农华阴人，徙蒲州永乐之独头村。高祖令本，金川刺史。父元炎，蜀州司户参

① 坡：嘉庆《汶志纪略·古迹》“胜因院”作“坂”。
② 再：嘉庆《汶志纪略·古迹》“胜因院”作“左”。
③ 香：嘉庆《汶志纪略·古迹》“胜因院”作“杳”。
④ 苍翠：嘉庆《汶志纪略·古迹》“胜因院”作“染溃”。
⑤ 千态万状：嘉庆《汶志纪略·古迹》“胜因院”作“一日万状”。
⑥ 蒐眼倾耳：嘉庆《汶志纪略·古迹》“胜因院”作“嵬眼倾耳”。
⑦ 混混：嘉庆《汶志纪略·古迹》“胜因院”作“衮衮”。
⑧ 康熙：嘉庆《汶志纪略·古迹》“胜因院”作“熙宁”。
⑨ 修：嘉庆《汶志纪略·古迹》“娘子岭”作“青”。
⑩ 又：嘉庆《汶志纪略·古迹》“娘子岭”作“或”。

军。妃早孤，养于叔父河南府士曹元璬家。又《峤南琐记》曰：贵妃本广西容州普宁县云陵里人，父维，母叶氏。都督杨康乞为女，长史元炎转乞为女。《蜀水经》曰：《唐史》：妃蒲州永乐人，父元炎，叔元珪。与《外传》合，独珪、璬二字小异。方贵妃盛时，其父元炎，母李氏，叔父元珪，堂兄铦，堂弟锜鉴，再从兄钊即国忠，姊韩国夫人，妹虢国夫人、秦国夫人，国忠长男暄、小男昢，韩国婿崔珣，虢国男裴徽，秦国婿柳澄、澄弟潭、澄男钧，皆蒙贵显，何得本身父母独无荣施?《琐记》不足信也。又按：杨元炎任蜀州司户参军，而贵妃生焉。唐蜀州，武德元年置，天宝改唐安郡，今之崇庆州也。世传贵妃生茂州，而汶川因有娘子岭。然茂州在隋开皇三年废，汶川郡为蜀州，七年已改会州矣。又按：开元廿三年，册寿王妃杨氏；廿八年度杨氏为道士，号太真；天宝三载潜纳于宫中，号娘子；四载册为贵妃；十载，安禄山生日，召入禁中，用绢帛为大襁褓，使宫人裹而沐浴，赐贵妃洗儿钱；十五载，缢死马嵬。考明皇生于垂拱元年八月五日，杨贵妃生于开元七年六月一日。纳宫之年，明皇六十一岁，贵妃廿六岁，何媟尼之甚也。安禄山生于景龙四年二月，至天宝十载已四十岁[①]，贵妃三十有三，乃襁褓洗儿，明皇不悟，亦大可怪矣！正史不载此事，当由小说之诬也。

---

① 四十岁：嘉庆《汶志纪略·古迹》“娘子岭”作“四十四岁”。

（民国）祝世德　纂修

汶川县志

民国三十四年铅印本

提　要

（民国）《汶川县志》，祝世德纂修。世德，四川巴中人，高等考试及格，民国三十一年（1942）任汶川县县长。次年始修县志，成立汶川续修县志委员会，世德任主任委员兼编委主任，数月而修毕，于民国三十四年铅印。

是志卷首有三序，卷尾有附录，正文八卷十九门，附三十一门，史料极为丰富。

（民国）《汶川县志》依嘉庆《汶志纪略》续修而成，是汶川以县命名的第一部地方志，也是民国时期汶川县唯一一部县志。

目　录

卷 首

续修《汶川县志》序

方志之辑，所以察疆理建置之宜，省世会通变之迹。凡夫山川舆域，物产贡赋，民俗土风，靡不总括区列，著已往之成规，而未来之施政敷教，率于是取资焉。非特摭拾旧闻，惊奇炫博已也。以予所睹，明康海之《武功志》，清李兆洛之《凤台志》，最称精当，其他辑录，鲜有逮者。于以见斯事之难，岂率尔操简牍者所能为役哉？十九年予长上海市政，尝延聘通人，甄访故实，纂辑市志，未及蒇事，而奉命量移。比岁以来，主政乡邦，复创设省通志馆，以列举例目，广事采访为先务。并饬各县续修县志，冀文献之有征，庶典型之勿坠。今年春，汶川祝县长首告成书，请序于予。予惟征文纪献，必尚体要，正名辨方，尤贵真确。古籍所载，里巷所传，讹误滋多，傈野奚取，则考订宜精也；瀛海棣通，设施日异，举凡工艺之兴，宝藏之启，育贤理财之方，农田水利之要，或情与古殊，或事非夙具，则甄采宜备也；祀典之文，类属通则，翰藻之末，无关政本，往之秉笔者，止取奢博，遂失详究，滥入之弊，触目皆是，则抉择宜审也。具此三善，而又通知古今之宜，殚察利病之迹，斯可以信今传后，而无愧于作者之林矣。汶川僻处西陲，县志夙无善本。清嘉庆间李锡书纂《汶志纪略》，虽于建置沿革，考之綦详，而民风、物产、改土归流诸政，缺漏实多。今祝县长独能于从政之暇，躬自纂录，未期岁而成书，为卷七，为目二十有一。虽未必悉合于前之所谓三善，然据古甄今，有条不紊，得失利病，庶乎可稽。予既嘉其用力之勤，赴事之勇，且可为各县导其先路，爰不辞覶缕，而乐为之序。

中华民国三十三年八月　张群

续修《汶川县志》序

汶川古为冉駹地，属汶山郡，蜀汉始置。今县含溪怀谷，风疾天寒，虽民汉杂羌，而醇风畅古，惟文献不足，考镜无由。壬午冬，祝子世德来守是邦，宜民善俗，布政秩然。抚循之暇，慨然于旧志之无存，谋诸邑彦共续修之。书成，征序于余。余惟《禹贡》：岷山导江，《史记》作“汶山导江”，司马温公《类篇》注：汶，音岷。是“汶”之与“岷”，盖二而一意者。古人名江则汶，称山则岷，以示区别欤？扬雄《蜀王本纪》谓：禹本汶山郡广柔县人，生于石纽。考石纽在今县境，然则其地殆为神禹之所出。左太冲有云：岷山之精，上为井络。天地运期而会昌，景福肸蚃而兴作。宜乎岷江水利见称于世，而民族复兴植基于巴蜀也。汶虽岩疆，不其伟乎！斯志之成，顾不仅周详风土，有裨施政，抑亦追思皇古，发扬地方文化之一助。抚兹贞元，弥珍典籍。爰识数言，以弁其端。

中华民国三十二年十二月□日　胡次威谨序

《汶川县志》叙

夫方志之书，岂仅纪其大事，辑其佚闻，以备历史学家之采撷而已哉；岂仅图其山川，详其丘里，以备地理学家之参验而已哉！亦以作政治敷施之借鉴，示社会兴观之嘉抚也。故方志之书，有学术上之意义，兼有政治上之意义；有学术上之功用，兼有政治上之功用。扬榷为论，其在学术上之意义浅，政治上之意义深；学术上之功用微，政治上之功用巨。此非对于政治学术抱有畸重畸轻之见，而发为一轩一轾之议，乃因方志之书，其鹄的原在政治上之贡献，而不在学术上之贡献也。

方志之书，必有骨干，若以文藻为美，以考证为功，丰其肌而弱其骨，繁其柯而藾其干，则对于学术固有小补，对于政治实无大用，非其体之宜也。方志之骨干须依循政治之原则，吾国今日政治之最高原则厥维三民主义，非实行三民主义，无以集御侮之雄力，无以树建国之良猷，无以奏治安之宏功，无以成富强之伟业。然则居今之日，编纂方志，其必以三民主义为骨干明矣，兹略申其旨。

慨自岛夷猖獗，神州涂炭，饕餮恣其欲心，鲸鲵呈其威虐，封豕摇其凶啄，长蛇流其毒螫。吾中华健儿执戈卫国，浴血鏖兵，志成城，肉作垒，有效命以捐躯，无畏敌而旋踵，以久战之不馁，故胜利之可期。此即民族主义之高潮，足以惊天地而荡风云，壮山河而贯日月，仇国为之震慑，友邦为之赞叹。撰方志者，对于历代之忠臣烈士自须表彰，至于今日御侮捍难之英，成仁取义之儁，功无大小，名无显隐，皆宜诹访其事迹，甄记于篇简，以树风徽而垂矜式，俾民族主义之高潮汹涌，万祀而无落，此方志之骨干在于民族主义者也。

《夏书·禹贡》《周官·职方》列叙九州，言其疆位，举其山水。此外，《禹贡》则记其土壤之性质，田赋之等别，所贡之物品，纳贡之道路。《职方》则记其物利之分布，男女之多寡，九谷之所宜，六畜之所蕃。比而观之，似《禹贡》注重国用，《职方》注重民生。夫民生为源，国用为流，民生裕则国用自足，民生困而则国用必窘。本此以言，《职方》胜于《禹贡》也。撰方志者对于民生事项不可粗略，凡当地之物产、器械、经济、交通、农田、水利、人民之生活、职业、生产消耗、健康、娱乐诸端，皆宜周密之调查，正确之统计，详审之记载。何者有余，何者不足，何者当兴，何者当革，尤贵明白指出，以供政府之择覈[①]而促民生之改进，此方志之骨干在于民生主义者也。

昔商君变法而秦强，荆公变法而宋弱，成败殊镳，功过异论。覃究其故，洵有多端。而推行之术，此得彼失，盖有其主要之原因焉。吾国辛亥革命，清社为屋，改千年之旧贯，跻五族于大同，君主一变而为民主，君权一变而为民权，政治上之变化可云剧烈。以今衡古，商君、荆公诚卑卑不足道。民元以还，迭更阋乱，内忧方敉，外侮骤来。今者抗战之工作未毕，建国之工作方兴，训政之时期已末，宪政之时期将临。我政府正准备实施宪政，发扬民权，唯是幅员辽阔，人民繁庶，教育未克普及，民智未达水准，社会组织未臻完善，且每一地方往往有特殊之情形，足以为宪政之碍轫，滋民权之

---

① 覈：同“核”。

弊端，此必须因地而利导也。撰方志者，对于当地人民之性格思想、知识、动态、社会之组织、礼仪、风俗、习惯，皆宜慎为考察，详为胪叙，尤贵能指出特殊之情形与特殊之问题，蒐集材料之时，属拟草稿之际，即着眼于宪政之推行，民权之应用，此方志骨干在于民权主义者也。

综之，方志之体裁，因时代而异宜，要在契乎时代之精神，应乎时代之需要，以创新式之范畴，勿囿故有之臼窠。今日之方志如不以三民主义为骨干，乌乎可哉！乌乎可哉！

禹生石纽，考之《汶志纪略》，为今汶川县之刳儿坪。西蜀之开化既先，而汶川之文物尤早。祝君世德任汶川县长之翌年，撰修县志属稿既竟，问序于余。余素未治方志之学，又未读祝君之书，故不敢有所评骘，爰抒管见以贻祝君。祝君往宰斯邑，时仅岁余，藉临政之隙，骛修文之业，日华匿景，脂烛继辉，夙夜勚勤，无惭职守，县志之成，足以作政治敷施之借鉴，示社会兴观之嘉模，亦可断言。人之所见，固自略同，知祝君必已先得我心，故直述所怀而为之序。

中华民国三十三年四月郭有守叙

卷　一

疆　域

原夫天开景庆，地一车书，人游华宇，物效勋阶，山陬海隅之乡，甘雨和风之会，地舆备览，海会呈图。汶川东界灌、彭，西界懋功，北交茂县，南极宝、崇。江内大道，上通松、茂，下达灌、成，环山绕水，壁立天梯，置县设官，司牧其地。山川形势，人民风俗，限以地域，为之疆圉。志疆域。

汶[①]邑在岷江上游，居蜀省西部，前代多以大江限内外。今江外已编组保甲，设区乡镇以辖之。其幅员则南北二百里，东西当不减五六百里。《旧志》[②] 称：

汶[③]川地境袤一百九十五里，广不计里。东界东岷山与绵竹山峰相连，东南接彭县山界，南接灌县漩口，西南接崇庆州山界，西接西岷为瓦寺土司，北接壤茂州，东北界九峰山交茂州马厂，西北界杂谷。国初，下水里滋茂乡编入灌邑之筏村。两山夹江，大江以东，上至青坡、茂州之荣秀山，抵鱼潭湾。下至珠脑坝、沈家湾、马鹿顶，沿岗俱接灌县白沙沟岭，径至九峰之南铁船河，交彭什二邑之山脊；大江以西，沿江直下至渔子河止，前山俱属县治，后山俱属瓦寺。渔子溪河南岸属灌邑，以上至保县之城堑止。保城系借地置邑，城内与汶川输粮。

邑在茂州南一百三十里。东至灌县界一百四十里，西至瓦寺界二十里，南至灌县界一百二十里，北至茂州界五十里。

按：保城即今理番县新堡乡，滋茂乡即今灌县兴仁、清正两乡境，而瓦寺属地，已全编保甲，故今之汶川，实东界彭县，南界灌县、崇庆、宝兴，西界懋功，北界理番、茂县。据二十六年四川省行政研究会估计，为：东至东经一百零三度五十分，在第一区绵虒镇之桃坪垭口；西至东经一百零二度三十九分，属第三区极西之斑斓山。南至北纬三十度五十四分，在第三区署所在地之三江口南；北至北纬三十一度二十七分，在第一区雁门乡北。凡占经度一度十一分，纬度三十三分，面积约三千二百二十四方公里，占全省面积约百分之一。据实而言，则此估计数字亦谬误极大。盖汶邑自南至北，由珠脑坝经龙溪（十五里）、映秀（三十里）、兴文坪（三十里）、桃关（三十里）、县城（三十

---

① 汶：《中国地方志集成·四川府县志辑》本《民国汶川县志》作“汝”。

② 《旧志》：指嘉庆《汶志纪略》。

③ 汶：《中国地方志集成·四川府县志辑》本《民国汶川县志》作“汝”。

里）、威州（四十里）至雁门界（十五里），为一百九十里。自东至西，由桃关沟（三十里）、经草坡（三十五里）、跟达（九十里）、卧龙（一百二十里）、邓生（一百里）、至向阳坪（五十里）西界，为四百二十五里。（桃关沟以东，无法计算。）计全县面积，估计至少为八万零七百五十方里，与三千二百二十四方公里较，固当六倍之也。

建置

《周礼》：县州都鄙，皆在畿甸外。秦废封建为郡县，后世因之，蜀郡起于秦，前则荒服也。秦始设太守，领全蜀。汉时，渐置州、县。汶川置县最早，沿及于明，沿革损益，历年不废。献贼之乱，毁弃无存，文献无征，事难备考。清初始因旧治立县，城池官署，渐渐而备。然边鄙弹丸，事多因陋。盖限于地势，而将事者亦多难于修举云。杨升庵曰："岷"字，《说文》作"愍"，省作"岷"。汉入隶书作"汶"，多与汶上之"汶"相混。《列子》"貉不逾汶"，为川江，非汶上也。司马温公《类篇》谓："汶"音"岷"。《史记》引《禹贡》，皆作"汶"。盖古通用。《五代史》徐无党注："汶"读作"岷"。

汶治旧为蜀山氏地。周末时，为冉駹夷人地。汉绵虒县，属蜀郡。东汉绵虒道。蜀汉置汶阳郡。晋改绵虒县曰汶山，东晋郡徙都安而县废。周置汶川县，仍于县置汶川郡。隋废郡。唐以汶川县属茂州。宋熙宁九年，即县置威戎军使。政和六年，改延宁军。宣和三年，废军为寨。南宋以汶川县属茂州。元至元十九年，以户口稀少，改设巡检司，后复置。明属成都府，宣德间，移治寒水驿。雍正五年，改隶茂州。民国废州，隶西川道，旋废道，隶四川省。

绵虒故县，在县北，汉置，属蜀都。后汉曰绵虒道，季汉改置汶山郡，又改县曰汶山。东晋后废。《水经注》：湔水出绵县，亦曰绵夷县，即汶山[①]郡治，昭烈所置。《元和志》：汶川县北至茂州一百里，本汉绵虒县地，因县西汶水为名，仍于县置汶山郡。隋开皇三年，罢郡，属汶川。唐属茂州。宋元因之。明宣德中，古维州为生番所克，移治霸州，复罹番害，遂迁威治于汶川县，而迁汶川治于寒水驿北。

广柔废县，在旧县城西南七十二里大邑坪，汉置，属蜀郡。晋初，属汶山郡。寻废。

威戎军城，在旧县西。《唐志》：茂州有威戎军。《宋志》：熙宁九年，即汶川县置威戎军使。政和六年，汤延俊等纳土，重筑军城，改名延宁。宣和三年，废为寨，属茂州。四年，又废秦入汶川县。

绳州旧治，在桃关，梁普通年置。后废。

察院，在县治东，明副使谢朝宣建。清初废。

布政分司，在县治东北，明弘治中建。清初废。

兵备道行台，在县治西北，明副使谢朝宣建。清初废。

明笮馆，在城南，宋庆元年中建。清初废。

《名胜记》曰：汉武置汶山郡，即置县曰汶江矣。《蜀水经》曰：汶川县，故绵虒县

① 汶山：《中国地方志集成·四川府县志辑》本《民国汶川县志》作"汶川"。

也，汉置，属蜀郡。后汉为绵虒道。蜀置汶山郡汶川县。隋开皇六年，分置金川县，十八年改金川为通化。宋天圣元年，改通化为金川。景祐四年，复为通化。熙宁九年，置威戎军。政和六年，改为延宁。宣和三年，废军为寨，属茂州。四年，省寨入汶川县。明初废通化，以汶川属成都府云。

《史记》：汉武帝使司马相如，驰四乘之传，持节开蜀道，略定西夷。邛筰、冉駹，请为内臣，除边关，关益斥，西至沬若水，南至牂牁为徼。又，冉駹振恐，请臣置吏。乃以冉駹为汶山郡。

《汉书·西域传》：汉使通西域，道出冉駹。冉駹人遮杀汉使者，故西道不通。考冉駹夷，今之汶川地也。按：汶川赴西域亦有二道：一从杂谷，一从瓦寺之草坡出懋功，会于建昌（今雅安西昌等地）。

《汉书》：冉駹夷，土气多寒，盛夏冰犹不释。夷人冬则避寒，入蜀为佣，夏则反其邑，累石为室，高者至十余丈。有清中叶，其风俗犹存。

按《禹贡》：梁州之域，天文井参分野，古为冉駹夷地。唐虞为氐羌。夏为要服、荒服，商仍氐羌。周为蜀羌。秦分四十郡，梁曰蜀郡，别冉駹地为湔氐道。汉武帝平西南夷，始置汶山郡，即今威茂汶灌之地。宣帝省汶山郡，置北部都尉。光武仍为蜀都，置三道：曰湔氐、曰汶山、曰绵虒，隶益州。灵帝复置汶山郡，领县三：曰汶江、曰广柔、曰蚕陵，隶益州。昭烈改为汶阳郡。晋仍为汶山郡，领州一，曰松。县八：曰汶川、曰升廷、曰都安、曰广阳、兴乐、平康、蚕陵、广柔，隶益州。梁改绳州，复改汶州。后周仍汶州，置清江郡。隋改蜀州，寻复汶山郡。唐初改为南会州，置总官府；贞观间改为茂州，置薛城县，又置都督府，领县四：曰汶川、石泉、薛城、通化。开元改为通化郡，置都督府；维州、翼州俱置都督府，属剑南道。肃宗复为茂州通化郡，隶都督府。代宗时，没于土蕃。宣宗时，首领以州内附，领县三：曰薛城、通化、归化，属剑南道。原属茂州仍旧，维州改保州，为保宁。宋仁宗景祐间，改维州为威州。神宗罢茂州，置威戎军，寻复茂州，领县三：曰汶山、曰汶川、曰石泉。维州为威州通化军。寻复并保宁为威州，领县二：曰保宁、曰通化，保州为霸州郡，并属益州路。元茂州立总管府，并领静州、岳希、蓬陇、木头，各设军民千户所，又立茂州军民安抚司，威州亦立总管府及军民安抚司，俱隶四川道廉访司。明洪武八年，征蛮通道，设平羌将军都督府，镇守松潘威茂。宣德间，设都察院，经略地方。正统间，设布政分司，耑管粮储，住扎茂州，带管松潘。按察分司，专管兵备，住扎松潘，带管威茂。弘治间，始专设整饬威茂等处地方兵备，总理粮储按察司副使，曰威茂道，辖州二：曰茂州、曰威州；县三：曰汶、曰保、曰灌；卫一：曰茂州卫。所四：曰左、曰右、曰中、曰前；守御千户所三：曰威州、曰灌县、曰叠溪，隶四川省。洪武十四年，以汶川县省入为茂州，领县一：曰汶川。后改属成都府。雍正五年，复隶茂州。

按汉武帝置汶山郡，在今之茂州，蜀汉置汶山县，即于县置汶山郡。晋徙汶山郡于都安，在今之灌县。故茂州、汶川、灌县，皆称汶山云。

附：沿革表[①]

时代	名称	隶属	备考
古	冉駹		
唐虞	氐羌		
夏	要服、荒服		
商	氐羌		
周	蜀羌		周末仍为冉駹
秦	冉駹	湔氐	
汉	汶川县	汶山郡	平西南夷后设置
东汉	绵虒道	益州	灵帝复置汶川县，隶汶山郡
蜀汉	汶江县	汶阳郡	
晋	汶山县	汶山郡	东晋废县，郡徙都安
梁	汶州		
后周	汶川县		
隋	汶川县		初废郡改汶州，寻复汶山郡
唐	汶川县	茂州	唐初属南会州，开元中属通化郡，肃宗时复隶茂州
宋	汶川县	茂州	神宗罢茂州，即县置威戎军使，寻复茂州
南宋	汶川县	茂州	
元	汶川县	茂州	至元十九年以户口稀少改设巡检司，后复置
明	汶川县	成都府	宣德间移治寒水驿，即今治也
清	汶川县	茂州	
民国	汶川县	四川省	

城 邑

汶之有城，自明正德七年始，《旧志》于“建置”中谓：明正德七年，知县李明筑石城，周一百四十二丈，高一丈六尺，二门，门各有楼。复于“城邑”中称：汶尤城，汶之有城，自邑令李天骏始。是曲笔，但不能自圆其说者也。因著其源，而以县治之营缮附之。

汶川故城，在今理番县新堡乡东山腰之坦平处，即清古城坪，今俗所称之姜维城是。明弘治中，拟迁威州于汶川，知州赵符节、千户赵方筑威城，包玉垒其内，石壁刻

① 原书无“附沿革表”四字，今据目录补入。原志书未画表格，今补。

"玉垒山"三大字。汉之绵虒，晋唐以下之汶山、汶川，俱系故城。正德七年，以生番袭破坝州，遂徙玉垒，更名威州，而迁汶川于寒水驿。今汶城绝小，因驿治也。

汶川新城，为明正德七年知县李明所筑，山石砌垣，初不甚固，城周一百四十二丈，高一丈六尺。二门，门各有楼。先是汶川地瘠多羌，草坡生番尤为桀黠，故设巡检一员，以建新城为县治，遂裁巡检。康熙四十七年，大水，城坏，年久未修。乾隆二十八年，知县李天骏始详请动修建，仍以山石乱砌，涂以白垩，名曰虎皮石。规模较前为大，计城高一丈八尺，底宽九尺，顶宽六尺，周圆二百八十丈，垛口五百二十八。上下二门，南曰永丰，北曰宁远。城楼二所。盖距城坏与修建之时，竟为五十五年矣。是时城中居民不及廿家，又无井泉，汲道取于城外。而城当松、茂孔道，每有警，即人心惶惑，不可终日。嘉庆五年，岁次庚申，贼匪窜入松潘，游骑达归化，警报沓至。知县李锡书以城不可守，募夫于城外山水会隘处，起上下二关，相距二里许，自三月二十四日至四月十五日戒严。闻贼众折入石泉，走龙安，城中乃定。上关在索桥外，壁立千仞，飞鸟绝迹，下临大江，悬流万仞，中通一线，路不容车，亦一险也。《旧志》称：自有关则城固，而盗窃无所容迹，居民亦渐阜繁云。

县治，明宣德间草建正堂，其宅舍分建县门外。弘治中，知县张质改作瓦厅。幕宅一所，典史王彦芳修，明末毁。清顺治间，知县张耀祖始建大堂三楹。康熙六年，知县陆洽源建头门、仪门、东西角门。十九年，知县陈名蟠重修。康熙六年，知县陆洽源建西宅一座三间，匾曰"绛雪斋"。康熙八年，知县田卜昌建川堂一座，匾曰"玉轮清署"。道光中，知县陈立畲修建科房六所。后此邑令，代有修葺，遂蔚然呈今日之壮观。

正街柏油路，为民国知事雷蔚华所筑，路平且直，垂杨夹道，行旅至此，佥感有内地风光焉。

山川

汶川之山，为蜀山之首。其川，则古所谓之江源也。昔人有考其源委者，云：《禹贡》岷山导江。《史记》作岷山，《汉・地里[①]志》：岷山，在湔氐道西徼外。《华阳国志》：汶山，在汶山郡左封县；又：汶山在临洮郡临洮县。《括地志》：岷山，在溢乐县，连绵至蜀，几二千里，皆名岷山。《寰宇记》：羊膊山，在平康县。《舆地广记》：岷山，在汶山县西北，俗名铁豹岭。《方舆胜览》：《禹贡》梁州之山四，岷、嶓、蔡、蒙，西山皆岷，北山皆嶓，南山皆蒙也。《一统志》：在茂州列鹅村，去州四十里，其高六十里，山有九峰，四时积雪，经暑不消。每晨光射之，烂若红玉，去成都五百里，西望之若在户牖，居人呼为九顶山，杜子美诗所咏《西山》是也。《元和郡县志》[②]：岷山郡汶山，南去青城山百里，天色晴明，望见成都，山顶积雪，常深百尺，夏月融消，江为之溢，即陇之南首也。史注云：在陇西郡岷州溢洛南一里，连绵至蜀二千里，皆为岷山，连峰叠岫，重接险阻，不详远近，青城、天彭诸山之所环绕，其为羊膊山、为铁豹岭、

① 里：当为"理"。

② 《元和郡县志》：底本讹为"《元和郡国志》"，今改。

为渎山、为鸿蒙、为汶岭，皆是也。

江自湔氐道西徼外，流入松潘北。又东南经叠溪茂州，过保子关索桥外，东合沱流，入汶川县。《益州记》：大江泉流，始发羊膊岭下，缘崖散漫，小大百数，殆未滥觞，东南下百余里，至白马岭，曲行二千余里。至龙洞，又八十里，至蚕陵县，又南六十里，至石镜，又六十余里而至北部。《元和志》：有江源镇，在汶川县西北三十里。《江源记》云：江发源于陕西临洮之木塔山。水自山顶分东西流。东流者，即岷江也。由草地甘松岭（即今弓杠岭）八百里至漳腊。由磨刀湾达于松潘，至下水关入红花屯，经叠溪至穆肃堡，黑水从南合之。入深沟，经茂州至汶川。转巅，合草坡河出蚕崖关至灌口，分道而下。在威玉垒山，为玉轮江，在汶川为皂江，在灌口过新繁入成都，为外江。由温江东府入流，为皂江。自落口分流，经汉州新都入简州资阳，为中江。《省志》：一名湔水，湔水每斤较沱水轻二两。湔水，即次玉水也。按：江源出于黄河之西巴颜哈拉岭七七勒哈纳，番名岷捏撮。古人误以岷源即江源，误也。今备载其源流，为山川志。

山

岷山：来自中条昆仑北岭脉之巴颜哈喇山系。经西康入川，向东一支绵延于川北，即陕鄂两省边界者，称大巴山脉。余自松潘北境，歧而为二，由此而南，夹峙岷江。在江岸之东者，如弓杠岭、雪山、太白、九峰、娘子岭等高峰，统名鹿头山脉，又曰东岷山；在江岸之西者，如噶冻山、噶奈山、拆补山、虹桥山、山王岭、巴郎山、牛头山、夹金山等高峰，统名牛头山脉，又曰西岷山。岷有东西二山，大江在其中。江以内，东岷也，延袤九百余里，上有九峰，终年积雪，人迹罕到。自西夷鼻架岭绵亘千余里入川，为松之雪兰、茂之铁豹、汶之玉垒、灌之雪岩、彭之丹景、什之鎣华、绵之武都九龙、安之天台、石泉（今北川县）之石鼓，随地异名，总名之曰岷山。江以外，西岷也，出皂以西，众山延蔓诸番，千里未极。其入内地者，青城、峨嵋、蔡蒙、临邛、瓦山，总名曰崃山。《禹贡》称：岷山之阳，至于衡山，山以南为阳，即西岷也。西岷南下出峡，结为衡山，以北为阴，东岷之脉，历过九江，至于敷浅源而止。

雁门山：在旧治北二十里。《隋志》有雁门山，即此山也。

玉垒山：旧治城里许，县徙，为威州主山，奇石千尺，翠苍可挹，镌“玉垒山”三大字，甚奇古。或曰：宋淳熙时书也。《华阳国志》：蜀山氏王蜀，以褒斜为前门，以熊耳灵关为后户，以峨眉、玉垒为池泽。或谓在灌县西二十五里。今灌西山岭有玉垒峰，有玉垒墩，灌城有玉垒关，成都有玉垒坊，又有玉垒皇，皆非。

陈甲山：在旧治东，横亘于汶、茂、彭三县界上。

岷峡：在旧治南三里，奇峰屹立，刻字于上。

七盘山：在县北三十里，有七盘路，险要非常。

道角山：在治北关内，马道人修真处，有洞曰道角洞。

挂榜山：在县治学宫之右，如挂榜然。

襄阳山：在县东，《隋志》：北川县有襄阳山。

飞沙岭：一名凤岭，在县治南十里。绝高，小道盘旋，路为沙壅，下临深渊，时时大风吹沙上飞。或曰：上下池水一泓，为杨贵妃少时浴澡处也。

羊后山：县南十里，顶上有平地，名刳儿坪。中有大禹庙，为大禹降生地。旁有禹穴，古为藏书之所。

龙泉山：在县南四十里，下有龙泉，一名骏马泉，可牧马。山侧多产骏驹。

白云山：在兴文坪。旧有白云古刹，清废。

巨人山：在县治南七十里。

娘子岭：在县治南一百里，一名银岭。山巅高绝，越三十里。夏秋多雨，春冬积雪，望若银台。

白岩岗：在县南一百二十里，高十里。

湿板山：在县南。《水经注》云：自汶山故郡西南一百八十里至湿板。《元和志》云：在县南一百三十里，岭上树木森郁，常有水滴。《一统志》作：湿冻岭，岷江之出山处也。

天彭山：一名汶山，在灌县北卅里漩口对面汶江出口处。东西二山如峡，壁立千仞。李冰谓为天彭门，李膺名为天彭关。

雪龙岭：在旧治西，即西岷山之顶也。人迹罕到，与九峰相对而高过之。

涂禹山：俗呼为同灵山，土司住宅在江外。或云山上旧有瓦寺，故名瓦寺也。

白土坎元阳洞：在治北江外半山，相传为马真人得道处。

须弥山：一名寿山，在县治二组里外苏村山上。有灯如火球，俗谓见之者贵。须弥圣灯即指此处。旧称岁有科名则圣灯现。

河屏：在城西江外五里许山腰，大坪诸峰罗列。

马鬣山：在县河西。

天赦山：一名天成山，由钱粮山发脉，经九大包、幺姑娘塘、凤岭山，由西向东，至彻底关对岸止。

和尚头山：经拉拉棚、桂花坪、黄木杠、马鬣山，至平房止。

斑烂山：一名巴郎山，界于汶、懋间，由邓村至山顶为六十华里，由虹桥发源，绵延至大邑止。

正沟梁子：系跟达桥药山。小道自河边达山顶，亦六十余里，与斑烂山相连。甚寒，草木不生，除药夫外，鲜人行走，亦发源于虹桥。

牛头山：为斑斓支脉，绵延至灌属河西止。汶、懋大道，由山顶经过。山下有农民居住。

寡妇山：在卧龙关以上，亦由斑烂山发源。产药，无行旅。自平地至山顶，约三十里许。

纳娃山：俗称老鸦山，在耿、卧间，由平地至山顶，凡四十里。山腰有居民，由蟠龙山发脉，与药山正河接连。

韩凤岭：与三江镇以山顶为界，高十五里，由蟠龙寺山发源，至灌属小麻溪止。

盘龙山：与牛头山接，高约六十里，界汶、灌间，号曰内青城。李膺《益州记》云：山土色黄，盘回如龙形，故曰盘龙。传三国时，李意成道其间，建宇祀之，其神即盘龙祖师也。

小钱粮山：即鸡公梁子，又名三座棚。耿达三寨土民，每岁采贝母以缴纳土司钱粮之药山也。横连长岩窝、麻麻岗、白云洞诸药山。由老婆子岩发脉，直下经九大包、幺姑娘塘至大赦山火烧坡，与映秀乡属天官会山，至中滩堡后山仙庙山终焉。土人云：老婆子岩频有仙气，有猎者尝失途，遇老妪款宿，情意甚殷。次日早行，忘其猎枪，反顾则在岩间，无法往取，恍悟夜间宿处即此岩也。今则惟见山势巍峨[①]而已。

格巴山：系牛头山支脉，自牛头山至三江口街后止。

邓家山：由西河尾大雪塘发脉，由西向东，至三江口党扎寨止。

龙竹园山：亦由大雪塘发脉，由南向东，接灌属赵公山止。

川

岷江：县之大水，首推岷江。其源出岷山主峰羊膊岭南，自徼外流入，经白马岭西，历黄胜关，与浪架岭合流，东合阔水，汇玻璃泉，西合潘州河，曲流至松潘县城，共行七百余里。南经红花屯石河桥，有东胜河东来注之。折东经雄鸡屯、西宁关、云屯堡，至安顺关，南有窗河自西北注之。复南经得胜、新塘、龙潭至归花堡西，有云昌沟自东北注入。又南经镇江关西，受热雾沟甲竹沟水，经平岩营西，过金瓶岩，右受一水。至镇坪东，有白羊河水注之。更南至靖夷堡西，左右各受一水。再南经平定关、普安堡、叠溪营，至长宁堡西，有黑水河自西北来汇，亦岷江别源也。至魏门关南，受东北来一水。折西南，经茂县城西，过新堡关城北（古威州），有理番河自西北折东南合孟董沟、杂谷脑河来注。经七盘沟、板桥、大溪沟，均东受一水。又南流经县城西，有登溪沟、苏村沟、簇头沟，东来注之。经高店子又受一水。至索桥西，有草霸河自西北合天赦沟、龙潭沟来注。经桃关西，右受一水。过佛堂坝、沙坪关、太平驿西，各右受一水。又南流经娘子岭脚下，循山而南，有二河东来注之。又南至漩口，古溪沟自西来注，水磨沟自西南来注。经湿坂，过茅亭，折而东流，至南木园，龙溪自北来注。江流益盛。又东经白沙，有白河挟大梁河诸水，自北来注。江自羊膊岭而下，涵纳群流，至此总汇。直东为离堆，遂判为岷、沱二流。计岷江在县境内，急流恶湍，乱石嵯岈，舟楫灌溉，均称不利；而一入灌口，分为岷、沱，川西十四县灌溉之利，遂仰赖焉。

二河：又名跟达桥河，源出斑烂山，过卧龙时，名皮条河。东流绕纳娃山，经跟达桥出中滩堡，对娘子岭注入岷江。在全境中，除岷江外，即以此水为大，故名二河。

白岩河：自西北理番境内杂谷脑方向发来，由巴郎山左脉，经卧龙关后，顺流而下，由跟达磨子沟出口，汇入二河。全长约二百华里。

西河：发源于宝兴县属之大雪塘，流七十里，合女娲厂小沟，又合九坉水、五股水，经担沟、岚炭沟、掀盘沟、白膺沟、磨子沟诸水，至鸳鸯沱，始名西河。复合牛头山发源之中河，及盘龙山发源之黑石江，名三江口，汇流而下，合龙竹园沟，至罈子沱入灌县境，称寿江，以其经老人村故也。至漩口，东入岷江。

中河：自牛头山东面发源，向南直下，流至三江口合江。全长九十华里。

黑石江：自巴郎山东面右支脉盘龙寺山发源，向南流入三江口汇合。全长约五十五

① 峨：底本讹为“蛾”，今改。

华里。

草坝河：源出汶、理界山之芽茅沟，经沙牌、克葱至两河口，与源出天赦山之草坡河相汇，河流益大。流四十二里至索桥，东入岷江。旧以草坡河为是河主流，非是。

草坡河：由树林口赤足沟来源，经过草坡至两河口合沙派水，至坪房入岷江，长约六十里。

按：汶川山川之胜，岷山、大江而已，其他支分派别，皆会归焉。间有摭拾传闻，敷衍俗说，因地命名，稽之古昔，盖不多见。《寰宇记》云：七盘山在汶川县北九里，上有七盘坡。唐大历十四年，吐蕃入寇，分道出茂州又扶文，官军败之于白坝，又追之于七盘山。此七盘山之名所见也。但考七盘山，汶旧治之南十里，今云在北九里，误也。《水经注》云：江水又径汶江，导汶出徼外，岷山西玉轮坡下西南行，又东径其县而东注于大江。《水经》又云：江水历氐道，县北有湔水入焉。注曰：水出绵道。又曰：绵虒县之玉垒山也。吕忱云：一曰半浣水也。盖玉垒山出湔水，即所谓玉轮江也。《寰宇记》云：玉垒山在县南三里，又有玉轮坂，汶水所经，谓之玉轮江。山出璧玉，即郭景纯所谓“玉垒作东北之标”者。今按县南三里，盖云旧治也。《方舆胜览》云：七盘山去汶川县九里，志云即玉垒关也。唐贾岛《送元岩上人归西蜀》诗云：玉垒山中寺，幽深胜概良。药成彭祖捣，顶受七轮摩。去腊催今夏，流光等逝波。会当依粪扫，五岳遍头陀。按：以七盘为玉垒关，误也。任豫《益州记》曰：江水自白马岭回行二十余里至龙洞，又八十里至蚕陵县，又南行六十里至石境，又六十余里而至北部，始百许步。又西北二十余里至汶川故郡，乃广二百余步。又西南百八十里至湿坂，江稍大矣。故其精则井络缠曜，江汉炳灵，白流深远，盛为四渎之首。《元和志》曰：湿坂在汶川县南一百三十七里，岭树森沉，常有水滴，未常暂燥，故曰湿坂。此则湿坂为汶川之最著者也。又《蜀水经》云：江水东受草坡河，源出天赦山，至大邑坪口出桃关，即入大江。而《水经注》所称至湿坂入江者，其水至卧龙关东下，抵三江口，出漩口，经湿坂与大江合，《水经》所称误也。又《胜览》云：龙洞在牛溪镇入洞数步，向南石壁，有穴可通，无路可陟。掌洞道人附巨竹一枝于穴内，今游人攀竹而上，可达龙池。按掌洞之说，荒唐失实，而龙溪之名，误作尤溪，又以尤溪误作牛溪云。其他若须弥、挂榜诸名号，盖不得而考云。

附：沟渠

县境表里河山，岩壑深邃，夹岭中间，必有溪流，此恒例也。语云：占山川丘壑，无沟称。《周礼》：十夫有沟。《论语》：尽力沟洫。后世河渠、沟洫诸志，皆田间水道。山之有沟，方言也。夫一山中断曰壑，两山夹水曰涧，而例之山僻，则通以沟名。允宜从其俗称焉。

雁门沟：在治北五十里雁门关内，源出汶、彭界山上。沟较深，中有山通五寨，复入为四十里塘，一望平畴，待人垦殖。

次玉沟：又名南沟，在治北四十里，穿威州入岷江，即所谓玉轮江是也。

七盘沟：在治北三十里，源出汶、彭界山上。入沟行二十五里，名雪花坪。再行三十五里，有池，俗亦呼为龙池，然非白龙池也。

板桥沟：在治北二十里，沿沟越山，可通彭县。

大溪沟：在治城北关外，源出汶、彭界山上。《旧志》云：中无居民，深不可测。危崖断壁，坠石荒榛，难于攀跻。传言昔有采药人，裹粮行数日，不知所之。忽见一大地界，庙宇宏敞。出以语人，再觅不得见。或曰：盖仙境也，其地可通龙溪之龙池云。则竟似武陵人忽得一桃花源，盖神话也。

安家沟：在治南十里，甚浅近。

鹦哥嘴沟：在治南二十里[①]，甚浅近。

桃关沟：在治南三十里，即古所称桃川者也，深远宽阔，差平易。十余里内，均有居民，路可通尤溪之龙池及灌县之白沙。

佛堂坝沟：在治南三十五里，深而平易，居民较多，有田土可耕殖。

沙坪关沟：在治南四十五里，俗称罗圈湾沟，通白龙池，路差平，灌、彭匪徒之扰汶境者，常取道于此。

太平驿沟：在治南七十里，最深。四五里内，尚有居民，可以通茂之马厂及佛堂坝沟。明末，献贼陷成都，将掠松、茂等州，兵至彻底，地险守御严，不得过，乃由太平驿沟进，绕出佛堂坝，已越彻底，由是乃得至茂。后从石泉一路归。

龙溪沟：在治南一百二十里。深入四十里，曰大寺坪。坪中潴水处，曰白龙池，形如偃月，阔三十余亩，九岭环抱，九涧归池，左右漩作如意形，三抄三叠，东流而下。相传池有白龙。败叶入池，有鸟衔出。每遇旱祷，请水一瓶，池中起泡出一雾缕，须臾肤寸而合，澍雨随注。沟水流经龙溪镇，至楠木园南入岷江。

磨子沟：在治南一百三十里。

贾家沟：在治南一百三十五里，为汶、灌交界处。

以上诸沟在岷江东（旧称江内）。

登溪沟：长约五六里。

野牛沟：甚浅近。

磨子沟：甚浅近。

小沟：长四十余里，沟中产野杉木甚富，近年有采伐之者。

上列诸沟在岷西。

以上岷江流域诸沟渠。

桂花坪沟：至克葱合草坝河。

龙潭沟：至草坡合草坡河。

赤足沟：至麻龙合草坡河。

以上草坝河流域诸沟渠。

大水沟：在中滩堡西南。沟东，灌县界也。

---

① 二十里：底本作“二里十”，盖排版误植，今乙正。

瓦寺沟：为映秀乡与卧龙乡交界处。

鹦哥嘴沟：行一日可通小药山。山上产大黄、羌活、贝母等药材。

黄连沟：由沟越山，可至灌县漩口。

大阴沟。

七层楼沟：发源于韩凤岭，越岭取道童漕，可至三江镇。

水井湾沟：发源于纳娃山。

贾家沟：在耿达桥西，沟内居民约两三家。

龙潭沟：有住户五十余家。

转经楼沟：在耿达桥东北，发源于天赦山。地最肥美，为取道草坡必由之道。沟内尚有头道、二道、岩窝、蒋家、瓦厂、冻口漕等六沟。住民繁庶，为瓦寺属地，他处所不及。

卧龙关沟：发源于斑烂山，长约百里，由卧龙测流入二河。

五里墩沟：距卧龙关五里，甚浅近。

银厂沟：距卧龙关西十四里。二源皆发于斑烂山，一名二沟，又其一名热水塘，为最佳之温泉，闻卧龙、日龙两处居民，冬日均往沐浴云。

龙岩沟：距卧龙关约五十里。

鹦哥嘴沟：距卧龙关七十里。

三圣沟：又名魏家沟，距卧龙关八十里，发源于斑烂山。沟中有木商伐木于此。沟尽[①]处有大营盘遗址，闻征金川时取道，固由此沟中也。

马塘沟：发源于斑烂山，长约七十华里。

白岩沟：长约二百里。

泉水沟：发源于牛头山，长五十华里。

转经楼沟：发源于牛头山，由沟口注入二河，为至三江镇必经之道，长约三十里，中有小沟一，无名，可通耿达桥，土质尚佳，无水流出，盖干沟也。

以上二河流域诸沟渠。

铜漕沟：由盘龙山来，约长三十华里。

韩凤岭沟：由韩凤岭来，约长三十华里。

麻柳坪沟：由牛头山右支脉来，约长六十华里，

安家坪沟：由牛头山右支脉来，约长二十华里。

草坪沟：由盘龙寺山来，约长十五华里。

深沟：由鹞子山来，约长十二华里。

白蜡沟：由鹞子山来，约长十华里。

干沟：自格巴山来，约长十五华里。

腰断沟：自格巴山来，至席草河坝止，约长二十华里。

飞水岩沟：自格巴山来，至鹿儿坪止，约长三十华里。

① 尽：《中国地方志集成·四川府县志辑》本《民国汶川县志》作“深”。

白英沟：自贝母山来，至黄秧坡止，约长七十华里。
金弹沟：自九倒拐山来，至朦朦子岩窝止，约长二十华里。
落魂桥沟：自笋子山来，至土哨台止，约长十五华里。
龙竹园沟：自龙竹园山雄黄厂来，至河坪止，约长五十华里。
板板桥沟：自鹞子山来，至三江口止，约长十八华里。
马屎沟：自郭家山来，至三江口止，约长十五华里。
双瓦屋沟：自兔儿杠来，至三江口止，约长八华里。
以上西河流域诸沟渠。

附：地势

汶川全境，除岷江两岸有极少冲积小平地外、余皆大山峻岭，垒叠于岷江东西两岸，形成山岳地带。岷江以西，海拔约一千五百公尺至二千公尺，东岸映秀湾以上，约八百公尺至一千五百公尺。映秀湾以下，海拔约四百公尺至八百公尺。其间一千五百公尺以下，多雨季作物，或可从事牧畜；以上多森林，少可耕种者。

附：地质

瓦寺属地，尚不綦详。兹将岷江沿岸，表列于左。

地点	海拔高（公尺）	石质	土壤
猪脑坝	760	红石灰岩	白灰
茶关	765	红石灰岩	红壤
楠木园	770	砂岩	黄壤
龙溪	815	石灰砂岩	褐砾
尖尖树	860	砂岩	黑砾
小湾	970	砂岩	黑砾
大湾	1115	石灰砂岩	黄砾
乱石礁	1255	片麻岩	黑砾
娘子岭	1395	片麻岩	灰砾
甘溪铺	1260	片麻岩	黑砾
西瓜脑	1120	片麻岩	黑砾
映秀湾		片麻岩	黑砾
豆耳坪		片麻岩	黑砾
清水驿		片麻岩	黑砾
东界脑		片麻岩	黑砾
太平驿		片麻岩	黑砾
马王坡		片麻岩	砾土

续表

地点	海拔高（公尺）	石质	土壤
兴文坪		片麻岩	砾土
一碗水		片麻岩	砾土
婆娑店		片麻岩	砾土
下银杏坪		片麻岩	砾土
上银杏坪		片麻岩	灰砾土
连三村		片麻岩	灰砾土
沙坪村		片麻岩	黄砾
罗圈湾		片麻岩	砂砾
彻底关		片麻岩	灰砾
佛堂坝		花岗岩	砂土
桃关		花岗岩	砂土
皂角沱		片岩	黄砾
沙坝		片麻岩	黄砾
索桥		片麻岩	褐砾
人邑坪		片麻岩	褐砾
窝窝店		片岩	褐砾
磨子沟		片岩	褐砾
羊店		片岩	褐砾
飞沙关		片岩	黄砂土
高店子		片岩	灰砾土
汶川县		片岩	黑砾土
大溪沟		片岩	砂砾土
白鱼落		片岩	褐砾土
三桥湾		片岩	黄砾土
板桥		石灰岩	黄壤土
磨刀溪		片麻岩	黄壤土
七盘沟		片麻岩	黑砾土
七盘楼		石灰岩	黄砾土
沙窝子		石灰岩	砂土
浑水沟		石灰岩	砂砾土
新堡关		片岩	砂砾土
姜舍坝		片麻岩	砂砾土

续表

地点	海拔高（公尺）	石质	土壤
过街楼		片麻岩	砂砾土
雁门		片麻岩	砂砾土

附：气候

汶川本属温带，惟因地势高低及山形不同，气候遂有四类之别。第一类系汶川东南部，面积约占全县十分之一点五，全年温度平均在十五度（摄氏）至十六度间，雨量年约七百公厘，为全县降雨量最多之地。第二类系汶川东部，面积约占全县十分之二点五，温度平均摄氏十五度以上，雨量年均五百二十公厘，降雨日数少于南部。第三类系汶川西部，大山绵亘，面积约占全县十分之五，温度平均摄氏十四度，冬季积雪，幸森林蓊葱，故雨量尚不甚少。第四类系汶川北部，面积约占全县十分之一，全年平均温度在摄氏十四度至十五度之间，以童山濯濯及滥烧山地，故雨量最少。全县全年有三分之二以上为晴天，故多旱灾。

气象 二十九年度

项目	平均气压（公厘）	平均温度（摄氏）	降雨日数	降雨量（mm）	蒸发量（mm）	备考
总计		15.42	96	520.6	355.2	（一）本县仅设四等测候所，无气压表之设置；（二）三十年以后以人才缺乏，测候所遂告搁置。
一月		7.0	0	0	62.9	
二月		8.2	7	18.0	70.4	
三月		11.7	8	23.0	92.9	
四月		13.8	8	31.3	93.0	
五月		19.1	17	71.4	87.4	
六月		22.2	11	66.8	94.9	
七月		24.5	10	55.2	85.6	
八月		25.6	13	113.6	81.8	
九月		19.3	10	100.5	41.0	
十月		16.7	8	26.8	49.9	
十一月		11.8	4	13.1	44.4	
十二月		9.5	6	0.9	51.0	

（材料来源：汶川测候所）

卷　二

职　官

《周礼》云：设官分职，以为民则。则官守者之责任重矣。自汉迄今，官斯土者，奚止千百，而汶民能道其姓字者，乃如晨星之寥寥。斯固由于文献无征，记载有阙，然亦何尝非庸庸碌碌、尸位素餐有以致之？志可备忘耳，非记忆也，后之览者，亦知所警惕欤？志职官。

按：汉武帝置汶山郡，置刺史，县置令长。成帝改为州牧，令长如旧。昭烈建将军府，置将军州牧，令长仍旧。晋魏置汶山郡刺史，三县令长。梁改绳州化[①]郡刺史。隋置蜀郡，州、县各置刺史、令长，置总管，隶西南行省。唐太宗置茂州都督，统茂、维、翼三川[②]；置松潘都督，统霸、保二州，俱隶剑南道节度使。明皇置通化郡、临翼郡、维州郡，各置都督，升剑南道处置兵马经略，为剑南节度使，统六军，屯茂、维、翼，增领松、霸、乾、古四州，西握土蕃，南抚獠夷，内治益州，州、县如太宗时。僖宗改威戎军节度使，领茂、龙等五州。宋太祖分为剑南西路，置知州县令。元置茂州、威州、汶山、汶川、通化县尹，置威、茂、叠等处军民安抚使司，达鲁花赤三长官军民千户所，达鲁花赤立总管府，设录事司，领成都等府及威、茂等州。明初设平羌将军、御史大夫一员，掌征蛮通道；都督总兵官一员，镇守威、茂；松潘镇守都指挥二员，一住叠溪，巡视威、茂，一住龙州，巡视松、龙，年终彼此互巡。宣德间，设布政司布政使一员经理。正统间，设都御史一员经略地方。成化间，设兵部侍郎一员，提督松潘，后改设都御史一员，巡抚军务。设布政司参议一员管粮，住扎茂州，带管松潘；按察司副使一员，兵备，住扎松潘，带管威茂。弘治间，裁去参议，专设整饬威茂等处地方兵备，兼综理粮储，按察司副使一员，协守参将一员，住扎茂州，协赞游击将军一员，住扎叠溪，遇贼剿杀。所属设监司一员，住扎茂州验粮。通判一员，住灌口。六路提督官八员，指挥间用千户。各关堡掌贴官五十四员，各所千百户。清初县设知县一员，儒学教谕一员（训导一员，设后旋裁）。分驻桃关典史、城守把总、茶关把总、卧龙关屯防千总、桃关把总各一员。直至季叶，无多更变。民国缔造，百度维新，官规不循其旧。

① 化：据上下文，当为“北”。

② 川：据上下文，当为“州”。

县以知事为行政长官，总理一切，设视学、警佐、管狱员等以佐之。十九年，改[①]知事为县长，下设秘书室，及一二三科。二十四年，“匪”[②] 陷茂县，汶城亦遭兵燹，档卷文物，残存无几，故前此已无可考。旋奉令推行新县制，县长以下，次第设科五：曰民政、曰财政、曰教建、曰军事、曰粮政。设室七：曰秘书、曰军法、曰户籍、曰会计、曰统计、曰警佐、曰合作指导。旋并户籍入民政科，并合作指导入教建科。复于三十二年，增设社会科。凡科六、室五。

《华阳国志》曰：汉严季后为汶江尉。成都人仲旦，少受学于季后，及为汶江，以书呼旦，旦许十日往。会夷反，断道，旦期必往。经度六七[③]，几死数回，卒得至汶江。乃为季后陈策，俱得免难，远近钦之。

隋梁远为汶川总管时，吐蕃谷浑吕夸寇边。远以锐兵击破之，斩首千余级。

明余珊：桐城进士，为松茂副使，以清介律己，首建汶川学，作兴礼让。茂属皆祀之。

娄廷章：陕西人，嘉靖中知汶川县，设立学校，治汶有声。

寒水土巡检高银儿者：直隶霸州人，洪武七年，授本司世袭巡检。正统七年，高茂林被草坡番杀死，劫去印信。景泰间，高隆奏颁前印，调征龙溪卜南、黑虎等塞[④]，屡有功。旧称高茂清勇略过人，侍郎罗公琦作诗嘉之。土舍高袭孝，于隆庆二年，从征草坡，亦有功。

知　县

张有谅：洪武中任。

黄荣禄：成化中任。

张　质：弘治中任。

李　明：正德中任。

魏云璜：隆庆中任。

万文相：隆庆中任。

邹启元：隆庆中任。

王兴邦：万历初任。

罗钟英：万历中任。

孙　鲁：万历中任。

叶承恩：天启中任。

阙士登：崇祯中任。

朱蕴奇：崇祯中任。

① 改：《中国地方志集成·四川府县志辑》本《民国汶川县志》作“必”。

② “匪”：对红军的诬称，指红军长征过茂县，于 1935 年 5 月上旬突破土门防线。作者站在国民党的错误政治立场，故诬蔑红军为“匪”。

③ 七：底本讹为“十”，今据《华阳国志·先贤士女总赞》改。

④ 塞：据上下文，意当为“寨”。

吴语伦：崇祯中任。

按：《旧志》有按语云：前代事多不可考，姑志其传闻如右。吾人修志及此，亦惟有诵“刘郎已叹蓬山远，又隔蓬山几万重”之句，付之一叹而已。

张耀祖：顺治初任，建学宫、文昌祠。在汶凡二十一年。

陆洽源：浙江平湖人，拔贡，康熙四年任，建大堂，修学宫两庑。

田卜昌：康熙七年任，湖广江夏举人。

陈名璠：字念齐，福建福宁人，康熙丙午科举人，十九年任。当蹂躏之后，多方抚辑，民免流亡。有中山斜圃，地隶汶川，而徭冒威州，年久逋赋。乃按籍得三百户，力请徭随地派。籍乃定。历升刑部郎中，守真定，署井泾[①]道。正己率属，风裁卓然，士民思之，立祠以祀。

胡鸣皋：康熙二十五年任，湖广进士。

王　悰：康熙三十年任，陕西进士。

廖应拔：康熙三十二年任，江西德化县荫生。

陈于琏：康熙三十三年任，湖广黄陂县举人。

甘文煜：康熙三十八年任，正蓝旗监生。

丁懋观：康熙四十四年任，江西举人。

胡　伟：康熙四十五年任，陕西贡生。

董元楠：康熙四十七年任，浙江举人。

何开泰：康熙五十五年任，广东举人。

黄　俞：雍正元年任，江南监生。

郄　源：雍正五年任，云南举人。勤于吏治，实心爱民，提议于每岁上元令节，举办天官胜会，汶民至今行之。

郭承缙：乾隆元年任。

梁达才：乾隆五年任，广东进士。

李光先：乾隆八年任，陕西大荔举人。

王槐銮：乾隆十三年任，北直举人，置买学田。

郑宗孔：乾隆十六年任，浙江仁和进士。

崔　钥：乾隆二十二年任，北直进士。

李成桂：乾隆二十三年任，陕西进士，修建书院。

徐进业：乾隆二十五年任。

李天骏：乾隆二十六年任，云南进士，修建城垣。

郭本才：乾隆三十一年任，湖广广济进士。

姜　绣：乾隆三十二年任，安徽贵池监生。

李若愚：乾隆三十二任，山西举人。

刘昌蔚：乾隆三十四年任，广东全州举人。

张依仁：乾隆三十五年任，云南举人。金川用兵，邑当冲繁。粮储挽运不匮，抚驭

---

① 井泾：疑为“井陉”。

军民有方，升打箭炉同知，仍留汶川办理，升湖北安陆府知府。

瑺　贵：乾隆四十年任，满洲进士。

刘杞楫：乾隆四十二年任，江苏监生。

马日璞：乾隆四十三年任，山东监生。

雷应龙：乾隆四十四年任，山西平遥县贡生。

顾　浩：乾隆四十五年任。

许凝文：乾隆四十六年任，河南拔贡。

涂长发：乾隆四十七年任，江西举人，升眉州知府。

沈念兹：字谨庵，浙江归安人，乾隆四十八年任。捐廉修飞沙关路，建仰风轩三楹，历升重庆府知府。

郑命新：乾隆五十年任，福建举人。

任　绂：乾隆五十一年任，江苏举人。

吉士璜：乾隆五十一年任，江苏举人。

王廷端：乾隆五十二年任，北直举人。

康　登：乾隆五十三年任，陕西举人。

徐廷钰：乾隆五十四年任，北直举人。

沈石麟：乾隆五十五年任，浙江举人。

张宇阳：乾隆五十六年任，江南监生。

陈文鸿：乾隆五十六年任，广东举人。

游际泰：乾隆五十七年任，广东举人。

阮　和：乾隆五十八年任，江西贡生。

卫筠操：乾隆五十九年任，河南举人，详定《修路章程》。

饶觐光：乾隆六十年任，湖广举人。

丁葵籥：嘉庆元年任，山东日照举人，详定《汶学章程》。

解亢熾：嘉庆三年任，直隶进士。

李锡书：山西静乐人，乾隆庚戌进士，号见庵。嘉庆四年到任。六年，署蒲江。八年，署蓬州，授同知。十二年，回任，重修文庙文昌宫，新建学署、明伦堂、启圣祠、奎星阁，重修雁门关，捐建本城上下二关，改修飞沙关新路。

任会棻：嘉庆六年任，顺天大兴举人。

翟　琭：嘉庆七年任，安徽泾县举人。

刘毓爌：嘉庆八年任，山东举人。

熊学谦：嘉庆九年任，江西廪生。

连彭年：嘉庆十一年任，浙江举人。

李锡书：嘉庆十二年回任，创修县志，再署蓬州，再署江北。十六年领咨引见。

朱鼎臣：嘉庆十四年任，广西举人，封禁茶关山地。

王　阶：嘉庆十五年任，浙江监生。

潘　相：嘉庆十六年任，安徽副榜。

邵　良：嘉庆十六年任，顺天吏员，系灌县知县。

王遐龄：嘉庆十六年任，山西举人。

李锡书：嘉庆十八年由进京引见回任。

张　瑾：嘉庆二十年任，顺天监生。

朱　泰：嘉庆二十一年任，江西监生，道光二年回任。

宋廷桢：嘉庆二十二年任，广东进士。调办乡试，交卸，二十四年回任。委署内江，道光三年回任，又委富顺。

顾尧峰：嘉庆二十三年任，顺天从九品。

白人凤：道光四年任，云南监生。

吴翀霄：道光四年任，浙江副榜。

刘毓爌：道光五年任，山东籍顺天举人。委署宜宾。道光七年回任。

郑善长：道光六年任，江苏监生。

杨迦怿：道光九年任，直隶拔贡，系茂州知州。

邵　镇：道光十年任，浙江廪生，捐修道路。

罗　煜：道光十二年任，顺天监生。

李英万：道光十二年任，湖南举人，修禹王宫、龙王庙。

魏　煜：道光十四年任，有惠政，羌氏至今思之。

除立畬：道光十六年任，湖南举人，奉委兼护茂州，三次俸满引见。二十七年回任，修建科房六所。

王有章：道光二十六年任，直隶监生。

王寿天：道光二十九年任，顺天监生。

刘光万：道光三十年任，直隶进士。

胡汝开：道光三十年任，广东监生，委押军米。咸丰二年回任。

吴鼎立：咸丰元年任，河南进士，修观风楼，立栖流所。

黄　杰：咸丰二年任，福建进士，修双镇塔。

司徒熊：咸丰五年任，广东监生。

余　琏：咸丰六年任，顺天举人。

刘建垲：咸丰六年任，安徽监生。

叶庆荣：咸丰七年任，浙江监生。修孚佑帝君庙，设平粜局。

熊法祖：咸丰九年任，江西附生。

徐光籲：同治元年任，浙江附生。

瞿树荫：同治二年任，江苏贡生，修书院，并节孝总坊。

赵绶铭：同治七年任，浙江监生。

屈秋泰：同治八年任，陕西翰林。

木其爨：同治八年任，山东进士。

朱　策：同治九年任，山东进士。

任鹤龄：同治十年任，湖南监生。

杨奂章：同治十一年任，湖北举人。

陆为棻：同治十二年任，江苏监生。

吴宝善：同治十三年任，江苏监生。

孙清士：光绪元年任，云南进士。

曾景福：光绪二年任，云南举人，调署金堂县。

汪懋源：光绪四年任，顺天监生，原任金堂知事。

谢本嶙：光绪六年任，贵州仁怀拨贡。

杨邦卫：光绪七年任，云南丽江辛未进士。

何文全：光绪八年任，广东番禺丁未进士。

罗汝霖：光绪九年任，广西贺县增生。

王捷三：光绪十年、十一年任，陕西朝邑乙丑进士。

赵鸿畴：光绪十二年任，浙江监生。

罗振汉：光绪十三年任，湖南房县监生。

卢鼎智：光绪十四年至二十年任，江西南康己卯举人。

庄裕筠：光绪二十一年任，江苏元和监生，惠政及民，强暴敛迹。

王观潮：光绪二十二年任，山东堂邑丙子举人。清廉勤俭，以德化民，明于听断，讼费全裁。躬亲督修县城街道，暑不张盖，民到于今称之。

钱　菁：光绪二十二年任，顺天大兴监生。

袁桂芳[①]：光绪二十六年任，贵州贵筑人。

吴尔亮：光绪二十七年任，顺天举人。

袁　澈[②]：光绪二十八年任，浙江天台举人。创办平粜，遗爱在民。

丁国彬：光绪二十九年任，贵州监生。

渠源淦：光绪三十年任，山西廪生。

赵雷豫：光绪三十一年任，安徽监生。

如　柏：光绪三十二年任，满洲廪生。在任候选道。

吴功溥：广东番禺翰林庶吉生。

高麟超：河南南阳进士。

关念谷：宣统末任，甘肃秦州进士，明于听断，豪猾敛迹，捕盗最严。当预备立宪，兴举太多，不烦不扰，措置裕如。尤好作育人才，躬亲讲授，月必数举，士论多之。

以上清知县凡一百二十二人。

罗宗泰：民国元年任，灌县人。

杨炳麟：二年任，苍溪人。

湛汉重：三年任，云阳人。

余秋棠：四年任，乐至人。

杨嘉修：四年任，云南丽江人，调任中江。

---

① 袁桂芳：《中国地方志集成·四川府县志辑》本《民国汶川县志》作“彭桂芳”。

② 袁澈：《中国地方志集成·四川府县志辑》本《民国汶川县志》作“袁徹”。

周扬芬：五年任，湖北人，

谢宿耀[①]：五年任，福建人。

陈　琨：六年任，大邑人。

李嘉谟：六年任，云南人。

魏楚华：七年任，青神县人。

黄中孚：八年任，丹稜贡生。

陈大鼎：九年任，屏山武生。

陶柳门：九年任，泸县人。

曾　浴：九年任，简阳人。

陈亮熙：十年任，宜宾人。

杨　懿：十年任，合川人。

邓显廷：十一年任，茂县人。廉公有威，民情爱戴，其《德政碑记》云：

昔者郑侨火烈，诸葛尚严，众母秤心，均称上理。《礼经》曰：大畏民志。孔子以为知本，信哉其有征也。县知事邓公显廷，天性明察，刚断勇为，民国十一年六月，知县事。下车之日，集诸父老于庭，相告曰：显廷，茂人也。于汶为邻[②]，汶事知最稔，而爱汶之念，与爱吾乡同。今父老子弟苦于兵燹以来，徭役久矣，当力请军部先除之。事上，果得请，民乃大悦。先是，邑中称强梁者凡数辈，悉捕置诸法。时地方多盗，行旅有戒心，公严饬联团游弋，连得盗薮[③]，仅禽其渠，流递远徙，境内乂安。公乃少事简出，以其余暇振兴实业，推广教育，捐金盈千，以厚学款，并助留学经费，岁需千缗，无少吝也。公尝语于人曰：使吾汶人材辈出，吾虽他去，亦当乐为输资也。又曰：吾在汶川所例入者，概归汶用，去当不名一钱而后快。公在汶凡十六阅月，奖学劝业，锄奸治盗，划还济租，且捐巨金，以实仓储，庙宇堂庑，丹垩一新。境以内，关梁沟渠，靡不治理，政成民乐，遐迩无间。今十月，以擢晋军职，解任。去官之日，遮道攀辕，汉士羌族，莫不歌颂。於戏盛哉！颂曰：公之来汶兮，人畏其神明。公之去汶兮，人怀其遗芳，贞石可泐兮，流泽孔长；昭兹来许兮，民不能忘。

中华民国十二年癸亥十月壬戌，二十四日庚午，阖邑各法团等公立，暨士民等恭颂。

邑绅周骏声撰，高体全书。

杨华堂：十二年任，茂县人。

罗鼎芬：十二年任，宜宾人。

唐赞元：十五年任，永川人。

骆云桯：十五年任，永川人。

邓作齐：十六年任，永川人。

杨渭莘：十六年任，成都人。

① 谢宿耀：《中国地方志集成·四川府县志辑》本《民国汶川县志》作“谢百耀”。

② 邻：《中国地方志集成·四川府县志辑》本《民国汶川县志》作“鄰”。

③ 薮：《中国地方志集成·四川府县志辑》本《民国汶川县志》作“薮”，当据改。

幸俊声：十七年任，广汉人。

雷蔚华：十七年任，陕西人。

刘绍海：十八年任，营山人。

张雪崖：十八年任，营山人。

罗特英：十九年任，江北人。

邓崇德：十九年至二十二年任，安岳人。

杨晴舫：二十三年至二十四年任，营山人。

陈名甄：二十五年任。

凌光衡：二十五年任，泸县[①]人。

李先谋：二十六年任，资中人。

徐剑秋：二十七年任，南充人。

张大明，二十八年任，峨眉人。

康　冻：二十九年至三十一年任，西充人。

祝世德：三十一年至现任，高等考试及格，巴中人。

以上民国知事二十七人，县长十人，凡三十七人。

按：张耀祖宰汶之时，首建学宫，落成时为康熙元年。考张氏令邑，在顺治元年及康熙四年之间。自顺治至宣统，凡二百六十八岁，汶邑知县计得一百二十二人。以人除岁，计约二年得一邑令，时至民国，三十二年之中，乃竟得令长三十七任，计一县令治县之时，平均仅十月而已。吁！何其促也！古云：三年考成。是有清至今，凡宰汶者，几皆未及考成之时，于此而言治绩，难矣。谨志数语，以验来兹。

教　职

胡　涛[②]。

宋　鼎。

宋　琏：射洪县贡生。

徐　高：峨眉县举人。

万登春。

黄生太。

陈梦达。

王潜奇。

陈　文。

黄如璜。

刘祖向。

---

① 泸县：《中国地方志集成·四川府县志辑》本《民国汶川县志》作“泸州”。

② 胡涛：《中国地方志集成·四川府县志辑》本《民国汶川县志》作“湖涛”。

冷　模：乐山举人。
毛　骥：兴文举人。
何清琏：蓬溪贡生。
戴　泽：巴县举人。
傅尔愔：安岳贡生。
刘启焜：中江举人。
郑文佐：眉山举人。
陈家修：温江举人。
何沛霖：涪州举人。
颜　晟：永川贡生。
文　焕：宜宾贡生。
温　琳：保宁府贡生。
王宏纬：资州贡生。
邓以任：广安州举人。
张　岚：万县贡生。
程际亭：温江县举人。
李如椿：南溪县举人。
黄道明：华阳县举人。
淡景符：广安州举人。
夏允松：井研县贡生。
王运隆：温州县副榜。
黄瑞书：新都县举人。
以上旧志所载，当系嘉庆十年以前者。

谢志嘉。
殷　儁。
许绍谦。
张国庆。
陶际昌。
李时华：华阳县举人。
周家政：蓬溪县举人。
袁名洋：蓬州举人。重修学署明伦堂。
杨延曙：新繁县举人。
洪毓麟：成都县举人。
刘元鼎：简州举人。
严近光：什邡县增生。
蔡道型：长寿县举人。
李英万：綦江县举人。

罗其楚：广安州贡生。
刘兆黎：进士。
洪嘉乐：成都举人。
郭道潘：仁寿举人（光绪十五年）。
李春鉴：崇庆州举人，升宁远府教授。
刘华英：开县廪贡。
胡念祖：新津拔贡。
黄继培：梓潼廪贡。
以上清教谕，凡五十五人。

唐玉麟：邑廪贡，前清训导。
黄继培：梓潼廪贡。
以上清视学二人。

高体清：邑增贡，法政毕业。
邓造河：仁寿人。
周骏声：邑廪贡，前清府经历。
郭伍贤：本邑人。
以上民国视学四人。

曾士麟：永川人。
胡光奎：本邑人。
以上民国教育局长二人。

县　丞（旧设分驻桃关，乾隆五十三年裁）

刘昌蔚：乾隆四十五年任。
洪成龙：乾隆四十八年任，安徽祁门人。
戚祖夔[1]：乾隆五十三年任。

典　史（旧在县城，自县丞裁，分驻桃关）

杨彦恒：成化中任。
王彦若：弘治中任。
张　鹤：隆庆中任。
危光源：天启中任。

① 戚祖夔：《中国地方志集成·四川府县志辑》本《民国汶川县志》作“盛祖夔”。

罗上宠：崇祯中任。

以上明典史五人，《旧志》所载，当亦在“前代事多不可考”之列。

刘　岩：雍正十五年任，山西人。

张大经：乾隆元年任。

谢应龙：乾隆十三年任，浙江会稽人，历升宁远府知府。

张伯智。

钮大坤：顺天人。

杨　鳌。

张尚斌。

上官成德：山西人。

杨景清。

王国瑞[①]。

钟调鼎。

陈　炯。

顾培基。

李义尊。

储　泉：乾隆四十三年任，安徽贵池人。

朱登高：嘉庆六年任，山西介休县人。

沈　涛：嘉庆十五年任，安徽泾县人。

蔡　浦：嘉庆二十年任，浙江萧山县人。

施安澜：道光五年任，浙江会稽人，捐修桃关义学。

熊裕棠：道光二十七年任，江苏山阳人。

陈　炳：咸丰二年任，顺天宛平人。

熊仲铭：咸丰五年任，江西南昌县人。

丁芑丰[②]：咸丰八年任，浙江加善人。

胡兆禄：同治五年任，浙江山阴人。

王觐朝：同治六年任，顺天大兴人。

修曰璋：同治七年任，湖南沅陵人。

钱　棫：同治八年任。江苏元和人。

陈　煦：同治九年任，江西吉水人。

陆世权：同治十一年任，浙江山阴人。

吕继元：同治十二年任，江苏阳湖人。

潘宗瀛：同治十三年任，湖北江夏人。

刘锡恩：光绪元年任，江西德化人。

---

① 王国瑞：《中国地方志集成·四川府县志辑》本《民国汶川县志》作“王国端”。

② 丁芑丰：《中国地方志集成·四川府县志辑》本《民国汶川县志》作“丁芭丰”。

附：司法

汶川县司法处，二十九年国庆日成立。地址在县府内蕊石山房。首任审判官廖政，四川省长寿县人。

附：党部

汶川自同盟会以还，即不乏明达之士，参加革命工作。清光绪末，先烈彭家珍，尝留汶数月，联络同志参加活动。民国元年，灌县组织国民社，本县索季皋、吴自奇、胡光奎等十余人，均正式加入，受其指挥，负责推进本县党务。二十八年二月，中国国民党四川省执行委员会委派官影笙为书记长，来县筹办党务，先行办理登记党员事宜，成立县执行委员会。经费系前议事会契税及肉税附加。二十九年十一月，萧宏钦继任书记长，未久即去。三十年十一月，省党部复委齐思贤为书记长，随觅定真武宫为会址，党务基础，于焉确定，惟工作无大进度耳。三十一年十一月，省党部改委书记长彭晶继任。到职以来，力加振作，吸收青年党员近四百人，区党分部逐渐[①]健全，党务工作日形活跃。兹将历届负责人员，表列于后：

汶川县党务历届负责人员表

姓名	籍贯	职别	学历	到职年月
官影笙	灌县	中国国民党汶川县执行委员会委员兼书记长	四川省党务干部训练班及中训团毕业	民国二十八年二月
萧宏钦	珙县	执委兼书记长	四川省党务干部训练班毕业	民国二十九年十一月
齐思贤	西充	执委兼书记长		民国三十年十一月
彭晶	成都	执委兼书记长	私立成都中山大学毕业	民国三十一年十一月
戴煜荧	灌县	执行委员	四川省训团毕业	民国三十二年四月
吴仲申	巴中	执行委员	私立朝阳学院毕业	民国三十二年一月

附　表

民国以来，职官迭有变更。旧志体例，不足以囊括无余，因略事变通，为之附表，列于此章之后。惜于二十四年县罹兵燹，档卷焚失，残存无几，遗漏之讥，当所难免耳。

① 渐：《中国地方志集成·四川府县志辑》本《民国汶川县志》作“潮”。

职别	姓名	籍贯	任别	任期
秘书	李莼坞	贵州省毕节县人	杨任	民国二十三、二十四年
	李光宣	四川省长寿县人	陈任	民国二十五年
	卢承绪	四川省长宁县人	凌任	民国二十五、二十六年
	陈从均	四川省盐亭县人	李任	民国二十七年
	秦泽生	四川省岳池县人	徐任	民国二十八年
	芮蔚	四川省成都县人	张任	民国二十八、二十九年
	王琨	四川省西充县人	康任	民国三十年
	李际春	四川省西充县人	康任	民国三十一年
	吴仲申	四川省巴中县人	祝任	民国三十二年
第一科长	徐庆堪	浙江省吴兴县人	杨任	民国二十三、二十四①年
	程绍滋	四川省黔江县人	陈任	民国二十五年
	袁守宫	四川省威远县人	凌任	民国二十五、二十六年
	陈秀夫		凌任	民国二十五、二十六年
	蒋子昭		凌任	民国二十五、二十六年
	陈秀夫		李任	民国二十七年
	陈履初	四川省内江县人	徐任	民国二十八年
民政科科长	蔡问涛		张任	民国二十八②、二十九年
	丁显良		康任	民国三十一年
	戴石安	四川省灌县人	康任	民国三十一年
	张雨膏		康任	民国三十、三十一年
	杨公溥	四川省射洪县人	康任	民国三十一年
	杨公溥	四川省射洪县人	祝任	民国三十二年
	黄国祯	四川省崇庆县人	祝任	民国三十二年
第二科科长	邓风黎	四川省隆昌县人	凌任	民国二十五、二十六年
	王寿昌	四川省长宁县人	凌任	民国二十五、二十六年
	宋子明		凌任	民国二十五、二十六年
	王寿昌	四川省长宁县人	李任	民国二十七年
			徐任	民国二十七年
			张任	民国二十八、二十九年
财政科科长	龚树德		康任	
	庞本福	四川省西充县人	康任	
			祝任	民国三十二年

① 二十四：《中国地方志集成·四川府县志辑》本《民国汶川县志》脱“二”字，作“十四年”。

② 二十八：《中国地方志集成·四川府县志辑》本《民国汶川县志》作“二”。

续表

职别	姓名	籍贯	任别	任期
教育科科长	蒋松年	四川省安岳县人		
	廖文仲	四川省安岳①县人		
	周刚	四川省汶川县人	杨任	民国二十二年
第三科科长	郭汝贤	四川省汶川县人	杨任	民国二十四年
	郎言昌	四川省丰都县人	陈任	民国二十五年
	王寿昌	四川省长宁县人	凌任	民国二十五、二十六年
			李任	民国二十七年
			张任	
教建科科长	金耕九	四川省广汉县人	张任	
	王悦臣	四川省泸县人	康任	
	宋祝尧	四川省乐至县人	康任	
	郭汝贤	四川省汶川县人	康任	
	杨骧虎	四川省崇庆县人	祝任	
	成浩然	四川省三台县人	祝任	
	杨琛玉	四川省西充县人	祝任	
兵役科科长（后改军事科）	段光澍		徐任	民国二十八年
	孙炅		张任	民国二十八、二十九年
	王正方		康任	
	张崇鉴		康任	
	戴石安	四川省灌县人	康任	
	高子信	四川省汶川县人	康任	
			祝任	民国三十二年
粮政科科长	杨勖士	四川省西充县人	康任	民国三十年九月起
	成浩然	四川省三台县人	祝任	民国三十二年
	蒲西伯	四川省巴中县人	祝任	民国三十二年
	何君荣	四川省崇宁县人	祝任	民国三十二年
社会科科长	戴煜荧	四川省灌县人	祝任	民国三十二年
禁烟科科长	周玉林		张任	民国二十八年至二十九年四月
	傅秀珊	四川省华阳县人	康任	民国二十九年五月至十月
会计室主任	龚树德	四川省南川县人	康任	
	李宗舜	四川省	康任、祝任	民国三十一、三十二年

① 安岳：《中国地方志集成·四川府县志辑》本《民国汶川县志》作“安现”。

续表

职别	姓名	籍贯	任别	任期
统计室主任	何介铭	四川省汶川县人	康任	民国三十一年
	何光灿	四川省汶川县人	祝任	民国三十二年
	刘介铭	四川省灌县人	祝任	民国三十二年
警佐	李俊修	四川省武胜县人	陈任	民国二十五年
	张毅夫	四川省郫县人	凌任	民国二十五年、二十六年
	陈连科		凌任	民国二十五年、二十六年
			李任	民国二十七年
			徐任	民国二十八年
	邓世民	四川省营山县人	康任	民国三十年
	何敬夫		祝任	民国三十二年
军法室承审员	傅秀珊		康任	
	蒲西伯	四川省巴中县人	祝任	
户籍室主任	科长兼		历任	
合作指导主任	黄茂秋	四川省隆昌县人	张任	
			康任	
第一区区长	程绍滋		陈任	民国二十五年
	邓风黎	四川省隆昌县人	凌任	民国二十五、二十六年
	张毅夫		凌任	民国二十五、二十六年
	陈连科		凌任	民国二十五、二十六年
	宋子明	四川省新津县人	凌任	民国二十五、二十六年
	黄秉盈	四川省资中县人	徐任	民国二十八年
	陈履初		徐任	民国二十八年
	姚楷成	四川省崇庆县人	张任	民国二十八、二十九年
	蔡问涛		张任	民国二十八、二十九年
	娄和亮	四川省万源县人	张任	民国二十八、二十九年
	杨鹤年	四川省西充县人	康任	民国三十、三十一年
	李际春	四川省西充县人	康任	民国三十、三十一年
	叶树榕	四川省璧山县人	康任	民国三十、三十一年
第一区指导员	何子喻	四川省西充县人	康任	民国三十、三十一年
	陈永明	四川省巴中县人	祝任	民国三十二年

续表

职别	姓名	籍贯	任别	任期
第二区区长	周德昶		陈任	
	陈秀夫①		凌任	
	袁守官	四川省威远县人		民国二十六、二十七、二十八年
			李任	
			徐任	
	赵焕章		张任	
	庄子祥		张任	
			康任	
	郑修文		康任	
	王琨	四川省西充县人	康任、祝任	
	刘宗禄	四川省威远县人	祝任	
第三区区长	卢泳箕		陈任	
	贺德雍		凌任	
	陈秀夫		凌任	
	黄朝栋	四川省广汉县人	凌任	
			李任	
	宋子明	四川省新津县人	李任	
	赵焕章	四川省崇庆县人	徐任	民国二十八年
	姚楷成	四川省西充县人	张任	民国二十八、二十九年
	张用仪		张任	民国二十八、二十九年
	杨鹤年		康任	
	傅秀珊	四川省华阳县人	康任	
	黄茂秋	四川省隆昌县人	康任	
	杨公溥	四川省射洪县人	康任	
	青萍	四川省南充县人	康任	
	伍伯勋		康任、祝任	
	杨公溥	四川省射洪县人	祝任	

① 陈秀夫：《中国地方志集成·四川府县志辑》本《民国汶川县志》作“陈秀才”。

乡 里

《旧志》“乡里”，附“赋役”后，盖不甚重视之也。自二十八年九月十九日，中央公布《县各级组织纲要》，第五条明定之曰：县为法人，乡镇为法人。乡镇乃于县下变为一自治单位，而地位骤形重要矣。其上之区，为一虚级。其下之保甲，为组成此自治单位之细胞。其本体有乡镇公所，以作其执行机关；有乡镇民代表会，以作其意思机关；有依法赋予之各种收入，以作其独立之财政。虽仅为县下一级，而其为法人，为自治单位，则与县初无二致，故今志特为提出，志其沿革，并致其厚望焉。

汉置六里，其区分为何，已不可考。明置五里，曰索桥里，自七盘沟起，至兴文坪止；曰旧县里，姜舍坝以上，至青坡止；曰东界里，太平驿起，至珠脑坝止；曰上水里，附县河西以上，接威州；曰下水里，附县河西以下，中滩堡起，东至排门赵公山脊，直交崇庆州横源镇，北以牛头山为界。

清时并为二里：曰上水里，曰下水里。其村寨如左。

上水里村寨

县　城：汉居。

苏　村：治西三里，汉居。

沙　坝：治北五里，汉居。

三　店：治南十里，汉居。

白鱼落[①]：治北十里，汉居。

板　桥：治北二十里，汉居。

磨刀溪：治北二十五里，汉居。

七盘沟：治北三十里，汉居。

沙窝子：治北三十五里，汉居。

万　村：治北四十里，汉居。

古城坪：治北四十里，汉居。

壁立村：治北四十五里，汉居。

茨玉村：治北四十五里，汉居。

姜舍坝：治北四十五里，汉居。世传姜维于此舍兵。

过街楼：治北五十里，汉居。

麦地村：治北五十五里，汉居。

雁门关：治北五十里，汉居。

河　坪：治西十里，羌居。

簇　头：治西十里，羌居。

里　坪：治西十里，羌居。

① 白鱼落：《中国地方志集成·四川府县志辑》本《民国汶川县志》作“自鱼落”。

马念坪：治西十里，羌居。
高东山：治西十里，羌居。
白土坎：治西十里，羌居。
崖　鸣：治西十里，羌居。
鞍子头：治南五里，羌居。
瓦窑坪：治南十里，羌居。
刳儿坪：治南十五里，羌居。
羊后山：治南十五里，羌居。
木瓜坪：治北十里，羌居。
马鞍山：治北十五里，羌居。
半　坡：治北十五里，羌居。
椒　岭：治北三十里，羌居。
竹子岭：治北三十二里，羌居。
青　岭：治北三十五里，羌居。
黄土坎：治北三十七里，羌居。
花银庵：治北四十里，羌居。
毛　坡：治北四十二里，羌居。
羊山寨：治北四十五里，羌居。
上白水：治北五十二里，羌居。
下白水：治北五十五里，羌居。
青土坪：治北六十里，羌居。
牛脑寨：治北六十里，羌居。
水井湾：治北六十里，羌居。
月　里：治北六十里，羌居。
通山寨：治北六十里，羌居。
放马坪：治北六十里，羌居。
罗挂搭：治北六十里，羌居。
大寨子：治北六十五里，羌居。
小寨子：治北六十五里，羌居。
索桥寨：治北七十里，羌居。
萝葡寨：治北七十里，羌居。

下水里村寨

羊　店：治南十五里，汉居。
大邑坪：治南二十里，汉居。
索桥头：治南二十五里，汉居。
沙　坝：治南二十五里，汉居。
皂角头：治南二十八里，汉居。

桃　关：治南三十里，汉居。

滴水岩：治南三十二里，汉居。

佛坛坝：治南三十五里，汉居。

彻底关：治南四十里，汉居。

凉水井：治南四十二里，汉居。

罗圈湾：治南四十五里，汉居。

沙坪关：治南四十七里，汉居。

连三村：治南四十八里，汉居。

银杏坪：治南五十里，汉居。

娑婆店：治南五十五里，汉居。

一湾水[①]：治南五十八里，汉居。

兴文坪：治南六十里，汉居。

太平驿：治南七十里，汉居。

东界脑：治南七十里，汉居。

清水驿：治南七十里，汉居。

大沙坝：治南七十二里，汉居。

麻林湾：治南七十五里，汉居。

豆耳坪：治南八十里，汉居。

敲梆石：治南八十五里，汉居。

映秀湾：治南九十里，汉居。

水田坝：治南九十五里，汉居。

中滩堡：治南一百里，汉居。

马家村：治南一百零五里，汉居。

白　岩、赵二坝：治南一百一十里，汉居。

黄家凹：治南一百一十五里，汉居。

石垭子：治南一百二十里，汉居。

石柱坝：治南一百四十里，汉居。

西瓜脑：治南九十里，汉居。

乾溪堡：治南一百里，汉居。

娘子岭：治南一百零五里，汉居。

大小湾：治南一百一十里，汉居。

尖尖树：治南一百一十五里，汉居。

尤　溪：治南一百二十里，汉居。

楠木园：治南一百二十五里，汉居。

茶　关：治南一百三十里，汉居。

茅　亭：治南一百三十里，汉居。

---

① 一湾水：《中国地方志集成·四川府县志辑》本《民国汶川县志》脱“一”字，作“湾水”。

珠脑坝：治南一百四十里，汉居。

白龙池：治南一百四十里，汉居。

民初，全县分五区，区下设甲。至二十四年，始改划全县为三行政区，区下[1]设联保七，保下设甲。二十九年三月，新制推行，复改联保为乡镇，凡镇三：曰绵虒、曰三江、曰龙溪。乡四：曰雁门、曰草坡、曰映秀、曰卧龙。三十二年，复以绵虒镇、卧龙乡辖地过大，不易治理，呈准分卧龙为二乡：曰飞龙，曰耿达；分绵虒二保及映秀一保，新设乡公所一于银杏坪，即命名曰银杏乡。其规划如左。

第一区

雁门乡：七盘沟以上至雁门关止，设乡公所过街楼。

雁门，唐置通鹤军，为控制治北要地，通鹤城址，至今犹依稀在焉。明正德中移治后，于此置旧县里，清附上水里村寨中。民国二十四年，划全县为七联保，雁门联保，其一也。二十九年推行新县制，改为雁门乡，至今仍旧。

绵虒镇：板桥以下至羊店止，设镇公所于城内。

汶川于西汉时，尝于旧县北置绵虒县。东汉后，复尝置绵虒道。镇之得名，由此起也。明初为寒水驿，复于此置索桥里。清为上水里之一部。民国二十四年为绵虒联保，二十九年为绵虒乡，旋于三十年改乡为镇。三十二年复呈准划羊店以下与映秀乡之兴文坪，设一新乡。于三十三年一月成立，故今镇属村落，止于羊店。

草坡乡：上瓦寺草坡六合营，设乡公所于草坡。

草坡昔属生番。明隆庆二年作乱，杀寒水土巡检高茂林，土司南吉二朋以兵讨定之。万历中，明始以草坡地给土司舍躬。清时，土司于此置草坡六合营。又有称其为起凤场者。民国二十四年，为草坡联保。二十九年，改称草坡乡，至今仍旧。

银杏乡：大邑坪以下，至兴文坪止，设乡公所于银杏坪。

银杏乡，为民国三十三年呈准设立者。（土人云：大邑坪，大禹坪之音误也。未知是否。）

第二区

映秀乡：东界脑以下，至娘子岭与石柱坝止，设乡公所于映秀湾。

映秀乡，明属东界里。清属下水里村落。民国二十四年，为映秀联保，二十九年，改称乡。三十二年末，划兴文坪于银杏乡。

龙溪镇：娘子岭以下，珠脑坝止，设镇公所于龙溪。

龙溪，明属东界里，名尤溪。清为下水里村落。嘉庆二十二年至道光十五年，名庆隆场。余仍以尤溪称之。民国二十四年为龙溪联保，二十九年改称龙溪镇，至今仍旧。

---

① 区下：《中国地方志集成·四川府县志辑》本《民国汶川县志》作“区一”。

按：今广福寺左侧，存明成化九年所铸之铁钟一口，上有龙王庙字迹。以龙王庙旧址，即今广福寺也。距钟数十武，复存培修广福寺碑记一，字迹风化，残存者犹可辨识，其略云：

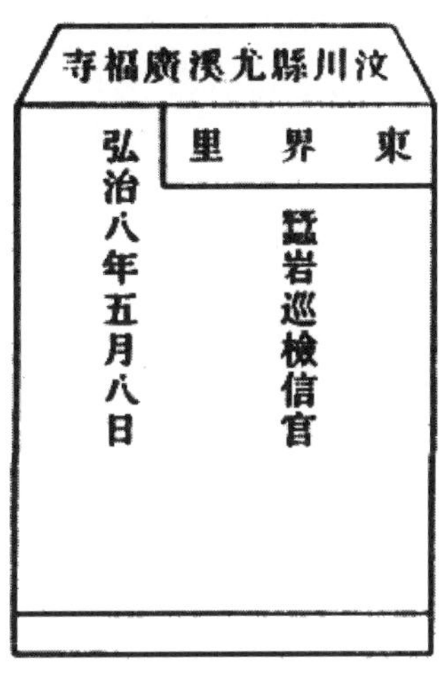

盖龙溪场址，原在今广福寺，至庆升桥下十数步，斜横山坡，颓废屋基，历历可考。古昔道路，亦由山坡横贯至娘子岭云。

第三区

飞龙乡：旧瓦寺土司卧龙关三寨属地，设乡公所于卧龙关。

卧龙关侧，山势如龙蛇颓卧，故名卧龙。俗传昔有国王经此，九龙随之求封，王讶为蛇，九龙大愤，其一死，僵卧山侧，故名。又其一愤走而西，以行速热死于懋功，故名之曰日（热）龙关。至询以其他七龙何往？遂结舌不知所对。神话流传，固可哂也。置关始于何时，已不可考。或曰：清乾隆中，两金荡平，始设关以防瓦寺界地。然证之当地土人，则谓自明万历间，即已有卧龙关之名，可知设关不自清始。或曰：唐李卫公为西川节度使，锐意筹边，于松茂路上设三十六关堡，汶地有五堡四关，卧龙当为其一。考卫公设关，皆在灌松大道，是时吐蕃方强，岷西之地，亦无设关之可能。清时，凡分三寨：曰花红树寨、曰洞口寨、曰足牟（或书觉历）寨。土司于此设总管辖之，寨设寨首。民国二十四年，以地旷人稀之故，仅编保一，合耿达二保称卧龙联保。二十九年称卧龙乡，三十一年春，以第三区署由三江镇移此，遂呈准移乡公所于耿达桥。冬，复呈准划分二乡，以当地土民谓“卧龙”为“饿龙”，故更名为飞龙乡。

耿达乡：旧瓦寺耿达桥二寨属地，设乡公所于耿达桥。

先是耿达交通不便，丛树横河，居民削平树干以便往来，盖借此梗木因陋达就为桥者，故名之曰“梗达桥”。厥后年久树坏，居民渐增，乃跟建硐桥，更名“跟达”。耿达，则“跟达”之音转也。清属土司，置总管，辖寨三：曰纳娃山寨、曰龙潭沟寨、曰转经楼寨，寨置寨首。民国二十四年，编保二，与卧龙关合组卧龙联保。二十九年，属卧龙乡，三十一年春，移卧龙乡公所于此。三十二年，始呈准设立耿达乡。

三江镇，旧瓦寺三江口五寨属地，设镇公所于三江口。

三江口，当中河、黑石江注入西河之中，故名。清属土司，其组织与草坡、耿达、卧龙等处相同。民国二十四年，为三江联保，三十年改镇。

附：保甲

本邑保甲户口，民国三十年尝一度整编完竣，兹将其统计表及保办公处所在地抄录于左：

汶川县保甲户口统计表

区别	乡镇	保数	甲数	户数	人口数		合计
					男	女	
第一区	绵虒镇	10	81	878	2202	1968	4170
	雁门乡	5	58	723	1588	1563	3151
	草坡乡	4	31	405	906	1057	1963
第二区	映秀乡	7	60	615	1489	1452	2941
	龙溪镇	8	87	978	2612	2429	5041
第三区	三江镇	7	52	634	1728	1461	3189
	卧龙乡	3	30	383	827	829	1656
总计	7	44	399	4586	11352	10760	22112

三十年八月制

乡镇别	保别	保办公处所在地
绵虒镇	第一保	本城上关
	第二保	白鱼落
	第三保	涂禹山
	第四保	河西
	第五保	河坪
	第六保	簇头
	第七保	克约
	第八保	皂角沱
	第九保	桃关
	第十保	银杏坪
雁门乡	第一保	七盘沟
	第二保	茨玉沟
	第三保	青土坪
	第四保	雁门关
	第五保	萝葡寨

续表

乡镇别	保别	保办公处所在地
草坡乡	第一保	草坡
	第二保	麻葡湾①
	第三保	两河口
	第四保	克葱
龙溪镇	第一保	龙溪镇
	第二保	八角庙
	第三保	楠木园
	第四保	珠脑坝
	第五保	张家湾
	第六保	地母坪
	第七保	南岳庙
映秀乡	第一保	映秀湾
	第二保	东界脑
	第三保	中滩堡
	第四保	马家湾
	第五保	白岩
	第六保	石柱坝
	第七保	兴文坪
卧龙乡	第一保	转经楼
	第二保	龙潭沟
	第三保	玉皇庙
三江镇	第一保	三江镇
	第二保	核桃坪
	第三保	黄土里
	第四保	白鳝泥
	第五保	鹿耳坪
	第六保	龙竹园
	第七保	草坪

三十二年，复行整编，计九月六日开始，十一月下旬始告完成。十一月中，已呈准新设乡二，整理规划，结果如次：

① 麻葡湾：《中国地方志集成·四川府县志辑》本《民国汶川县志》写作“麻匍湾”。

第一区

乡、镇别	保数	保办公处所在地	甲数	户数	人口数		
					男口数	女口数	男女合计数
绵虒镇	第一保	绵虒镇	15	155	352	313	665
	第二保	半坡	9	99	227	226	453
	第三保	涂禹山	9	91	220	225	445
	第四保	三官庙	6	75	167	141	308
	第五保	河坪	5	52	127	142	269
	第六保	簇头	7	82	206	219	425
	第七保	克约	6	63	146	144	290
	第八保	高店子	9	90	221	211	432
小计	8保		66	707	1666	1621	3287
雁门乡	第一保	七盘沟	7	80	202	171	373
	第二保	沙窝子	8	80	182	187	369
	第三保	秉里村	11	136	321	316	637
	第四保	上百水	7	72	152	149	301
	第五保	青土坪	6	66	149	166	315
	第六保	雁门关	10	114	272	291	563
	第七保	索桥	7	75	150	178	328
	第八保	萝葡寨	7	76	192	199	391
小计	8保		63	699	1620	1657	3277
草坡乡	第一保	草坡	9	98	255	231	486
	第二保	麻卜沟	9	90	232	245	477
	第三保	两河口	10	105	279	254	533
	第四保	刁头	7	76	178	183	361
	第五保	克葱	7	70	183	182	365
小计	5保		42	439	1127	1095	2222

续表

乡、镇别	保数	保办公处所在地	甲数	户数	人口数		
					男口数	女口数	男女合计数
银杏乡	第一保	银杏坪	7	73	206	178	381
	第二保	皂角沱	7	64	161	135	296
	第三保	兴文坪	4	40	106	121	227
	第四保	桃关	4	33	79	67	146
小计	4 保		22	210	549	501	1060
共计	25 保		193	2055	4962	4874	9836

第二区

乡、镇别	保数	保办公处所在地	甲数	户数	人口数		
					男口数	女口数	男女合计数
龙溪镇	第一保	龙溪镇	14	158	399	396	795
	第二保	八角庙	8	99	332	283	615
	第三保	楠木园	12	114	331	324	655
	第四保	珠脑坝	10	123	378	347	725
	第五保	张家湾	10	101	282	242	524
	第六保	地母庙	10	104	283	258	541
	第七保	南岳庙	12	154	387	371	758
	第八保		10	113	251	195	446
小计	8 保		86	969	2643	2416	5059
映秀乡	第一保	映秀湾	10	100	103	152	255
	第二保	坡底	5	52	134	120	254
	第三保	黄甲坪	10	101	248	259	507
	第四保	白岩	10	100	242	223	465
	第五保	石柱坝	10	100	244	246	490
	第六保	东界脑	10	100	218	205	423（422）
	第七保	中滩堡	5	52	119	94	213
小计	7 保		60	605	1308	1299	2613
共计	15 保		146	1571	3951	3715	7672

第三区

乡、镇别	保数	保办公处所在地	甲数	户数	人口数		
					男口数	女口数	男女合计数
三江镇	第一保	三江镇	6	57	130	126	256
	第二保	核桃坪	9	80	191	175	366
	第三保	黄土里	8	86	227	214	441
	第四保	白鳝泥	9	102	282	266	548
	第五保	鹿耳坪	7	80	211	212	423
	第六保	龙竹园	7	91	209	218	427
	第七保	草坪	6	81	183	164	347
小计	7保		52	577	1433	1375	2808
飞龙乡	第一保	卧龙关	6	57	140	137	277
	第二保	花红树	5	49	111	122	233
	第三保	转经楼	4	43	100	109	209
小计	3保		15	149	351	368	719
耿达乡	第一保	跟达桥	8	72	190	183	373
	第二保	龙潭沟	7	72	196	183	372
	第三保	老鸦山	5	58	159	125	284
	第四保	水界碑	4	40	83	84	167
小计	4保		24	242	628	668	1196
共计	14保		91	968	2412	2311	4723
总计	54保		430	4594	11325	10900	22231

按：《旧志》论及户口者凡三处：一于“城邑”中云：城中居民，不及什家。一于“风土”中谓：汶邑之居民只六七百户耳。又其一见于“瓦寺土司”，言其[①]曰：其居番户八百，人一千余口。约略计之，则全邑人口，当仅在四千左右而已。今岁编整，得户四五九四户，口二二二三一，与乾嘉时较，当五倍之。余于“赋税”后，尝计乾嘉时全县收入，占支出二十二分之一；民国二十五年后，每岁收入，约占支出四分之一与五分之一间。是全县富力，较往昔亦当增大五倍，与户口之增加直成正比。语云：有人斯有土，有土斯有财。此中消息，愿与有识者共探讨之！

① 言其：《中国地方志集成·四川府县志辑》本《民国汶川县志》作“其言”。

附：乡镇图五幅

附鄉鎮圖五幅

此次纂修本邑縣志，百方徵集，僅得鄉鎮圖五幅，亦載於左。期由此次刺激，他日能蒐集完備也。

圖例如下：

圖例	符號
1. 縣城	
2. 縣界	
3. 鄉界	
4. 山脈	
5. 河流	
溝渠	
6. 道路	
小路	
7. 鄉公所	◎
8. 保辦公處	▲
9. 村落	○
10. 名勝	△
11. 橋梁	
溜索	
12. 廟宇	卍
13. 池	

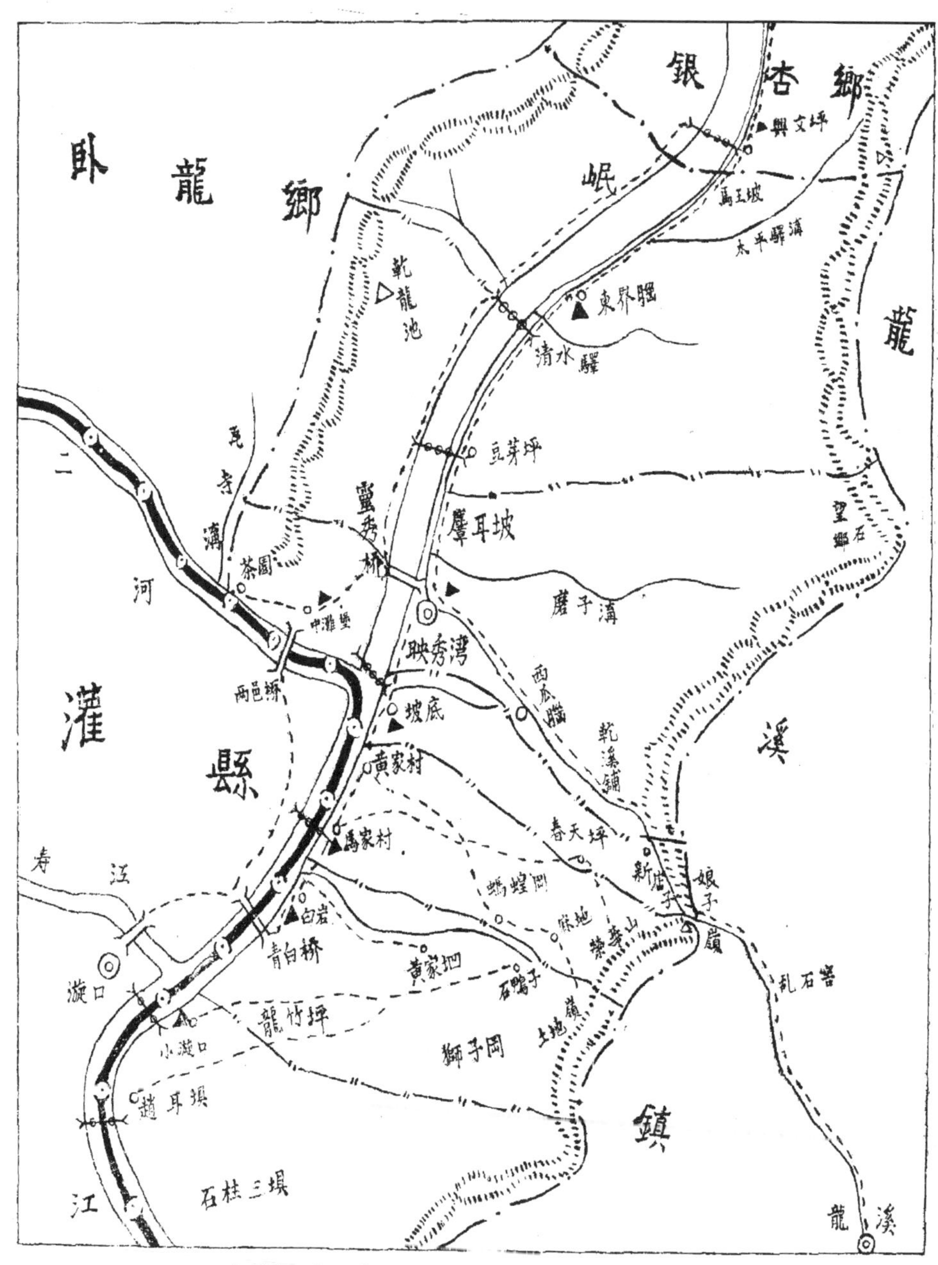

汶川縣映秀鄉全圖 1:100000

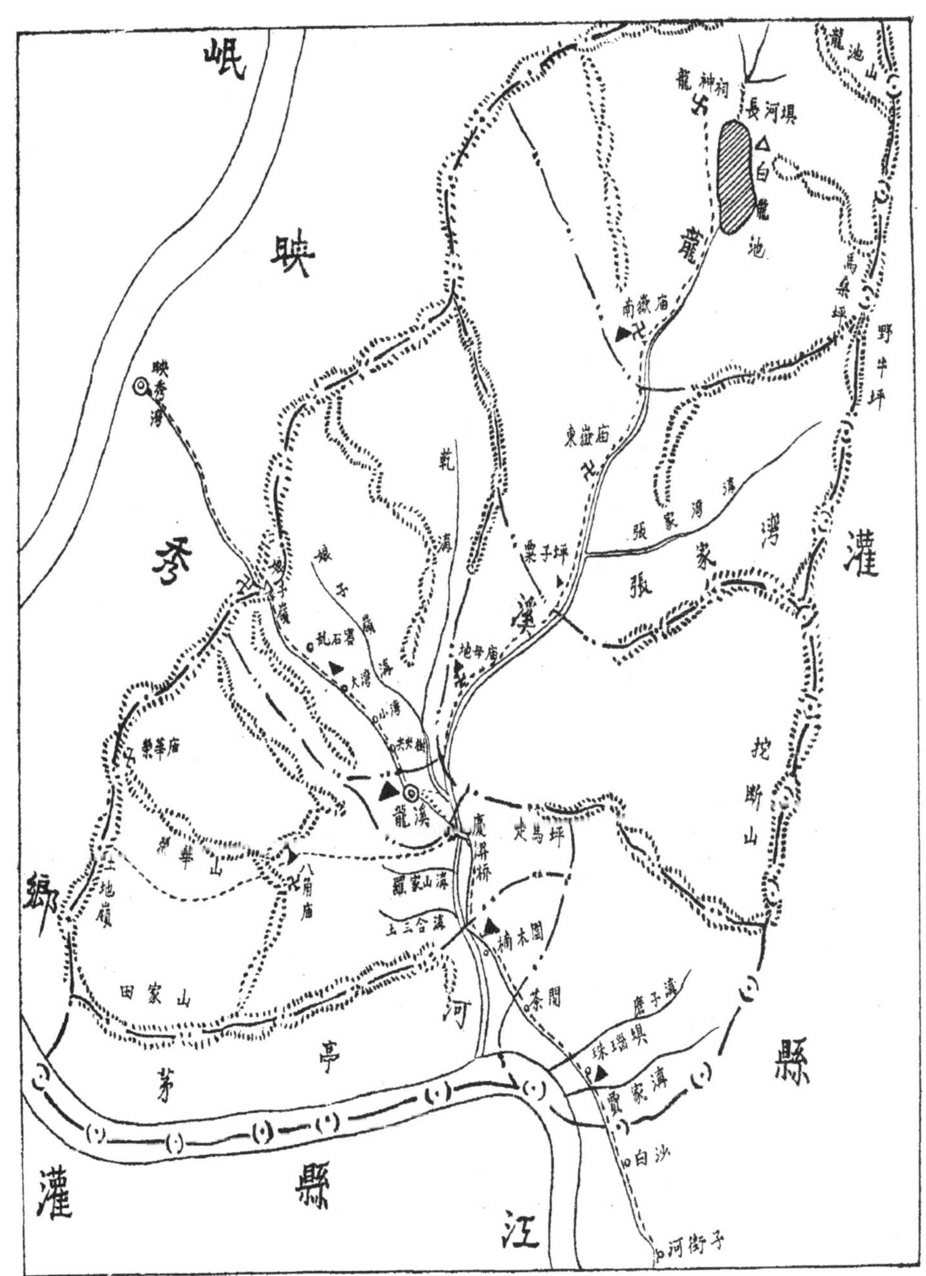

汶川縣龍溪鎮全圖 1:150000

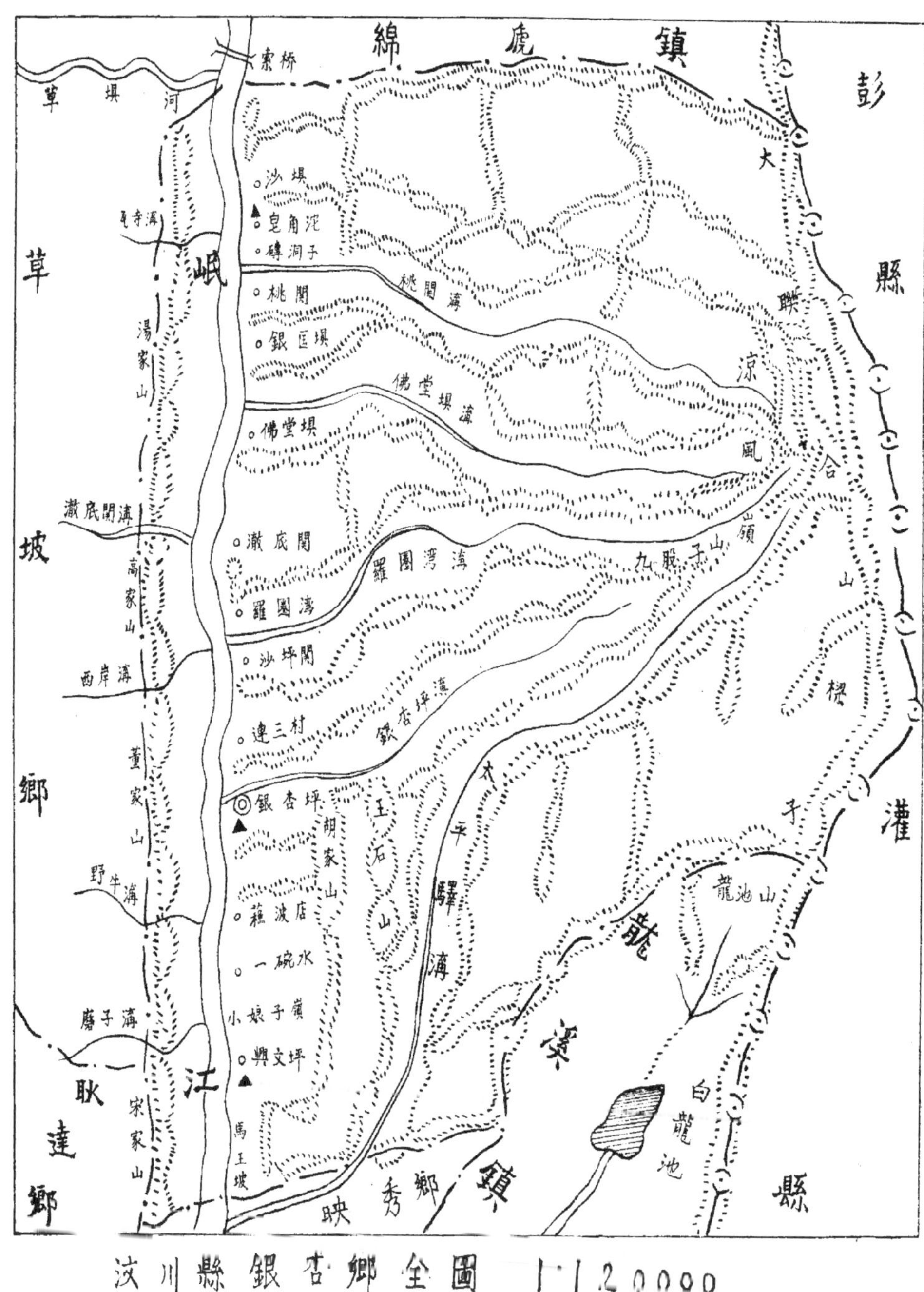

汶川縣銀杏鄉全圖 1:120000

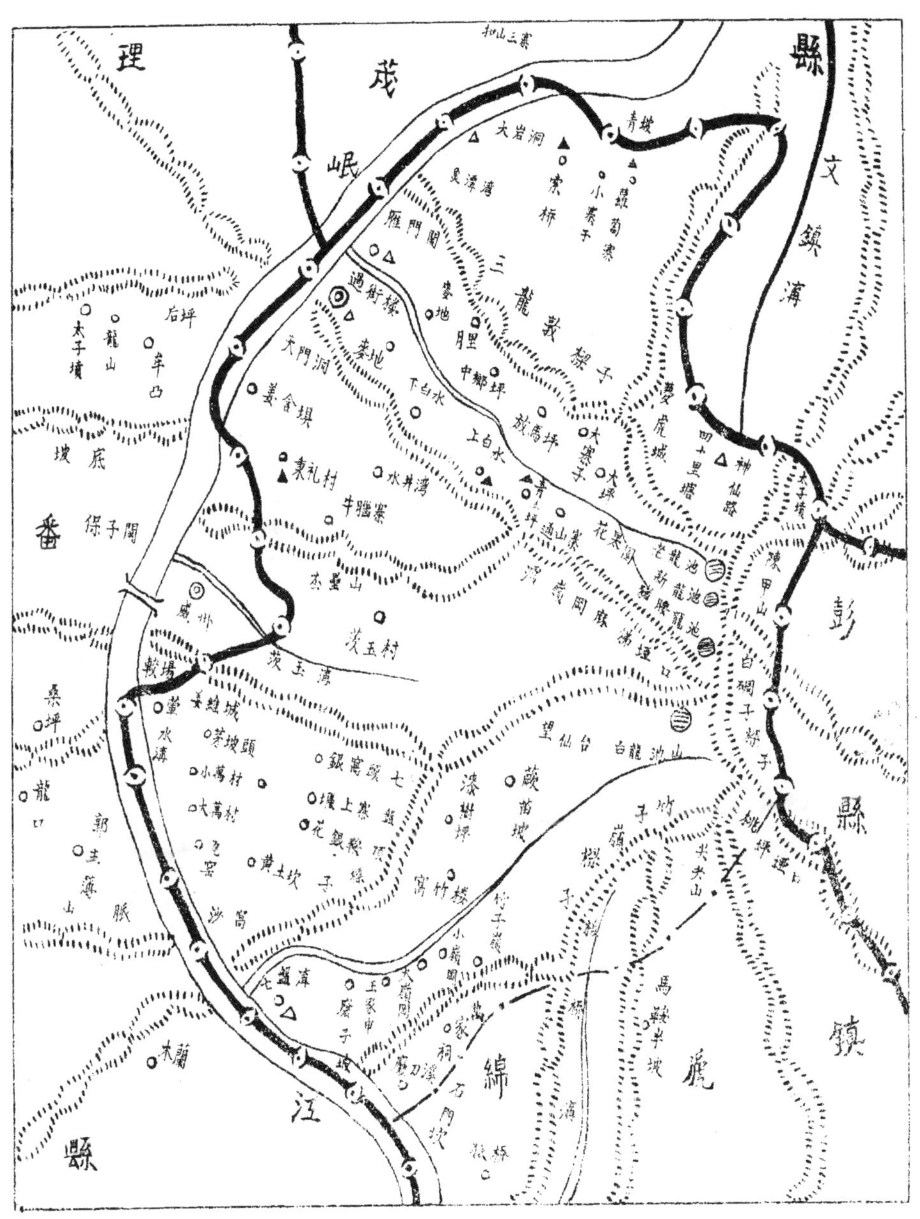

汶川縣雁門鄉全圖 1：80000

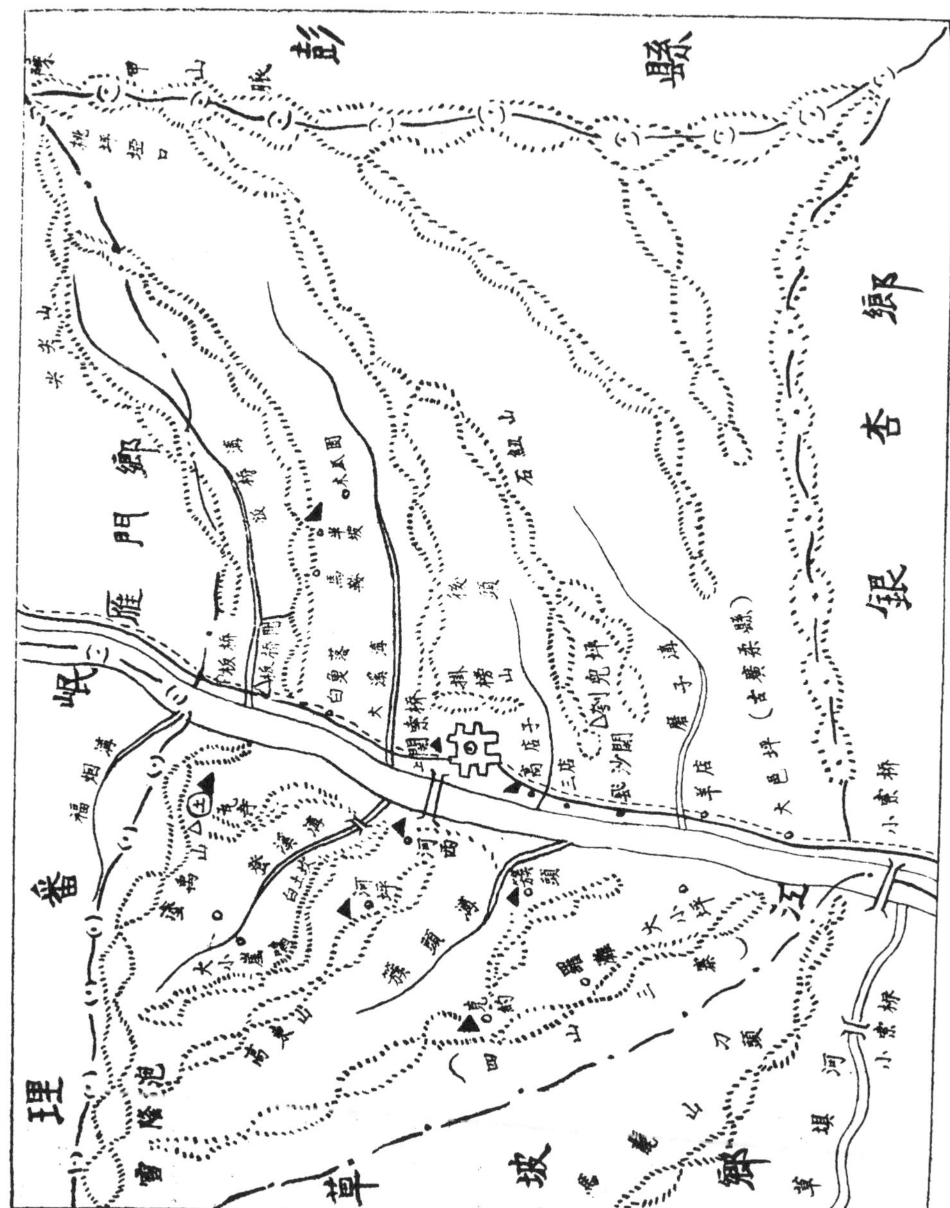

汶川縣綿虒鎮全圖 1:12000

卷　三

赋　税

《约法》载：人民依法律有纳税之义务，《宪草》亦同，盖所以取诸民而足国用也。《旧志·赋役序》云：汶邑无水利，沙田石衬，赋法最轻，地丁不过百余，而一年经费三千余金，皆动支司库，所以然者，守边备而纾民力，招徕柔远之道宜尔也。

时至今日，情势犹同。赋税所入甚微，每岁支出，大部仰给于中央补助。国家之于边地，固亦可谓深仁厚泽矣。然县为法人，举世所知。所谓法人者，在有其执行机关（如县府），有其意思机构（如县参会），有其独立财政。汶邑今后如何始能有其独立财政，是在施政者及邦人士之自勉云。

清顺治十八年，奉文清丈地亩，至雍正七年止。汶川山高岭峻，刀耕火地[①]，不产稻谷，无从清丈。下地估种一石，榷下地五亩，每亩载荞麦一斗，荞麦各半。荞每石征银二钱，麦每石征银四钱。每荞麦一石九升六合六勺二抄一撮三圭五粒四粟。载丁一，丁每丁征银一钱二分。原载税粮三百三石八斗九升四合，原载人丁二百七十一丁七分五厘九毫八丝四忽，共载丁粮□[②]一百二十三两七钱七分九厘三毫八丝八微。遇闰每两加增银六分一厘六丝一忽四微七尘三纤五沙一渺六漠三涯，解司完纳。雍正七年，丁粮合并计算，按亩征银四分九毫四丝二忽七微一纤。

查田地至嘉庆十年止，除籍田四亩九分不征丁粮外，新旧花户孟朝荣等承粮山地，估种七百三石九斗九升四合，下地三十五顷十九亩五分二厘五尘三纤。共征丁粮银一百四十四两零九分八厘一毫三丝九忽九微二尘三纤二沙一渺八漠四，一五火耗银二十一两六钱一分零，遇[③]，新旧承粮花户六百八十三户。

民国初年，田赋与税收状况，已不可详。二十九年以后之田赋征收如左。

二十九年，粮额为一百四十四两二钱四分八厘，流滥一十两三钱[illegible]分一厘四毫九丝，实有一百三十三两九钱二分八厘五毫一丝。承粮花户一千三百八十七户，每两征银二元零一分，共应征二百六十九元二角一分二星[④]。

三十年，粮额一百三十三两九钱三分六厘五毫一丝。承粮花户仍为一千三百八十七

---

① 地：嘉庆《汶志纪略·赋役》写作“种”。

② □：底本此字漶漫，据上下文，疑为“银”。

③ 嘉庆《汶志纪略·赋役》载作“遇闰加增正耗”。此处“遇”后脱。

④ 星：据计量单位和上下文意，当为“厘”。下同。

户。是岁，奉命征收实物，每征购稻谷各六石五斗零五合。共征购各八百七十一石二斗五升七合，计一千七百四十二石五斗一升四合。嗣以本县不产稻谷，折合玉麦一千三百九十四石零一升一合二。

三十一年，原粮额共一千三百三十三两九钱三分六厘五毫一丝。承粮花户一千四百一十二户。每两征谷九石四斗零七合，共应征谷一千二百五十九石九斗四升。是年，以本县天旱奉令折征代金，每石折价一百五十元，加运费一十五元，每两应征代金及运费共一千五百五十二元一角五分五星，计共应折征代金二十万零七千八百九十元零二角二分四星。以清获流滥粮一两三钱零二厘零三丝，实收代金二十万零九千九百一十一元一角七分六星。折合稻谷一千二百七十二石，溢收代金二千零二十元九角五分二星。折溢稻谷一十二石二斗四升八合。

三十二年理番拨来瓦寺土司粮九两九钱五分，合原粮额共一百四十三两八钱八分六厘五毫一丝。承粮花户一千四百三十户。每两应征稻谷九石四斗零七合，共应征谷一千三百五十三石五斗四升，每谷一石折征玉麦八斗，每两折征玉麦七石五斗二升三合六勺，共应征玉麦一千零八十二石八斗三升三合。本岁原照三十年购谷数应借谷八百七十一石二斗五升七合，以本县仍遭旱灾，奉令准免。

民国二十五年以后，各种税收，皆仅有预算数字，实际当有溢收，兹姑表列如下：

年度	税别	数目（元）	合计	备考
二十五年	田赋附加	507.15	3618.91元	
	屠宰附加	240.00		
	特许费	281.00		
	保甲捐	2520.00		
	契税附加	70.80		
二十六年	田赋附加	1521.32	6823.32元	
	屠宰税附加	240.00		
	特许费	204.00		
	保甲捐	4032.00		
	契税附加	826.00		
二十七年	田赋附加	2028.80	9616.00元	
	屠宰税附加	252.00		
	特许费	867.00		
	保甲捐	5544.00		
	契税附加	952.00		

续表

年度	税别	数目（元）	合计	备考
二十八年	田赋附加	2028.80	12010.80 元	
	屠宰税附加	252.00		
	特许费	3124.00		
	保甲捐	5544.0		
	契税附加	1062.00		
二十九年	田赋附加	2028.00	10599.00 元	
	屠宰税附加	1441.00		
	特许费	524.00		
	保甲捐	5544.00		
	契税附加	1062.00		
三十年	屠宰税附加	4968.00	67468.00 元	
	特许费	6100.00		是年田赋奉令改征实物
	保甲捐	55220.00		
	契税附加	1180.00		
三十一年	屠宰税附加	10720.00	40880.00 元	
	特许费	3860.00		
	使用牌照税	800.00		
	行为取缔税	19000.00		
	房捐	500.00		
	契税附加	6000.00		
三十二年	屠宰税附加	51950.00	106090.00 元	
	特许费	3000.00		
	营业牌照税	1500.00		
	宴席娱乐税	19000.00		
	房捐	600.00		
	契税附加	30000.00		

清乾嘉之际，汶邑每岁支出，《旧志》记载颇详。兹为之列表，而录其全文于说明栏，阅者可一览无余，嗜古之士，则可按说明一气读下，俾无遗恨焉。

职别	人数	岁支两	说明
知县	1	795.00	岁支知县一员，俸银四十五两，养廉银七百五十两。
衙役	31	186.00	额设衙役三十一名，内门子二名，皂隶十四名，马快八名，轿伞扇夫七名，每名岁支工食银六两，共银一百八十六两。
仵作	3	12.00	改设仵作一名，岁支工食银六两，又设学仵作二名，每名岁支工食银三两，共银十二两。
民壮	20	160.00	设民壮二十名，每名岁支工食银八两，共银一百六十两。
禁卒 更夫	58	78.00	设禁卒八名，更夫五人，每名支工食银六两，共银七十八两。
捕役	2	12.00	添设捕役二名，每[①]名岁支工食银六两，共银十二两。
仓夫 斗级	1 1	12.00	设仓夫一名，斗级一名，每岁支工食银六两，共银十二[②]两。
铺司兵	54	324.00	又设铺司十八铺，共铺司兵五十四名，每名岁支工食银六两，共银三百二十四两。遇闰每名增加银五钱。
典史	1	111.52 180.00	典史一员，岁支俸银三十一两五钱二分，养廉银八十两。旧于四十一年平定两金，安设桃关县丞一员，五十四年，奉裁，将典史移住桃关，每月加给月费银十五两，岁共支银一百八十两。遇闰增加银十五两。
衙役	6	36.00	额设衙役六名，内门子一名，皂隶四名，马夫一名，每名岁支工食银六两，共银三十六两。
儒学教谕	1	40.00	儒学教谕一员，岁支俸银四十两。
门斗 斋夫	1 1	12.00	额设门斗一名，斋夫一名，每名岁支工食银六两，共银十二两。
春秋祭祀	1	66.00	原编春秋祭祀银三十二两，酌增银二十两，嘉庆七年，酌增文昌宫祭祝银十四两，共银六十六两。
儒学廪生	17	54.40	儒学廪生十七名，每名岁支饩粮银三两二钱。共银五十四两四钱，遇闰每名加增银二钱六分零。
其他			凡俸工、祭典、饩粮等项，除扣留地丁正利、盐、茶、羡截外，不敷银两，按季请领。孤贫口粮，岁无定额，有则详请拨支。其乡饮、迎春、习仪等项，因地方凋残，钱粮不敷，听地方官培养作育。
驿马 马夫	84	243.84	乾隆四十一年，荡平两金，安设桃关、映秀湾两驿，每站设马四匹，马夫二名，每马一匹，日支草干银六分。每马夫一名，日支工食银四分八厘，每季给棚厂槽铡银四钱八分，年例倒马二匹，在于驿站银内，按季请领。
通事、译字 仓夫、斗级	4	24.00	又设通事、译字、仓夫、斗级四名，每名岁支工食银六两，共银二十四两。于屯防银内，按季请领。
卧龙关千总	1	43.20	又卧龙关千总一员，日支盐、菜银八分，口粮四分。

① 每：《中国地方志集成·四川府县志辑》本《民国汶川县志》作“生”。

② 十二：底本讹为“十三”。

职别	人数	岁支两	说明
汛兵 塘兵	10 70	152.00	汛兵名十①，口外十四塘，塘兵共七十名，各日支盐、菜银三分，口粮各一分。
土兵	70	161.00	土兵七十名，每名日支炒面一斤，折银一分，每名日支茶叶八钱，每斤折银七分五厘，每十名月赏羊一支，折银五钱，在于屯防银内请领。
其他			至汉官兵等所需口粮，共八十九分，例系米面兼支，每分日支半米四合一勺五抄，灰面半斤，按年详请，札饬灌县采办，运桃供支。
合计		3703.66	其他两项《旧志》未载，无法计算。

乾嘉以后，直至民国二十四年，岁出概况，已属无案可稽。二十五年至三十二年，兹列表说明如左：

年度	项别			
	经常元	临时元	特殊元	总计元
二十五年	16,421.63			16,421.63
二十六年	25,763.02	678.93		26,441.95
二十七年	14,065.15	148.00		14,213.15
二十八年	48,054.600	812.00		48,886.60
二十九年	91,245.00	4,462.00		95,707.00
三十年	242,951.00	101.4480		344,399.00
三十一年	559,255.00	76,422.0	20.000.0	1,355,677.00
三十二年	1,026,586.00	3,722,376.00		4,748,962.00

说明：

（一）二十七年支出，为七至十二月数字，上年无案可查。

（二）三十二年，以职雇员役食米，请准由崇庆县拨给，由府在当地变价，故临时费特多。

按：吾人详读清代与民国岁入岁出各种统计，可得一概算如下：

（一）清代收入为一百六十五两七钱余，支出为三千七百零三两六角六分。收入约占支出二十二分之一。

（二）民国二十五年，收入（三千六百一十八元九角一分）占支出（一万六千四百二十一元六角三分）九分之二。二十六年，收入（六千八百二十三元三角二分）占支出（二万六千四百四十一元九角五分）十九分之五。二十七年，以支出仅有半年数字，从略。二十八年，收入（一万二千零一十元零八角）占支出（四万八千八百六十六元六角）四分之一。二十九年，收入（一万零五百九十九元）占支出（九万五千七百零七元）九分之一。三十年，收入（税收六万七千四百六十八元，田赋实物八百七十一石二斗。以当时市价每石十元计，可得八千七百一十元零二角，共可得七万六千一百七十八元二角）占支出（三十四万四千三百九十九元）九分之二。三十一年，收入（税收四万零八百八十元，加田赋代金二十万零九千九百一十一元，共二十五万零七百九十一元）占支出（一百三十五万五千六百七十七元）五分之一。三十二年，收入（一十万零六千零九十元，田赋实物一千零八十二石，以市价一千元一石计可得一百零八万二千元，两共一百一十八万八千零九十元）占支出（四百七十四万八十九百六十二元）约四分之一。所以然者，以“有人斯有土，有土斯有财”。近年来之开垦，固较乾嘉时高出若干倍也。有识者当不可河汉斯言欤。

① 名十：应为“十名”。

附：榷法

古称经费，曰盐、曰铁、曰茶、曰矿、曰木。汶邑环山，矿木之利皆有。木厂县不征税，会垣西门外，设税所收焉。矿厂在土司地，久经封禁。尤溪一路俱①产茶，户有茶园。按：蜀省产茶者共三十一处，而商人所行之引，曰腹，曰边。腹引行于通省，汶川所行者边引。茶自尤溪来，县设一关，商一人，稽所出。岁行边引一万五千张有零。票商行照票，亦不下五千有零，所以济边外夷人之乏，而商人多以易牛马入关，市倍如所出之茶，多则茶价低而商困，少则壅关不通而茶户亦困矣。产盐州县三十九处，汶民所②食较少，故所行之引，亦少于他邑云。

盐法：每岁额行盐，陆引一百六十二张，每张配盐四包，每包重一百斤，随带附盐一十五斤。简州配盐至县行销，每张征税银二钱七分二厘四毫，共银四十四两一钱二分八厘八毫，每张征截角银四分八厘，共银七两七钱七分六厘；每张征羡银二钱六分七厘六毫，共银四十三两三钱五分一厘二毫。通共盐额正耗银九十两二钱五分六厘。

茶法：额行边引一千二百八十三张，代销雅安县边引二百二十三张，共边引一千五百零六张。每引配茶一百斤，随带附茶一十四斤，本县采买松潘发卖，每张榷课银一钱二分五厘，共银一百八十八两二钱五分；每张征税银四钱七分二厘，共银七百一十两八钱三分二厘；每张征羡银一钱二分四厘，共银一百八十六两七钱四分八厘；又额行边引一千二百八十三张，每张征截角钱一钱，共银一百二十八两三钱；代销雅安县边引二百二十三张，每张征截角银一钱四分二厘，共银三十一两六钱六分六厘。通共茶额正耗银一千二百四十五两七钱九分二厘，解贮道库。

按：《旧志》列“榷法”为一篇，甚见重视之意，今日盐茶诸务，国家特设机关管理，与县甚少交涉。附录于此，以存《旧志》之全耳。

附：仓储

仓储凡二：曰常平仓，曰社仓，汉宣帝时，耿寿昌请于边郡皆筑仓，谷贱时增价而籴，谷贵时减价而粜，名曰常平仓。常平之名起于此。后汉明帝置常满仓。晋又曰常平仓。后魏虽不名常平，亦各令官司籴贮，俭则出粜。唐置常平署，令掌仓粮管钥出纳粜籴；凡天下仓廪和粜者为常平仓，正租为正仓，别税为义仓。宋、明、清皆有之。旧志载清嘉庆中，本邑常平仓额贮仓斗小麦二千八百三十七石六斗九升三合五勺五抄，荞子一千二百六十石零八斗三升一合。

社仓起自隋代。文帝开皇五年，长孙平秦令诸州百姓及军人劝课，当社共立义仓。收获之日，随其所得劝课出粟及麦，于当社造仓窖贮之，即委社司执帐检校。每年收积，勿使损坏，若时或不热，当社有饥馑者，即以此谷赈给。十六年正月，又诏秦、叠等州社仓，并于当县安置。二月，又诏社仓准上中下三等税：上户不过一石，中户不过七斗，下户不过四斗。《宋史》载：乾道四年，民艰食，朱熹请于府，得常平六百石赈

① 俱：《中国地方志集成·四川府县志辑》本《民国汶川县志》作“具”。

② 所：《中国地方志集成·四川府县志辑》本《民国汶川县志》作“怕”。

贷。夏受粟于仓，冬则加息计米以偿，随年敛散，歉蠲其息之半，大饥即尽蠲之。凡十有四年得息米三千万石，以为社仓。是社仓之制，创于隋而一度盛兴于南宋也。《旧志》载：清嘉庆中，本邑社仓存贮仓斗小麦五石，荞粟二十二石六斗六升二合一勺。

民国以还，有常平与社仓之遗意，当推历年勸募之积谷。二十九年，汶邑尝加以清理，以之赈灾及[①]优待抗战军人家属。其仓库所在地及保管数量，表列如左：

仓库所在地	保管数量（石）	说明
绵虒镇	43,000	（一）以上为二十九年清理数量； （二）三十年及三十一年以汶邑天旱积谷请准未加劝募； （三）历年办理优待抗属全县积谷仅存一百六十余石而已； （四）三十二年奉令劝募二千石，折合玉麦一千六百石，并饬不得以任何理由请免，县府现正办理中。
雁门乡	76,800	
草坡乡	17,016	
龙溪乡	70,556	
映秀乡	129,600	
三江镇	58,320	
卧龙乡	24,000	
合计	408,692	

役　法

《约法》第二十六条云：人民依法律有服兵役及工役之义务。汶邑于此，尚不后人。今分兵役及工役二者，一略述之。

兵役：汶川自民国二十七年十一月起，奉令征兵，各年情形，列表于左：

年度	配额	征送	验收	欠额	备考
二十七年	34	33	23	11	月配额十七名。
二十八年	177	56		121	各月配额不等。
二十九年	170	37		133	一、二月各配八十名，三月一十名，四月以后无。
三十年	180			45	奉令改季征，每季配额四十五名，五至十二月奉令停征。
三十二年	204			148	每月配额一十七名，旋奉令九至十二月，各月减免一十四名，并准缓征，以示体恤。
三十三年	36	19		14	奉令每月配额三名，以年征额计减征十分之一。历年积欠丁额亦予以全数免征。

工役：汶邑工役，其最早者当属修路。自清乾隆五十九年（公元1794年）知县卫[illegible]详定修路章程后，至今一百四十九年，汶民[②]遵[③]行无替，惜其章程早失，无由记

① 及：《中国地方志集成·四川府县志辑》本《民国汶川县志》无。

② 汶民：《中国地方志集成·四川府县志辑》本《民国汶川县志》作“汶邑民”。

③ 遵：《中国地方志集成·四川府县志辑》本《民国汶川县志》作“道”。

载。民国三十一年，政府决心厉行禁政，协禁部队，纷纷开入本区。部队需粮，而本邑运粮之工役起。

按省[①]颁《十六区协禁保安部队军粮运输计划》，汶邑于南北两线，各设粮站二处。北线原设龙溪与彻底关，南线设烧茶坪及邓村。调岷东各乡镇民夫至北线转运，岷西各乡镇则至南线运输。旋以汶邑地广人稀，路线过长，呈准北线二站移至映秀湾与沙坝，灌县至龙溪一段，由灌县民夫担运；南线二站移至卧龙关及三江镇，由灌县至三江一段，由灌县运输。卧龙关至邓村一段，由省府组织运输队担任之。三十二年八月，本区专署复准汶川县政府之请求，将沙坝至威州一段之运输任务，移诸理番。计民夫运粮，汶邑全县皆以山路计，人负米一市石，行山路一里，给运费一元二角。

兹将“运粮期数、数量及时间”列表于左，以见一斑：

	数量		
运粮期数	袋数	石数	时间
第一期	5000	2000	民国三十一年五月起至三十二年一月止
第二期	5000	2000	
第三期	5120	2048	

学　校

学校之设，所以培风俗而养人才也。汶邑自唐代元和中即有以进士显者，追溯其源，则建学或当自唐代始，而考之《旧志》，明嘉靖二年始立学宫。古者立学必立庙，学与庙似二而实一。唐代以后，州县莫不有学，学莫不有先师之庙，此史实，汶邑已不可考，惟有存疑。《旧志》于学宫之后，附记书院。今志仍之，而详于新县制推行后之学校设施。夫学校本仅为教育之一部，社会教育亦应一为述及，而汶邑除县城内设有一体育场及民众教育馆外，社会教育几于无可记载，故暂从略，而仅志学校云。

学　宫

明嘉靖二年，提学副使张邦奇奏立。中为大成殿，左右两庑，前戟门、棂星门，泮池东西为义路礼门。殿后启圣祠，年久损坏，顺治七年，知县张耀祖重建正殿。康熙六年，知县陆洽源始建两庑，后又损坏。乾隆六十年至嘉庆五年，重修正殿、两庑。乡贤、名宦，新建节孝祠一所。嘉庆九年，新建明伦堂，又建学署三间。泮水宫墙，于是备矣。

大成殿。

崇圣祠。

东西两庑。

名宦祠。

① 省：《中国地方志集成·四川府县志辑》本《民国汶川县志》作“汶”。

乡贤祠。

节孝祠。

明伦堂。

康熙二十三年，钦颁御书“万世师表”扁。四十二年，御制训饬士子碑文。四十五年，敕建平定朔漠碑文于殿左。

雍正元年，崇圣祠恭设五代王牌位。四年，钦颁御书“生民未有”扁。八年，敕建平定青海碑文于殿右。

乾隆四年，钦颁御书“与天地参①”扁。乾隆四十一年，敕建平定两金碑文于殿右。

嘉庆五年，钦颁御书“圣集大成”扁。

旧例：汶邑入学八名，廪生二十名，增生二十名，贡例二十四个月。廪生月支饩银二钱六分六厘零，闰月加增。科岁二试，就成都棚与资、绵、松合。嘉庆七年，省保县就理番学。嘉庆元年，奉裁额学二名，廪生三名，增生三名，归秀山县。裁训导一员，补新设太平厅。现额科试，文生六名，岁试六名，武生六名，贡缺照旧，廪生十七名，增生十七名。先是，汶邑生徒最少，而外州县有来寄籍者，岁以为常，后滥甚。嘉庆元年，知县丁葵籀详请议立章程，非土著不得应试，永以为例。于明伦堂建亭立碑纪事，为请立定章程以杜歧冒事：

伏查汶川境内，土瘠民稀，子弟虽有秀良，总因地方苦寒，以致父兄无力教读。今数十年来，附近州县之人，窃视汶邑童试寥寥，心存觊觎，或认汶邑同姓为一宗，或置买些微山场，称为载粮民籍。请嗣后非土著人民，即有分厘微粮，并冒认本籍同姓为宗，其实系居他县，各有本籍可归者，一概不准应试，以杜冒滥歧考。其廪生非本地土居素行端谨者，不准作认保派保。庶学校不致有名无实，边寨寒士，得以鼓舞而兴起矣。蒙学院李批准，饬遵奉行。

以后每逢岁科，该冒籍生童，犹朦混捏控，批县查覆，均蒙历任学宪陈、钱、周批：照前定章程立案。乙丑岁，邑士孟其敏、高从孔等，因汶学试童稀少，且乏斧资，劝邑中士民有力者，共捐银千余金，买本县尤溪山地二段，岁出租银数十金，以为应试童子资助云。买汤奕详②山场一段，上抵山顶与郭姓界，下抵大河心界；左抵杨姓大土③埂横截界；又左抵尤溪文昌宫地界，直下与杨姓界；右抵郄姓，直下与高姓大界④。随载地丁银七分。又买杨芝艳⑤山场一段，左抵郄姓水沟界，右抵河坝石墙；直上岸⑥嘴、茨楸树、灰椿、坟园；墙脚直上，一路扁柏树、灰椿、杨柳椿，直上土埂，抵嘴岩，横截水沟界；下以大河心界；随载地丁银三分。

① 参：《中国地方志集成·四川府县志辑》本《民国汶川县志》讹为“叁”。

② 买汤奕详：底本作“汤买奕详”，今据嘉庆《汶志纪略·学校》乙正。

③ 土：《中国地方志集成·四川府县志辑》本《民国汶川县志》作“上”。

④ 大界：嘉庆《汶志纪略·学校》作“大界为界”。

⑤ 杨芝艳：嘉庆《汶志纪略·学校》作“汤芝艳”。

⑥ 岸：《中国地方志集成·四川府县志辑》本《民国汶川县志》作“岩”。

书　院

书院一所，题曰汶川书院，乾隆二十五年，知县李成桂建。乾隆三十年，知县李天骏迁文昌宫于书院中堂，捐修讲堂三楹，即以宫之东西偏为生徒肄业所。嘉庆十年，于门楼上起奎星楼一座。乾隆十四年，知县王声銮并汶城绅士、瓦寺土司，共捐资在崇宁县置买水田六十三亩零，每岁收租银五十两。嘉庆三年，又加租银三十两，共银八十两，作师生膏火之资。田土坐落崇宁县后村三甲四支，名平乐乡，川主庙侧。共计田六十三亩零，载粮一两零八分二厘[①]。其田东至覃文彬小堰沟为界，南至覃文彬田为界，西至文起凤小堰沟为界，北至邵印田为界。每岁收租，着诚实绅士经营，岁以为常。嘉庆十三年，知县李锡书复捐募五百余金，在灌县金马场置买水田，岁入租米[②]，以供教官额外之需云。

学　校

汶邑僻处山间，素称贫瘠，交通不便，教化犹微。有清末叶及民国初年之学校设置，已不甚详。二十二年既遭叠溪大水，二十四年复罹空前“匪灾”[③]，人民迁徙流离，迄今元气未复。故学校创设，进行极缓。自新县制推行迄民国三十一年，仅得中心小学四所，保国民学校二十五所而已。三十二年，以政府全力推行之故，保校所数，始激增至四十。表列如下：

乡镇别	学校名称	所在地点
绵虒镇	中心学校	县城
龙溪镇	中心学校	龙溪
三江镇	中心学校	三江
雁门乡	中心学校	雁门关

以上中心小学校。

乡镇别	学校名称	所在地点
绵虒镇	第二保校	白鱼落
	第三保校	涂禹山
	第五保校	河坪
	第六保校	簇头
	第七保校	克约

① 载粮一两零八分二厘：《中国地方志集成·四川府县志辑》本《民国汶川县志》作“载量一两零作主分二厘”。

② 岁入租米：《中国地方志集成·四川府县志辑》本《民国汶川县志》作“岁入和租米”。

③ “匪灾”：指红军长征过汶川。原作者站在国民党的错误政治立场上，故有此诬蔑之词。

续表

乡镇别	学校名称	所在地点
银杏乡	第一保校	银杏坪
	第二保校	桃关
	第三保校	兴文坪
雁门乡	第一保校	七盘沟
	第二保校	茨玉沟
	第三保校	青山坪
	第三保分校	通山寨
	第四保校	月里
	第四保分校	麦地
	分校	索桥
	第五保校	萝葡寨
草坡乡	第一保校	草坡
	第二保校	刘家湾
	第三保校	两河口
	第四保校	克葱
	分校	刁头
映秀乡	第一保校	映秀乡
	第二保校	东界脑
	第三保校	坡底
	分校	中滩铺
	第四保校	马家村
	分校	黄家村
	第五保校	白岩
	分校	黄家院
	第六保校	石柱坝
龙溪镇	第二保校	八角庙
	第三保校	茅亭
	分校	楠木园
	第四保校	垛脑坝
	第五保校	张家湾
	第六保校	地母庙
	第七保校	南岳①庙

① 南岳：《中国地方志集成·四川府县志辑》本《民国汶川县志》讹为“南狱”。

<table>
<tr><th>乡镇别</th><th>学校名称</th><th>所在地点</th></tr>
<tr><td>飞龙乡</td><td>第一保校</td><td>卧龙</td></tr>
<tr><td rowspan="2">耿达①乡</td><td>第一保校</td><td>龙潭沟</td></tr>
<tr><td>第三保校</td><td>转经楼</td></tr>
</table>

以上保国民学校。

学　产

汶邑学产，自清乾隆十四年在崇置买水田，及嘉庆十年（乙丑）在本邑龙溪置买山地，嘉庆十三年，在灌县置买水田后，岁有增益。惟代远年湮，档案或失，巧取豪夺之弊，或所难免，有识者至今痛之！民国二十年，省府派员至县，始从事于公学产之厘清，历经艰苦，乃告竣事。清丈后即绘图三册。一呈省府备查，一存县府档卷室，又其一则发交财务委员会（即今经收处）。士绅高世枢及财政科长庞本福，亦与有功焉。兹将图前《叙言》及整理结果，列表并录于左。他日图册档卷，或有亡失，而本志当有保存之者，庶巧取豪夺之辈，终无所施其伎俩欤？

民国三十年四月，若愚奉四川省政府命令，委为整理县市财政督导员，派赴汶川、理番两县工作，规定六个月为完成期间。窃财政为一切庶政之母，万事非财莫举。四川县地方财政，纷如乱丝，民国以来，从未加以爬梳整理，积弊甚深。人民虽重累负担，而行政亦苦难以推行。去岁，蒋委员长兼理我川省主席，洞悉其情，以四川为复兴民族之根据地，时至今日，犹存此种现象，何能支持抗战、奠定建国基础？乃决定首先实施新县制。但新县制之推行，必须有推行新县制之经费，乃克有济，当此抗战期间，国库苦战费之莫措，省库尤复负债累累，均无余力，以资辅助，矧实施新县制之庞大经费耶？是以实施新县制之经费，非各县自给自足不可，因此决定整理县市地方财政以因应此种需要，借以革除积弊，减轻人民负担，俾民困获苏，而行政得以顺利推行，实地造福于地方也。

若愚深体新旨，学疏验浅，谬②膺艰巨，何能负荷？惟有克尽绵薄，努力以赴耳。故莅任之初，日夜思维，慎定整理方针，准以“于民无扰，于公有济，健全基础，革除积弊”等十六字做去。

惟查汶川地居西徼，交通不便，且著名九石一土，地瘠民贫，若不详查地方特殊情形，选定中心工作，尤恐费时耗币，劳而无效，乃集议县绅，手订工作进度表，择定整理公学产为主要任务。查县属公学产，分布于全县及崇、灌两县，整理清丈，跋山过县，交通困难，生活尤高，清丈人员既苦不易寻觅，而经费又复时感不济，欲图整理完善，实非易易。所幸当地政府机关、法团及县中人士，能热心赞助，在职人员，能勤苦不懈，故时仅五月，而能全部完成。此种收获，固非一人之私幸已也。

兹将整理结果，胪列于后：计崇、灌两县，原有学田面积为二百八十八亩四分七厘

① 耿达：《中国地方志集成·四川府县志辑》本《民国汶川县志》作“耿口”。

② 谬：《中国地方志集成·四川府县志辑》本《民国汶川县志》作“廖”。

七毫，清丈后为三百四十四亩零二厘，比较增加五十五亩五分四厘三毫，原收租米二百九十六石二斗四升，整理后为三百六十一石八斗二升五合[①]，比较增加六十五石五斗八升五合。以时值估计，可售洋一万六千三百九十六元二角五分。原有山土未清丈，此次清丈后，面积为二千五百二十五亩六分六厘；原收玉麦二百零三石七升五合，整理后为二百二十五石七斗五升，比较增加二十二石六斗七升五合。原有押金二千二百零七十九元九角二分，整理后押金为三千零三元八角，比较增加七百二十三元八角八分。原有房基未清丈，现清丈面积为一十二亩九分一厘，随田土租佃，故无押金。又清获隐匿公学产一股，受种四斗。实量面积为四亩三分三厘，估计价值洋五千元。年收玉麦二石五斗，合洋三百七十五元。合计清获隐匿得洋五千三百七十五元。综计以上清整公学产，增加收益二万五千八百九十六元三角八分。此清理公学产结果之大概也。

整理边徼县份财政，固不在图增收益，而在于健全基础，革除积弊。今举收入以对，不过使县人明了，现时经济亦合算而已。窃以此次整理公学产之最大收获，厥惟基础巩固，积弊涤除，盖经实地履勘丈量，绘造图册，亩分既定，经界攸正，根图寻田，了如指掌，百世而后，丝毫不误。他人侵占隐匿把持毁损诸弊，从此可以一概免除。他如取销转佃永佃，另定新佃，更换新式佃据，严订保管租米办法，又其次要之收获也。

当此夏日，炎天酷热，同仁冒暑宣勤，孜孜不懈，矻矻终日，虽属职责所在，实亦难能可贵。闻诸当地耆老士[②]绅言，汶属崇灌[③]，所置学田，多为先进热心公益之士捐资兴造，年湮代远，累积而成。盖欲学款有济，学校由兴，文风日倡矣。县属无田，而于他县置之，山高路远，越县踬[④]山，经营管理，煞费苦心。又闻民国十余年间，军阀割据时代，民脂收括几尽，估提及公庙产，县有尚不可保，况他县之客产乎？后经有力县绅，多方庇护，始有今日之残余。所谓创业难，守成亦不易也。今既勘测清丈，置有图册，案存上峰，管理有据，尚望后之司其责者，身体前人之苦心经营，永远坚守无替是幸！

民国三十年八月廿八日，大竹袁通若愚谨识。

---

① 合：《中国地方志集成·四川府县志辑》本《民国汶川县志》作“谷”。
② 士：《中国地方志集成·四川府县志辑》本《民国汶川县志》作“上”。
③ 灌：《中国地方志集成·四川府县志辑》本《民国汶川县志》作“藩”。
④ 踬：《中国地方志集成·四川府县志辑》本《民国汶川县志》作“质”。

汶川县公学产清理后统计表①

乡镇别	产业坐落	类别		面积		比较增减		产量		比较增减		押金		比较增减		备考
		地类	地目	原注面积（市亩）	实量面积	增	减	原注产量（市石）	清理产量（市石）	增	减	原有押金	现有押金	增	减	
崇宁竹瓦乡	汪家墩子	田	水田	5900	7179	1679		8800	10800	2000		84000	84000			学产
崇宁竹瓦乡	李家桥	田	水田	47028	4760	054		6000	7000	1000		6200	6200			学产
灌县聚源乡	刘家桥	田	水田	2647	3350	703		2506	25315	10265		42000	42000			学产
同	韩家碾	田	水田	4524	545	0926		350	400	050		8000	800			学产
同	观音桥	田	水田	67313	7902	11767		5000	5500	500		12000	1200			学产
灌县许家场	笆笆桥河家堰	田	水田	4411	5142	731		4000	5700	1700		700	70000			学产
灌县金马场	凉水井斑鸠林	田	水田	4000	5518	1518		2968	3250	282		280	280			学产
汶川龙溪镇	茶关	土地	山土基地		19085 128			948	1060	112		23302	268	3488		历未清丈
同	楠木园	土地	山地		976			075	075			4990	4990			学产
同	小沟	土地	山地		1288			050	050			220	220			学产
同	王家官山	土	山地		4748			140	140			140	200	60		学产

① 汶川县公学产清理后统计表：《中国地方志集成·四川府县志辑》本《民国汶川县志》作“汶川县公产清理后统计表”。

续表

乡镇别	产业坐落	类别		面积		比较增减		产量		比较增减		押金		比较增减		备考
		地类	地目	原注面积（市亩）	实量面积	增	减	原注产量（市石）	清理产量（市石）	增	减	原有押金	现有押金	增	减	
同	小沟	地	屋基		023											学产
汶川龙溪镇	王家官山	地	层基		025											学产
同	三步口碑亭	土	山土		12356			620	640	020		655	750	95		学产
同	仝①	地	屋基		018											学产
同	兰花岩	土	山土		4547			100	120	020		100	400	300		学产
同	仝	地	屋基		029											学产
同	大坪	土	山土		5620			040	040			200	4000	38		学产
同	龙神岗	土	山土		8086			150	180	020		700	200	400		学产
同	仝	地	屋基		133											学产
同	学山	土	山土		13504			555	870			08531275	430	11725		学产
同	仝	地	屋基		145											学产
同	张家湾	土	山土		19058			350	420	070		18320	20000	1680		学产
同	煤灰洞	土	山土		4849			150	200	010		56	100	44		学产
同	谢家坪	土	山土		1471			265	240			02556	100	44		学产

① 仝：同“同”。

续表

乡镇别	产业坐落	类别		面积		比较增减		产量		比较增减		押金		比较增减		备考
		地类	地目	原注面积（市亩）	实量面积	增	减	原注产量（市石）	清理产量（市石）	增	减	原有押金	现有押金	增	减	
同	煤炭洞	地	屋基		092											学产
同	谢家坪	地	屋基		078											学产
同	卢家坪	土	山土		13766			470	430			044225	450	275		学产
同	同	地	屋基		0718											学产
同	碱坪沟	土	山土		1842			070	070			250	400	150		公产
同	同	地	屋基		025											公产
同	董家坪	山	山土		3867			160	160			575	60	5425		公产
同	同	地	屋基		130											公产
同	吴家坡	土	山土		1590			010	015	005			1000	10		学产
映秀乡	黄家坝	土	山土		4786			250	250	0		103	100	8970		学产
同	同	地	屋基		073											学产
同	狮子岗	土	山土		2572			240	240			109	109			学产
同①	同	地	屋基		126											学产
同	麻池	土	山土		1025			120	120							公产
绵虒镇	大邑坪	土	山土		1446			070	110	040		2000	2000			学产

① 原缺，今补入。

续表

乡镇别	产业坐落	类别		面积		比较增减		产量		比较增减		押金		比较增减		备考
		地类	地目	原注面积（市亩）	实量面积	增	减	原注产量（市石）	清理产量（市石）	增	减	原有押金	现有押金	增	减	
绵虒镇	大邑坪	地	屋基		099											学产
同	羊店	山荒	荒土		3303											学产
同	何坪	土	山土		1080			050	050			050	050			公产
同	马念坪岩鸣	土	山土		1752			400	400			250	250			学产
同	岩吗	荒	荒土		1891											学产
同	木瓜园马鞍山	土	山土		4101			600	660	060						公产
雁门乡	七盘沟沙窝子	土	山土		2281			470	500	030						学产
同	同	地	屋基		048											学产
同	村①	土	山土		2531			260	260	090						学产
同	同	地	屋基		045											学产
同	牛脑寨	土	山土		1524			240	330	090						学产
同	月里	土	山土		587			100	120	020						学产
同	水井湾上白水	土	山土		271			200	280	080						学产

① 此处缺村名。

续表

乡镇别	产业坐落	类别		面积		比较增减		产量		比较增减		押金		比较增减		备考
		地类	地目	原注面积（市亩）	实量面积	增	减	原注产量（市石）	清理产量（市石）	增	减	原有押金	现有押金	增	减	
同	通山寨	土	山土		3056			540	1000	460		125	200	75		学产
合计		田	水田	288477	34402	55543		29624	631825	65585		413100	41500			凡山上土产量系旧石应折合新石
		土	山土		252566			8123	9030	907		227992	300380	72388		
		地	屋基		1291											
		荒	贤土		5194											
总计																米与玉麦新石与旧石不应总计
说明	一、本表图，除水田、山土、房屋、熟荒外，图内荒山林地，均不计列①。 二、本表除崇灌两县学产田租，均照新市石列入外，本县境内，因地方情形特殊，各地人民，均不习用新器量，仍照旧市斗征收租谷，特此注明。 三、原有押金，多系银两钱为单位。此次整理，均按照时价折合，略有增加。一律改为法币。															

① 列：《中国地方志集成·四川府县志辑》本《民国汶川县志》作“划”。

按：余初莅汶时，考核学校，或有教师而无学生，或并教师而亦无之。追询其由，则或曰：教师生活不足，去而之他也。或曰：生活窘苦，家长不愿儿童受学也。莅此一岁[①]，始知其然，而亦不尽然。盖教师生活果属不足，则全县应无教师一人，尚有残存，则知非由不足，实系艰苦耳。余至草坡与三江镇时，即知此二处各有私塾一所，学生约二十人，除轮番供养教师外，各岁送束脩五百元。是教师所得，一岁乃在一万二千元左右。边民向学之殷，一至于此，安见其家长之尽不愿其子弟就学乎？夫教育为国家百年大计，一曝十寒，已觉失策，如或以私心出之，则系国家之罪人矣。一年以还，觉汶邑教育欲有起色，私意以为宜致力于七事：一曰清理校产（三十年清理公学产时，保校校产，未在清理之中），筹集学校基金，以增加教师待遇；二曰培养师资，以自给自足为原则；三曰增加留学贷金及奖学金，以奖掖清寒优秀子弟；四曰增设保校，以容纳地区过闻之学龄儿童[②]；五曰减少学生担负，以励其向学之心（三十二年全县学生教科用书已请准完全免费发给）；六曰充实各校设备，以引起人民兴趣；七曰健全视导组织，以督促并辅导教学。至于行之之道，则不仅经纬万端[③]，非片纸可尽，亦且见仁见智，各有不同，是以不赘。书此数语，一以自励，二亦以之就教于后来者云。

附：捐资置买尤溪山场茶园士庶姓名

陈先达，捐银五十两。

贾德申，捐银五十两。

王式贤，捐银五十两。

吴　昊，捐银五十两。

杨明远，捐银五十两。

孙　茞，捐银五十两。

孟其基，捐银三十二两。

傅廷举，捐银三十两。

汤芝艳，捐银三十两。

王文星，捐银二十四两。

杨正仁，捐银二十四两。

尚廷书，捐银二十四两。

郭清员，捐银二十二两。

董步瀛，捐银二十两。

夏仲广，捐银二十两

董芳榜，捐银二十两。

董　海，捐银二十两。

高文华，捐银二十两。

---

① 莅此一岁：《中国地方志集成·四川府县志辑》本《民国汶川县志》作“非此一岁”。

② 以容纳地区过闻之学龄儿童：《中国地方志集成·四川府县志辑》本《民国汶川县志》作“以容纳地区之学龄儿童”。

③ 则不仅经纬万端：《中国地方志集成·四川府县志辑》本《民国汶川县志》作“则仅公经纬万端”。

汤奕瑞，捐银十六两。
董　治，捐银十六两。
孟大龄，捐银十六两。
张凤仪，捐银十六两。
郭　泮，捐银十六两。
郄廷模，捐银十六两。
阮有兰，捐银十六两。
董　漶，捐银十二两。
蹇时中，捐银十二两。
汤　淇[①]，捐银十二两。
冯　锡，捐银十二两。
冯仁先，捐银十二两。
汤登才，捐银十二两。
汤友仁，捐银十二两。
张宏绅，捐银十二两。
郭登杰[②]，捐银十二两。
罗天培，捐银十二两。
郑文辉，捐银十二两。
蹇文清，捐银十二两。
杨　鲲，捐银十二两。
连宅仁，捐银十二两。
董平昌，捐银十两三钱。
高从义，捐银十两。
高思良，捐银十两。
吴友善，捐银十两。
蛮源昌，捐银十两[③]。
董　泽[④]，捐银十两。
连士镕[⑤]，捐银十两。
郭　海，捐银十两。
吴开元，捐银十两。
高品奇，捐银十两。
高徒柱，捐银十两。
郭　淮，捐银十两。

---

① 汤淇：《中国地方志集成·四川府县志辑》本《民国汶川县志》作“汤其”。
② 郭登杰：《中国地方志集成·四川府县志辑》本《民国汶川县志》作“郭登桀”。
③ 捐银十两：《中国地方志集成·四川府县志辑》本《民国汶川县志》作“捐银十二两”。
④ 董泽：《中国地方志集成·四川府县志辑》本《民国汶川县志》作“蕴泽”。
⑤ 连士镕：《中国地方志集成·四川府县志辑》本《民国汶川县志》作“边士溶”。

杨启柱，捐银十二两五钱。

汤　淮[①]，捐银十两。

董如锡，捐银十两。

高从惠，捐银十两。

冯　钊，捐银十两。

连　銮[②]，捐银十两。

瓦寺宣慰司索诺木荣宗，捐银八十两。

领袖孟其敏、弟其睿，捐银五十两。

领袖高从孔、弟从孟，捐银五十两。

① 汤淮：《中国地方志集成·四川府县志辑》本《民国汶川县志》作“汤准”。

② 连銮：《中国地方志集成·四川府县志辑》本《民国汶川县志》作“连銮声”。

卷　四

交　通

汶川狭险，毂辙难通；岷水怒驰，舟楫罔利。仄径羊肠，多在山腹；俯仰危岩，令人心悸。益以山多碎石，凸出欹垂，谷风飚扬，岩石飞坠，行旅畏焉。然人定胜天，古有明训，果能上下一心，人尽其力，将来化险阻为康庄，亦意中事，是在自勉而已。志交通。

由县城出南门，沿江下行：五里，高店子；二里，三店；三里，飞沙关；五里，羊店；二里，磨子沟；二里，大邑坪；三里，小索桥；五里，沙坝；三里，桃关；七里，佛堂坝；三里，澈底关；六里，罗圈湾；四里，沙坪关；七里，连三村；三里，银杏坪；一里，下银杏坪；三里，娑婆店；三里，一碗水；三里，兴文坪；八里，马王坡；一里，太平驿；一里，东界脑；一里，清水驿；四里，豆耳坪；五里，映秀湾；五里，西瓜脑；四里，乾溪铺；六里，娘子岭；五里，乱石窖；大湾[①]；三里，小湾；五里，尖尖树；二里，龙溪镇；五里，楠木园。三里，茶关；二里，珠脑坝；五里，紫坪铺；交灌县界，俗称大路。计自县城至灌县县城，为一百五十里；至汶灌交界之紫坪铺，一百三十五里。

由县城出北门，沿岷江上行：十里，白鱼落；十里，板桥；五里，磨刀溪；五里，七盘沟；五里，沙窝子；五里，新堡关；三里，姜舍坝；四里，过街楼；三里，雁门关；十里，青坡；交茂县界，为达松潘大道。计自县城至茂县县城，为一百三十里。至汶茂交界之青坡，六十里。

由治南二十二里之索桥，过江西行。直达卧龙关，计程二百七十五里，通称小路。山道崎岖，草树浓密，且须越上下各十五里之天赦（俗称天成）及上下各三十五里之纳娃尔山，故行旅绝少。计：二十二里，索桥；十里，东瓜槽；十五里，两河口；八里，草坡；十五里，麻龙；十五里，树林口；三十里，黄草坪；二十里，转经楼；十里，跟达桥；四十里，纳娃山；三十里，烧汤；二十里，二道桥；三十里，卧龙关；即与灌县入懋功之小西路合。

由治南九十里映秀湾，沿江下行，越白岩之岷江索桥（青白桥）至漩口，计程三十里。复西行，为入懋功、靖化大道。计：九十里，映秀湾；三十里，漩口；三十里，水

① “大湾”前缺里数。

磨沟；三十里，三江口；十二里，草坪；十里，九龙山；二十五里，麻柳坪；十六里，童槽；十八里，烧茶坪；十五里，牛头山顶；二十里，新店子；二十五里，皮条河；二十五里，卧龙关；四十里，糍粑街；二十五里，烧火坪；三十里，邓村；三十里，相爷坪；三十里，巴郎山顶；十五里，万人坟；二十里，松林口；三十里，日隆关；交懋功县界，俗称小西路。计自县城至懋功县城，为七百一十里；至汶懋交界之日隆关，五百六十八里。

由城南映秀湾，越灵秀桥，经中滩堡，沿二河上行至耿达桥，计程一百九十里，亦小路也。计：九十里，映秀湾；十五里，中滩堡；十里，烧火坪；五里，兰花坪；五里，川兴店；五里，木江坪；十里，水界牌；十里，大阴沟；二十里，青岗坪；七里，田竹子；二里，菜园子；十一里，耿达桥；与由县城经草坡之卧龙关之小路合焉。

附：桥梁

索　桥

铁关索桥，旧称太平桥。《旧志》云：太平桥，一曰铃绳桥，在治北关内通瓦寺番地。桥以绳为之，而悬铃其上，其绳以细竹为心，外裹篾索，长四十八丈。索用三股，合为一股，圆一尺五寸。桥宽八尺，左右各四绳，傍用木栏翼之。栏杆之底有横木相扶。底用一十四绳，上铺密板，可渡牛马。东西岸约五十步，平立两柱，柱长六丈，谓之将军柱。柱有架梁，绳绕梁过，使不下坠。东西各建层楼，楼下各立大柱以系绳。岁时修补①。

时过景迁，今已不同往昔。自民国二十二年叠溪大水后，江面加宽，索桥长度已增至六十丈。桥上悬铃，亦早化为乌有矣。

桃关戴家坪索桥一道，为通懋、靖各地隘口。乾隆四十一年，荡平两金，奏请修设，以通往来文报。视太平桥大更，计宽八尺，长六十三丈，岁分春秋二季修补②。今夏大水，桥被冲断，于十一月底修复。

《蜀水经》曰：桃关本名陶关，明初四川都司遣兵修桥梁及关。汶川土人孟道贵，集部落拒阻于此。架索桥横江，为金川要隘。

《寰宇记》曰：梁普通三年，于桃关置纯州，取桃关之路，以绳为桥。按：普通三年，为公元五二二年，则是索桥之起，至今（一九四三年）至少当为一千四百二十一年矣。

灵秀桥，在映秀湾上游半里许。光绪中，乡人吴永章创建，民初毁废。二十四年，联保主任吴自奇复建修之。计宽五尺、长五十余丈。

青白桥，在映秀湾下游白岩。计宽六尺，长六十丈，为通灌县清正乡之要道。

以上岷江索桥，计四道。

---

① 补：《中国地方志集成·四川府县志辑》本《民国汶川县志》作“铺”。

② 补：《中国地方志集成·四川府县志辑》本《民国汶川县志》作“铺”。

跟达索桥，在跟达桥侧。宽五尺，长三十七丈。

两邑桥，又称两益桥，在中滩堡侧，宽五尺余，长四十丈。北端在中滩堡，南端在灌县渔子溪。修建是桥，两处居民，各任其经费之半[①]。故汶民谓此桥为汶川之半道索桥。

以上二河索桥，计一道半。

三江口桥，在三江镇场首西河上游。宽五尺，长十丈。

黑石江桥，在三江镇场尾黑石江下游。宽五尺，长五丈。

以上西河索桥，计二道。

塘房索桥，跨草坝河下游。宽六尺，长三十余丈。民国元年，被水冲坏。民力不足，至今犹未修复。

《蜀水经》曰：绳桥之法，先立两木为柱，架梁于上，以竹为絙，乃密布竹絙于梁，系于两岸，或以大竹篮盛石于上。又以[②]竹绠布于绳，夹岸以木为机，绳缓则转机收之。僧智猛所谓“水崖皓然，百千余仞，飞絙为桥，乘虚而过，窥不见底，仰[③]不见天，寒气惨酷，影战魂栗”是也。又有渡索寻橦之桥，大江水竣如箭，两山之胁系索为桥，中刳木为橦，拴系行人于上，以手自缘索到彼岸，则旁有人为解其系，尤极危险。

《吴船录》曰：绳桥长百二十丈，分为五架。桥之广，十二绳相鳞排连，上布竹笆，攒力大木数十于江沙中，辇石以固其根。每数木作一架，挂桥于半空。大风过之，掀举幡幡然，大略如渔人晒网，染家晻彩帛之状。须舍舆疾步，稍从容则震掉不可行。望者失色。

溜　索

溜索县属境内皆有。其法[④]用净篾丝为绳，来去各一，系有低昂。又采坚木刳削如半边竹筒，长一尺，谓之溜壳。壳上有孔。行人渡者，合于篾绳，用麻绳系人腰，穿溜壳之小孔，缚系尔手而[⑤]飞渡。

木　桥

木桥凡三种：曰偏桥，傍岩架木或板为之；曰架桥，以独木或双木架于沟溪上者；三曰木桥。县境中，当以庆升桥为童[⑥]著。

白果坪上下偏桥，在三江镇境内，宽各三尺，长共九丈六尺。

麻柳坪偏桥，在三江镇境内，宽四尺，长共三十八丈五尺。

---

① 各任其经费之半：《中国地方志集成·四川府县志辑》本《民国汶川县志》作“其经费之半”。

② 以：《中国地方志集成·四川府县志辑》本《民国汶川县志》脱。

③ 仰：《中国地方志集成·四川府县志辑》本《民国汶川县志》作“论”。

④ 其法：《中国地方志集成·四川府县志辑》本《民国汶川县志》脱“法”。

⑤ 而：《中国地方志集成·四川府县志辑》本《民国汶川县志》作“师”。

⑥ 童：据上下文意，“童”或为“最”之误植。

杨梯子偏桥，在三江镇境内，宽五尺，长二丈八尺。

出溪偏桥，在卧龙关境内，宽五尺，长十余丈。

小邓村桥，在卧龙关境内，宽五尺，长二丈。

五板偏桥，在跟达桥境内，宽三尺，长[①]九丈余。

以上偏桥。

龙潭沟桥，在三江镇境内。

乱石窖桥，在三江镇境内。

安家坪桥，在三江镇境内。

董槽上下桥，在三江镇境内。

川兴店桥，在三江镇境内。

龙潭桥，在跟达境内。

水界牌桥，在跟达境内。

大阴沟桥，在跟达境内。

转经楼桥，在牛头山下卧龙关境内，二十五里关[②]，共计三十七道。

七盘沟桥，在雁门乡境内。

雁门沟桥，在雁门乡境内。

以上架桥。

皮条河桥，在卧龙关境内，宽五尺，长五丈，今夏为大水冲毁。

卧龙桥，在卧龙关境内，宽三尺，长三丈。

头道桥，在卧龙关境内，宽六尺，长八丈。

二道桥，在卧龙关境内，宽五尺，长六丈。

三道桥，在卧龙关境内，宽五尺，长七丈余。

撮箕桥，在卧龙关境内，宽六尺，长十丈余。

三圣沟桥，在卧龙关境内，宽四尺，长三十丈。

草坡大桥，在草坡乡，宽三尺，长五丈。

草坝桥，在草坡乡境内，宽三尺，长六丈。

克冲桥，在草坡乡境内。宽三尺，长六丈。

麦地大桥，在雁门沟内十里，宽五尺，长四丈。

寸腰岩桥，在县城南十里，属绵虒镇，宽五尺，长五丈余。

溪沟桥，在河西，距县城五[③]里许。

长寿桥，在映秀湾属之清水驿，原名王父桥，清末毁废。民国二年，乡人高体伦独资修复。

---

① 长：底本作“最”，疑为“長”之误。

② 关：《中国地方志集成·四川府县志辑》本《民国汶川县志》作“间”。

③ 五：《中国地方志集成·四川府县志辑》本《民国汶川县志》作“九”。

永镇桥，在映秀乡岷江西岸。

东升桥，在龙溪，为至白龙池必经之道。建自何时，已不可考。清光绪初士绅尚朋山、郄世乾等募捐重建。民国三年，士绅王聘三[①]、马锡之等募资重修。二十九年，由保长王治平、董焕章、杨亚农等募捐修复。

庆云桥，在珠脑坝，距龙溪十五里，建于何时不详。民国二十八年，保长贾凯臣等募捐督工修复。

庆升桥，在县南一百二十里龙溪沟，每岁夏秋水涨，行人病涉。清康熙末，贡生杨一揆独资捐修，建石桥于其地。一揆，举人开运生，珏子，字仲和，故名之曰仲和桥。乾隆三十八年，为大水所逼，渺无孑遗。嘉庆五年庚申，贡生陈先达复独资建木桥，阅年工竣。先达字庆升，故名曰庆升桥。二十二年，桥毁。生员高世昌、杨启元[②]等募捐培修。道光十四年、光绪三十年复坏，先后经马良鹏、杨正恒及贡生雷云鹤，武生冯中衡、雷云武等募资修复。民国二十四年，大水冲毁，镇绅郭聪生等请款征工，复事修建，至二十五年完成。三十一年，复毁于水。至三十二年三月，镇长刘聘三等乃募捐征工，从事修建。当抢修时，风雨昼夜，迄未休止，分水筑堰，淘泥下椿，固甚，苦我众庶也。至十一月，桥成。

石　桥

光裕桥，在龙溪镇中。清道光十五年乙未，士绅雷光裕独资建修，邑中唯一之石桥也。

附：邮电

县城设有四川省无线电台第七分台，可与成都省府及茂县专署直通消息，防空电线，已敷设至城内，可与灌县通话。

境内有邮寄代办所三处：一在县城，一在龙溪，一在三江镇，设于有清光绪末。迭经县人请求，四川邮务管理局已允改代办所为三等邮局。现正筹备中。

附：驿站

桃关驿，在治南三十里。

映秀驿，在治南九十里。

右二驿，额设马八匹，马夫四名，递送新疆往来文报。照例按日支给草干、夫工银两。

按：旧设寒水驿，即今县治也。太平驿在治南七十里，今废。

按：右[③]列各驿，皆为《旧志》所载，今已全废。附列于此，以存《旧志》之真。

① 王聘三：《中国地方志集成·四川府县志辑》本《民国汶川县志》作“王聘二”。

② 杨启元：《中国地方志集成·四川府县志辑》本《民国汶川县志》作“杨启”。

③ 右：底本讹为“古”，今改。

附：铺递

底塘铺，在县城内。

三店铺，在治南十里。

大邑坪铺，在治南二十里。

桃关铺，在治南三十里。

彻底关铺，在治南四十里。

银杏坪铺，在治南五十里。

兴文坪铺，在治南六十里。

清水驿铺，在治南七十里。

豆耳坪铺，在治南八十里。

映秀湾铺，在治南九十里。

娘子岭铺，在治南一百里。

尤溪铺，在治南一百二十里。

猪脑坝铺，在治南一百四十里。

白鱼落铺，在治北十里。

板桥铺，在治北二十里。

七盘沟铺，在治北三十里。

威州铺，在治北四十里。

过街楼铺，在治北五十里。

右南北二路，共计一十八铺，每铺安设铺司一名，铺兵二名，共铺司兵五十四名，按季照例请领工食银两支给。

按：清儒顾炎武《日知录》云：今日十里一铺，设卒以递公文。铺递之设，便交通而免公文延误也。今者，铺递早废，公文传达，多赖邮寄，文件往返，动需兼旬，耿达、卧龙，且常在月余之上，遂令人不胜今昔之感云。

附：关隘

《旧志》列“关隘”为一篇，而附“桥梁”等于后。其序“关隘”则曰：古称蜀地沃野千里，四合皆山。汶在西山中，倚大江立县。倘自灌县入口，行八百里至松潘[①]，悬岩绝壁，深临大江，中通一道，或高或下，或偏桥，或石栈。在汶川境者，江内一道，抵松潘，江外二谷口：上谷口入杂谷，下谷口入金川。先是置汶山郡，复分置茂州，又分置石泉，又即汶川县立威戎军。李卫公建筹边楼，在威州。李冰设七星桥，即七星关，在威州。旧皆属汶川。历代设关以守，或废或修。今北自青城入县境，设雁门关；南自猪脑坝入县境，设茶关，其中二百里，关堡有废有修，悉志之如左。

其跋“桥梁”则曰：薛氏曰：关塞，所以限华夷也。威茂深入夷腹，有关堡以当其冲，桥梁以通其涉，联络经纬，亦云备矣。而民居番寨之邻，出没崖窦之地，筹边君

① 潘：《中国地方志集成·四川府县志辑》本《民国汶川县志》作“藩”。

子，当知所重矣。

盖古今时势不同，往者重羁縻，重防范，故筹边之谋，关隘为先，桥梁塘汛，皆所以巩固关隘也，爰附记之。今者，五族一家，华夷之见，早已消除，国家治边，遂首重开发与同化，而交通乃成为当务之急。今志之所以举列“交通”为一篇，而附“桥梁”等于其后者，此也。然古人用心，曷可没灭，因更附古关隘塘汛于此，而以跋语志之。

雁门关，距城五十里，即唐之通鹤军也，外有三墩，负山临水，最为险隘，嘉庆五年重修。

雁门堡，明正统十年，黑虎①等番叛，始设。清嘉庆十一年重修。内提督一员住扎，掌堡官一员，军兵六十九名，村堡驻军六十名，番兵三十二名，后废。

定远墩，距城六十里，界内有黄草坪，系黑虎诸番出入要隘。明弘治十三年置，后废。

保安墩，距城五十五里，明正德十二年，黑虎诸番叛，始设。有饮马湾，系生番隘口，清废。

三路口墩，距城五十五里，明正德四年设，黑虎等寨生番要口，清废。

青土坪墩，距城五十五里，明成化十二年置，三姐等生番要隘，清废。

天门石墩，距城四十五里，明正德二年建，界内有天门洞，三姐等寨出入要隘，清废。

七盘关，距城三十五里。

三教湾墩，距城十五里。明正德十四年，曲山诸番入寇，兵备吴公希由设，系曲山、竹打等番要隘，清废。

上关，距城里许，在索桥上，清嘉庆五年春建。

索桥关，治北门外索桥头，距城一里。乾隆二十五年，知县李成桂详设，稽查盐茶影射及汉羌番民之出入。

汶堡，在县河西，距城三里。明正统七年设，界内有苏村，系草坡等寨番蛮出没隘口。内提督官一员住扎，戍官一员，戍兵四十三名，各墩土番兵一百三十七名，清废。

远安堡，在县河西，距城十五里。正德十三年，副使杨公维磨设，界内有板子沟，系曲山、竹打等寨番蛮出入要隘，清废。

下关，距城里许，在城南门下，清嘉庆五年春建。

丫子口墩，距城五里，清嘉庆八年，带管兵备佥事戴公元设。界内有大溪口，系草坡番过河剽掠隘口，旋废。

落潭墩，距城十五里。正德五年设。有碉头村，系草坡蕃蛮出入要隘，清废。

马原堡，距城三十里，在马原山岭，当草坡番蛮出入路口。明隆庆二年，平草坡蛮，议改簇头村，修砌城垣楼橹，增置官府，内设掌堡官一员备守，威州所主军四十名，成都卫戍军六十名，各墩土番兵五十名。清废。

飞沙关，在城南十里，山绝高，中通一线，下临大江。

桃关，在治南三十里戴家坪索桥之下十里。清乾隆四十一年，两金荡平。辟地千余

① 黑虎：《中国地方志集成·四川府县志辑》本《民国汶川县志》作“墨虎”。

里，安设新疆、崇化、抚边、绥靖、庆宁五营。关当中外之交，分驻县丞一员，特设把总一员，兵丁三十名，分防口外五塘。乾隆五十四年，奉裁县丞[①]，将典史移住。

御底关，治南四十里。峭壁千寻，飞涛百丈，为松茂第一要隘。清代设之以盘诘汉羌番民之出入者。

草堂堡，在御底关河西，唐设以御草泉沟口者。清废。

沙坪关，距城四十五里，唐设之以御骏马泉沟口者。清废。

中滩堡，距城一百里，在水田坝河西，唐时于中滩设堡，渔子溪设汛，乾溪设堡，大小河建桥。有警，三汛相应，惟清初乾溪有汛兵，余俱废设。

乾溪堡，距城一百里，古设之以应中滩堡。据娘子岭上，甚见险要，今名乾溪铺。

獠泽关，距城一百五十里，今名鹞子山。当瓦寺与灌县交界处。有设关遗址，为金川小道。

曲尺寨，距城一百三十里，今名寨子坪，属灌县。

慕义墩，在尤溪沟后，与鹿茸、只台等寨相邻。系黑虎、三姐等寨出没隘口。清废。

社坛墩，在龙溪沟后，明弘治十五年设，清废。

茶关，古蚕岩关，治南一百四十里，为县治门户，蜀郡屏藩，江山险绝，凿崖通道。昔设之以盘诘出入者。与青云营相应，清设汛防，把总一员，汛兵四十名。

卧龙关，在口外瓦寺地，距城三百里。两金荡平，安设千总一员，兵丁五十五名，分设瓦寺地，安设九塘。

按，《唐书》：李德裕，字文饶，赞皇人。太和四年，为西川节度使。自南诏入寇，一方残弊。卫公作筹边楼，图画地形，南入南诏，西连吐蕃[②]，选悉边事者，访以山川城邑，道路险平远近，未逾月，若躬尝涉历。又筑柔远城，乃练士卒，葺城堡，积粮储以振饿民，禁鬻女以繁生齿，率南诏所掠百姓归者四千余人，募少壮与土兵，日益精练。吐蕃维州守领悉怛谋请降，德裕以闻，且欲遣生番捣西戎腹心。群臣请如所请，牛僧孺固持不可，诏以城归吐蕃，执悉怛谋与之。其类尽歼[③]，一时惜其失计。旧志载董生敏德云：李德裕克吐蕃于维州路，设五军，汶川地设三军。松茂路设三十六关堡，汶地有四关五堡。于松建七层楼，茂建镇岷楼，维建筹边楼，汶建七盘楼，今其基址俱存。又云：卫公设三军，曰通鹤、柔远、七盘，不知何据。通鹤、柔远，见《唐书》。

薛氏曾曰：汶茂之间旧有乾溪城、柔远城、宋恭城、新山城、通鹤城、龙溪城、望汉城、安远城、挡狗城，共九城。按汶有乾溪堡、保县有挡狗城，柔远城在治北七盘沟，通鹤城在今之雁门。余无考。

按：由雁门关入沟，尽处有地名四十里塘，周围平坦，约四十里，故名。据猎者云：塘中有石硐，旧为懋功城，或称之为梦虎城、孟获城者，至今颓垣犹在，依稀昔日

① 丞：《中国地方志集成·四川府县志辑》本《民国汶川县志》作“编”。

② 蕃：《中国地方志集成·四川府县志辑》本《民国汶川县志》作“番”。

③ 歼：《中国地方志集成·四川府县志辑》本《民国汶川县志》作“残”。

之城址焉。然则旧志所称之宋恭城，或即误传为懋功城，亦未可知。至所谓龙溪城者，或即在今龙溪镇欤。

附：营汛

汶川汛驻防维州，左营把总一员，带兵四十名。

茶关汛驻防维州，左营把总一员，带兵四十名。

桃关汛驻防维州，右营把总一员，带兵五十五名。

卧龙关汛驻防千总一员，带兵五十五名，系由松维各营派拨，官兵坐塘分防，三年更换。

右四汛，额设兵丁，除坐塘外，其余兵丁驻守汛地。

附：塘递、烟墩、哨楼

汶川塘，在县治南关内。

大邑坪塘，距城二十里。

彻底关塘，距城四十里。

兴文坪塘，距城六十里。俱汶川汛拨兵驻守。

茶关塘，距城一百四十里。

尤溪塘，距城一百二十里。

乾溪堡塘，距城一百里。

豆耳坪塘，距城八十里。俱茶关汛拨兵驻守。

板桥塘，在县治北，距城二十里，系新堡关汛拔兵驻守。

雁门关塘，距城五十里，系茂州营南路汛拔兵驻守。

右内地十塘，每塘设兵五名驻守。

桃关戴家坪索桥，在治南三十里出口。

大邑坪塘，距城六十里。

草坡塘，距城九十里。

树林口塘，距城一百二十里。

黄草坪塘，距城一百五十里。

跟达桥塘，距城一百八十里。俱桃关汛拨兵驻守。

纳凹山塘，距城二百一十里。

烧汤塘，距城二百四十里。

二道桥塘，距城二百七十里。

卧龙关塘，距城三百里。

岩洞塘，距城三百三十里。

龙岩塘，距城三百六十里。

邓生塘，距城三百九十里。

向阳坪塘，距城四百二十里。

大石包塘，距城四百五十里。与懋功厅所属沃日土司地交界止，系卧龙关汛拨兵驻守。

右口外十四塘，每塘安设汉兵五名、土兵五名。汉兵系由松维各营派兵，三年递换一次，土兵系饬瓦寺土司分派。

按，营汛驻兵共一百九十名，其中汶川汛拨兵驻守者四塘，计本汛余兵二百名。茶关汛拨兵驻守者四塘，本汛余兵二十名。桃关汛拨兵驻守者五塘一桥，本汛余兵二十五名。卧龙关汛拨兵驻守者九塘，本汛余兵十名。计四汛余兵共七十五名。内地十塘，共计五十名。口外（岷江以西瓦寺地面）一桥十四塘，共计汉兵七十五名、土兵七十名。二十四塘一桥，共计汉兵一百二十五名，土兵七十名。合四汛[①]一桥二十四塘合计之，共计汉兵二百名，土兵七十名，其武力可谓相当雄厚，以之维护交通，控制边邑，自属绰有余裕。今者，全县仅一警察中队与城区警察所，额设警士，不过一百五十余名，而以生活高涨之故，此额设人数，复患不克养足，政府武力，遂常有捉襟见肘之象。筹边者于此，亦当知所警惕欤。

物　产

汶邑物产，素不为人重视。清嘉庆中，李锡书宰是邑，作《汶志纪略》（即旧志），附“物产”于“风土”后，而序之曰：余为邑志，而鸟兽草木之类，不可得而知也。邑人董敏德，家世儒能，又纯遍视盖识，有《物产》一卷，为采其尤雅者载之。是其所重者为“雅”，凡不雅者想均在不采之列，仅尽于《纪略》中“聊备一格”，亦无重观之意，误也。

汶邑素号地瘠民贫，实亦大谬。间常思之，民贫固是，地瘠则非。以物产而[②]论，草坡特产之白熊，著名全世，姑无论矣；板桥一带特产之金钗与石斛，缺乏时，其名贵几与黄金相埒，此则之较少。至龙溪之杉、茅亭之茶，簇头、雁门之胡桃，山中之麝（麝香）、野牛与金线猴，岷西一带之碱，各地出产之蜜蜂与笔管竹，扩而充之，何一非本邑富源？独惜人多忽之耳。此就已有者而言之也，如言开发，则更百端待举，不遑一一列出，略举数端，曰：天赦山之造纸，南华山（卧龙关斑斓支脉）之采金，草坡之畜牧，龙溪、映秀之种茶，雁门、绵虒之种胡桃，耿达一带之种花椒，如皆成功，则本邑即更增十万人口而亦富庶，何尚有贫瘠之苦哉！志物产。

---

① 汛：《中国地方志集成·四川府县志辑》本《民国汶川县志》作“凡”。

② 而：《中国地方志集成·四川府县志辑》本《民国汶川县志》作“面”。

植物类

谷　属

粳稻：即饭谷，产县嘱①茅亭、白岩、马家村、坡底等地。

粟米：俗称小米，似玉蜀黍。花小密集，花穗为圆锥形，穗有芒。实有白色、黄色、赤色数种。春分始生，秋分时熟。

膏粱：一名蜀秫，一名木稷，可酿酒，可佐食。县属岷江下游一带产之。

玉麦：一名芋麦，一名包谷，即玉蜀黍也。一年生草，茎直立，高五六尺。叶状如箭镞而大，脉平行。花单性，雄花生于顶端，雌花生于叶腋。其有黄白红三色，密列成行，以巨包裹之。其端有鲜美色须，成熟时，即呈黑色。全县产量约三万七千二百八十市石，为本县主要食粮。

麦：有大麦、小麦二种。大麦为麰，小麦为麳。叶细长，茎有节。小麦之实大都无芒，大麦之实均有长芒，皆可食，冬季下种，春季收获。

荞麦：俗名荞子，有甜苦二种。甜荞，花红，叶三角形，茎弱而翘然，红白色。苦荞，花白，叶三角形，茎较壮而青色。均可食。年产约二万四千石，为本县次要食粮。

油麦：一名雀麦，雁门一带产之。

蓝麦：一名小青稞，雁门有之，产量颇少。

糜子：黍属之不粘者，即糜黍，或称穄子。

苏麻：有黑白二种，产岷江两岸。

菜子：其脂即清油，渣为油枯，油可供食及燃料之用，枯可肥田饲畜。高山火地多种之。

豆　属

黄豆：有大小二种，平地高原，均产量富。

花豆：即四季豆，较黄豆产量更丰。每年春初，以天官会期开市，供川西平原购销。

白豆：有大小二种，其形扁，与四季豆同。种小者，其形圆，味甚美。产量均微。

大白豆：俗名洋豆，其形长而圆，较白豆大约三倍。

白毛豆：秆谷均俱有白毛，故名。俗称白水豆，一名饭豆。

黑豆：有大小二种，大者名羊眼豆，小者名药豆。

红豆：分红白二种，均呼红豆，因白皮红质故也。

绿豆：有皮绿、穿心绿二种。

青豆：色青，多嫩食。

茶豆：色淡黄似茶，故名。

刀豆：形如刀，故名。

① 嘱：按文意当为“属”。

番豆：即落花生，种植甚少。

胡豆：一名蚕豆，多嫩食。

豌豆：有白麻二种，叶实均可食。

豇豆：其荚双生，缘架有蔓，花有红白，荚有红、白、紫、赤等色。

爬山豆：俗称爬山子。

二季豆：一名豆角。

枲　属

山麻：生山中，色有黑斑，羌土民多种之。

荨麻：野生，性脆。

蔬　属

白菜：名菘，有黄芽白菜、青皮白菜二种。

青菜：有扁茎、细茎二种。性耐寒，临冬不凋，有“春不老”之美称。

菠菜：《唐会要》：太宗时，尼菠[①]罗国献菠稜菜。根赤色青，叶肥厚。

苋菜：有红白二种。

芹菜：《说文》：楚癸也。有青白二种，其味清香。

萝葡：一名芦菔，有红皮、白皮二种，均系地下茎，味甜，其形长而圆。又野生青色一种，形扁圆，贫农掘之以充饥饿[②]。

茄子：一名饭落苏，有牛奶墨茄、壶包等名。

莴笋[③]：《农书》谓之石笋，《清异录》谓之千金菜，《埤雅》谓之天香菜。

葫荽：一名蒝荽。

韭菜：有线韭、马练韭二种，线韭叶细窄，马练韭叶宽厚。味皆清香。

葱：一名孔叶，中空，色青，根茎白。《蜀本草》云：葱凡四种：冬葱，即冻葱，茎叶俱美。汉葱，茎细而味薄。胡葱，叶粗。茖葱，生山谷。

蒜：气臭而辛。嫩为蒜苗，老生蒜苔。其根丛瓣者为瓣蒜，单状者为独蒜。

蘧疏：一名出隧，俗名豆芽，清豆覆之则生。

漫穗：俗名髯子，即苿苋[④]也。一名千穗谷。嫩时叶干可食。实黏性，味香。

海椒：《群芳谱》：番椒也，一名秦椒，有尖而长者，短而圆者，又有圆如弹丸者。惟尖者味最辣，弹丸者味最甜。

地蛐：一名蚕蛐，其形似蚕，故名。

藿香：《南方草木状》：出交趾、九与诸国。今民间种之。

紫苏：《尔雅》：苏，桂荏。邢昺疏：以其味辛似荏，一名桂荏。《本草注》：叶下紫色而气香。

---

① 菠：《中国地方志集成·四川府县志辑》本《民国汶川县志》作“波”。

② 《中国地方志集成·四川府县志辑》本《民国汶川县志》无“饿”字。

③ 笋：《中国地方志集成·四川府县志辑》本《民国汶川县志》作“循”。

④ 苿苋：《中国地方志集成·四川府县志辑》本《民国汶川县志》作“叶苋”。

杉木毛枯：一名香菌，产高山阴湿处，附杉而生，故名。

菌：《说文》：地蕈也。其状如盖，有柄，生阴湿处，种类甚多。

杉木耳：菌类，色黄黑，形如耳，大如盘，质甚肥厚，生杉树枝干间，叶美可食。

莲花白：一名包包白菜。经霜始熟，味最美。

胡萝葡：即红萝葡，味甜，有赤黄二种。

花椒：一名薮，产雁门乡。

紫油菜：即紫菜，味美。

芸苔：《本草》名苔芥，《埤雅》名苔菜，即油菜也。

山蒜：多年生草，叶细长，茎顶生芽如珠，叶与根皆可食。

厚皮菜：一名瓢儿菜，《群芳谱》曰恭莱，《广雅》曰莙荙。

葵：《诗·豳风》曰："七月烹葵。"其子可食，俗名向日葵。

洋芋：即马铃薯[①]，有红白皮二种，可供食酿酒。产量甚丰。

磨芋：一名蒻，一名鬼芋，可磨作腐或粉。

薯蓣：生荒山中，长尺余，形似苕。土人掘之，鬻于市，食能健脾，即山药也。一名山蓣。

蕨苔：嫩时独茎直生，其叶未舒，曲似鸡[②]爪，因名蕨鸡苔[③]。

苦菜：春秋之末，多生麦地中，味苦，熟则清香。

鹿耳韭：似韭而叶浅，产山野，多取以救饥。

灰灰菜：叶微圆，青色，生白灰。味似菠菜。

碎米菜：叶似黄花菜而细，其味淡，仲春之月可采食。

羊角菜：形似羊角，故名。肤嫩而味薄。

观音菜：野蔬。

黄花菜：一名地丁草，其味苦，《月令》：孟夏三月，苦菜秀。即此。

石盖菜：野蔬，高山多产之。

苦马菜：一名鸡啄菜，叶长曲如豆芽，而肥大纯白，味生苦熟甘。

地卷皮：野蔬，牛羊排泄物经雨露日光薰灸即生，形似耳。

石崖菜：产山崖。

黄花：即萱也，龙溪一带产之。

瓜　属

东瓜：一名冬瓜，皮色青，老生白灰。

南瓜：一名胡瓜，形扁，色深黄，老味甘。其皮有皱纹者，曰癞瓜，味较厚，本出南番，故名。今农家多种之。

西瓜：一名稀瓜，皮青，内液质，味甘可食。子黑色，即黑瓜子。

---

① 即马铃薯：《中国地方志集成·四川府县志辑》本《民国汶川县志》作"即为马铃薯"。

② 鸡：《中国地方志集成·四川府县志辑》本《民国汶川县志》作"雉"。

③ 蕨鸡苔：《中国地方志集成·四川府县志辑》本《民国汶川县志》作"蕨苔"。

北瓜：一名金瓜，又名京瓜。形似南瓜而秀。色金红，嫩时刺字皮面，即长成纹，可供玩具。

白瓜：南瓜之别种，形长，色青，白子，与南瓜子同，边有线纹。

苦瓜：北人呼之癞萝卜，以其形凸凹，故名。

丝瓜：一名天罗长者，一名蛇瓜，短者名寸金子。

黄瓜：原名王瓜，《月令》：孟夏之月，王瓜生。老者皮色黄，故名黄瓜。

菜瓜：一名越瓜，色绿有毛。入酱中渍之，味美，俗名酱瓜。

八月瓜：蔓生，色紫黑，形圆长，味甘，野生。

笋瓜：蔓生，形圈长而色白。

木 属

松：《字说》：松，百木之长，犹公，故字从公。干直枝疏，叶锐如针。皮厚生甲者，名铁甲松。皮光润青色者，名青松。枝杆微小，叶如细丝下垂，长数寸者，为马尾松。《礼记》：松柏之有心也，贯四时而不改柯易叶。

柏：《说文》：椈也。《六书精蕴》：柏，荫木也，木皆属阳而柏向阴指西，盖木之有贞德者。干高耸，枝繁，叶细密，皮薄，顺丝有年轮，其叶焚烧，吐清香气，俗呼柏香。干短，叶如针，为刺柏。叶扁者为侧柏。

杉：《说文》作“煔”，《尔雅》作“椻”，枝干与松略同，而叶稍秀，皮细色红。木心含香气者，名香杉。色红而无香气者，为红杉。质白为泡衫。质白而坚为铁杉。干耸直，叶细长，质白细嫩，为麦吊子香杉，红衫产龙溪、映秀等处，多家植。余皆产县属高山，多野生。近年伐木事业盛行，产量日渐减缩。

枏：或作“柟”，俗作“楠”。常绿乔木，高十余丈。叶为长椭圆形，花淡绿，实紫黑。其材坚密芳香，赤者坚，白者脆。产龙溪。

桦：俗呼化皎。干高直，枝叶细小，皮有红白，易脱落，有紫黑斑纹。古以裹弓、干、鞍、镫、刀靶等物。木质细密，今有采作飞机翅材者。产高山，野生。

樟：常绿乔木。初夏开花，有黄白二种。质坚而香，亦名香樟。

槐：干高，枝叶茂盛。花似蝶形，可入药。实为长荚。木质甚坚而脆。平地、半山均产。

杨柳：杨与柳相似，惟柳枝下垂，杨枝上挺，以此相别。但垂者亦曰垂杨，昔人每通言之。有白杨、青杨、赤杨、蒲柳、西湖柳、三春柳数种。春开穗状花，雌雄异株。实成，白絮飞散。

杨槐：高三四丈，颇易繁殖。叶密阴浓，甚饶风景，惟经秋则摇落。实为长荚，熟时子黑黄，可牛长。

白杨：干高直，枝疏叶圆，皮青光润，多生山阴溪涧处。

皂荚：一名皂角，多刺。夏初开花，结实成荚，用以洗衣去垢。

桐：落叶乔木。其花白而叶光滑者，为白桐。花紫而生黏毛者，为紫桐。多植街衢蔽日，经秋叶落。

桐麻：子可制油桐。

桑：叶可饲蚕，实红紫可食。

柘：《说文》：柘，桑属。有甘、苦二种，甜可饲幼蚕。

楮：俗称构树。剥其皮，有白汁，曰构浆，可以涂丹砂。

桼：亦作漆。其汁用以饰物，有大木漆、小木漆之别。

椿：《左传》作“櫄”，《禹贡》作“杶”，《说文》作“櫄”，皆一物也。为落叶乔木。叶嫩时，甘香可食，俗名椿芽。其材坚实，可制器。

插腊[①]：常绿乔木。枝条绵软，折插水边即活。树可放蜡，煎汁和油，可制烛。

山楂：落叶灌木。多刺，春开小白花，实有红黄二色，可食，小者名棠梂子。

银木：质白如银，坚细，惟培植不易。

青㭎：质坚实，有大叶、细叶二种，村人多作柴薪及烧炭之用。

茶：《寰宇记》：茶生益州，凌冬不萎。二三月采而干之，煮饮，令人不睡。龙溪、映秀、兴文产量极富。茅亭茶叶细长而清香，当采入贡，产量不丰。

九江子：本质坚细，伐以锻炭如钢，故名钢炭。产高山，野生。

红豆木：质细密，微红，采以作器，野生。

鹅掌树：生山中，质粗而坚。

石板树：生山中，质坚。

箭杆树：叶大而干直，野生。

五甲皮：落叶灌木，有刺，如实[②]豆而扁。皮芳香，可侵酒。

五倍子：实可为药及染料。

竹　属

斑竹：色青，邑中均产之。

慈竹：亦名子母竹，用制竹器。

筋竹：名拐棍竹，高八九尺，大如巨指。

甜竹：产高山。

苦竹：其笋味苦，谓之谏笋。

百家竹：茎叶似稷[③]，质坚实，园圃多植之。

笔管竹：俗名油竹，肉坚干小，可为笔管。

果　属

胡桃：即核桃，一作羌桃，产量甚富。

石榴：结实下垂，形若赘瘤，故名。

葡萄：紫绿二色。大而圆者名马乳，又名牛娴，夫[④]者名鸡心，圆者名钮子。

苹果：有红皮、麻皮二种，味纯甘。

---

① 插腊：据下文“树可放蜡”，则应为“插蜡”。

② 如实：按文意，或当为“实如”。

③ 稷：《中国地方志集成·四川府县志辑》本《民国汶川县志》作“梭”。

④ 夫：据文意，或当为“长”字之讹。

林檎：即花红，或谓花红树高林檎树[①]，究系二物。秋熟味甘，色鲜红。

枇杷：《群芳谱》：秋萌冬花，春实夏熟，色黄味甘。

羊枣：俗名软枣，大如拇指，初熟味涩，经霜则甘。

木枣：色黄，有红、黄二种。

樱桃：一名荆桃，实如弹丸，生青，熟黄赤。

白果：干高直数丈，叶扁形，肉实可食。

梨子：有雪梨、鹅梨、香水梨等名。

桃：春放花，有红白二色，夏实，味甘。

杏：似桃而小，有甜杏、苦杏二种。

柑：皮黄而皱大者为气柑，小者为药柑。

李：其花、实与桃同时。

无花果：不花而实，故名。

木瓜：味酸而清香，产山野。

花　属

菊花：《礼·月令》作“鞠”。种类至繁。

兰草：紫梗青花为上，青梗青花次之，紫梗紫花又次之，有春兰、秋兰、雪兰诸名，惟素心者最贵。

桂花：常绿亚乔木，有金桂、四季桂之别，产邑南龙溪。

牡丹：古称花王，以其在花中最艳美故也。有红、白、紫数种。

芍药：初夏开花，大而美艳，有赤、白二种，可入药。

海棠：亦名秋海棠，花色红，甚美。

紫荆：落叶灌木。春开紫花，攒聚如球，花罢叶生。

紫薇：树皮滑泽，花红白，瓣多皱。夏始开花，秋季方罢，又名百日红。

梅花：早春开花，有红、白二色。又蜡梅一种，花黄色，至次年春，花落发叶，有实。

玉簪：古名□蓉花，中空而洁白，亦有紫黑者，含蕊如簪头，故名。

芙蓉：落叶灌木，花开于秋，甚艳，有黄、白、红等色。花瓣有粘汁，能解疮毒。

水仙：一名金盏银台。叶细长，花茎生于叶丛间，色白而中黄。别有千叶者，乃真水仙也，甚少。

鸡冠：有红白二种，以其状似鸡冠，故名。

蔷薇：落叶灌木。枝茂多刺，有黄、红、白数种。又有野生者，花较小而香过之。

灯盏：高尺余，形如灯盏，故名。

玫瑰：花红色，双瓣者其香清冽，可以清露浸酒。

凤仙：俗名指甲花，种类至繁，花色各异。

长药：一名年景花，早春开，紫色花为多。

---

① 花红树高林檎树：疑当为“花红树高，林檎树矮”，脱一“矮”字，遂不可读。

龙爪：花多须，似龙爪，故名。

蟾花：花叶似兰，而茂大无香气。

茉莉：茎高三四尺，叶如卵而稍尖。单瓣白花，夏日盛开。以之沁茶，香可耐久。

棋盘：高四五尺，叶如土苋。花色红，单瓣。

蝴蝶：草本，以状名。春日开花，春色斑斓可爱，有红、兰、紫三色。

蓼花：《说文》：辛菜。有水蓼、马蓼、辣蓼等。

映山红：夏日开花鲜红，以状名。

串枝莲：藤生。叶似菠菜，花层复，色白微红，最娇媚。

西番莲：常绿，多年生草。夏开花白，中心之蕊，复成紫色，细瓣甚美丽。

月月红：俗名月月开，茎叶有刺，花红色。

夹竹桃：常绿灌木，夏开红花，根叶似竹而不劲，有毒。

双榴花：较石榴花大而多瓣，惟不结实。

石竹花：茎叶似竹，花紫色。

雪莲花[①]：俗称大木花。生高山寒雪崖石处。花大如盘，系叶片簇合而成，片上生白毛，似棉而软，有雌雄相配成对，可入药。

响壳花：高三四尺。秋开黄、白、紫色花瓣，脆硬，触之有声。因雨而缩，见日而张。

状元花：茎高三四尺。似响壳而大。每茎花有数色。

七里香：野生。花黄白色，其香随风飘展，七里闻之，故名。

喇叭花：野生，以状名。独茎，叶互生，夏开白花。采而干之，可食，味清香，与萱并美。

草　属

烟：叶可制卷烟丝烟，味辛，产量甚微。

兰花烟：叶肥厚，较叶烟尤辣。农间多种之。

萍：《诗》郑笺：藻之言澡也。大别为红藻、褐藻、绿藻三种。

蒿：艾类，有青蒿、白蒿、牡蒿、茵陈等数种。

茅：《说文注》：菅也。有白茅、黄茅、青茅等数种。

芭蕉：高八九尺。茎软，重皮相裹，叶最长大。三年以上着花，色淡黄，簇生于巨苞之腋间。实非热带不熟。一名甘蕉，一名芭苴，又有美人蕉、观音蕉等。

罂粟：越年生草。花大而美丽，实有浆，为制鸦片之原料，流毒至巨，今严令禁种之。

随手香：常绿草本，经冬不凋，触之有清香气。

棉花草：野生。叶柔有纤维，可杂之入饼饵食。

虎耳草：一名石荷，叶形似虎耳，夏开小花。淡黄色，多生石隙中。

荷兰草：其种来自海外，茎赤色，递茁成团，花叶皆细，颇美观。

① 雪莲花：底本讹为“电莲花”，径改。

含羞草：茎高七八寸，触之即闭合，故名。

蛇衔草：《本草》：能治蛇疮。叶似龙牙，俗呼小龙牙，又名紫背龙牙。采之可治疗伤，惜不多见。

水灯心：高五六寸，一茎直上，无枝叶。

土羊藿：高七八寸，叶形如青枫，多刺。结实如钮。

醉马草：高八九寸，叶似兰而窄，无花无实。

指甲蓬：生墙崖瓦缝间，又名马齿苋，高三四寸。花叶最小时，色黄如金。

青苹草：叶长尺许如茅，可饲畜。

药 属

贝母：一名蝱。三月生苗，七月采根。有剪刀夹、树儿子、灯龙花、一匹草四种。惟灯龙花开红花，其余不花。甘寒泻心，大散肺郁。产邑西跟达桥、干娘山等处。

麝香：公麝之脐也，纳虫、蚁、蛇头酿结而成块粒者。香气逼人，其性开经络，通诸窍。

金钗：产崖隙中，茎高二三寸，有节肥壮。夏开花，金黄色，俗名小黄草。治虚弱肺肝诸症。以茎短而肥壮者为佳。

石斛：较金钗细弱，高尺许，茎有节。夏开黄花，俗称大黄草。

熊胆：苦寒凉心，平肝治藏，邑西草坡狩猎者多售之。

厚朴：叶大皮厚，生长不易。产龙溪等地。

大黄：多年生草。味最苦，清热泻痢。

当归：味麻，补血和血。

泡参：即沙参，多年生草。叶有锯齿，秋开紫花。

枸杞：俗名枸地梨。夏开淡紫花，实红可入药。

羌活：甘温散肌，表八风之邪。

牛膝：其茎有节，似牛膝下降。补肝肾，散恶血。

藿香：高三四尺，茎叶青色。去恶气，止呕吐。

陈艾：名冰台，形似蒿。茎白色，高四五尺，背有毛。夏秋开花，叶干后可制艾绒。

柴胡：夏开小黄花。根可入药，发表升阳解郁。

猪苓：土生，色黑形圆。

茴香：一作怀香。茎高五六尺。叶细如丝，夏开小黄花，实大如麦粒，俗称大茴香。

升麻：升阳解毒。

藁本：辛温性烈，能去风寒。

菖蒲：通窍，生于水边，根可入药，一寸九节者佳。

蝉蜕：亦名蝉衣，俗称蝉壳。

贯众：茎叶如凤尾，故亦名凤尾草。其根一本而众枝贯之。

山漆：亦作三七，多年生。又名金不换，开黄褐花，根叶入药。

黄连：野生。茎尺许，春开小白花。实色黄。根可入药，味最苦。

牵牛：蔓生。叶有三尖，夏日开花，浅碧略红。子圆而黑，有毒。入药，俗称黑丑。

牛蒡：越年生草。茎高三四尺。夏初开紫花。实多细刺，味苦寒。

槐花：夏季开淡黄花，可入药。

土茯苓：生松林中，成块，大如拳皮，果肉白，微赤，俗名冷饭团。

土当归：土自生，高五六尺。夏秋开白花。实紫黑。叶与根皆入药。

骨碎补：坚肾行血，治折伤。

山茱萸：落叶小乔木。春开黄花，实赤。味甘酸，入药。

车前草：芣苢也，利小便。

万年青：叶长大无茎，结红实。多年生之常绿草，清热。

地丁草：野生。性能拔毒，一名蒲公英，一名黄花菜。

见肿消：一年生草，茎高尺许。叶多锯齿。生溪水边，解毒。

酸酸草：草药。

马鞭草：茎方，高二三尺。夏秋间开细紫花，茎叶均入药。

蛇头草：草药，可治疮。

蜈蚣草：可治恶疮。

藤　属

青藤：落叶亚乔木。枝干可制手杖。

朱藤：蔓生，茎大而韧。夏开紫花，如贯珠。

绵角藤：细长，叶三角形。

牛筋藤：质坚而韧，多采之以运重物。

金刚藤：质甚坚，人约之以为臂环[①]，久亦光泽。老年臂之，去风。

鸡骨藤：质坚，全身有包，作手杖甚美观。

没娘藤：草本蔓生，每缠树间，根遂烂，即以树皮为根，故名。

动物类

畜　属

牛：反刍类之家畜也，有黄、黑、赤、白、杂数种。本县以黄牛最为多，性极驯，可耕可驮，惟力较犏牛稍逊。

马：能负重致远，乘骑善行。

骡：驴马相交所生，力最大，善驮运。

驴：似骡而小，耳颊特长，其力则逊于骡，能负物。

绵羊：毛皆环卷，可纺织。小羊常剥羔皮以御寒。

---

① 臂环：原作“背环”，据《中国地方志集成·四川府县志辑》本《民国汶川县志》改。

黄羊：毛顺而浅，角直短，项下有须。

山羊：毛顺而长，有黑、黄、白数种，项下有须，与黄羊似。

犬：性灵敏，嗅觉、听觉俱佳，轻猛好斗，用以守夜猎涉。

豕：俗谓之猪，为肉食常品。

猫：面圆齿锐，趾有锐爪，眼瞳随光线之强弱而变，最善捕鼠。

鸡：翼短不能高飞。雄羽美丽，以时而鸣；雌卵能滋养，肉可食。

鸭：古谓鹜，嘴扁平，足短翼小，拙于飞翔，趾有蹼，能浮水。

鹅：似雁而大，色白嘴黄，颈长足短，翼弱不能飞。有白麻二种，善叫，声洪，能避蛇蛙。

鸟 属

鹊：背黑，颈腹白色，尾长六七寸。俗以其鸣声为吉祥，亦称喜鹊。

燕：候鸟，体小翼大，尾长分歧如剪，春来秋去，巢于人家。《诗》谓之玄鸟，《庄子》谓之鷾鸸。

莺：名仓庚，背灰黄，腹灰白。初春始鸣，声音宛转，山中多产之。

鸽：有野鸽、家鸽二种。家鸽可训练作军事之用，野鸽常为农家之害。

鹰：鸷鸟也。眼锐敏，趾劲有力。猎者张罗捕之，以逐禽兔。

乌：《广雅》：纯黑而反哺者为乌，腹下白而不反哺为鸦。其声啼叫多不祥。一种红嘴，其声清脆，生山中。

鹞：似鹰而小，羽灰色，腹白有斑点。

鸱：鸢也，耳有长毛，似角头，昼伏夜出，俗称猫头鹰。

鸮：与枭同，夜出捕鼠类及小鸟。

鹭：水鸟，羽纯白，栖息水边，捕食鱼，一名鹭鹚。

凫：水鸟，状似鸭，能飞翔及入水捕鱼。

布谷：一名鸤鸠，色灰黑，鸣声如呼“割麦插禾”，故名。

斑鸠：头小尾短，翼长善飞，毛灰黑，肉味甘。

鹡鸰：俗名点水雀，似燕而青，灰色。喜食害虫，常住水边，止则动摇其尾，故名点水。

鸧鹒：俗名黄头雀，一名桃虫，善斗。

檐雀：即麻雀，栖檐边，故名。

画眉：黄黑色，其眉如画，巧于作声，俗呼金画眉，多饲养之。一种土画眉，则不善鸣。

黄雀：嘴与足皆带黄，惟雄者背赤，体均小。

金鸡：名雉，脸红，羽多红、绿、黄彩色，尾长尺许，麻色。

马鸡：雌雄无辨，羽多蓝色，爪红尾长，有翎，绕尾四茎。

竹鸡：似鹑而大。尾短，羽褐色，喜居竹林间。

雪鸡：形似金鸡而小，麻色，尾有红绿羽，仅三四寸，产积雪山野，俗名松鸡。

山鸡：雌身麻色，雄身白斑点如星，颈有红羽。爱其羽毛，照水即舞。

啄木：嘴锐直而坚，舌细长，尖端有钩，察木有虫，即穿孔钩出之。毛黑，杂以白斑，头尾有赤羽。有红啄木和青啄木两种。

绶鸟：头似雉，臆前大似斗，吐物长数寸。食必蓄嗉，故名吐绶。

贝母鸡：略大于鹅，毛青白，常啄食贝母，故名。体肥壮，入食滋补。

白头翁：全体灰黑，头白色，冬日群居原野，鸣声喧噪。

朝天雀，一名拜天雀，其飞倏上倏下，故名。

朱衣雀：全身红色，其音云“贵妃醉酒”。

鵧鷉雀：俗名花脸雀，大者名胡敬德。

鸽下红：大如麻雀，全身褐色，惟鸽下红灿可观。

风斗鸡：产山野。

绿头翁：善鸣，遇鹰鹞过时，辄疾飞以警众鸟。

相思鸟：色红，大如麻雀。

凌波鸟：俗呼打渔郎，灰色，嘴二寸，能入水。

偷仓鸟：体小而黑，面微红，群飞食谷，因名。

祝英台：头有翎，尾皆黑色，身白，雌者身黄尾短。

泥丸鸟：较偷仓鸟更小，俗名胡豆雀，棕色，性好斗，栖崖罅。

兽　属

白熊：亦称熊猫。腹胸背均白，头腿杂以黑色，胸部以金黄色者为贵，俗呼“太吉图”。相传人寝其上，可卜吉凶。产草坡乡，为世界上著名之特产。

黑熊：《说文》：似豕。性猛，全身皆黑。肉可食，其掌尤佳，其胆味苦，可治疯症。有后腿立行者，谓之人熊。

猴：猿属，有黄猴、金线猴。黄猴，毛浅，灰黄色。金线猴，毛长七八寸，金黄色，性慧敏，能坐立。县属高山均有之。

虎：似猫，身长五六尺，毛黄而有黑斑条纹，性极凶悍，俗呼山君。大山有之，惟不常见。

豹：似虎而小，毛黄褐色，背有红色圆斑，名金钱豹。尚有红春、艾叶二种，毛纹各异，性均猛，常捕食他兽。

鹿：茶褐色，性善惊。头生肉角。在伏日猎者为最贵，至秋冬则老。惟牡鹿有之。

麋：似鹿而大。牝青黑色，有角。牝褐色，目下有两孔，能夜视。

獐：似鹿而小，一名麕，无角，牝獐之脐酿结者为麝，牡獐者无①。

麂：《说文》：大麕也。狗足，似鹿，毛褐，善跳。革柔韧可拭物。

豺：似犬而瘦小。毛黄褐色，口吻深裂，尾长下重，身有臭气，爪甚锐利，虎豹均避之。

狼：大如犬，身瘦，头锐，尖喙，性残忍，食人畜。

兔：白、黑、黄、褐数种，尾短耳大，前足短，善走，毛可制笔、裘。

---

① 牝獐之脐酿结者为麝，牡獐者无：当为“牡獐之脐酿结者为麝，牝獐则无”。

狐：似犬而瘦小，头尾皆长，穴居山野，不轻出，皮可为裘，有黄、赤、黑三种。

狸：野猫。有猫狸、虎狸、九节狸、香狸、风狸，形态毛色各别。

貉：形似狸，头锐鼻尖，毛斑色，深厚温滑，俗呼兔儿牲。

虎狸：一名地虎，其油能去风湿。俗名土狗。

土猪：一名貒，又名獾豘，状似猪，毛黄褐色，体肥行钝，穴土而居，常为农害。

野猪：嘴长腹大，足高毛粗，黑褐色，齿锋利。居山野，掘食芋麦，农害甚大。

豪猪：亦称箭猪，毛锐似针，长尺许，怒则立如矢，性驯，肉可食。

刺猬：亦称猬鼠，有尖锐刺毛，能攒起如矢，与豪猪异。

野牛：亦名犁牛，兕之别名，身较家牛为大。

崖羊：亦名山羊。《尔雅》：羱善斗。与家畜山羊似，惟多灰褐色。

山驴：亦名崖驴，似驴而歧蹄，羊角。

鼠：毛色褐灰，昼伏夜出，性善盗窃。

鼯：俗呼貂林子，长七八寸。背褐色，尾有长毛，前后两肢间有膜，能飞行树上，又谓之飞鼠。

鼬：一名鼪，俗称黄鼠狼。体长尺余，褐色，善捕鼠，夜出攫鸡鸭吸其血而不食肉。毛可制笔。

鼹：俗名田鼠，一名隐鼠，善积蓄。

鼫：状类兔，尾短眼红，毛有黑、白、褐等色，一名硕鼠或雀鼠。

松鼠：一名栗鼠，毛黑褐色，巢在树穴岩洞间，山中多有之。

蝙蝠：四肢有膜相连，能飞翔空中，捕食蚊类。后肢趾具钩爪，息则钩物自悬。

水族属

鲤：体扁而肥，鳞大，口之前端有触须二对，背苍黑，腹淡黄，长三尺余。产淡水，喜群居。

猫鱼：头似猫，口有齿，甚锐，独刺，肠胃一贯，常捕食鱼类。

麻鱼：长数寸，色苍褐，身有黑斑，故名为猫。鱼之嗜食者。

细鳞鱼：鳞细肉肥，岷江产量最多。

红尾鱼：体苍褐色，尾红，故名。

沙目鱼：长尺余，有足，两栖动物，产白龙池。

石爬鱼：身首皆扁，嘴在额下，附石而居，俗称石爬子。

黄辣鱼：状如石爬色，颌下有刺，俗称黄辣钉。

虾：节足动物，有草虾、龙虾等。

水獭：居水中，捕食鱼类，黄褐色，似犬，俗称水猫子。

虫　属

蛟：俗谓雉与蛇交而生蛟。孵化后，即发大水而去，山中常有之，或山洪暴发所致也。

蛇：爬虫类，体长无足。分有毒、无毒二种，头部形态各异。

蟒：蛇之最大者，有鳞，无毒。

蜗：一名蛞蝓，即蜗牛，软体动物。头有触角，常居草丛树荫间。

螺：软体动物，壳可为器，颇美丽。

蝌蚪：头圆大，尾细，黑色，生浊水中。

蛙：两栖脊椎动物。体扁阔而锐，泥土色。居阴湿处，雄鸣雌否。其幼虫即蝌蚪也。

蛭：亦名水蛭，俗称马蝗。体黄褐色，咀人畜肌肤血液，焚之而生机不尽。

蜂：蜂营社会生活，群聚而居，有雄蜂、雌蜂、职蜂三种。雌蜂最大，每群一只。雄蜂较小。职蜂最多，司筑巢采蜜之务。别有土蜂、牛角蜂、暴骡子蜂等，亦能造巢。

蜡虫：饲蜡虫于蜡树，粘附树枝甚厚，白色，可取用。

蚕：丝虫也，食桑叶，环节蠕动。胸腹及尾，有足六对。孵化后，经三眠始上簇作茧，由茧变蛹，由蛹化蛾产卵。

蜻蜓：头部甚大，腹眼，口器强壮，六足四翼，飞翔能远，捕食蚊蝇。又一种蜻蛉，前翅较短，止息常在一处。

蝴蝶：体小翅大，甚美丽，善飞翔花间。有粉蝶、黄蝶、凤蝶等种。

蚯蚓：软体动物，细而长，能肥土壤。

蜈蚣：节足动物，体二十二节，每节有足一对，第一对生口边，端有小孔，内有毒线，能注射毒液。

螳螂：体长腹大，头为三角形。前肢有棘刺，以捕食虫类。

蟋蟀：亦名促织，黑色，雄者有发声器，能鸣。

灶马：俗称灶鸡，黄褐色，足长，好穴灶侧。

蚱蜢：有黄、绿、灰数种。体长寸许，头三角形，前翅稍能飞翔，后足腿节壮大，能跳跃，为稻麦害虫之一。

蚰蜒：节足动物，俗称蓑衣虫，似蜈蚣，体长八九分，暗黄绿色，有黑斑足十五对，行走极速。

蟪蛄：蝉属。体长七分许，色青紫，翅有黑白纹，甚美丽。夏末，自朝至暮，鸣声不绝。《庄子》：惠蛄不知春秋。“蟪”亦作“惠”。

蝉：虫之善鸣者，头短，口为长吻，雄者胸腹交界处，有发声器具，小皱膜亦有大筋肉接连之，收缩振动以发高声。幼虫在土中，吸树根汁液，蜕皮成蛹，至夏秋间，出而登树，再蜕皮而成蝉。雌者产卵后即死。

蜘蛛：节足动物。尾部抽丝制网，以捕昆虫而食之。

蚁：体分头、胸、腹三部。赤蚁长不及一分，色黄赤。大黑蚁长四五分。山蚁长四分，皆黑色，群聚而居。分女王蚁、雄蚁、职蚁三种。其组织力尤甚于蜂。

蝗：一名蝗虫，以其善飞，亦曰飞蝗。分集田间，食稻立尽，为农家之大害。雌虫秋末产卵，翌春孵为蛹。

蛾：种类甚多，与蝶并称，所异者体肥大，触角细长如丝，翅下面多美色，上面灰白色，止形如水平，不直立。常夜出。

萤：益虫，长三分许，雄体黄头黑，雌无翅，尾端皆有发光器，呼吸时空气传入，生氧[①]化作用，发光美丽。夏间就水草产卵，亦发微光，十余日为成虫。能食害虫，于农家有益。

蝎：木中蠹虫，通名为蝎。

蜥：蜥蜴，爬虫类，长六七寸，头扁有四足，俗名四足蛇。雌褐色，雄青绿色，舌短，常栖石隙捕食细虫。又名石龙。

蜾：蜾蠃，体黑色。雌者尾端有毒针能刺人，常衔泥就树枝墙壁作球形之房，产卵于中，藏蜘蛛、螟蛉等，供幼虫食用。

蝇：室内害虫，搬运污物，传布恶疾，产卵于污物上，孵化为蛆。有苍蝇、青蝇、大麻蝇等。

蚊：污水生孑孓，蜕而为蚊。体灰褐色，喙为细管，中含毒质，人被啮后，肌肤必瘇[②]。有疟媒蚊、豹足蚊等。

蚤：《玉篇》：啮人跳虫也。

虮：《汉书·严安传》：介胄生虮，啮人虫也。亦作“虱”。

草[③]：状如臭虫，栖草木上，遇人过，则附其体，啮人饮血，痛不可忍。

壁钱：蜘蛛类，体扁平，黑褐色，作巢壁上，大如钱，俗称壁蟢。

守宫：俗称壁虎，体扁平，色灰暗，四足，头端平阔，善附他物，行墙壁处，捕食昆虫。

牵牛：体黑色，头有触角，鸣声颇大。

叩头虫：黑褐色，按其体则头振动，故名。若仰卧之，则跃尺许而下坠，故又呼之打卦虫。

蠹虫：体小，被银白色开鳞，蚀衣服、书籍。

草履虫：绒（纤）毛虫之一种，体扁平，长椭圆形，状如草履，故名。

矿物类

金　属

金：产县沙窝子、七盘沟、瓦窑坪及卧龙关、三江口等地。均挖洞细采，色甚黄，称为洞金。沿江一带，取沙淘出者，色淡黄，称为沙金，值稍逊。

银：县属桃关沟，银矿最富。此外如银厂沟、三江口等均产，邑西牛头山为最佳产地。

铜：邑西牛头山为最佳产地。

铁：产兴文坪、雁门沟等处。

硫磺：产跟达桥臭水沟一带。

铅：产萝葡寨。

① 氧：底本讹为“养”，据《中国地方志集成·四川府县志辑》本《民国汶川县志》改。

② 瘇：《中国地方志集成·四川府县志辑》本《民国汶川县志》作“肿”。

③ 草：底本“草”后当脱一字，按文意，或是“草虱”。

锑：产三江口，曾经化炼，质尚佳。

玉：产银杏坪之罗圈湾沟，开掘尚早。

煤：产猪脑坝、上索桥两处。猪脑坝有炭厂多处，成品均运往灌县推销。上索桥产量亦丰，因交通阻碍，中止开掘。

水晶：产县属涂禹山背大雪山。长圭形或六棱，透明如镜。

白石：一称白玉，产七盘沟。质细白而脆，磨制器物，极佳。

成　品

货　属

茶叶：邑南茅亭产茶，味清香，色微绿，叶长而宽。清时入贡，素负盛名。又兴文坪茶亦佳，龙溪、映秀次之，均称细茶。又以老枝叶焙后成方圆形，运往夷地销售，名茶包，即粗茶。

蜂蜜：有岩蜜、家蜜，分黄、白二种。各乡村产量均富。

碱：土内所含一种质料，性滑味咸，用以浣衣去垢。制法：取柴草灰烬，水透之为黄质，再熬即成。年产约两千担。

硝：土内所含一种质料，多为动物之粪尿入土化合而成，渗水透之而熬成者。结晶透明如玻璃，燃之发鲜丽紫色。制火药及玻璃用之。

漆汁：产大山者多而质未纯。半山者较佳，用以涂饰器物。

黄蜡：以蜂巢煎溶之，上浮而凝成者，色黄，谓之黄蜡。

瓢：取桦木制成者，年产约十万张。

油：芸苔子榨成者。簇头油碾较多，兴文坪、映秀湾、龙溪、三江口、跟达桥、草坡产量甚富。

纸：龙溪沟通设厂制造，因故中止。天赦山亦可开办，惟乏人倡举耳。

毛线：剪绵羊毛纺织而成者。出品最多，销行极广。

毪：羊毛织成者。用以缠头裹足，以御风雪渗浸。

麻布：以山麻或火麻织成，甚坚厚，羌民多着之，而不为荆棘葛藟所坏。

木炭：以坚木烧之为杠炭，小木竹草烧者为桴炭，用以取暖。

石灰：取石灰石炼之为灰，用以涂饰墙壁及建筑、粪田之用。产雁门、猪脑坝等地。

瓦：龙西沟、雁门、绵虒均有瓦窑，年产极多。

砖：与瓦同窑，产量次之。

坛罐：岩鸣有窑一所，出品尚佳。

石器：银杏坪出产之玉板，用作几桌，极丽。又杯、匙、碗、碟、瓶、盘、盅、砚等器亦佳。七盘白石，可用作碑板阶凳。

猪鬃：鬃为国际贸易重要货品，汶城及龙溪等地均富。

豹皮：金钱豹为最佳，产绵虒、雁门、草坡、跟达、卧龙等乡镇。

白熊皮：产草坡、跟达两处，详“兽属”类。

熊掌：治弱症。用黄泥密层裹之，入火而去皮毛，再盛釜煮炖，其味极佳。县属山地均产。

牛足：野牛足，大热补品，取骨髓煮汁，味甚鲜美。以前左蹄为佳。又谓击中时，以先跪地足为上品。其效均同。

杉圈：亦名罗圈，销路甚广。

桦皮：即桦木皮，用制草帽，蔽雨。

花板：香樟木制成，产三江口、跟达。

犁洲：龙溪最多，每年天官会为销售之期，跟达次之。

笔管：即笔管竹截成者，年产约百万枝。

荒　地

《旧志·风土序》中有云：语曰：庶而富教。汶地无土，无以聚人，焉能庶？无以生财，焉能富？惟在司牧者生养安全，无惊扰我民焉耳。其心仁，其语挚，而其认识则殊有误。考汶地纵一百九十里，横约为里百四十六里，纵横相乘，至少约八万零七百五十方里，得三千零二十八万一千二百五十亩。谚称汶邑“九石一土”，本已不确，即以十一计之，得土亦当为三百万亩以上，是安得谓为“无土”？夫“生养安全，无惊扰我民”，消极之工作也；开发聚人，以庶，以富，以教，积极之工作也。余来汶一年，尝致力荒地调查，惜无正确统计，以充邑乘。爰多方询问探讨，考之田赋，征之保甲户口，询诸□地父老猎户①，自以为知之较切。今姑为作荒地估计，列表于此，以待校正。明达之士，或尚谅余之粗疏欤？

汶川县各乡镇荒地估计表

乡镇别	种类	面积亩	宜种何物	备考
雁门乡	熟荒	10500	玉麦、小麦、花椒、荞子、大豆	全县荒地以比例计算当以雁门为最多
	生荒	108000	胡桃、青稞	
绵虒乡	熟荒	10000	玉麦、荞子、胡桃	
	生荒	160000		
银杏乡	熟荒	4000	玉麦、大豆、荞子、茶、胡桃	
	生荒	50000		
草坡乡	熟荒	20000	玉麦、荞子、大豆、青稞	二十四年“匪患”逃亡极众，故歉荒多
	生荒	130000		
映秀乡	熟荒	50000	玉麦、荞子、黄豆、茶	
	生荒	180000		

① 猎：《中国地方志集成·四川府县志辑》本《民国汶川县志》作“粮”。

续表

乡镇别	种类	面积亩	宜种何物	备考
龙溪乡	熟荒	1500	玉麦、荞子、黄豆、蔬菜	仅白龙池附近
	生荒	140000	茶杉	即有荒地五六千亩
三江乡	熟荒	90000	玉麦、荞子、白瓜、洋芋、豆	由牛头山脚至草坪数十里仅二三家地，极可惜
	生荒	1100000		
耿达乡	熟荒	20000	玉麦、荞子、豆、花椒	
	生荒	930000		
飞龙乡	熟荒	20000	玉麦、荞子、豆	
	生荒	800000		
合计	熟荒	181000		
	生荒	3598000		

卷　五

祀　典

《传》曰："国家大事，在祀与戎。"祀为我国大事，于此见之。考祀礼虽代有损益，要皆垂为典要，奉行无替。清代汶邑礼典，《旧志》记载甚详，且称："其不在礼典者，各以其地之所宜祀祀之。"民国以还，变乱相循，礼多未订。窃以为迷信之祭祀可废，而国民崇德报功之意究不可少，爰录旧志所载之诸典，略变其编排次第，以为邦人士之参考焉。

清文庙祭祀，春秋二祭，用上丁日。民国以还，时废时举。至十八年四川教厅始拟定先师孔圣诞日典礼办法十七条，呈准省府，通令遵行，

清代文庙礼如左.

正殿神位

至圣先师孔子神位

四　配

复圣颜子：名回，字子渊，鲁人。
宗圣曾子：名参，字子舆，鲁南武城人。
述圣子思子：名伋，孔子之孙，鲤之子。
亚圣孟子：名轲，字子舆，一作子车，邹人。

十二哲

东六位：
先贤闵子：名损，字子骞，鲁人。
先贤冉子：名雍，字仲弓，鲁人。
先贤端木子：名赐，字子贡，卫人。
先贤仲子：名由，字子路，鲁之卞人。
先贤卜子：名商，字子夏，卫人。郑康成云：温国卜商。《索隐》曰：温国即河南温县，属卫。

先贤有子：名若，鲁人。

西六位：

先贤冉子：名耕，字伯牛，鲁人。

先贤宰子：名予，字子我，鲁人。

先贤冉子：名求，字子有，鲁人。

先贤言子：名偃，字子游，吴人。

先贤颛孙子：名师，字子张，陈人。郑康成《目录》：阳城人。阳城，县名，属陈。

先贤朱子：名熹，字元晦，建宁人。其先世皆居婺源，受业李侗，阐扬[①]性道精蕴，学者宗之。生宋高宗建炎四年，康熙五十一年升配。

东庑先贤三十九位

蘧　瑗：字伯玉，卫大夫。旧以非弟子，改祀于其乡，雍正二年复入。

澹台灭明：字子羽，武城人。

原　宪：字子思，《檀弓》作仲宪，宋人。

南宫适：《家语》作南宫韬，《檀弓》作縚，《史记》作南宫适，字子容，一名说，一名敬叔。孟僖子之子，懿子之兄，鲁人。

商　瞿：字子木，鲁人。

漆雕开：《家语》字子若，蔡人。《史记》字子开，习《尚书》，不乐仕，鲁人。

司马耕：字伯牛。《家语》作司马犁耕，与《史记》同。俱字子牛。向魋之弟，宋人。

梁　鳣：《史记》注作鲤，字叔鱼，齐人。

冉　儒：《家语》作冉儒，字子鱼。《史记》作字子鲁，一作曾，鲁人。

伯　虔：《家语》字子楷，《史记》字子析，鲁人。

冉　季：字子产，鲁人。

漆雕徒父：《家语》字子文，一作子有，鲁人。

漆雕哆：《家语》作侈，字子敛，鲁人。

公西赤：字子华，鲁人。

任不齐：字子选，楚人。

公良儒：字子正，贤而有勇。孔子周游，以家车五乘从陈。

公肩定：《家语》字子仲，《史记》作公坚定，字子中，鲁人，一或云晋人。

邬　单：字子家，卫人。徐广曰：一云邬单，钜鹿有邬县，太原有邬县。

罕父黑：《家语》作宰父黑，字索，一字子墨。《史记》：字索，鲁人。

荣　祈：《家语》作祈，字子旗，《史记》：字子祺，鲁人。

左人郢：《家语》作左郢，字子行。《史记》字行，鲁人。

郑　国：《家语》作薛邦。《史记》讹薛为郑，又避汉高祖讳，以邦为国，字子徒，鲁人。

---

① 扬：嘉庆《汶志纪略》作“杨”，据改。

原　亢：《家语》作原桃，字子藉。《史记》作原亢，藉鲁人。

廉　洁：《家语》字曹，《史记》字庸，卫人。

叔仲会：字子期，鲁人。郑康成曰：晋人。

公西舆如：字子上，鲁人。

邽　巽：字子敛。《家语》作邦选，鲁人。

陈　亢：字子禽，鲁人，一作陈人。

琴　张：名牢，字子开，一字子张，卫人。

步叔乘：字子车，齐人。

秦　非：字子之，鲁人。

颜　哙：字子声，鲁人。

颜　何：字冉，鲁人。郑康成曰：晋人。《索隐》曰：《家语》字称旧，以字画相似，黜，雍正二年，复入。

县　亶：字子象，鲁人。旧以县亶与邬亶为一人，故天下学宫止祀邬亶[①]而不及县亶。雍正二年始增入。

乐正克：雍正二年增入。

万　章：雍正二年增入。

周敦颐：字茂叔，道州营道人，著《太极图》，又著《通书》，发明太极之蕴。生宋真宗丁巳。

程　颢：字伯淳，世居山中，与弟颐受业周子，所著有《定性书》。生宋仁宗壬申。

邵　雍：字尧夫，范阳人，徙河南。所著有《皇极经世书》。生宋真宗辛亥。

西庑先贤三十九位

林　放：字子邱，鲁人。旧以非弟子，改祀于其乡。雍正二年复入。

宓不齐：字子贱，为单父宰，身不下堂，鸣琴而理。鲁人。

公冶长：字子长，《家语》作苌，鲁人。《史记》：齐人。范宁云：字子芝。

公皙哀：字季欣，《索隐》云：《家语》作公皙克，齐人。

高　柴：字子羔，《家语》云齐人。郑康成曰齐[②]人。

樊　须：字子迟，郑康成曰齐人。

高　泽：字子秀。《史记》作子季，鲁人。

巫马施：字子期。《家语》：陈人。《史记》：字旗，鲁人。

颜　辛：《史记》作幸，字子柳，鲁人。

曹　恤：字子复，蔡人。

公孙龙：《家语》作宠，字子若，卫人。《史记》：字子石。郑康成曰：楚人。

秦　商：《史记》字子丕。《家语》字丕兹，鲁人。《左传》云：秦董父生子丕，兹事仲尼。郑康成曰：楚人。未知何据。

---

① 邬亶：底本后衍一“但”字，据《中国地方志集成·四川府县志辑》本《民国汶川县志》删。

② 齐：《中国地方志集成·四川府县志辑》本《民国汶川县志》作“卫”。

颜　高：字子骄。《家语》作颜刻，鲁人。

壤驷赤：《家语》作穰，字子丛。《史记》作壤，字子徒，秦人。

石作蜀：字子明。《家语》作石子蜀，成纪人。

公夏首：《家语》作守，字子乘，鲁人。

后　处：《家语》作石处，字里之。《史记》字子里，齐人。

奚容蒧[①]：《家语》作奚蒧，字子阶。《史记》字子哲，卫人。

颜　祖：《家语》作相，字子襄，鲁人。

句井疆：《家语》作勾井疆。《史记》作勾井疆。《阙里志》字子野。《山东志》字子孟，卫人。

秦　祖：字子南。《家语》：卫人。《史记》：秦人。

县　成：《家语》字子横。《史记》字子旗，鲁人。

公祖句兹：《家语》作公祖兹，字子之，鲁人。

燕　伋：《家语》作级，字子思，鲁人。

乐　欬：《家语》作乐欣，字子声，鲁人。

狄　黑：《家语》字晳之。《史记》字晳，卫人。

孔　忠：《家语》作孔弗，字子蔑。孔子兄孟皮之子。

公西箴：字子尚，《史记》作子上，鲁人。

颜之卜：字子叔，鲁人。

施之常：字子恒，鲁人。

申　枨：字子周。《家语》作申续，又讹为续。《史记》作申蒙，又讹为党。鲁人。

左丘明：左史倚相之后，鲁中都人。

秦　冉：字开，蔡人。旧以字画相似，黜。雍正二年复入。

牧　皮：刀牧之后，雍正二年增入。

公都子：雍正二年增入。

公孙丑：齐人，雍正二年增入。

张　载：字子厚，大梁人。所著书有《正蒙》《西铭》，扩前圣所未发。生宋真宗庚申。

程　颐：字正叔，颢弟。张载谓其兄弟得孔孟不传之秘，为诸儒倡，晚年著有《易》及《春秋》传。生宋仁宗癸酉。

东庑先儒二十三位

公羊高：周末齐人，子夏弟子。

伏　胜：字子贱，济南人，秦时为博士，治《尚书》。汉文帝使晁错往受之。

董仲舒：字宽夫，广川人，治《公羊春秋》。西京文章，惟董最醇。生于汉景帝时，武帝时为江都相。

后　苍：字近东，海剡人，从孟卿学《礼记》，说礼数万言。号后曲台。记授戴德。

① 奚容蒧：《中国地方志集成·四川府县志辑》本《民国汶川县志》作“溪容蒧”。

生汉景帝时，武帝时为博士。

杜子春：字时元，河南缑氏人。受业刘歆，授《周官》，能通其解。生汉成哀帝时。

诸葛亮：字孔明，琅琊阳都人。尝戒子云：静以修身，俭以养德，非淡泊无以明志，非宁静无以致远。初相汉昭烈帝，定三分业。继相后主，前后《出师表》，希踪典谟。

王　通：字仲淹，龙门人，教授河汾，诵法孔子。隋文帝时人。

范仲淹：字希文，江南吴县人。初居僧寺，读书断齑画粥。中真宗祥符八年进士，后为宰辅，先忧后乐，以天下为己任。

欧阳修：字永叔，庐陵人。得韩昌黎遗稿，读之忘寝食，遂以文章冠天下。撰《五代史》，法严词约。生宋真宗丁未，仁宗天圣八年进士。

杨　时：字仲立，延平将乐人。潜心圣学，师事程颢，相得甚欢。及归，明道目送之曰：吾道南矣。生宋仁宗癸巳，神宗熙宁九年进士。

罗纵彦：字仲素，延平沙县人，闻杨时得正学，徒步往师之。文公谓龟山倡道东南，游其门者，豫章为首。生宋神宗元丰间。

李　侗：字愿中，剑蒲人。邓迪[①]称其如冰壶秋月，莹彻无瑕。著有《延平问答语录》。生宋哲宗癸巳，罗丛彦门人，文公受业焉。

吕祖谦：字伯恭，金华人。受业程颢，著有《左氏博议》《诸史节要大事记》。晦翁云：推其有，足以尊主庇民；出其余，足以范俗垂世。生宋高宗丁巳，孝宗时进士。

蔡　沈：字仲默，建阳人。文公以《书传》属之著书，《集传》说精而确，后世所宗。生于宋孝宗丁巳，朱子门人。

陈　淳：字安乡，漳州龙溪人。宋宁宗时朱子门人。

魏子翁：字华父，邛州蒲江人。谕事忤时相，筑室白鹤山下，教授生徒，宋宁宗元庆五年进士。

王　柏：字会之，金华人。宋理宗时黄幹门人。

赵　复：字仁甫，德安人。宋末元初，私淑朱子。

许　谦：字益之，金华人，宋末元初。早年肆力于学，贯通群书，教人忠诚谆恳。独不以科举文授人，曰：此养利所由分也。金履祥门人。

吴　澄：崇仁人，勤谨有箴，敬和有铭，著述甚富。元武宗时，授国子监监丞。

胡居仁：字淑心，江西余干人。受业吴与弼。所著有《居业录》《敬齐集》。生明宣宗甲寅。

王守仁：字伯安，新江余姚人。毅然有希圣之志。辟书屋于阳明，默坐研究，提良知二字，为圣学宗旨。生明宣宗丙辰，成化十二年进士。

罗钦顺：字允升，江西泰和人。庄笃刚正，自号整庵。尝曰：立身行己，不能打破义利关头，悠悠何益。著书三篇，曰《困知记》。明弘治六年进士。

---

① 邓迪：《中国地方志集成·四川府县志辑》本《民国汶川县志》作“郑迪”。

西庑先儒二十三位

谷梁赤：字元，周末鲁人。子夏门人。

高堂生：字伯汉，秦季鲁人。汉时为博士，以《礼书》七十篇授萧奋。

孔安国：字子国，孔子十一世孙。有《书传序》一篇，注十三卷。汉武帝时博士，仕至临淮太守。

毛　苌：字长公。赵大夫毛公亨[①]作《诗训诂》以授苌，故曰《毛诗》。汉武帝时为河间献王博士。

郑康成：以字行，北海高密人。师事马融。经传洽熟，称醇儒，教授山中。有书带草。汉桓帝时人。

范　宁：字武子，鄢陵人。东晋武帝时豫章太守。

韩　愈：字退之，河南南阳人。文起八代之衰，天下仰之如泰山北斗。唐德宗贞元八年进士，宏辞科。

胡　瑗：字翼之，扬州人。生宋太宗癸巳。仁宗景祐初为苏湖教授，置经义、治事两斋，为文传经义，教人严条约，子弟无圣愚，俱循循雅饬。

司马光：字君实，陕州夏县人。以圆木为警枕，枕转则起读。自言平生无事不可对人。著有《资治通鉴》。宋仁宗宝元进士。

尹　燉：字彦明，洛阳人。受业程颐，得《易传》，辟三畏斋。宋神宗时人。

胡安国：字康侯，崇安人。强学力行，著有《春秋传》。生宋神宗甲寅，哲宗绍圣四年进士。

张　栻：字敬夫，汉州绵竹人。颖悟夙成，以古圣贤自期，作《希颜录》。生宋高宗己卯。以荫补官。

陆九渊：字子静，抚州金溪人。其学重尊德性，与朱子反复辩难，时有异同。至讲君子小人义利之喻，朱子亦深服之。生宋高宗己未，孝宗乾道八年进士。

黄　幹：字直卿，闵县人。晦庵谓：志坚思苦，与之处甚有益。宋宁宗时朱子门人。

真德秀：字景元，一字希元，浦城人。传濂洛考亭之学，以斯文自任，日讲《大学衍义》。宋宁宗庆元五年进士。

何　基：字子恭，金华人。纯固笃实。学本朱子而随事发明新意。宋理宗时王柏门人。

陈　澔：字可大，号云住。著《礼记集说》。宋末都昌人。

金履祥：字吉夫，金华人。宋末元初，讲贯精详，践履笃实。著有《通鉴前编》及诸经、《学》《庸》《论》《孟》等书，各有注疏。私淑朱子。

许　衡：字仲平，河内人。尊信朱子。行己似秋霜烈日，化人如甘雨和风。生宋宁宗己巳，元世祖时国子祭酒。

薛　瑄：字德温，山西河津人。年十二能赋诗，既壮，读周、程、朱、张书，遂专

① 亨：底本讹为“享”，径改。

心性理之学。所著有《读书录》。生明太祖乙巳，永乐十九年进士。

陈献章：字公甫，广东新会人。闻江西吴与弼讲学临州，遂弃其学而学焉。其教人不立语言文字，以主静为先。生明宣宗戊申，正统十二年进士。

蔡　清：字介夫，福建晋江人。其学以六经为正宗，四书为嫡传，宋四儒为真脉。明成化二十年进士。

陆龙其：字稼书，浙江平湖人。著有《四子大全》《困勉录》[①] 等书。清康熙庚戌进士。

崇圣祠神位

肇圣王木金父公位，正中南向。

裕圣王祈父公位，东一室南向。

诒圣王防叔公位，西一室南向。

昌圣王伯夏公位，东二室南向。

启圣王[②]叔梁公位，西二室南向。

配　位

颜氏：名无繇，字路。《家语》作颜繇，字路。复圣父。

曾氏：名点，字皙。《家语》字子哲，《史记》作曾蒧。宗圣父。

孔氏：名鲤，字伯鱼。述圣父。

孟氏：名激，字公宜。亚圣父。

东　庑：

周辅成：字伯大，周子之父。

程　珦：字伯温，程子之父。

蔡元定：字季通，蔡沈之父。

西　庑：

张　迪：字文海[③]，张子之父。

朱　松：字乔年，朱子之父。

大成殿祭品

帛一（白色）、牛一、羊一、豕 、登 、铏一、簠一、簋一、笾十、豆十、酒樽一、白磁爵三。

四配祭品

每案帛一、羊一、豕一、铏一、簠二、簋二、笾八、豆八、酒樽一、白磁爵三。

---

① 《困勉录》：底本讹为“《困勉录》”，今据《中国地方志集成·四川府县志辑》本《民国改川县志》改。

② 启圣王：底本讹为“王圣启”，今乙正。

③ 文海：底本此二字漫漶，今据《中国地方志集成·四川府县志辑》本《民国汶川县志》补。

东西哲祭品

五案，朱子一位一案，案照乾隆十八年颁行。每案帛一、羊一、豕一、铏一、簠一、簋一、笾四、豆四、酒樽一、白磁爵一。

东西庑祭品

先贤东西各二案，先儒东西各二案。每案帛一、羊一、豕一、簠一、簋一、笾四、豆四、酒樽一、铜爵三。

崇圣祠祭品

每案帛一、羊一、豕一、铏一、簠二、簋二、笾八、豆八、酒樽一、白磁爵三。

配位祭品

每案帛一、羊一、簠一、簋一、笾四、豆四、铜爵二。

东西庑祭品

每案东西各少牢。

春秋二祭仪注

每岁二、八月上丁日致祭。先期，知县率领陪祭各官齐赴文庙阶下，行一跪三叩头礼。教官涤器、视牲、献毛血。至期，黎明，各官衣朝衣，齐集行礼。分献、陪祭各入两旁门序立。赞引承祭官至盥洗所，盥手毕，引至阶下立。（通唱）乐舞生就位，执事官各司其事，分献官、陪祭官各就位。（引唱）就位。（引承祭官就拜位立，分献官随后立。）（通唱）迎神。（又唱）举迎神乐，奏《咸平》之章。乐作。（引唱）跪、叩、兴。（承祭官、分献官俱行三跪九叩头礼。）兴，乐止。（通唱）奠帛，行初献礼。（又唱）举初献乐，奏《宁平》之章。乐作。（引唱）诣酒樽所，司樽者举幂酌酒。（导承祭官由东阶上进殿左门。）诣至圣先师孔子神位前，跪、叩、兴。（承祭官行一跪三叩头礼。）兴。（引唱）奠帛。（司帛者捧帛跪、进，承祭官接帛，拱举立献。）（引唱）献爵。（司爵者捧爵跪进，承祭官接爵，拱举立献。）唱：读祝文，诣读祝位。（读祝官至祝案前，一跪三叩头，捧祝板立于案左。）乐止。（引唱）跪。众官皆跪。（引唱）读祝文。（读毕，捧祝文至正位前案上，跪，安帛匣内，三叩头，退。）乐作。（引唱）叩，兴。（承祭官及各官行三叩头礼毕。）兴。（引唱）诣复圣颜子神位前。（承祭官就案前立。）（引唱）跪、叩、兴。（行一跪三叩头礼。）兴。（引唱）奠帛，献爵。（如前仪。又一叩头礼，兴。）（引唱）诣宗圣曾子神位前。（如前仪。）诣述圣子思子神位前。（如前仪。）诣亚圣孟子神位前。（如前仪。）（通唱）行分献礼。（其十二哲两庑分献官俱照前仪行。）（引唱）复位。（承祭官、分献官皆复拜位立。）乐止。（通唱）行亚献礼。举亚献乐，奏《安平》之章。乐作。（如初献仪，毕。）乐止。（通唱）行三献礼。举三献乐，奏《景平》之章。乐作。（如亚献仪，毕。）（引唱）复位。（承祭官、分献官各复位立。）乐止。（通唱）行饮福受胙礼。（引唱）诣饮福受胙位。（承祭官至位。）（引唱）跪，饮福酒。

（承祭官受爵，拱举授，接爵。）受福胙。（承祭官受胙，拱举，授接胙，毕。）（引唱）三叩头，兴，复位。（承祭官复位立，行谢福礼。）（通唱）跪。（承祭官及分献官、陪礼官俱行三跪九叩头礼。）兴。（通唱）撤馔。举撤馔乐，奏《咸平》之章。乐作。（撤讫。）乐止。（通唱）送神，举送神乐，奏《咸平》之章。乐作。（引唱）跪。（承祭官及分献官、陪祭官俱行三跪九叩头礼。）兴，乐止。（通唱）捧祝、帛、馔，各诣燎位。（捧祝官、捧帛官至位前，一跪三叩头，捧起祝文在前，帛次之。捧馔官不叩头，捧起在后，俱至燎所。承祭官退至西旁立，候祝、帛、馔过，仍复位立。）（通唱）望燎，举望燎乐。（与送神同。）乐作。（引唱）诣望燎位。（承祭官至望燎位立。）（引唱）焚祝帛。（祝帛焚讫。）乐止。（通唱）礼毕，退。

乐器：麾、金钟、玉磬、鼓、搏拊、柷、敔、琴、瑟、排箫、笙、箫、笛、埙、篪。

乐章：乾隆八年奉部颁发。

春季：夹钟为宫倍，应钟起调。

迎　神（咸平）

大哉孔子，先觉先知。与天地参，万世之师。
祥徵麟绂，韵答金丝。日月既揭，乾坤清夷。

初　献（宁平）

予怀明德，玉振金声。生民未有，展也大成。
俎豆千古，春秋上丁。清酒既载，其香始升。

亚　献（安平）

式礼莫愆，升堂再献。响协鼗镛，诚孚罍甗。
肃肃雍雍，誉髦斯彦，礼陶乐淑，相观而善。

终　献（景平）

自古在昔，先民有作。皮弁祭菜，于论思乐。
惟天牖民，惟圣时若。彝伦攸叙，至今木铎。

撤　馔（咸平）

先师有言，祭则受福。四海黉宫，畴敢不肃。
礼成告撤，毋疏毋渎。乐所有生，中原有菽。

送　神（咸平）

凫绎峨峨，洙泗洋洋。景行行止，流泽无疆。
聿昭祀事，祀事孔明。化我蒸民，高我胶痒。

秋季[1]：南宫为宫，仲宫起调[2]。（词同）

舞器：节、羽、籥。

乐舞生：九十一名。

礼生：三十八名。

纠仪官：一员。

祭　文

乾隆九年部颁（祭先师文）

维先师德隆千圣，道冠百王。揭日月以常行，自生民所未有。属文教昌明之会，正礼和乐节之时。辟雍钟鼓，咸恪荐于馨香；泮水胶庠，益致严于笾豆。兹当仲春秋，祗率彝章，肃展微忱，聿将祀典，以复圣颜子、宗圣曾子、述圣子思子、亚圣孟子配飨。

祭五王文（部颁行，三跪九叩头礼）

维王奕叶钟祥，光开圣绪。盛德之后，积久弥昌。凡声教所覃敷，率循源而溯本。宜肃明禋之典，用申守土之忱。兹届仲春秋，聿修祀事，以先贤颜氏、曾氏、孔氏、孟孙氏配飨。

至名宦、乡贤、节奏诸祠、即在学宫之内，其祀典，亦有规定。

祭贤良文（部颁行，二跪六叩头礼）

维灵文武宪邦，公忠体国。当皇朝之肇造，心齐攸同；值列圣之丕承，股肱作辅。明良合德，奋庸而庶绩咸熙；中外宣猷，敷泽而兆民永赖。洵属廊庙之硕望，允宜俎豆以明禋。考绩纪勋，崇报昭垂于令典；陈牲奠币，馨香祇荐于岁时。尚飨。

祭忠义孝弟文（部颁行，二跪六叩头礼）

维灵禀赋贞纯，躬行笃实。忠诚奋发，贯金石而不渝；义闻宣昭，表乡闾而共式。祇事懋彝伦之大，性执莪蒿；克恭念天显之亲，情殷棣萼。楷模咸推夫懿德，纶恩特阐夫幽光。祠宇维隆，岁时式祀。用陈尊簋，来格几筵。

祭节孝文　部颁行，二跪六叩头礼

维灵纯心皎洁，令德柔嘉。矢志完贞，全闺中之亮节；竭诚致敬，彰閫内之芳型。茹冰蘖而弥坚，清操自励；奉盘匜而匪懈，笃孝传徽。丝纶特沛乎殊恩，祠宇昭垂于令典。祇修岁祀，式荐尊醪。尚飨。

上列祀孔规定，直至清末，鲜有变更。民国初建，亦沿例致祭，惟改礼服为现行礼

[1] 秋季：底本作“春秋季”，据上下文，“春”当为衍文。

[2] 南宫为宫，仲宫起调：嘉庆《汶志纪略》作“南吕为宫，仲吕起调”。

服，祝文改撰，礼节为脱帽鞠躬而已。至十七年，大学院院长蔡元培以孔子忠君尊王之旨，不合三民主义与现代人民思想自由之原则，明令废其祀典。十八年，经内政、教育两部议定，改废历八月二十七日孔子诞日为国历八月二十七日为孔子纪念日，大成殿改孔子庙，移两庑之先贤、先儒以祀之。其名宦、乡贤各祠均撤废。嗣因仪式并无规定，无所遵循，四川教厅始于同年召集成、华两县知事及省县文庙首事等，拟定先师孔圣诞日典礼办法十七条，呈准省府，通令遵行。共十七条如左：

一、时间定为阳历八月二十七日午前十钟。

二、悬党、国旗。

三、供张取隆重及鲜花果品，并供笾豆、簠簋暨旧有礼乐器，一律陈设。

四、奏乐用风琴并用军乐。

五、制孔诞纪念歌，唱国歌。

六、编孔诞纪念祝词。

七、礼服一律着马褂长衫、冠博士帽。

八、行三鞠躬礼。

九、省文庙主席以省主席任之，县文庙以县政府县长为主席。

十、由主席先期指定人员设筹备处，省文庙筹备处由两县组织之。

十一、参与典礼人员，由筹备处先期知会政学界及绅耆并机关法团。

十二、演述孔子言行事迹，由主席柬请硕学一人至三人任之。

十三、行礼之日，准许男女民众参观，但不得紊乱秩序。

十四、孔庙行礼所在地，由政府令饬各街民众，一律悬挂党国旗，以志庆祝。至礼场秩序，省文庙由政府令军警酌派部队，县文庙由县长酌派团练维持之。

十五、摄影及酒席、印刷工本、纪念宣传品等项，斟酌经费情形办理。

十六、纪念经费，省文庙根据以前丁祭旧案，先期向财政厅领足，筹备处负责办理。各县文庙仍查旧案，斟酌办理。

十七、以外未尽事宜，由筹备处随时商承主席办理。

至二十三年，经中央党部以《礼运·大同》一段，制为孔子纪念歌，于是纪念仪式粗备。

清关帝庙，在县城南门内，春秋二祭。民国初元因之。四年，颁布关、岳合祀典礼，始改称关岳庙。十七年，以废祀孔，亦废祀，至今未复。

清代武庙礼如左：

每岁春秋仲月及五月十三日致祭。

春秋二祭祭品

帛一（白色）、牛一、羊一、豕一、笾十、豆十①。

① 笾十、豆十：《中国地方志集成·四川府县志辑》本《民国汶川县志》作“笾”。

五月十三日祭品

帛一、羊一、豕一、果五盘。

仪　注

如文庙礼，惟[①]无乐舞。

祭　文（部颁）

维帝浩气凌霄，丹心贯日。扶正统而彰信义，威震九州；完大节以笃忠贞，名高三国。神明如在，遍祠宇于寰区；灵应丕昭，荐馨香于历代。屡征异迹，显佑群生。恭值嘉辰，遵行祀典。筵陈笾豆，几奠牲醪。尚飨。

祭后殿：雍正三年追封三代公爵。
光昭公，正中南向。
裕昌公，东一室南向。
成忠公，西一室南向。

春秋二祭祭品

帛各一（白色）、羊各一、豕各一、笾豆各一。

仪　注

行二跪六叩头礼。承祭官诣三公各案前行献礼。余同前殿。

祭　文（部颁）

维公世泽贻庥，灵源积庆。德能昌后，笃生神武之英；善则归亲，宜享尊崇之报。列上公之封爵，锡命攸隆；合三世以肇禋，典章明备。恭逢诹吉，祗事荐馨。尚飨。

文昌祀，在县城内，清康熙元年，知县张耀祖重建，春秋二祀。嘉庆七年，奉增派祭祀银两，用九叩礼，并修启圣宫，以祀其三代。民国元年废祀。

清文昌宫祭礼如左：

春秋二祭祭品

帛一（白色）、牛一、羊一、豕一、笾十、豆十。

仪　注

如文庙礼，止无乐舞。

---

① 惟：嘉庆《汶志纪略》作“止”。

祭　文（部颁）

致祭于文昌帝君之神曰：维神迹著西垣，枢环北极。六匡丽曜，协昌运之光华；累代垂灵，为人文之主宰。扶正久彰夫感召，荐馨宜致其尊崇。兹届仲春秋，用格时祀。尚其歆格，鉴此精虔。尚飨。

祭后殿

春秋二祭祭品

帛各一（白色）、羊各一、豕各一、笾豆各一。

仪　注

行二跪六叩头礼，承祭官诣三代各案前行献礼。余同前殿。

祭　文（部颁）

致祭于文昌三代之神曰：祭引先河之义，礼崇反本之思。矧夫世德弥光，延赏斯及。祥钟累代，炯列宿之精灵；化被千秋，纬人文之主宰。是尊后殿，用答前庥。兹值仲春（秋），肃将时事。用申告洁，神其格歆。尚飨。

按：文昌之祀，不知所自，其神亦不知为何许人。明季大臣议礼，已以为宜罢其祀。其神之种种传说，亦殊不经，不足为信。据《华阳国志》载：梓潼县善板祠，一名恶子。姚苌至梓潼岭，见一神人，曰张恶子。唐封顺济王，宋封英显王。元以道士说，封“辅仁开化文昌司录宏仁帝君”。《化书》遂牵合为魁前之司录，又以为外垣之上相，并附会为孝友之张仲，且以为张宿之精。其他以神附会为蛇，以蛇附会为人者，颇有纪录。《化书》又托之戚夫人、赵王如意，及谓为蜀之文翁者，清恽子居均不为妄诞。嘉庆六年，诏列入祀典，并祀其三代，亦以三代无姓名可考，本主仅题“文昌帝君三代神位”。清季复有罢祀之议，不果行。民国元年，始奉令罢祀。

社稷坛，在南门外。清时春季二祭，用上戊日[①]。今停祀，坛已不复存。
社稷坛，雍正二年刊图颁行。每岁春秋，仲月上戊日，出主于坛而祭之。

祭　品

帛二（黑色）、羊一、豕一、铏一、笾四、豆五、簠二、簋二、爵三。

仪　注

同先农坛，朝衣行三跪九叩头礼。

① 春季二祭，用上戊日：嘉庆《汶志纪略》作“春秋仲月上戊日”。

祭　文（部颁）

维神奠安九土，粒食万邦。分五色以表封圻，育三农而蕃稼穑。恭承守土，肃展明禋。时届仲春（秋），敬修祀典。庶芃芃松柏，巩磐石于无疆；翼翼黍苗，佐神仓于不匮。尚飨。

风云雷雨山川坛，在治北。清时，春秋二祭，民初罢祀，坛废。

风云雷雨，居中，帛四。

山川，居左，帛二。

城隍，居右，帛一，俱白色。

每岁春秋合祭。

仪　注

衣蟒衣，行二跪六叩头礼。

祭　文（部颁）

维神赞襄天泽，佑助苍黎。佐灵化以流形，生成永赖；乘气机而鼓荡，温肃攸宜。磅礴高深，长保安贞之吉；凭依巩固，实资捍御之功。幸民俗之殷盛，仰神明之庇护。敬修岁祀，正值良辰；敬洁笾豆，祇陈牲币。尚飨。

兹更附雩禜二祭如左。

雩　禜

雩　祭

帛用黑、白、青各一具，长一丈八尺。乾隆七年定。按，《礼·月令》，仲夏大雩，吁嗟求雨之祭也。《尔雅·释训》：舞号，雩也。其注亦引“吁嗟求雨”之句。《说文》：雩，夏祭。乐于赤帝以祈甘雨。《论语集注》：舞雩，祭天祷雨之处。《左传》：龙见而雩。盖皆言为百谷祈甘雨，求有年也。

仪　注

同社稷。

祭　文（部颁）

恭膺诏命，抚育群黎。仰体彤庭保赤之诚，勤农劝稼；俯维蔀屋资生之本，力穑服田。令甲爰颁，肃举祈年之典；惟寅将事，用申守土之忱。黍稷惟馨，尚冀明昭之受赐；来牟率育，庶俾丰裕于盖藏。尚飨。

禜　祭

祭城门也。乾隆七年定。旱则雩祭祈雨，涝则禜祭求晴。行礼斋戒，俱照雩祭。

祭　文（部颁）

诏命临民，职司守土。惟兆人之攸赖，并藉神功；冀四序之常调，群蒙福荫。必使雨旸应候，爰沾物阜而民安；庶其寒燠咸宜，共庆时和而岁稔。仰灵枢之默运，聿集嘉祥；襄元化以流形，俾无灾害。尚飨。

城隍庙，在县南门外。康熙元年，知县张耀祖重建。嘉庆十年，新建内殿。至今庙宇犹存。

城隍与风雷云及山川坛合祭，见上。

祭厉坛如左：

厉坛，清初顺治年定，雍正三年添设饭米。每岁春则清明，秋则七月望日，冬则十月朔日，凡三祭。先期一日，牒本县城隍，焚牒文。祭日，迎城隍行神于坛上，两旁分列本境无祀孤魂各位。

祭　品

羊、豕、米饭。

牒　文

四川直隶茂州汶川县知县某，为祭无祀孤魂事，某等遵依某[①]功，今于某年某月某日，洁备牲酒汤饭，致祭无祀孤魂。理应移牒于神，先期召集本县阖境无祀孤魂，至日悉赴坛所，普享一祭。为此预行移牒，祈照依奉施行。

某年某月某日移

祭　文

维某年某月某日，四川直隶茂州汶川县知县某，遵奉祀典内开载。普天之下，厚土之上，莫不有人，莫不有鬼神。人鬼之道，幽明虽殊，其理则一。独念冥冥之中无祀孤魂，昔为生民，未知何故而死。其间有遭兵刃而死者，有遇水火盗贼而死者，有被人劫财而逼死者，有被人强夺妻妾而致死者，有妄受刑祸以负屈而死者，有天灾流行以疾疫而死者，有为猛兽嗲虫所害而死者，有为饥饿寒暑所迫而死者，有因战斗伤身而死者，有因危急自缢而死者，有因墙屋倾压而死者，有死后并无兄弟妻子者，有死后无宗族甥婿者。此等孤魂，或终于前代，或殁于近世，或兵戈扰攘流移于他乡，或人烟断绝久缺其祭奠，悲号于星月之下，呻吟于风雨之中。凡遇人间令节，魂杳杳而无依，意悬悬而

---

① 此“某”即“某年某月某日”，原皆空缺，今补入，下文同此。

望祭。兴言及此，曷胜凄惨！故令本处有司依时祭享，仍命本处城隍亲为监临。今某等不敢有违。设坛城外，以某年某月某日，洁备牲醴羹饭，致祭合境无祀孤魂。灵其不寐，来格来歆。尚飨。

先农坛，在治南，清时，三月致祭，民国三年，犹通令沿清制。今停，坛亦废。清时，其礼仪如左。

祭先农耕耤[①]礼

每岁仲春，奉部文所颁之期，定于亥日巳时致祭[②]。

先农坛，午时行耤礼。祭日，正官率各官请神位，供于坛上，衣朝衣行礼。祭毕奉神位入祠。

坛高二尺一寸，广二丈五尺；牌高二尺四寸，广六寸；座高五寸，广九寸五分。

祭　品

帛一（白色）、羊一、豕一、铏一、笾四、簠二、簋二、爵三、豆四。

祭仪注

祭日，各官衣朝衣，至拜位。通唱：承祭官就位，陪祭官皆就位，执事者各司其事。瘗毛血，引唱：诣盥洗所，盥洗，净巾。诣香案前迎神，行三跪九叩头礼，兴。通唱：行初献礼。引唱：神位前跪，奠帛，献爵。读祝文毕。叩首，兴，复位。通唱：行亚献礼。引唱：诣神位前跪，献爵。叩首，兴，复位。通唱：行三献礼，如亚献仪。通唱：饮福受胙。引唱：诣饮福受胙位。跪，饮福酒，受福胙，三叩头，兴，复位。通唱：撤馔，送神。仍行三跪九叩头礼，兴。通唱：司祝者捧祝文，司帛者捧帛，各诣燎所。引唱：望燎位，焚帛，复位。通唱：礼毕。各官更蟒衣，行耕耤[③]礼。

迎神乐（奏永丰之章）

勾芒秉令，土牛是驱。天下一人，苍龙驾车。念彼田畴，民命所需。生成有德，尚式临诸。奠帛。

初　献（乐奏时丰之章）

先农神哉，耒耜教民。田祖灵哉，稼穑是亲。功德深厚，天地同仁。肃将币帛，肇[④]举明禋。厥[⑤]初生民，万汇莫辨。神锡之休，嘉种乃诞。执兹醴齐，农功益见。玉瓒椒醑，肃雍举奠。

---

① 耤：《中国地方志集成·四川府县志辑》本《民国汶川县志》作“耘”。

② 每岁仲春，奉部文所颁之期，定于亥日巳时致祭：《中国地方志集成·四川府县志辑》本《民国汶川县志》无此句。

③ 耤：《中国地方志集成·四川府县志辑》本《民国汶川县志》作“耘”。

④ 肇：《中国地方志集成·四川府县志辑》本《民国汶川县志》作“启”。

⑤ 厥：《中国地方志集成·四川府县志辑》本《民国汶川县志》作“缺”。

亚　献（乐奏咸丰之章）

上原下隰，百谷盈止。粒我生民，秀良兴起。乐舞具备，吹豳称兕。再跻以献，肴香酒旨。

终　献（乐奏大丰之章）

縻芑秬秠，维神所贻。以□飨神，日予将之。秉耒三推，东作永宜。五风十雨，率土何私。

撤　馔（乐奏屡丰之章）

于皇农事，自古为烈。莫敢不承，今兹忻悦。笾豆既丰，簠簋云洁。神视井疆，执事告撤。

送　神（乐奏报丰之章）

麻麦芃芃，秔稻连阡。纵横万里，皆神所瞻。人歌鼓腹，史载有年。岁有常典，福禄绵延。

望　燎（乐奏庆丰之章）

玉版苍帛，来临来歆。敬之重之，藏[①]丁厚深。典礼由古，予行自今。乐乐利利，国以永宁。

祭　文

某年月日致祭于农之神曰：维神肇兴稼穑，粒我蒸民。颂思文之德，克配彼天；念率育之功，陈常时夏。兹当东作，咸服西畴。洪惟九五之尊，岁举三推之典。共膺守土，敢忘劳民；谨奉彝章，聿修祀事。惟愿五风十雨，嘉祥恒沐于神庥；庶几九穗双歧，上瑞频书于大有。尚飨。

耤　田

耤耕：正印官秉耒，佐贰官执青箱播种（或用耆老），各官俱用右手扶犁，左手执鞭，各行九推礼，农夫终亩。耕毕，各同官厅更朝衣，望阙，恭行三跪九叩头礼。仍将遵行耕耤[②]日期具报。

耕　耤

农具一（赤色）、牛一、种箱一（青色）。

民国初年，仍沿清例，惟易跪拜为三鞠躬，废乐章，另制祝文而已。

---

① 藏：《中国地方志集成·四川府县志辑》本《民国汶川县志》作“茂”。

② 耤：《中国地方志集成·四川府县志辑》本《民国汶川县志》作“耘”。

禹王宫，在北门外。

奎星阁，在文昌祠前。

马王庙，在城内。

瘟神祠，在城内。

龙王庙，在龙溪。

过街楼夷齐庙，在治北。《旧志》云：庙奉二像，皆冠唐帽，衣红袍，居民以山神祀之。至乾隆四十二年，改修易像，中存夷齐名字，系明成化七年改建。庙前有冬青二株，大可合抱。今庙、树皆不复存矣。

七盘山武侯庙，在治北。山岭有古庙，题曰“丞相武乡侯祠”。神像森严，年久祠倾。明万历年二十三年，西川按察使刘孟雷者，过而祀焉，且命邑令杨某重修祠宇，建春秋祀，泐文于石曰：

惟公龙卧南阳，忠扶汉室。管乐岂俦，伊吕其匹。奋志讨贼，尽瘁勤王。义不两立，帝业重光。惟维兴汶，声教旁暨。仰止威名，百世不替。爰秩祀典，崇报勋劳。苍山碧水，遗像清高。望神格止，辑宁西边。锄暴佑良，亿万斯年。

清乾嘉间，庙祀犹存。

七盘山先贤祠，在旧治南七里，旧有七盘楼，祀历朝名宦：秦蜀守李冰，汉文翁、诸葛武侯、姜维，唐李德裕、严武、韦皋、杜悰，明张瓒、孙仁。清废。

河坪川主庙，在县西。祀蜀守李冰及太守之次子二郎。

石纽山启圣祠，在县南。旧说启圣祠在飞沙顶刳儿坪，久经倾颓，嘉庆乙丑岁，知县李锡书改修飞沙关上路于山下，因建圣母祠于其侧云。

娘子岭关帝庙，旧系元天官，久圮。清乾隆二十八年，道人邓来芳凿开重建，兼施茶以解渴烦。祠存，祀废。

附：寺院

福缘寺，在过街楼，明成化七年重建。

雁门川主宫，一在索桥，道光八年建；一在茨玉村，乾隆四十四年建；一在月里，康熙乙亥年建。

玉峰观，在玉垒[①]山巅，明宣德间建。今圮。

涌泉寺，在七盘沟，元至正间建，有碑记。今毁。

东岳庙，在县治南，洪武年建。今遗址尚存。

真武殿，在县治南。

平正庙，在治西。

三官堂，在治西。

普照寺，在治西。

① 玉垒：《中国地方志集成·四川府县志辑》本《民国汶川县志》作“玉丰”。

广生宫，在治西。

观音阁，在治北。

土地祠，在治南大邑坪。距城二十里。古于此立县，故祀土地。清存，今圮。

三清殿，在治南小娘子岭，距城五十五里。

云岫宫，在治南兴文坪。

南岳庙，在治南太平驿。

太平寺，在治南太平驿。

天王殿，唐时所建，元有谅为之记。今圮。

广福寺，在治南龙溪。

涌山寺，在映秀湾，唐时大刹，久废。清修，今复废。

镇江庙，在楠木园。

天宫寺，在治北。

六真观，又名玉皇观。《旧志》云：在治北关内道角山，茂才孟诹所建也。家阜于财，少言语，自少好道，人莫测。其隐，自言遇仙人张三丰，授以服符之法，在道角山洞口巨石上盘坐二十年，石为之滑。乃建阁于洞口为玉皇阁，阁下复建一祠，祀吕祖、钟祖、萨祖、丘真人、马真人及张三丰，名曰六真。嘉庆三年，阁垂成。七月十五日午时，独登阁，于壁上题诗云：万物皆空道不空，世人何苦这聩眬。五三得道今五脱，点化后人再用功。人望见其蹑屋梁，越山巅而去，莫知所之。墨迹淋漓，字有张真人体，人以为盖仙去也。道号来登，自称静乐真人云。今仅观址可寻而已。

元阳洞，在河西北土坎山腰，洞深不可测。《旧志》云：邑人马成德于半山洞口静坐，久之，得道，题其壁云：道自前皇得，深有长生诀。不言亦不笑，幽居伏岩穴。墨迹犹存。人称马真人云。

龙会庵，在龙溪沟。明万历年间，有邑僧日久行成，克日坐化，举火升坐，顷[①]刻煨烬。有人自灌县来，遇于龙洞，以竹杖挑蒲团，自言将西归，致谢众人而去。人名其地为化身崖，在今栗子坪。邑人云[②]。

附：清代乡饮酒礼

每岁正月十五日、十月初一日，于儒学行乡饮酒礼。前一日，执事者于儒学明伦堂依图陈设坐次，司正率执事者习礼。至日黎明，执事者宰牲具馔。主席及僚属、司正先诣学，遣人速宾、僎以上。比至，执事者先报曰：宾至。主席率僚属出迎于庠门外，揖，入，主东宾西，三揖三让而后升堂，东西相向立，赞两拜，宾坐。执事者又报曰：僎至。主席率僚属出，揖让、升堂、拜坐如前仪。宾、僎、介既就位，执事者唱，司正扬觶。执事者引司正由西阶升堂中，北向立，唱：宾、僎以下皆立。唱：揖。司正揖，宾、僎以下皆揖。执事者以觶酌酒授司正。司正举酒曰：恭惟朝廷，率由旧章；敦[③]崇

① 顷：《中国地方志集成·四川府县志辑》本《民国汶川县志》作“倾”。

② 邑人云：嘉庆《汶志纪略》作“邑人董生云”。

③ 敦：底本讹为“郭”，今据《中国地方志集成·四川省县志辑》本《民国汶川县志》改。

礼教，举行乡饮。非为饮食，凡我长幼，各相劝勉：为臣尽忠，为子尽孝；长幼有序，兄友弟恭；内睦亲族，外和乡里。无或废坠，以忝所生！读毕。执事者唱：司正饮酒。饮毕，以觯[①]授执事。执事者唱：揖。司正揖，宾、僎以下皆揖。司正复位，宾、僎以下皆坐。唱：读律令。执事者举律令案于堂之中，读者诣案前北面立，宾、僎以下皆立，行揖礼。读曰：大诰，乡饮酒礼，序长幼，崇贤良，别奸顽。其坐席间，年高德邵者居上，高年淳笃者并之，以次序齿而列。其有违条犯法者，不许干[②]与良善之席，违者罪以违制。敢有喧哗失礼者、扬觯者，以礼责之！读毕，复位。唱：供馔案。执事举馔案至宾前，次僎、次介、次主，各以次举讫。唱：献。宾主起席北面立，执事者酌酒以授主，主授爵诣宾位，置于席，稍退，赞两拜。宾答拜讫。复献介。礼亦如之。毕，主复位。赞唱：宾酬酒。宾起席，介从之，执事者酌酒授宾，宾受爵诣主前，置于席，再拜讫，各就位坐。执事者分左右立，介、三宾、众宾以下，以次斟酒于席，讫。赞唱：饮酒。或三行，或五行，供汤。又唱：斟酒、饮酒、供汤三巡毕。唱：撤馔。撤讫。唱：宾、僎以下皆行礼。僎、主、僚属居东，宾、介、三宾、众宾居西，赞两拜，讫。唱：送宾。以次下堂，分东西行，仍三揖，出庠门而退。

凡乡饮酒礼：主：知府、知州、知县。如无正官，佐贰官代之，位于东南。大宾：以致仕官为之，位于西北。僎：择于里中年高有德之人，位于东北。介：以次长，位于西南。三宾：以宾之次者为之，位于宾、主、介、僎之后。除宾、僎外，众宾序齿列坐，其僚属则序爵。司正，以教职为之，主扬觯以罚。赞礼者，以老成生员为之。

诗　歌

工歌《鹿鸣》《四牡》《皇皇者华》，笙《南陔》《白华》《华黍》；歌《鱼丽》，笙《由庚》；歌《南有嘉鱼》，笙《崇丘》；歌《南山有台》，笙《由仪》。于是合乐《关雎》《鹊巢》《葛覃》《采蘩》等诗。饮讫，撤馔。此乡饮酒礼之乐章也。

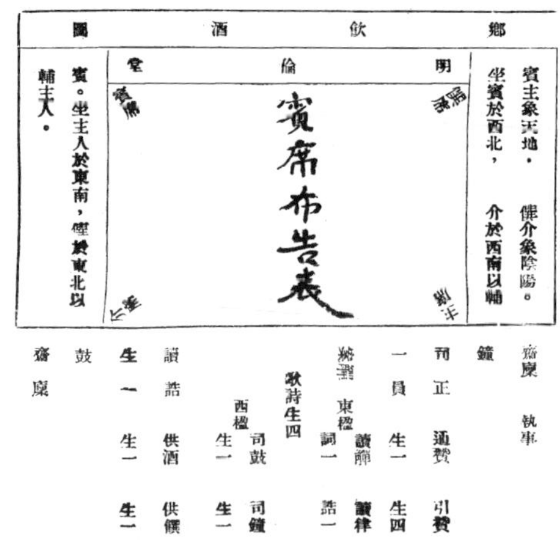

① 解：底本“解”后衍一“触”字，今据《中国地方志集成·四川府县志辑》本《民国汶川县志》删。

② 干：底本讹为“予”，今据《中国地方志集成·四川府县志辑》本《民国汶川县志》改。

风 土

天下之大，乡邑之小，方舆既限，风俗异焉，土宜分焉。天地之寒暄，地方之厚薄，人情之醇浇，物类之美恶，皆不相同。故曰：千里不同风，百里不同俗。《禹贡》载田赋之上下，《周礼》称男女之多寡，《毛诗》纪国风之贞淫，皆所以导人情而出治化，本地势以施政刑也。汶邑风猛，地瘠民贫，而置邑最久。历来不废者，岂非以地分边腹，人杂华夷，风土之陋，往往为人讥笑，而其实事简民醇，风气近古，可以合番夷为一家，联中外为一体者？《旧志》称：人分羌汉，里分上下。羌汉之俗，迥不相同。即上下里人情地脉，亦有小异。因采古今诸说之可信而又不同于内地者，纪之为风土志。

《华阳国志》曰：汶川土地硗瘠，人士俊乂。《通志》云：石田山地，俗尚勤俭，咿唔之声，彻于四境。《绳州旧志》云：汉服诗书，羌遵王化。

邑人云：县自沙平关以上多风，常患旱；自映秀湾以下多雨，常患涝。旧治以上，土性横，田可灌溉；近城上下，土性直，不可灌溉；兴文坪以下，土地潮润，不须灌溉。大江[①]以东，溪水多白色，浣衣鲜洁，其人皙白；江以西，水色多黑，其人黧黝，地气然也。

又云：本县耕地，高山约占百分之五十，比较耐旱，而畏霪灾。山腰约占百分之三十，雨泽宜多而不宜少。平地约占百分之二十，雨量必须适中，过多过少，皆呈灾象，故除稀有之标准丰年，即俗所谓“三日一风，五日一雨”外，鲜有不告歉收者。

《旧志》云：汶邑地势，南北亘二百里。东西深山大泽，亦总得三四百里，然较其居民，只六七百户耳。民皆世业，俗尚重迁，游荡之徒，不入其境。天无时不风，地无处宅土。团沙为田，垒石为室。冬春积雪，早晚生云，霾雾弥沦，烟岚横罩，雷生屋角，雨起山腰，怒浪奔涛，扬沙飞石，风土之猛，无异沙漠。地不产谷，桑不茧蚕，织毛为衣，和酪作食，五月着皮，三时下坝，艰于食力，习在勤劳。瘠土之民良善，理或然也。其地羌汉并处，其土羌汉杂耕，然各安其业，耦居无嫌。羌民附山而居，耕田凿井，勤劳艰辛之状，苦不可言。而岁时伏腊，酬酢往来，击鼓迎神，烹羊送腊，差徭征赋，勉力趋公，衣食语言，自为风气。汉民风俗无异郡城，惟是人敦古处，俗尚淳良而已。羌民之情，最嗜小利，略加煦育，则欢欣鼓舞。亲上之意，出自天真，男耕女织[②]，夫唱妇随，嘻嘻喁喁，陶然乐也。无怀葛天之民，又何异焉？

按：汶邑有民族三：曰汉、曰羌、曰土。以地不产稻，故以玉麦为日食大宗，小麦、荞麦附之。以山谷多大风，故所居多平顶房，以泥土敷屋顶当瓦。羌土寨居，远视如西式洋楼，每当玉麦收获之季，寨墙上遍曝麦头。红实绿树，辉映于日光下，亦奇观也。以地产羊毛，人多以编毛为生，故多织毛为衣，三族皆同，仅羌土较普遍而已。

汉民风俗，除于正月举行天官会，间亦流行“赘婿”外，与内地无甚差异。土民汉

---

① 大江：底本讹为“在江”，今据《中国地方志集成·四川府县志辑》本《民国汶川县志》改。

② 织：《中国地方志集成·四川府县志辑》本《民国汶川县志》作“绩”。

化甚深，迄今仅一二喇嘛，能识藏文。少数土著，偶能操土语，余均操汉语书汉字，其他可知。风俗之稍异者，为古正月四日之“出行”。是日土司至郊外，迎神祈福，喇嘛诵经以佐之。正月初九日“除虫”，或曰“出重”，谓再出行也。或曰：“祟”当为“祟”字形误，“除祟”应为“除祟”，谓祈祷诵经，扫除祸祟也。未知谁是。是日，二十八寨头人及土舍（土司族人）率土民至土司署东，选定地址，如内地之迎春坝。土司面东坐，余人侍立，喇嘛北向焚香烛，叩请各寨山神，保佑平安，山神皆有名号，惟知之者寡。复悬羊于树[①]，屠者取其心脏，盛诸盘。如尚跃动，则兆四季平安，否则不祥。土司叩谢神灵。余人复按级次第向土司叩喜后，即举枪南向瞄射。礼毕，更至家庙焚香，旋将所杀羊，按部位割分诸寨。寨首归，复各献祀其山神，盖祈一岁农务之丰收也。

“赘婿”之风，亦极盛行。考是俗当发源于羌族，以其合理，足以破除重男轻女之陋规，故汉土化之。而土俗特异，且为世人所注意者，厥为“跳锅装”。其式，男女各别，携手作圆阵，领头一人，手持铜铃红巾。导[②]之歌舞，舞蹈步法曰摇篮、曰交叉、曰叩趾叩踵、曰回旋。歌系藏语，无曲名，词句随人而异，土司头人或当客，略有不同。其通行者，以音译之，则曰：

董墨尔松，东墨尔悚，严楚痴瓦为思脚，东白尔悚呀！（一解）

悚宋纵布哪答，依穹沟底牵萨，悚宋纵布哪答，知甫色尔吉慢答，梁呀！（二解）

近人有以意译其中一二段者，则应为：

喜幸啊，喜幸啊，山样大的喜幸啊，海样大的喜幸啊！

或为：

你的本事天大啊，你的本事山高啊。

盖多为“恭喜贺喜”之意。舞毕，例须赐酒，而即以红巾奖其领舞之人云。

羌民多聚居昔日雁门之上中下里，分九寨，即上九寨、中九寨、下九寨是也。按：以今之区域为绵虒镇属之马鞍半坡，直至雁门乡之萝葡寨[③]。出入相友，守望相助，居高山者多刀耕火种，妇女织麻，淳俗犹在。婚嫁有贺喜歌，音译为：

茗兮，鸭勒，赛尔那。

丧葬有闹丧曲，译音为：

南坎茗，兮那，不吉书儿，迷桃，夹煞。

相互舞蹈，以示悲欢，盖古风尚存也。苟天旱，则约伴数十人至老山灵源，呼叫祈雨。俗信神鬼，山石树木，皆以神视之。病则请巫师祷告。朔日，巫觋常击鼓迎神，杀羔羊以祭天地。古历八月一日至三日则“敬山”，严禁采樵及赴山践踏，谓犯之者不祥。如有差役，则论户出夫，决不畏避。有咏其风俗者云：

---

① 复悬羊于树：《中国地方志集成·四川府县志辑》本《民国汶川县志》作“复悬关羊于树”。

② 导：《中国地方志集成·四川府县志辑》本《民国汶川县志》作“遵”。

③ 萝葡寨：《中国地方志集成·四川府县志辑》本《民国汶川县志》作“萝寨”。

下中九寨里同敦，友助同心上九村。
耕织辛勤淳俗在，婚丧歌唱古风存。
旱时约伴祈龙水，差务应当论户门。
此地从来多愿信，巫师击鼓报神恩。

诗虽不佳，然于羌民生活，确可划一轮廓矣。有邵云亭君者，作《萝卜寨之民俗》一篇，载《边疆服务》创刊号，记载尚称详实，以其文为语体，不便引入，特附录之，以供参考云尔。

附　录

萝卜寨的民俗

邵云亭　撰

一、喜好：萝卜寨属汶川县，西南距威州二十五里。居民系羌族，喜商，尚白色，一切以白为上。近多习汉人，有许多穿黑布或蓝布衣服的了。喜饮酒，大小事都少不了。好像无酒不成席一样。

二、婚姻：他们的婚姻是父母包办的，由几岁就定下来了。订婚的手续，是先由媒人说妥，以后由男家的家长，送给女家两壶酒，二斤猪，四升米。等到要娶之前，即择个好日子过礼。男家要给女家簪环、手饰、脚笼、丝带、三根离娘布、四升米、一百二十斤肉、几十元彩礼，新郎要到女家去叩头，女家的姑、舅、姨、表四大亲戚，要给新郎挂红放炮，以资庆祝。新郎要披红插花，谓之小登科。女家于是日待客收礼，是谓聘女，三日后，新郎谢礼，向挂红送礼的一一叩头，然后回家。

普通隔几日就到男家举行婚礼，也有隔几个月再择吉举行婚礼的。等男家要娶的日子，女家不再待客，男家即派生辰合宜的人来背装扮好了的新人。新人有的由门上过，有的由墙上过，完全看命相及时辰而定。在走以前，新人要向家中及神位一一啼哭告别，然后男家迎娶的人，就背起新人向婆家走。女家派两个伴娘，背着新妇陪嫁的被盖一床、箱子一个随着。要是路远，就由两三个替换着背，新妇不到拜堂的时辰，足是不许沾地的。再后是送亲客，总有四五十人，男女都有，其中多是女家的亲戚、家门、姑爷、舅爷等。有一个吹喇叭的奏乐。到了时辰，即拜堂、谢媒、赴席。到晚上夜饭后，男家本寨的家门亲友，就分引贺客送亲人等，至各家安宿消夜，他们叫作引铺。第二天早饭后，又至男家赴席，晚上还是相同，直到三五天后，贺客尽去为止。在喜宴期间，天天有人唱山歌、打响器、闹洞房。第三天新妇回娘家，送亲的及贺客，有走的，有被亲友留住的。新妇在娘家住三五天后，又送回婆家，新夫妇才开始同居。以后住娘家十天八天，婆家住十天八天，轮流住着，直到几年以后，始在婆家久居。

三、招赘：这地方盛行招赘之风。他们说："皇帝无儿招附马，百姓无儿招女婿。"可是也有因儿子太小，自己又老，无人做工而招女婿的。男子亦有因自己女人没有生儿女，或不生育的，或生而未能长久活着的，就去上门（此地称赘夫为上门的）。赘夫本人也自称到某家去上门，街坊邻居对于该女也是说："某某男子到某某女子那里去上门。"上门的手续，除有一张契约外，大致与结婚相同。若是男子家贫，则先到女家作三四年长工，然后方能结婚。至于契约的话语，其主要者不外自入赘后，应随女家姓氏，子孙后代，须永继女家香烟，永远不许还宗，如有反悔，有硬保誓言及契约为凭等。所以他们一个人，常有两三个姓名，亦有父子姓氏不同的，初次遇见他们的人，竟莫名其妙。比如我们初到威州时，在医院挂号的笑话吧：第一次挂号问他姓甚么、叫甚么名字，他说叫张甚么，二次又来了，一问他，他又姓王了。你要问他：“你到底姓什么？”他回答：“姓什么都成。”本寨张全民保长，就是上门的，他的儿子叫王铭钦、王铭钟，就是父子姓氏不同。又本寨马世芳，小时因迷信怕不长命，拜继给王家，王家给他取名叫王德安，后来又到张姓那里去上门，所以本寨张王马三姓，他都占全了。旁人叫他王德安，他答应，叫他马世芳，他答应。你说他姓张，他也不反对。他们附近寨子上的男子去上门招赘，契约写的口气比较客气。汉人上门，契约上的辞语比较严些。据传说原先汉人入赘的，赘约上要写：“祖上无德，流落他乡，小子无能，情愿更名改姓，永不反悔。凭中说合某某名下第几女某某名下入赘。”不过汉人入赘的很少，即有也不过贩夫走卒之类，或因故不能回籍的人们。如果有本领的去上门，写的字也十分客气。

四、丧葬：他们对死人安葬的办法，是分怎么死的，有木葬、火葬的不同。正常死的，普通是木葬，棺木半入土，半用石头坵起。如年过花甲而死，要给死人装殓白衣、白帕子、白绑腿、跳锅装（平日不准跳锅装），停灵到几期，作道场、发引、入葬、忌宅等等，大致与汉人同。如果死的不正常，如妇人因难产、小产而死，男人堕波溜崖绊倒而死，都要端公打鼓鼓、念咒（又名打保护）举行火葬。据一般老人说，以前全行火葬，近年来才效法汉人的办法，所以本寨张王马三姓人都有火坟，开火坟的规矩是先用几只羊子几十只鸡[①]还愿，才能够开。所以近年来有火葬的，却莫有人敢开祖传用的火坟，多是择一葬地，中掘一深约二尺、直径约一尺五寸之深坑，把棺木两端，略为架起，放在坑上。坑在棺材中间，用斧子把棺木后档板靠下方砍去六寸，以棺木后档板的宽作洞口的宽，再把棺木前档板上方四寸余砍落，由后洞用柴一束燃起，放入棺中尸上，就燃起来。燃完之后，把骨灰拾起，放入坑中，再用泥石坵起完事，丧仪与普通一样。

五、忌宅：把人葬完以后，有的请端公打鼓鼓、念咒、驱邪，怕的是死鬼闹宅，或是危害寨子上的人，或是有害天年。端公作了法事，就不怕了。有的全家人都搬出，把门锁起，屋内设酒席一桌，烧纸钱，地上用筛子筛上一层灶灰，说是亡魂要回宅，请阴差吃饭，用钱打点，灰上留有人足迹，第五天或第七天就走了，合家再迁入。不然，鬼就要闹宅，使你人口不安，或者叫你再死一个。前者的端公静宅，是一九四一年九月张树深为人修房子摔死时那么做过的。后者是一九四二年六月，王全邦病死火化后，他的父母王五犏那样做过的。

六、社交：羌民的社交是公开的，砍柴割荞摘花椒锄地，男女是共同的工作，所以机会也很多。普通以撕玉麦（脱玉麦的种子包衣）时，是很最好的机会，因为撕玉麦是在夜间工作，直到鸡[②]鸣五鼓，为了减少工作的苦闷劳累和打盹起见，就一面用手脱玉

① 鸡：《中国地方志集成·四川府县志辑》本《民国汶川县志》作“雉”。

② 鸡：《中国地方志集成·四川府县志辑》本《民国汶川县志》作“雉”。

麦的种衣，一面彼此一问一答的歌唱。藉着歌唱，双方各表心愿以及相爱之意。如同“得罪朋友一句话，结个朋友难上难”，“不会贪花害了花，不会说话得罪人”等。青年男子起唱的时候说：“叫声贤妹你是听……”而少女则继之以“叫声小哥你是听……”要是求惠或要酬赠，就唱“八月十五又到了，小哥你有银福盖（即戒指），小妹我有云云鞋（即青年男子所穿的女友所赠的云子花鞋）”。若是讨情意相思则唱“青铜钏子圆又圆，借给小哥戴两年。铜盆洗脸钏子响，好比小妹在眼前”之类。

经过多次的追求（他们乡谈叫楷借生米），如果双方全有爱慕的意思，则男子暗中送女子一封粗制点心或一个整锅饼，女子则酬裹脚一付，男子再酬以青布一根（七尺），则女友酬以青布两端刺好花边齿痕的头巾一条（七尺），有时回赠以花鞋一双或凉鞋一双（凉鞋是为一种布制，式样似草鞋，故亦名凉草鞋）。以后再在一起工作，或一同用饭，即互献殷勤。在路上行走，即说笑谈情。若再情浓，即在暗中互剪头发一束，希来世可成夫妇。所以山歌中有“头发压样先露角，不羞不懒不丢你，今世夫妻错过了，来世夫妻早团圆”。不过朋友是朋友，却少有由朋友而成夫妻的，因为他们的婚姻，操在父母的手中，又系自己很小的时候父母给说定了的。

少妇亦可交友，丈夫即知道，亦佯为不知，不过暗中加以监视，若莫有淫奔的事情，丈夫亦不加以干涉。青年的丈夫，虽穿了女友所赠花鞋，妻子亦不寻问鞋的来源。作父母公婆的，只要你顺情顺理去工作，也是视若未见，听若未闻。你若和他们很熟识，向老年人寻问，他可回答：“青年的人都爱那个，岁数一大就好了。”

附：宗教

佛教为印度迦维罗王子释迦牟尼所创。释迦生于周昭王二十四年四月初八日，以贵胄披剃入山，主张平等，反对婆罗门教阶级之说，大抵以虚无为宗，尚慈悲，贵悟澈，上乘邃入哲学，下乘则为众人说法。谓人死精神不灭，随复受形，善恶皆有报应，轮回不已，故创为修养法，割恩舍爱，使本心当明，以至为佛。奉其道者为沙门。汉明帝时，始入中国，流传日广，喇嘛教，其支派也。

喇嘛教行于西藏，流入蜀西南番地，佛教之余裔也，其说亦以慈悲为主，尊活佛如天神，最信生死轮回学说，盖得佛教之下乘者。番人谓觐见达赖班禅一次，即可升灵魂，脱苦海。其经典皆藏文，有黄教、红教两派，大喇嘛以朝西藏归者为上等，每部落必建大寺院，供奉释迦牟尼、金刚、观音诸神。每寺番僧动以千计，至少亦二三百。每年大会，僧人咸集，先期念经，至期出神像，演舞作乐，亦祈福佑民之意。番俗兄弟二人，必以一人为僧，四人则以二人为僧，以故寺院大者僧多至三四千人。又大寺院必有转生佛，与达赖、班禅相类。凡转生佛死，必遍访降生处，俟周岁时，该寺人管家僧，取佛生前所诵经典及常用器具，带往降生之地，择期斋戒于大经堂内陈设之，并杂以各方器物，迎周岁佛伏案认取。逐件不差，乃与生佛父母，留供养费若干，俟满三年，派僧迎回本寺。父母愿往者听。又僧人入寺，量力布施，各寨念经工资，本僧独得。其经学深者，每年坐静几次，即参禅入定意也，不食烟火，不与人接，其苦修佛法如此。县属丛林所在多有，近已衰替。缺乏僧尼，只有喇嘛数人，散见于涂禹山之瓦寺、草坡乡之金波寺、卧龙关之大佛寺而已。

基督生于我国汉平帝时。西历以教纪年，其留行之广可见矣。教义以兼爱为归，约分三派：旧派曰“天主”，新派曰“耶苏”，别派曰“希腊”。唐初信徒已至长安，名曰景教，亦曰大秦教。大秦，即罗马也。然教迄不行。逮明中叶，海道渐通，教士挟学术以俱来，由奥赴京，颇为政府所信任。清承明后，禁锢不严，道咸以来，载入条约，许其传教。旧派教士曰神甫，堂曰圣修。新派教士曰牧师，堂曰福音。教会多财，广置产业，医院学校，市惠贫民，而教徒武断乡曲，官吏偏袒，往往激成教案，祸及国家，吾县已屡见之。国体更新，此弊寝革，民智日进，罕为所愚。今县城只有天主堂一所，日就倾圮，教徒早经星散矣。

回教起于阿剌伯，唐之大食国也。教主曰穆罕默德，生于我国南朝之未，后尔撒六百十年，自命天使，撰《可兰经》，垂为教典，创立天方教，一曰伊斯兰教。口言和平，而实以武力行之，政教合一，遂成大国。其教东渐，一自海道达广州，一自陆路逾葱岭，回纥归依，辗转流于关陇，浸入内地。我国因目以回教，非其本名也。时当唐贞观初年，寺曰清贞，礼拜不设神主，殿中虚辟一门，表示可以入天堂而已。教义尚清洁，信徒恒赴寺沐浴。寺中宴客，例不饮酒，死则延河浑诵经，而葬无棺。县境仅回民数家，已同汉化，惟戒食猪肉，宗教信仰，异常坚定云。

酣歌恒舞，是谓巫风，昔有之矣。楚人信鬼，祷祝尤繁，蜀界楚疆，并崇巫教，婆娑作态，呼啸招魂，走问仙娘，竞还冥器。偶有疾病，必曰祈禳。若在婴孩，更多厄运。金钱浪掷，为害已深。下则木石之怪，龟蛇之灵，妖由人兴，罔间男妇，即今世所谓拜物教。县属羌藏两族，同化汉人，巫教已就衰替，仅存形式而已。

道教托始老聃，而实起于张道陵。陵生于东汉中叶，幼习经术，晚[①]畅玄风，能辟谷为之寓言[②]，采方士之异说。西来蜀郡，止于鹄鸣山中。爰作道书，衍成宗派。其术兼符箓、丹鼎、导引[③]，而亦言及心性。自晋以降，渐与佛教均衡。唐尊玄元，益崇羽士。宋明诸帝颇有好道者，每假官爵以荣之。清则县设道纪司，统摄黄冠，俾有归宿。晚近教徒有不住观而家居者，专以诵经谋衣食，其说不外地狱天堂，与释氏之下乘极相类似，盖又神仙家之变体矣。道场亦分两派：一广成坛，创于陈复慧。一法言坛，启自刘沅。沅本儒者，别有所得于丹经，谓玄牝之门，即儒之至善，道家修炼，即儒之克己。牵合附会，亦颇有词。若乃扶鸾请乩，坛开十化，狂言学道，动引玉皇，礼佛有习静之坤生，长斋多不嫁之闺女，此皆诬世惑民，比于天理、白莲，殷鉴固不在远，宁可目为宗教哉？然此汶邑乃绝少闻之者，或亦民风淳朴之一证欤。

附：语言

《法言》云：言，心声也。感情意志，赖言语以为传达，是安可不特加注意？汶邑杂居羌土，其言语乃多不为吾侪所知，宁非恨事。参议员陈君昌洪，羌人也，服公务甚久，常怀破除汉夷界限之志，欲研究羌语，对译中文，使成字典一部。其有心人欤！因

① 晚：或当为“晓”。

② 能辟谷为之寓言：《中国地方志集成·四川府州县志辑》作“袭辟谷之寓言”。

③ 导引：《中国地方志集成·四川府县志辑》本《民国汶川县志》作“遵导”。

余续修县志，寄至材料甚夥，特录其《羌汉语对照表》于左：

羌语	汉文	羌语	汉文	羌语	汉文	羌语	汉文
摩 摩边 摩多	天	摩尼 摩洗	日	大	云	数	山
黑煊	月	摩巴	风	如 如不	地	租	水
肘	草	痴	锡	西皆	神庙	雅巴	青坡
洗	木	克	米	卦皆	衙门	阿	一
格	坎	黑	麦	雅包	岩洞	倪	二
牟	人	辞哇	荞子	西	神	星	三
基	男	乳	粟枯	司	官	止	四
节	女	巴	黍子	格边	先生	艉	五
比	父	谷迷	菜油	碑	巫师	主	六
绵	母	茨	盐	界日	差人	喜	七
屋	马	夷	酒	杂日米	手艺人	铠	八
斯 儿斯	牛	此 的	肉 饭	夷读	成都	顾	九
擦 漆	羊	擦边	锅	读窝	灌县	阿脚	一十
芋	鸡①	舞	碗	司辞	松潘	阿克	一百
苦	犬	路	筷	格钮	茂州	阿兜	一千
别	豕	渣	杯	郄撒 科撒	威州	阿补	一年
鋻	金	八	盘	傻书	汶川	阿勒	一月
呕	银	皆	房子	朱甲	过街楼	阿洗	一日
夯	铜	租果	水井	外匾	姜舍坝	阿雅	一夜
歇	铁	外	城	普子格	雁门		

土人原有文字，即西藏文，惟今日识之者绝少。其语言与汉文对照②如下：

土语	汉文	土语	汉文	土语	汉文	土语	汉文
哈巫	祖父	更养 哈爸	父	哈妈	母	哈哉	叔

① 鸡：《中国地方志集成·四川府县志辑》本《民国汶川县志》作“雉”。
② 照：《中国地方志集成·四川府县志辑》本《民国汶川县志》作“属”。

续表

土语	汉文	土语	汉文	土语	汉文	土语	汉文
哈达	祖母	大德	豆	哈低	伯	哈一	兄
哈一恩弟	大哥	多路	荞子	大儿拉 八尔嚷	野猪	南不里南奴呵	吃晚饭了么
埃及	弟	麦儿那	清油	冷威儿拉	野牛	大阿乃	清早
哈赖	姊	且吃	盐	晒西	早饭	马里	不妥
博勒	妹	缸	酒	冷著	午饭	刮耳柳	晚
恩节	子	展国	房屋	大暮利	晚饭	阿尔里也	豆腐
恩密	女	麻尔射	油	特得格勒老 贵该代你姓	你贵姓	大如呵	官
哈博	舅父	得只	水	你特得格梅米	尊号	难比	下来了
哈姨	姨母	施	柴	该贵干	你到哪里去	哄舍	赶街
卜寝	房子	迫	鼠	衣不呵	主人或我们的	南奴呵	吃了
芦苇	衣	冷威	牛	阿思弥	小姐	聂尔约	饭厨子
蒙脏	裤	凶孔	虎	你呀尔不呵	上司或土司	起也	酒
哈儿姑	舅母	大母	龙	达日衣	太太	起也得米	吃酒
冉力	裹脚	谷裹	蛇	达枯	烟	缘里	涂禹山
都得着	鞋	母驴	马	耿切儿	漂亮	达雍	石硐
大轮	耳环	该西	羊	达枯格耳母	吃烟	锐	土司的少爷
各拉	镯	该既	猴	你呀尔沙	衙门	得杂布	男孩
牙隔	戒子	隔	犬	沙格舍南奴呵	吃早饭了吗	得虑布	女孩
更补	箱	大	豕	歹日呵	饭	得说	百姓
搭楼	桌	节 俭索	獐子	冷左南奴呵	吃午饭了吗	得穹	寨子
大狗	筷子	格尔搽	鹿				
呷	碗	独物	老熊				
大镮	锅	赢	白熊（熊猫）				
钾	锄						
木的	犁						
一麻	玉麦						
德	麦						

注：加黑线者须拼切。

卷　六

选　举

旁求俊乂，肇自古初，三物宾兴，详于《周礼》。汉行选举，号称得人，经明行修，厥有准则。魏晋以九品区分，而法遂坏矣。隋创科举，唐宋元明清袭之，名目迭更，考试屡变，畸于文胜，以言取人。然豪杰之士，亦往往出于其间，功业文章，彪炳百世，固不能以末流之弊概相诋毁也。今以科贡为主，其他分别次之，俾一邑之人物可征焉。

文　科

元友谅，唐元和年进士。
李　枢，宋乾道中进士。
董　策，明万历乙卯举人，任河南巩县知县。
杨阅运，顺治甲午举人，任福建安县知县。
郭安世，康熙己酉举人。任湖北黔阳县知县。
郭经世，康熙辛酉举人。
马世骥，康熙癸酉举人，任陕西河州知州。
杨　珏，康熙戊子举人。
高　溥，康熙甲午举人。任南溪县教谕。
孟　候，康熙丁酉举人。
郭　璜，雍正癸卯举人。
高　炯，乾隆丙辰举人。
刘之炳，乾隆丙辰举人，任涪州学正。
孟其才，乾隆庚寅举人。
董朝纪，乾隆辛卯经魁。
周化南，乾隆甲寅科举人。
萧荣绅，道光庚子科举人。
姜葆铭，光绪乙亥科举人，龙安府教授。
以上甲乙科。

孟　琦，明拔贡，任湖北永明县知县。
孟绍孔，明拔贡，历升云南曲靖道。
高应宿，明拔贡，任湖北善化县知县。
高仕祥，明拔贡，任湖广监山县尉。
王学文，雍正七年拔贡，任安县教谕。
罗大缉，乾隆六年拔贡。
高祥辉，嘉庆十八年拔贡。
李光谦，道光五年乙酉科拔贡，壬辰科北围[①]举人，云南保宁县知县。
袁　吉，道光十七年拔贡。
李崇德，道光二十九年拔贡。
朱　鉴，同治元年拔贡。
姜文锦，同治十二年拔贡，任甘肃河州分州。
李正藻，光绪拔贡，成都县教谕。
都　俞，光绪丙午年科拔贡（冒籍）。
刘念祖，宣统元年己酉科拔贡，四川省巡按使公署教育科长，下川南省视学。
余天衢，宣统元年拔贡，分发直隶州判。
以上选拔。

杨鸣冈，明人，任教谕。
孟时正，任河南西平县知县。
董嘉猷，任河南昌平县知县。
孟时寅，任山东知县。
郭宗仁，候选训导。
董继志，任江西抚州府通判。
郭干城，任梁山县教谕。
董　填，任湖北襄阳县丞。
高仲选，任大足县教谕。
蹇宏誉，任江南华亭县丞。
郭　鼎，任纳溪县教谕。
孟光斗，任隆昌县教谕。
郭景仪，任成都府教授。
曹繁祚，任蓬州训导。
孟缵孔。
郭应举。
孟缉孔。
贾文龙。

① 围：当为“闱”字之讹。

高符升，任蓬溪县训导。
马腾霄。
高步衢。
郭大忠。
蹇　升。
郭　浪，任富顺县训导。
孟光称。
郭万里。
马士珣。
郭凤翊。
张应昌。
郭晴皇。
余宗裔。
郭维皇。
董如瑗。
郭翊皇。
高扶冀。
胡　珽。
贾士俊。
高　玺。
陈　章。
董　上。
孟　畯，任雅州府训导。
高联元。
郭翊世。
高双元，任南江县训导。
胡　钰。
孟　闾。
胡大椿。
孟　訢。
孟申生，任安岳县训导。
高　灏，任资阳县训导。
董林芳，任大宁县训导。
高一柱。
马于斑。
董　海。
董士彦。
董洪经。

董士哲。
杨一揆。
罗大清。
高　模。
董敏学。
汤　静。
董　谐。
汤　法。
马于连，任永川县教谕。
郄廷模，任新宁县训导。
郭文珩，任通江县训导。
方国璠。
马学乾，任合江县训导。
孟其业。
高从孔。
孟其敏。
王式贤。
董步瀛。
陈先达。
连士镠。
贾德申。
郭　锜。
杨　芳。
马　晋。
王式贤。
王用予。
王用光。
王嘉宾。
陈　尧。
高春元。
董天琦，任山东武定府刑政厅。
郭上拔。
郭上廉。
尚崇山。
蹇时祥。
高万选，候选训导。

高万崐[①]。
何肇远。
董充然。
高朗然。
何肇远。
董充然。
高朗然。
孟维世，候选州判。
董泰然。
陈三俊。
郄继先。
孟维藩。
高　谦。
董继休。
马金龙。
高聊麒。
高宗鼎，候选训导，历升嘉定府教授。
尚光谦。
马光龙。
汤德容。
高　晙，岁贡，历升雅州府教授。
郭本先，岁贡。
高继镛，恩贡，候选训导。
高敬炘，岁贡，以办平枭功，保六品顶戴。
孟钟英，岁贡，候选训导。
孟　勋，岁贡，候选训导。
高体序，岁贡，候选训导。
尚庆奎[②]，岁贡，候先训导。重游泮水，有诗集[③]。
郭如崇，恩贡，候选直隶州判。
何为敬，岁贡，候选训导。
姜文藻，岁贡，青神县教谕，保以知县升用。
雷声奎，岁贡。
以上明经。

① 高万焜：《中国地方志集成・四川府县志辑》本《民国汶川县志》作“高万崑”。
② 尚庆奎：《中国地方志集成・四川府县志辑》本《民国汶川县志》缺载。
③ 重游泮水，有诗集：《中国地方志集成・四川府县志辑》本《民国汶川县志》列于“高体序”下。

高近蟾，廪贡，善书，今文庙“戟门”二字尚存。
郭名世，廪贡，候选训导。
郭　玮，廪贡。
陈毓琨[①]，廪贡，历署璧山、华阳教谕，保以知县升用。
郭　堃，廪贡。
周之鼎，廪贡，历署南江、荣昌教谕，升龙安府教授。
高继衔，廪贡，简州学正，保知县升用。
吴思训，廪贡，候选训导。
高体全，廪贡，以办平粜功，保六品顶戴。
姜文瀚，廪贡，候选县丞。
周骏声，廪贡，军功保蓝翎五品衔，分发贵州候补府经历。
白映辉，廪贡，光绪丙午科职官，陕西候补巡检。
王用中，廪贡。
何文蔚，附贡。
陈守谦，廪贡。
杨延贤，廪贡。
高泽树，廪贡。
孟钟璜，廪贡。
姜葆志，廪贡。
吴国藩，廪贡。
江经邦，廪贡。
马良弼，廪贡。
高吉拱，增贡。
王良杰，增贡。
董在朝，增贡。
王良俊，增贡。
董作霖，增贡。
王于佑，增贡。
郭毓芝，增贡。
高体杰，增贡。
高体清，增贡。
黄士彬，增贡。
杨定发，增贡。
柏奇文，附贡。
蹇　闿，附贡。
何文蔚，附贡。

① 陈毓琨：《中国地方志集成·四川府县志辑》本《民国汶川县志》作“陈毓昆”。

郭清贤，附贡。
郭错贤，附贡。
王述增，附贡。
郭伍贤，附贡。
郭世贤，附贡。
郭综贤，附贡。
韩明镜，附贡。
罗文焕，附贡。
以上贡生。

武 科

汤德一，明代举人。
李 瑜，康熙甲午举人。
杨 瑛，康熙丁酉举人。
刘 瑛，康熙庚子举人。
黄 甲，雍正丙午举人。
高泽衍，雍正乙卯举人。
王德溥[①]，乾隆丙午举人。
马大骧，乾隆己酉举人。
曾应昌，乾隆甲寅举人，任漕河千总。
董占鳌，道光壬午举人，任松左千总。
杨登玖，道光癸卯举人。
杨登魁，道光己酉举人。
杨光国，道光庚子举人。
任三元，道光癸卯举人。
周泽溥，同治甲午举人。
李维藩，同治庚午举人。

附：议员

唐玉麟，宣统元年，举孝廉方正。
王述增，省议员，县参议会议长。
吴觐周，省议员，县参议会议长。
高世枢，县参议会副议长。
柏奇文，县参议会议员。
杨万选，同。
郭错贤，同。

---

① 王德溥：《中国地方志集成·四川府县志辑》本《民国汶川县志》作“王德薄”。

郭综贤，同。
郭世贤，同。
何文蔚，同。
何首才，同。
郭亲贤，同。
孟泽丰，同。
韩映春，同。
郭賚玦，同。
姜世尧，同。
郭谓之，同。
尚毓文，同。
罗文焕，同。
鄢建廷，同。
吴自奇，县议会议员。
高朗清，同。
刘聘三，同。
明仲修，同。
李代翘，同。
姜甫耕，县临时参议会参议员。
高懋禔，同。
李茂修，同。
郭德必，同。
索赵士雅，同。
王观廷，同。
索观宇，县议会议员。
孙显廷，同。
胡尔天，同。
杨春溥，同。
郭震东，同。
何俊明，同。

附：仕官

郭献麟，明武举，军功升授援剿副将。
高启兆，明吏员，浙江金华府府经历。
胡遇皇，明松左守备。
郭绍周，明松左守备。
鲁经丘，邑之草坡人，清乾隆时出征浙江，以军功授都阃府。
董明生，草坡人，乾隆时征金川有功，授世袭云骑尉。

罗　甲，草坡人，乾隆六年，平定金川授都阃府。
郭毓著，清监生，候选府经历。
高吉淳，清吏员，候选巡检。
高继皋，清吏员，候选巡检。
唐安泰，清行伍，保升本邑把总，茂州城守千总。
刘子瑞，清松潘把总。
周　海，清从九，以捐修文庙功，议叙同知职衔。
郭如福，清监生，以军功保通判职衔。
高继云，清监生，候选县丞。
郭之祯，清武生，以军功洊保都司。
王正才，纳娃山人。道光中，英军陷乍浦，据吴淞。随军往征，以军功授千总。
杨　沛，亦纳娃山人，与王正才同时出征授把总。
何为锐，清从九，以办平粜功，保六品顶戴。
马金鳌，清监生，以办平粜功，保六品顶戴。
以上明清两代。

郭树声，任松潘汉军哨官。
孟德宽，任茂县叠溪警佐。
刘宗武，任松潘军哨官。
高体瀚，历①署彭县、广汉知事。
杨昌蔚，任崇宁视学。
陈　彝，任松潘县典狱官。
韩明镜，任松潘县管狱员。
高体清，任本邑视学。
周　刚，任本邑建设局长、教育科长。
胡映侯，任本邑视学、团练局长。
郭伍贤，任本邑视学、教建科长。
郭在孜，字震东，任国民革命军二十三军第四师第十三团团长。
姜仲雍，任国民革命军二十一军团长。
雷震霄，任中央陆军军官学校入伍生营中校营副。
冯元旃，任本邑国民团少校团副。
孟钟璞，任绵竹县征收局长。
索代兴，任松理茂汶屯土军统带官。
索代承，任川南清乡军营长。
索季臬，任川西屯殖军司令官。

① 历：底本作“歴”，据《中国地方志集成·四川府县志辑》本《民国汶川县志》改。

索海飘[①]，任川西屯殖营长。

宋德营，任保安队中队长。

高世模，任川军上校参谋。

高世程，任出征川军连长。

郭德克，任中央军宪兵连长。

高世桀，字子信，任本邑军事科长。

高器常，任本邑警察中队长。

罗怀明，任二十军干部训练班大队长。

杨铁夫，任二十军一师三团连长。

杨竞才，任二十军军部少校服务员。

杨春普，任二十军警卫旅书记。

孝 义

历代正史，皆立节义传，或称节孝，或称忠义。妇人女子，别为一传，曰列女。比而合之，以志一朝之事。近来为邑乘者，多仿此意，不以地之偏小而忽之。汶邑边徼，前代事多不传，献贼之乱，有蹈白刃捐家室而不顾者，岂匹夫匹妇之为谅耶？他若为善于乡，古称独行，因为人无几，编为一帙，以存其概。

郭干城，邑贡生，少孤，事母孝。县令娄君赠以匾，曰“纯孝可风”。官梁山县教谕，自少至老，不言人过。

高仲选，邑贡生，官大足县教谕。既归里，甲申之难，闻贼犯阙，率子德馨及妻女七人投水死。

孟时正，邑贡生，知河南西平县。建学课士，爱民如子。归里赈贫好义，人咸钦服。

朱让栋，号几山，明宗室也，袭封奉国将军。笃孝友，常捐资内外婚丧，以居让族人之贫者。中年丧妻，不复娶。

明哈八喈，邑之耿达桥人。清乾隆中，奉调随征贵州叛苗，因功授都司职，身先士卒，死焉。从者收其发及指甲，以红布作袋贮归，葬于纳娃山住宅附近。今其墓犹存。

义夫高从恕，邑明经高谦之祖。

明必寿，同治中耿达桥人。膂力过人，人以冷半截或明三管家称之。乐于助人。王姓建磨房，双手置磨面于盘上；龙潭沟吴姓建榨房，榨杆大木，独自山中运回。至今土人乐称之。

孝子陈英，邑龙溪人。年九岁，父殁，母哭失明，医药罔效，一夜祷于文昌殿，忽寐，梦神赐以药，嘱曰：洗之即明。及醒，手持一物，欣然归，如嘱治之，母目复明。家贫甚，负薪以养，不稍懈。年十六，母病危，割股以进，乃愈。自是母无病，寿九十余而终。庐于墓侧，三年，事之如生。同治间，知县瞿树荫题赠竖碑。

---

① 索海飘：《中国地方志集成·四川府县志辑》本《民国汶川县志》作“索海观”。

李氏，汶川人，明中丞焦嫡配，封恭人。年二十三，焦殁，事舅姑孝，抚子成立。守节六十五载，祀节孝祠。

高韩氏，无考，从祀节孝祠。

高牟氏，郫县明经牟思槐之女。年二十二，适邑生高淳。五载而寡。守志养姑舅，以孝闻。抚侄如己出，宗祧赖以不坠。

苟罗氏，邑之处女也。年十五，无赖子欲玷之，力拒得免，自缢而死。奉文旌表。

桑朗麦氏，瓦寺宣慰司荣宗之母也。夫容忠卒，子荣宗幼。氏抚之成立，一应军民差役诸事务，经理得宜。笃志守贞，满三十年。将事者以上闻，题名旌表，崇祀节孝祠。

苏氏，嘉庆间邑生高万昆之母，奉姑训子，守节垂三十年而卒。

张氏，邑廪生孟诹之妻，道光十八年，已立石坊，入祠。

周氏，孔和之妻。

苏罗氏。

董荆氏。

董尚氏。

高董氏。

高郭氏。

郭氏，高思谦之妻。

烈女，高仲选之女，明崇祯十七年，献贼攻汶，投水亡。

孝女，高翠云，邑选拔祥辉之女。

冯氏，高庆章之妻。

尚氏，高天爵之妻。

苏氏，高承恪之妻。

高氏，郭相隆之妻。

刘氏，高承炳之妻。

高氏，董茂兰之妻。

郭氏，高承雯之妻。

邢氏，董茂藻之妻。

董氏，高体仁之妻。

冯氏，孟绍元之妻。

王氏，孟绍荣之妻。

刘氏，蒲文升之妻。

高氏，孟其如之妻。

邹氏，索文锦之妻。

高氏，陈先治之妻。

庐氏，杨昌之妻。

高氏，陈璨之妻。

董氏，尚奎之妻。

尚氏，徐绍金之妻。

杜氏，吴思兴之妻。

罗氏，马良凤之妻。

高氏，周朝鼎之妻。

任氏，罗学敏之妻。

高氏，汤体先之妻。

李氏，谢志顺之妻。

王氏，马芝礼之妻。

袁氏，任仪之妻。

王氏，任安国之妻。

曾氏，陈三杰之妻。

汤氏，张凤仪之妻。

张氏，董开珍之妻。

汤氏，张世龙之妻。

王氏，罗永贵之妻。

魏氏，高吉宸之妻。

李氏，方应芝之妻。

王氏，龚廷典之妻。

董氏，高任佐之妻。

倪氏，李桐绍之妻。

王氏，郑显贵之妻。

张氏，冯万升之妻。

郭氏，高聊上之妻。夫殁时年二十八岁，家贫翁老，子女幼弱。氏孝亲育孤数十年，备历艰苦。

何氏，孟绍华之妻。

陈氏，萧清顺之妻。

张氏，萧清顺之妻。

张氏，苏学湖之妻。

官氏，董在汶之妻。

杨氏，陈三俊之妻。

周氏，汤登舆之妻。

孙氏，陆文升之妻。

高氏，连悦人之妻。

周氏，索永弼之妻。

董氏，高继璧之妻。夫殁时，年二十六，家酷贫，鹑衣蔬食，售女红以抚二子成立。

王氏，马启富之妻。

严氏，刘正荣之妻。

陈氏，王骧之妻。

孙氏，蹇铭善之妻。

罗氏，高宗尧之妻。

张氏，王世成之妻。

孙氏，高天秀之妻。

蒲氏，吴官桂之妻。

高氏，同辅仁之妻。

高氏，汤俸其之妻。

向氏，孟型之妻。于归时，型病疯魔，饥寒不知，父兄莫辨。氏敬谨以事，怨怒毫无，十余年如一日。苦无子嗣，而身亲耕织，以奉翁姑甘旨。夫殁时，年二十八，不茹荤腥，六十岁而卒。

孟氏，邑吏员高鸿飞之妻，庠生体乾之母，明经孟维世之三女。夫殁时，年二十九，翁老家贫子幼，氏事翁笃敬，教子成名，事无巨细，一身亲理，邑人钦焉。

贞女张□姑，字文童姜文炳，及笄，炳卒。张往吊，哀毁尽礼，誓代养高堂无二志。适夫祖母尹氏病笃，勤持汤药，数月无倦。翁增生兆璜为之抚嗣。同治十三年，御史吴鸿恩题请旌表。

高氏，高年斗长女，郭如岫之妻。年十八，归郭室，克尽妇道。阅七载，夫故，守节教子有方，至于成立。计守节二十余年。

姜九姑，先药次女，字袁总兵之孙瑛。将笄，夫阵亡，矢志守贞，历二十余年。及父母终，啼哭悲号，旋绝粒而卒。同治十三年，御史吴鸿恩题请旌表。

孝女胡性贞，邑耆民胡峻之女，母田氏，老而无子，矢志守贞。养生送死，克尽孝道。年六十七岁而卒，乡里咸钦焉。

孝女何全贞，邑从九何为铣之女，守贞尽孝，年六十岁而卒。

孝女高体全①，邑耆民高吉升之女，与子均立志不字，事母终身。

孝女何全吉，邑吏员何香泉之女，守贞尽孝，年六十岁而卒。

陈氏，茅亭张捷三之妻，年二十余，夫故，抚侄为子，教养成人，享年八十四岁而卒。

董氏，国子监刘受禄之妻。年二十四，夫故，矢志守贞，享年八十三岁而卒。

高氏，廪生吴凤堂之妻。家贫，年三十，夫故。抚子女成家，享年八十四岁而卒。

鲜氏，文生雷澍之妻。年三十，夫故，抚侄承嗣，教之成名。享年八十五岁而卒。

胡氏，雷一换之妻。中年夫故，教子成名，享年八十三岁而卒。

罗氏，马择高之妻。家贫，中岁丧夫，抚群子成人。现年八十。

吴氏，罗鸣廷之妻。年三十余，夫故，守节五十年而卒。

岳氏，郭诚斋之妻。三十余丧夫，抚三子成人，享年八十。

尚氏，贡生王用光之妻。三十三岁，夫故，享年八十二。

烈妇雷成一，邑廪生周骏声侧室，教育局长周刚之生母，灌县金马场耆民雷慎之之

① 高体全：《中国地方志集成·四川府县志辑》本《民国汶川县志》作“高体金”。

女，年十六，归周氏，养老治家，克尽妇职，家庭雍穆，乡人称之。迨夫逝，夜静，投江而亡，时民国十七年九月也。

孝女孟桃棣，邑从九孟清之长女，与妹九姑，谨以修己，勤以持家，终养而卒。

苏氏，邑生胡绍堂之妻，与弟绍唐之妻董氏，均守节三十余年而卒。

王氏，邑生郭佑贤之妻，夫故，氏年二十六，计守节四十年而卒。

韩氏，邑生郭在贤之妻，夫故，年二十四，计守节四十四年[①]而卒。

孝女周金棣，邑廪贡龙安府教授周之鼎之女，养亲不字，年六十五岁而卒。

李氏，邑廪生吴自钟之媳，吴永冠之妻，灌县慈峰场李绍伯之女，伟舟、文豹、汝舟之胞姊。其夫于民元惨遘漩桃王之变而死。氏年十八，矢志守贞，现守节三十二年。

胡世喜，邑武庠胡汉鼎之女，赘婿李德成，外出失踪。氏年二十八，家计贫苦，亲老子幼，矢志不嫁，抚[②]孤成立，现守节二十余年。

高志善，邑八品职衔高纯正之女，终养重帏，矢志不字，享寿七十三岁，无疾而逝。

郭阳春，邑武生郭如陵[③]之胞妹。家计窘迫，手工养母，矢志不字，贫苦以终。

郑玉贞，邑武生郑万鹏之女，立志不字，奉养慈亲，卒年六十五岁。

汤氏，邑生冠永和之妻，计守节四十六年。

高明相，邑耆民高体铨之女。终养父母，年六十八岁而卒。

按：右所列诸人，不外孝义节烈而已。五四之后，吾人常闻有非孝非节者。察其言论，盖反对以孝为道德中之心之根本，而对于仅责妇女以片面之贞节一点，加以非难。非孝非节之余，即主张不孝不节也。耳食之流，不考其说，乃仅就字面而接受之，欣然色喜，嚣嚣然以新派自号于众，于是见有主张孝节者，即群议以迂腐。呜呼，此世道人心之大忧也！夫道德之行为可以改易，当民国时，岂尚容提倡忠君乎！然道德之原则，乃将贯古今中外而亦不可改易者。论此原则，本为人生哲学（旧称伦理学）之事，非片言半笺可尽，而有数语可于此揭出之者，即自私自利，恶也。损人利己，恶之尤者也。利己而不损人，无善恶之可言。利人利己，善也。牺牲自己以利他人，则善之尤者，道德行为之极则，即最高无上之道德也。忠义节烈，何一非牺牲自己以利他人？谁能非之？谁忍非之？谁又敢非之乎？噫！余尝九岁丧父矣，先母魏氏，以家"无一瓦之覆，一土之载"之故，手自操作，育孤事舅。每当家无余粮，甘旨有阙时，尝抚余顶而泣，泪下沾襟，双目全肿。至今思之，历历如昨，而余母又已弃养矣，伤哉！遥思他日故邑有修志者，若仿此例，或亦不过草率书之曰"魏氏某某，某某之妻，某某之母，守节二十六年卒"而已。谁复知此寥寥数十字中，尚有几许艰辛、若干血泪乎？余修汶志，多沿旧书，每恨其过于简略，不足以尽昔日孝义节烈者之艰苦于万一。或有人焉，不明斯旨，且以迂腐加余，若非耳食之辈，则亦无情之流耳。余不暇与之较也。嗟乎！三十年

① 四十四：《中国地方志集成·四川府县志辑》本《民国汶川县志》作"四十"。

② 抚：《中国地方志集成·四川府县志辑》本《民国汶川县志》作"扶"。

③ 郭如陵：《中国地方志集成·四川府县志辑》本《民国汶川县志》作"郭如陆"。

来，国家多故，礼乐大政，乃付阙如，而是非①褒贬，遂致漫无准绳，是亦可忧之甚者矣！

瓦寺土司

瓦寺土司索诺本氏，旧称桑朗氏。其先世雍中罗洛思，为乌斯藏加渴酋长琼布思六本桑朗纳思霸之弟。有明中叶，琼布思六本入贡方物。正统六年，茂汶、孟董、九子、黑虎等寨生番跳梁，屡征不服。朝命琼布思六本统兵出藏，相机进剿。琼布思六本以年老多病，奏请以其弟雍中罗洛思统兵行。番乱既平，即住扎汶川之涂禹山瓦寺地，给宣尉使，即世袭土职。

罗洛思卒，子克罗俄坚灿嗣②。

俄坚灿卒，子直己扎什嗣。

扎什卒，子满葛喇③嗣。

葛喇卒，子舍利永中嗣。

永中卒，子占叫加嗣。

占叫加卒，子南葛嗣。

南葛卒，子亦舍雍中嗣。

雍中卒，子甲思巴嗣。

甲思巴卒，子南吉儿贾思巴嗣。

贾思巴卒，子南吉二朋嗣。隆庆二年，草坡番作乱，寒水土巡检高茂林被害，南吉二朋以土兵讨定之。

二朋卒，子舍躬嗣。万历中，以草坡十二寨土蛮地给舍躬安插。

舍躬卒，子山查儿加嗣。

儿加卒，子曲沃太嗣。当是时，张献忠据成都，将略松茂，兵至彻底关，曲沃太以兵守关，贼不得过，乃由太平沟绕出关后，曲沃太退守本寨。

曲沃太卒，子曲翊伸嗣。顺治九年，清人遣师定四川，曲翊伸倡先投诚，缴宣慰使印。顺治十一年，成都未复，曲翊伸奉檄驻灌口。后同官军进复成都，全川旋平。顺治十五年，清人以曲翊伸投诚最先，立功颇著，改授安抚使司安抚使，颁银印一方。令其所辖地，东至威州，南至三江口，西至斑烂山，北至沙牌沟。康熙二年，杂谷阿朋乱，曲翊伸率土兵随大兵进剿，事定，賚予有差。吴逆之略四川也，成都失守，曲翊伸以兵守茶关，誓不从逆。既而县属通山五寨羌人图变，二十年负固不服。曲翊伸以兵临之，皆归诚，地方遂定。

曲翊伸卒，子坦朋吉卜嗣。康熙三十九年，炉蛮乱。坦朋吉卜从大军直抵新路，炉蛮逃遁至那咱顶，歼焉。

---

① 是非：《中国地方志集成·四川府县志辑》本《民国汶川县志》作“足以”。

② 子克罗俄坚灿嗣：《中国地方志集成·四川府县志辑》本《民国汶川县志》作“子克罗俄坚烂灿”。

③ 满葛喇：《中国地方志集成·四川府县志辑》本《民国汶川县志》作“满菜喇”。

坦朋吉卜卒，子桑朗温恺嗣。康熙五十九年，大兵进藏，调土兵六百名于拉裹巴塘地方，护送粮饷，又随征郭罗克地，俱有功。加宣慰使衔。

温恺卒，子桑朗容忠嗣。乾隆十七年，杂谷土司苍旺作乱，容忠奉派领兵直捣杂谷，夺取官寨并喇嘛寺，招抚日猪、卜地等寨，从大军竟抵松岗，杂谷平。至三十二年，而小金之事起。先是两金川土司，以互噬启衅，十三年[①]，经传大兵进讨后，金酋每于隘口山岭可通人行处，添修战碉，排比相连，久蓄异志，辛卯遂起兵围沃日寨。沃日与小金接八十里，先有备，寨固不得破，乃分兵越沃日迳出巴朗山扎营。瓦寺闻变，乃遣土弁率兵迎敌，扎巴郎山之卧龙关[②]，互有杀伤。进攻山神沟，得尔密等处，以故[③]贼不得出，而大兵随至卧龙关，分道进讨，卒荡两金，置屯政府。

容忠卒，子荣宗嗣。母麦氏，训育有方。四十四年，奉派进京，赏给二品顶戴。五十五年，三次朝贡赴京，奉旨改桑朗[④]为索诺木，赐花翎一羽。汶川遗老相传云：土司到京日，帝梦太和殿前一桑树暴长，枝叶逼殿楹，心甚疑惧。钦天监奏曰：或有臣僚姓桑者，宜注意及之！次晨，传桑土司朝见，即谕桑朗[⑤]荣宗赐姓索诺木。诺木而索然，抑之也，索之得姓自此始。方清人之征郭尔喀也，遣土弁领二百人从军。大军进讨，事定优赏。秀山事亦派兵从戎。已而教匪事起，又以兵从。以功加升宣慰使，给瓦寺宣慰司印号纸壹道。

荣宗卒，子索衍传嗣。道光二十二年，英军陷乍浦，据吴淞，逼金陵。衍传遣土舍索文茂领土兵千余人往征，至宁波与英兵遇，敌虽有枪炮，然困于湖沼，被土兵斩获百余人。功加一级，赏戴花翎。

衍传卒，子世蕃嗣。同治二年，平松潘叛夷。十三年，剿灌县河西山匪，均称有功。

世蕃卒，子代兴嗣。代兴字怀仁，岁次辛亥，川督赵尔丰濒危，飞调驻松巡防军援成都，镇压革命。代兴率土兵千余人，腰击于文镇关白水寨，大败之。复令乃弟代赓率土兵六百余，出三江口游击。赵尔丰以援兵不至，被杀。清室亦相继沦亡。旋奉委为屯土统领。

代兴卒，弟代赓嗣。代赓，字季泉。民十九年，黑水夷人叛，奉令协剿，军次鹅石坝，被围阵亡。

代赓卒，子观沄嗣。观沄，字海帆。民国二十四年，"匪"窜川边，奉命督修各处关隘。工未竣，"匪"已突破理茂防线，遂同友军与之激战者弥月。旋赴省谒见委座，备蒙嘉慰。归即致书各土司，并电商其兄长卓克基土司索观瀛，传达中央意旨。"共匪"西窜，大部就歼于夷地，观沄与有功焉。

观沄卒，子国光嗣。国光者，前县长康冻之义子，幼袭土司，职权由其母索赵士雅代行。国光名，冻命之意，勉其成人后，作上国之光也。

---

① 十三年：按上文"三十二年"，当为"三十三年"。

② 扎巴郎山之卧龙关：《中国地方志集成·四川府县志辑》本《民国汶川县志》作"扎巴良山之臣龙关"。

③ 故：《中国地方志集成·四川府县志辑》本《民国汶川县志》作"敌"。

④ 桑朗：《中国地方志集成·四川府县志辑》本《民国汶川县志》作"桑明"。

⑤ 桑朗：《中国地方志集成·四川府县志辑》本《民国汶川县志》作"桑良"。

自雍中罗洛思住扎涂禹山，其住牧之地，仅为汶河西岸二百余里之荒山大泽。历十一世至舍躬，始渐有草坡十二寨。更历三世至曲翊伸。旧志乃称其东至保子关与西沟一带接壤，南至韩坡岭二百里与灌县水磨沟大白石界，西界斑烂山（即巴朗山）沃日界五百里，北至沙沟，与五屯接壤二百五十里；东南交灌崇二百里，东北交三杂谷四百里，西南六百里接木坪土司地，西北接党坝、绰斯甲地五百里。重山复水，古木深林；境阔人稀，天寒地险。其寨落河东坂桥山一寨，河西河坪、白土、四山与汶属羌民杂处，草坡、三江、卧龙大小二十八寨。其民番户八百，人一千余口。其赋应纳汶川丁粮银一十三两八钱零，兼纳理番粮银九两八钱、灌县粮银八两零。其地产杂粮，番民计斗种、出租赋，头人、土舍各分山地一分，自为栽牧。其物则有野牛、熊、鹿。其药则有贝母、茯苓。其服毡褐、短衣、长裙，以花布包头，虽贵人不异。其俗信佛，每年遣僧进藏念经，必有输献。俗于正月八日会诸弁于山寨，讽经作会。番民生三子即度一人为僧，若其家无人，则以僧还俗，此大较也。其山则有天赦、老鸦、牛头、南桦诸称号。其水则有黑石江、三江口，汇流于大江。余各分载邑志。

今则变异殊多：疆界，东北以福烟沟界理番，不再与保子关（即威州）相连。西北仅抵虹桥山脉，与党坝绰斯甲相距尤远。余如《旧志》（木坪土司地即今西康宝兴县）。其寨落如故，而已无纯粹番民。计三十八年八月保甲整编后，共户一千四百二十二，六千八百零八人（本年整编数字见“乡里”篇附“保甲”）。其粮应纳汶川为十三两八钱三分四厘，灌县八两，早已免除。理番九两九钱五分，则已于三十二年划归汶川。其服其俗，亦早大体汉化，无甚差异矣。先是，桑朗温恺随征西藏，清果亲王赏给“敬恭职守”匾字，以奖诚恪，赍予甚厚，世世谨守。民国二十九年八月，监察院长于右任先生至汶访禹迹，适土司索观沄卒，于题其讣曰“世代忠贞”，亦足以见其恭顺云。

按：汶川土司，旧称阃内土司，意谓其输租纳赋，无异齐民，其共职服勤，又居然官守；与羌民杂处，而土俗间有小异；与汉民周旋，而风教又似无别也。今者，时异势殊，所谓土民，以与汉人通婚之故，同化已久，近更编组保甲，视同内地。其原有剽悍善战之风，亦早亡失，观于此次抗战，中国疆场不复有土兵效命一事，可以证之。是土司报国之道，已不在此。历史演化，乃至一转捩之时机。如何而始能敬恭职守？如何而又始能保持其世代忠贞之令誉？是在其善自为谋矣。

附：瓦寺土司世系表

（1）雍中罗洛思——（2）克罗俄坚灿——（3）直巴扎什——（4）满葛喇——（5）舍纳容中——（6）占叫加——（7）喃葛——（8）亦舍雍中——（9）甲思巴——（10）南吉儿贾思巴——（11）南吉二朋——（12）舍躬——（13）山直儿加——（14）曲沃太——（15）曲翊伸——（16）坦朋吉卜——（17）桑朗温恺——（18）桑朗容忠——（19）桑朗荣宗（索诺木荣宗）——（20）索衍传——（21）索世蕃——（22）索代兴——（23）索代赓——（24）索观沄——（25）索国光

附：西路土司

汶川所辖上下里（即今大道四乡镇）皆汉民，四山九寨皆羌民，其瓦寺所属则番民。《周书》：庸蜀羌髳。《史记》：自筰以北君长以什数，冉駹最大。《括地志》云：蜀西徼外羌。《后汉书》：冉駹，其山有六夷、七羌、九蛮，各有部落。今羌民一种，番民又一种。汶川为西道总口，其北则杂谷口，其中则草坡口，其下为漩口。杂谷旧为苍旺地，今置理番府[①]（即今理番县）。两金平，置屯政府（即今懋功、靖化两县）。西路土司之著者，有梭磨、松岗、卓克基、党坝，沃日五处。一道同风，与置吏又何异焉。崔氏论曰：蜀西南徼外诸蛮，皆吐蕃种也。唐末，部落分散，各自为长，相吞噬。今皆设官置吏，稽其土官土兵及赋税差役，设宣慰、宣抚、招讨、安抚长官等司。

自汶川西道入，经杂谷五百余里，有梭磨。梭磨土司，系杂谷土司桑吉朋之后。东西距三百余里，南北距五百余里。有直固雪山，高四五十里，瘴雾迷人，八月积雪，沿岗预插高标，以防迷误。又有克州、扣叟（今称来苏）诸山，人迹不到。直固山（今称鹧鸪山）水南北分流，北由杂谷入江，南流者经卓克基、松岗、绰斯甲、党坝，过泸定桥，入大渡河。所属部番一百五十余寨，共计五千余户。自梭磨以西一百余里，曰卓克基。

卓克基土司，系杂谷土司桑吉朋长子阿吉之后。东西距一百余里，南北四百余里。东界梭磨，西界松岗，南界党坝，北界松潘之郭罗克。部番一百二十余寨，共计三千余户。自卓克基以西一百余里，曰松岗。

松岗土司，系梭磨土司勒尔悟胞弟根绰斯甲之后。乾隆十七年，苍旺伏诛后，分松岗为土司。东西距八十余寨，南北距一百余里。西界绰斯甲，北界松潘。部番一百余寨，共计一千五百余户。自松岗以西为绰斯甲，分属南路。

党坝土司，北界松岗，西界绰斯甲，东南界两金。系杂谷舍人分住党坝。苍旺伏诛，将斗柔一带地给为土司。东西距七十余里，南北距九十余里，部番六十余寨，共计八百余户。

沃日土司，其先吐蕃部落，世袭土职。东与汶川之瓦寺为界，南界木坪，西界小金，北界杂谷。有毕蓬雪山与金川之商角，俱称险峻。部番八十余寨，共计一千余户。沃日以西，今为屯政府，以南如革什咱、绰斯甲，皆属南路矣。

诸番上俗，于扼要之处，垒石高五六八九丈，或方或八角，四面砌枪眼，曰碉楼。俗信佛，喜度僧，惟以一子承祧，曰血人。

俗以三冬月望日为岁朝，妇人长裙短衣，庭列大酒甕，男女更唱，执手跳跃，自夜达旦，名曰跳锅装。

病延僧祈祷，不服药。烧羊膀骨以代卜筮。以什物置囊中，探而布之，曰扯索挂。

死用火葬，取脑骨送西藏喇嘛寺，余贮瓶中掩埋，以彩缯插高竿曰插旗，每岁差酋长赍金帛赴西藏喇嘛寺，曰熬茶。

崔氏曰：卫公筹边，亦惟防之而已，细审诸番部落，宜分不宜合，宜散不宜聚。盖

---

① 理番府：当为理番厅。

分则弱而易制，散则难相并吞。相机乘势，早为之所。务令常有求于内地，而勿遽满其欲。威信所加，诚无不格矣。

按：崔氏所纪，民人土著，大概如此。今其属往来汶地，与汉民相周旋，不异内地之民。《唐书》载陈子昂七验之言，称羌民忠顺。噫！独羌民也哉？方今普天化育，率土同仁。诗采輶轩，书登风俗，至于回准编氓，流沙被远，乌斯置吏，巴勒输忱，神灵赫濯[①]，声教覃敷，以莫不亲，无远弗届。猗欤，休战！

按：上所记西路土司，既非本邑所属，而又间有错误，本可竟予以删去，所以仍为保留者，盖欲存《旧志》之真，以供嗜古者之浏览也。

① 濯：或当为“耀”。

卷　七

古　迹

蹟，迹也，人与地相值而并传，荐绅先生爰博嗜奇者志焉。然深山穷谷，兵燹风霜，半归零落。今取其可考者纪于左，间附传闻，以当信疑之义，参以考辨，要不诡于正而止。志古迹。

石纽村刳儿坪

县南十里飞沙关，岭上里许，地平衍，名刳儿坪。有羌民数家，地可种植。相传为圣母生禹处，有地址[①]数百步，羌民称为禹王庙，又称为启圣祠云。

按：《通志·石泉志》曰：刳儿坪在九龙山第五峰，禹穴碑在县南二十里。而《通志》载：汶川县亦有刳儿坪。

《寰宇记》：石纽村在县西一百二十里。又云：在今茂州之汶川县北四十里。《括地志》云：在县西七十三里。《元和志》：禹生处名刳儿坪，至县治五里。宋眉州刺史计有功曰：《华阳国志》云：石纽，古汶山郡也。崇伯得有莘氏女，治水行天下，而生禹于石纽之刳儿坪。夷人营其地方百里[②]，不敢居牧。有过，逃其野，不敢追。云：畏神禹。藏三年，为人所得，则共原之，云禹神灵佑之。山下有村曰石纽村，有禹穴，刻“禹穴”二字于岩石，方广二丈，世传李太白书。盖不独会稽有禹穴也。尝求其故，大抵山川曼邈，代远时移，都邑名号，废置离合，而石纽故处，莫释主名。秦汉而下，为国曰冉駹，为道曰绵虒，为邑曰广柔，一也。汉灵帝析而郡之，曰汶山。唐贞观八年，又析而县之，曰石泉。唐以前，石泉之名未立。谯周、陈寿、皇甫谧皆指石纽为汶山之地。周曰：禹生于汶山广柔之石纽，其地为刳儿坪。寿曰：禹生汶山之石纽，夷人不敢牧其地。自石泉名立，其后唐《地理志》、国朝《职方书》、先儒《舆地记》，皆以石纽归石泉。虽莫辨其故，然汶山之山曰铁豹，江水出焉；汶山之山曰玉垒，湔水出焉；石泉之山曰石纽，大禹生焉。合之则一，离之则散，处于三邑之近。石泉始隶于茂，宋熙宁割隶于绵，政和抚戎，又升而军之。传曰：反本求古，不忘其所由生。越之人曰：吾

① 址：疑当为“止”。

② 百里：底本脱“里”字，今据嘉庆《汶志纪略》补。

禹之会稽。楚之人曰：吾禹之宛委。思其人，实其地，使蜀之人不曰：吾禹之石纽？是不知天降神，地发祥，人允赖也。

按：石泉，即今北川县。广柔废治，在今羊店南之大邑坪。以禹穴为刳儿坪，非是。

明杨升庵慎曰：广柔，隋改汶川，今之石泉县也。石纽村，今之石鼓山也。其山朝暮二时，有五色祥气。又有大禹采药亭在大蒙山，其地药气触人，往往不可到。禹穴者，禹藏书之室也。按《正义》：禹至衡山，梦见绣衣男子，自称元夷苍水使者，却倚覆釜之山，东顾谓禹曰：欲得我山之书者，斋于黄帝之岳，崖石之下。三月季庚，乃登宛委之山，发石得金简玉字，以知水泉之脉。及治水成功，乃藏书于所生之地焉。按《广舆记》：会稽之穴，石如臼，可知非藏书所也。

按：以汶川为石泉，石鼓山为石纽，非是。

明王舜卿曰：大禹，黄帝五世孙。父曰鲧，娶[①]有莘氏之女修己，见流星贯昴，娠而生禹于石纽山。又曰：圣而不可知之谓神，人而至于神，不可以复加矣。圣人以神称者，惟炎帝与禹耳。炎帝以医药永民命，万世享其寿，故称神农。禹以治水振民生，万世享其利，故称神禹。呜呼！非天下之至神，孰能与于斯。又云：风泄土囊，云兴寸石，在物云微，宜彰所自。禹，圣人也，精一执中，二帝授其道，地平天成，万世赖其功，巍巍不与，孔无间然。发迹之地，吾人可冥然乎？正尝瞻禹穴，已异其地之秀灵。及阅有功之庙文，潘[②]华阳之国志，按杂史以求源，本《禹贡》而著绩。观鼎珊，轩辕之迹可寻；过尼山，曲阜之容可挹。正遂纂而为纪，以祛群疑。涉于伪佞者，计有功已不书，正曷敢赘？又曰：按大禹生于石泉石纽山。石泉，古广柔县地，即今茂州也。陈寿、谯周及《华阳国志》皆云：禹生于汶山郡石纽之刳儿坪。

按：以石泉为广柔县，即茂州，非是。

邑令郑命新，于戴家坪立碑纪事云：县南十里许，名飞沙关。山顶有石纽刳儿坪，相传即禹诞生处。论者谓禹为石泉人，盖泥古石泉县有禹穴故耳。不知禹穴为憩息处，无石纽名。今考《蜀志·秦宓传》谓：禹生石纽，即今之汶川郡。按汶始于汉，五代时，置郡置县，称汶川、汶山不一。自隋及唐，罢郡建汶川县，属茂州，至今因之。《皇舆表》载汶山县省入茂州，汶山即汶川也。谯周《本纪》：禹本汶山郡广柔县人，生于石纽，其地名刳儿坪。按广柔县，晋初属汶山郡，寻废，则广柔之地已并入汶川也。今刳儿坪石纽现在，知禹生汶川，洵不诬矣。夫神圣诞生之区，后人往往传闻附会，争之为里邑光。况禹生汶川，稽之往册，实有明征，而竟令其久而不传，则官斯土者咎也。因续入志乘并泐石焉。

按：以禹穴为游憩所，无考。

---

① 娶：底本讹为“聚”，今据《中国地方志集成·四川府县志辑》本《民国汶川县志》改。

② 潘：疑为“缗”之讹。

太初李元《禹迹考》云：汶邑之南十里许飞沙关，俗称凤岭。岭端平衍，方可十余亩，土人称为刳儿坪。坪南悬崖峭壁，下临岷江，前有巨石百丈，前人摩崖书“大禹王故里”五字。保县南四十五里，禹穴在焉。保县治，即汶邑之故治也。加渴瓦寺土司署，在治西北十里，谓之涂禹山，与刳儿坪相距十里有奇，盖即涂山氏之故国。余自入川以来，留心搜访神禹之迹，其所得者如此，因而考诸载籍以证之。《易林》云：舜升[①]大禹石夷之野。《吴越春秋》云：禹家于西羌，地名石纽。《水经注》云：广柔县石纽乡，禹所生也。《青城记》云：禹生于石纽，起于龙冢。龙冢者，江源岷山也。有禹庙镇山上，庙平八十亩。《益州记》云：广柔之石纽村，其地名刳儿坪，夷人不敢畜牧，畏禹之神也。《元和郡国志》云：禹，汶山广柔县人，生于石纽乡。《路史》云：石纽在汶山西番界，龙冢山之原。《括地志》云：石纽山在汶川县西七十三里。《寰宇记》云：石纽山在汶川县北四十里。广柔县者，汉武帝所置，至晋而废于羌，邑乘家以为今之保县也。保县本汶川之地，则禹为邑人无疑矣。石纽山当即飞沙关，与《青城记》所言形势相符。而山有神灵，行旅肃然而过，毋敢喧哗，如敢不肃，飞石伤人。得毋《益州记》所谓禹之神者耶?《石泉县志》乃谓：其治南一里石鼓山即石纽山，治南二十里有九龙山，有刳儿坪，崖镌“禹穴”二字。然与诸志不合，而龙冢、江源，去之更远。“禹穴”二字，盖好事者所为也。石泉为广柔属地，故得而附会之。今会稽亦有禹穴、涂山，岂禹生于浙，而涂山迁都于越州乎？不足据也。夫禹迹之著于汶邑者，在在可据，而见于载籍者，亦斑斑可考。是汶邑在唐虞之世，皆时雍之黎民，而神尧之所协和也。自吐蕃侵扰，羌人窜据，居民播迁，遂为荒服，而神圣故迹，乃移于文人歌咏之乡矣。邑风淳朴，未有好事而附会者，则碑碣之仅存，实同彝鼎；故老之传述，义胜简编。神禹之明德远矣，余也详说而表彰之。

按罗泌《路史》载：禹先出于高阳，高阳生骆明，骆明生白马，是为伯鲧[②]。蜀山氏出自人皇，蚕丛、伯濩[③]、鱼凫，最后乃望帝杜宇，是为满桿，盖蜀之先也。高阳颛顼之祖曰昌意，黄帝之震嫡也。娶蜀山氏女曰景媟，生乾荒。乾荒亦娶于蜀山氏枢，是为河女，所谓淖子也。淖子感瑶光而生颛顼。鲧，高阳氏孙，字熙，汶山广柔县人也。鲧纳有莘氏女曰志，是为修己，年壮不字，获若后于石纽，服媚之而孕。岁有二月，以六月六日屠副而生禹于僰道之石纽乡，所谓刳儿坪。长于西羌，西夷之人也。师于大成挚，学于西悝[④]。

《蜀志》云：禹生于石纽，今之汶山郡石纽山也，在西番界龙冢山之原。《水经注》云：禹生广柔县石纽村。《青城记》云：禹生于石纽，起于龙冢。《世纪》作石坳。任豫《益州记》云：广平之石纽村[⑤]者，今其地名刳儿坪，又作痢儿畔。赵晔《吴越春秋》云：女嬉于岷山，得薏苡而生高密，地曰石纽，在蜀西川也。《世纪》云：修己行山，

① 升：当为“生”。

② 鲧：《中国地方志集成·四川府县志辑》本《民国汶川县志》作“苏”。

③ 伯濩：嘉庆《汶志纪略》作“柏”。

④ 学于西悝：嘉庆《汶志纪略》作“学于西王悝”。

⑤ 村：底本讹为“林”，今据《中国地方志集成·四川府县志辑》本《民国汶川县志》改。

见流星贯昴，梦结薏感，生禹于石纽。《遁甲开山图》荣氏注云：女狄暮及石纽山下，泉中得月精如鸡子，爱而吞之，遂孕，十四月而生禹。又《十道记》：石纽为秦州地名。《青城记》云：龙冢，江源岷山也。有禹庙，平八十亩，每朔望池自满，继有水给千口。《蜀本纪》云：禹生石纽，本汶山郡广柔县人。

按：数说皆言生于石纽。

又《易林》云：大禹生于石夷之野。《正义》云：禹名文命，字密，身长九尺二寸，西夷人也。《后汉书》戴良曰：大禹生西羌。《洛书》云：有人出于石夷。《随巢子》谓：禹生昆石。又谓禹生碣石之东。

按：数说皆不言石纽及刳儿坪。

按：石纽之说，见于陈寿《三国志》之《秦宓传》及谯周《本纪》，二子皆蜀人。周作太史，寿仕晋，称为信史，传信传疑，固当不诬而[①]。虽然，犹有说秦皇焚书，故典殆尽。汉武下诏求遗，犹多伪作。龙门太史[②]，历数十年，博采散遗，访求故实。其曰：上会稽而探禹穴。此言禹巡狩处，云穴，则葬处也。未明其所生处。作《本纪》谓：禹名文命，不言生某处也，《索隐》注亦无是说。而《正义》引扬子云《蜀王本纪》云：禹本汶山郡广柔县人，生于石纽。则唐长史张守节所述者也。《左氏传》出《史记》后，所称鲧禹事，俱不言所生。司马长卿，蜀人，博学，未言及。《春秋繁露》，董子作，曰：禹生发于背，未明其地也。到西汉末，扬子云著《蜀纪》乃称：鲧为广柔县人。而刘向、班固、桓谭辈所著如《白虎》《新语》等书，总未道及。盖扬雄妄诞，千古罕有，其说亦无有述者。郑康成，后汉人，博学醇正，为东都第一，历考古注，未有以大禹为生石纽者。王充、蔡邕，异人异书，皆未有论，岂扬雄曾为是言，而蜀人谯周、陈寿等传之耶？自是以后，旁见杂出，繁引博称，竟以禹生石纽，为确有所据，不知皆扬子云“鲧为广柔人”一言导之也。《汲冢书》《竹书纪年》西晋时方出，其中舜会西王母，太甲杀伊尹，武丁杀王季等言，皆荒谬过甚。其纪帝王年岁，亦未有禹生石纽之说。《易林》，前汉时书，戴良，后汉时人，不过曰“西羌及石夷之野”而已。此皆不可知之事也。后之人既以禹确为石纽生，又以石纽为广柔，而广柔为汶川古废县，则石纽当在汶川，而禹固宜为汶川人也。或以石泉有禹穴，谓石泉亦旧属广柔。计有功遂以禹穴字为石纽，岂不牵强？杨用修石鼓山之言，诬罔已甚。文人博议，大抵皆然。大要，志石泉则引归石泉，志汶川则称系汶川而已。或曰，石泉置县在后，汶川县置在前，汶川又系广柔废县，则禹生石纽刳儿坪，为汶川地，于说较长云。

按：汶山郡之名，茂州、汶川、灌县皆曾置建，是三邑皆可称汶山。而汶山县之名，乃绵虒故县地，他邑不得而混也。唐置茂州，因置石泉，是二处皆汶山郡地，于汶川置县绝不相与。旧称禹广柔县人。广柔废县，在今治之南大邑坪，遗址尚存，与石泉

① 而：疑当为“耳”字。

② 史：底本讹为“始”，今改。

盖风马牛不相及矣。扬子云称：鲧为汶山郡广柔县人，岂可以石泉相混乎？《括地志》云：石纽山在汶川县西七十三里。此以汶川旧治而言。又云：广柔废县在汶川治西七十三里。云汶川县西，非汶川之石纽山乎？以道里稽之，亦无不合。《元和志》称刳儿坪在县治五里。此指广柔县治而言，今飞沙关下大邑坪一带是也。《寰宇记》云：在县西一百二十里，此指汶山郡而言，今之茂县城是也。今刳儿坪，离茂州盖一百二十余里。又云：茂州，汶川县北四十里。此指汶川旧治而言，与七十三里之说大略相同。盖山路参差，传闻异也，言北言西，亦传闻之异。今相其地势，盖在西南。而石泉县乃在汶、茂之东，形势悬殊，得何捏合？以汶考之无不合，以石泉视之，不啻秦越矣。况传记皆曰广柔、曰汶川、曰汶山郡之广柔县，盖分广柔县于汶山郡也。然则石泉安可混耶？计有功无可奈何，乃曰：合之则一，离之则散。处三邑之近，直欲笼统混过，以建石泉之祀。彼其心亦有所不安，而故为此朦混说法也。不然，则耳食之士，未能如太史公之登会稽而探禹穴者。愚既博采汉唐以来之说，复述友人李太初之论，因就扬子云之纪，与各传记道里之说，姑为之解，以辨其似是而非者，且以质诸博闻强识者焉。

廖立故居

汉廖立，徙汶山郡，今其居宅，在治北之五龙山右，地名廖公岩。后人于故居址建观音院，即其地也。墓不可考。

前代古墓

旧称县署后有古墓，未详何时人。或曰姓董名策，又曰瑄。前代邑令郑命新竖碑为之记。李天骏修城时，迁其墓于北城中。中有圹志，剥蚀不可辨，惟云姓董名光，封某将军云。

玉垒山

治北四十里玉垒山，壁上镌“玉垒山”三大字。《蜀水经》曰：玉垒山在保县东三百里，群峰丛拥，远望无形，惟云表崖嵬稍露之。山石莹洁，可为器，即碔砆之类。唐贞观创关其下，名七盘关，亦名玉垒关。按，在保县三百里，非是。保县旧治离玉垒山亦无三百里，而七盘山离玉垒山仅十里计。《名胜记》曰：维州治后即玉垒山，蜀后主观湔江至此，亲书“玉垒山”三字于州署后，其大盈尺。或曰昭烈帝书，或云宋淳熙时书，皆不可考。

前松茂副使程凤翔云：昔刘梦得常爱终南太华，谓此外无奇；爱女儿荆山，谓此外无秀；及登九华，恨前言之失。盖山水非穷造其胜，心习其情，或耳到而手足心眼未到，未许亲加品题，不独梦得为然也。老人与玉垒作缘，寝息其下者三年，每忆杜少陵“锦江春色来天地，玉垒浮云亘古今”之什，窃谓：锦江春色，刻画天然，无可易矣。玉垒浮云，似于此山真面目未有理会。因记往岁游青城时，知灌以青之玉垒山为玉垒，岂当日少陵上下锦官、白帝间，游迹所至，盖亦止灌，未及威耶？夫古人一物命名，无不相肖，况巍然都郡之表出者乎？昔人谓玉垒之在青城者，幽秀深渺，白色苍狗，变幻无端。今观玉垒之在威者，峭壁嶙峋，截然玉立，如垒如城。左太冲所谓“包玉垒而为字”，盖名与实无不称焉相肖。山既出其真面目以向我，则何敢以少陵足迹未到之玉垒，而使青城窃其似，以冒其名，且使后人谓如子美，容有不肖之句，诬玉垒以并诬少陵也。至山半有大书“玉垒”二字，传为汉昭烈帝手书，此不足据。老人所据，据夫三年寝卧其下，领略其体貌性情，不作生客草草评论，以贻他日之悔，山灵之笑也。若乃穴沸清泉，源本石潭，依稀无异，慧山清冷香柔，功德备焉。向来未遇知已，旧名龙洞，后人复题为玉液池，亦觉草草。岂玉垒山下，果有珠如方诸见月津而为水者乎？抑真有鳞物瀺灂其洞中耶？昔昙隐大师寓东梁，潭中涓涓沸出，相传每旱祷雨辄应者，不足分八功德水一也。（八功德水，注：一清、二冷、三香、四柔、五甘、六净、七不饐、八不蠲疴也。）且此泉污塞多年，今春来，老人为疏涤而领略之，以渐得其清冷香柔之故。未几而详请督抚，减征之檄适下，边氓困苦稍苏，又龙蒲诸逆番相继戡定。郡人去卧榻之大患，士庶讴歌，如出潦泉而饮清凉焉。则以谓功德之一也，固无不宜。

玉液池

玉垒山下有池曰玉液池，俗称为龙洞。深五丈，阔一丈。上荫异木十余株，各长十数丈，枝叶幽翏，不见天日。水深四五尺，甚寒而甘，中有鱼四五，长数尺，时游水面。人莫敢玩，谓之龙也。波流绕城而达于江，旱祷即雨。元至正间，石刻“洞龙深处”四大字于洞额。

玉垒行窝

《明史》：王元正，字舜卿，陕西盩厔人。正德辛未进士，官翰林检讨。嘉靖三年，大礼议起，何孟春等二百余人，跪左顺门，帝使司礼谕退，不从。杨慎、王元正撼奉天门大哭。帝怒，俱下狱，为首者戍边。于是元正受廷杖，谪戍茂州。初，元正号“三溪”，少时，有过青城经玉垒之梦，因改号“玉垒”。及谪，过玉垒山时，叹曰：前定之矣。徘徊不去，题所居曰“山水间读书处”。人号玉垒先生云。

张道古墓

玉垒山下有张道古墓。《蜀梼杌》曰：蜀王建武成二年，召张道为武部郎中。道古至玉垒，谓所亲曰：吾唐室谏臣，终不能拳跪与鸡犬同食，今召还，必再贬此。死后葬关东不毛之地，题曰：唐左补阙张道古墓。

懿简王墓

明天顺四年，蜀和王第五子封汶川，名友壇。成化年薨，谥懿简。墓在县灵溪山，子荣康王申销嗣。销薨，子宾瀼卒，次子恭僖王宾沙嗣。沙薨，子让施[1]卒，孙安惠王承炯嗣。炯薨，子宣鼜嗣。府在城内，明末毁于兵，今失其墓址。

---

① 让施：嘉庆《汶志纪略》作“让栴”。

石　室

《寰宇记》云：冉駹，夷人所造者，高十余丈，山岩之间，往往有之。按汶治一道，皆冉駹旧地，风俗最为淳良。今之羌民，冉駹种也。或云：草坡一路皆冉駹地。存考。

苏村高碉

城西五里苏村，相传云：五代时，陈后主选妃，得之于此。苏民乃建高碉七层以志喜。按陈后主不得在此选妃，或王或孟，未可知，然诞不可信。

筹边楼

筹边楼有三：一在保县，筹西边也；一在清溪，筹南道也；一在蜀城大慈寺，兼筹西南道也。或曰：楼在今之理番府，非是。当卫公筹边时，维州地陷入吐蕃，后悉怛谋以维州降，在卫公去后，杜悰继镇时。则建楼当在汶川旧志[①]，然已不可考。

临渊亭

雁门关内有堡，曰雁门堡，古为通鹤城。明指挥使宋琏建亭于江水边，曰临渊亭。毁于兵，基址尚存。威牧范渊纪其事曰：

汶山郡，蜀西要地，南去七十里有堡，曰雁门。上连松茂，襟喉之要也。官军戍守，必择智勇将官为之督，以专责成。正德间，镇巡推擢本郡御所武略将军宋公来典斯任。公智勇天成，尤读书好礼、精晓边务，尝曰：保障边城，可苟焉哉？必城池兵戎之雄壮也。堡之荒废，皆撤而新之。中有小亭，亭前有沼，活水流通，翠崖掩映。昔人以为憩息游观之所。公曰：居是任者，上系朝廷，下系生灵，居安而思危，吾分内事，游观何暇焉？遂名其亭曰“临渊”。于憩息之际，其有惧心乎？《兵法》云：勿谓彼之不攻，惧我之不备。其心惴惴焉，恐吾城池之不高深也，兵甲之不坚利也，士马之未练习也，人心之未和顺也。以攻何由而取，以战何由而克，以守何由而固。凡此皆吾之事，敢不战战兢兢，存此心于无事时乎？予闻其言而壮之。盖天下事，未有不成于忧患而败于怠荒。后之继公，能以公之心为心，必无纵观游耽、杯杓流连废事矣。正德三年。

过街楼留题

治北五十里过街楼，上下建二阁，高五六丈。书宋嘉祐三年大学士范仲淹题，上曰“岷山起凤”，下曰“汶水腾蛟”。墨迹犹存。

率然堂

率然堂者，明副使谢朝宣所建也。邑南二十里大邑坪，建察院行台，即于东偏建堂，曰“率然”。明末毁于兵。堂西有飞来石、盘陀石、试剑石、晒书石、伏象石、俱镌字。今虽淹没，基址尚存。《记》云：

---

① 志：疑当为“治”。

经制之术，视一方犹天下，大要居重驭轻，以近治远。一或偏废，是不知率然之势也。常山之蛇，谓之率然，击首尾应，击尾首应，击中则首尾俱应。昔人谓[①]天下形势，取喻于此。汶川宪治，新构一堂，以“率然”名之，岂无谓哉？我朝建都冀北，合晦庵大风水之论，是天下率然之势也。松茂为四川藩屏，既设总戎于中，又设左右参将，分治南北，是一方率然之势也。盖茂威之地，以灌为首，叠溪为尾，汶川介于灌茂间，两道适均，乃颈脊之处也，治茂不治汶，本虽壮，气势不接。宋汪若海有言：天下者，常山蛇是也。秦蜀为首，东南为尾，中原为脊。今以东南为首，安能起天下之脊战？吾亦曰：汶川不治，威茂不可得而治，犹欲振蛇而弱其颈也。故经制威茂，必治汶川。治之何如？乃移仓廒以足食，增关堡以足兵。应变于彼，取用于此。积以岁月，文告则气充，用兵则气锐。信乎吾说，治天下之道不外是矣。后之君子，必能大有为也。吾且为吾堂云。

滋茂池

县南一百二十里尤溪沟，入四十里，四合皆山。中一巨浸，俗呼为白龙池，曰滋茂池，一名慈母池。在慈母山下，广数里，汪洋无涯岸，常有风雷，人不敢近。大旱祷雨，必往求焉，得水则雨，土人以为神。俗传明时有王道者，居汶之尤溪。一日，有僧至门乞斋，卧于石磨上。王出，见一龙蟠睡，讶之。僧忽起，以一袈裟覆地上，遂陷为池，授王氏以接骨方。邑人祷雨，至潭乞水，雨随至，因名其池曰“滋茂”也。又传梁时，有道士游文镇，谓主人口：我汶川龙溪龙池中之姿竭岁龙神也。按此二说颇荒唐，而出于乡里之传闻，未可信。姑志之以存旧说。

按，《方舆胜览》云：慈母山在青城山东，导江人冯大量与神仙相遇，入隐此山。《外史》云：滋茂龙池，在汶之尤溪，万山丛立，中有方池，周四十里，广几百亩。清水镜开，荒草四积，真灵境也。《登真书》云：滋茂龙池，一曰慈母，在益州西南四百里。有灵药可以已疾，无毒害，犹慈母焉，故曰“慈母”。此一说也。田况《益州龙神祠记》云：蜀之西山，有池曰慈茂，亦曰慈母，以其能兴云雨救旱暵，茂养百谷而名。又一解也。唐开元中，章仇兼琼既得平戎城，梦一女子谓曰：我此城之龙也。今弃戎归唐，愿有以居我。章仇异之，表为立祠。又按《总志》：慈母山在县南一百五十里。昔有妇人，引子采药山中，虎负其子去。母逐虎不得，因长号而绝。见者哀之，曰慈母也。此则旧书所载之说，其传闻又异矣。按《碑目》云：滋茂池善应庙碑，张商英无尽处士文。其神或传姓吴，或传姓郭，颇有同异。又按张商英曾为相，称为商霜相公者，何以称处士？今庙与碑俱失，无考。

胜因院

县南一百三十里，地名百花滩。在中滩堡之南，漩口之北，湿坂山之麓，为胜因院。清幽旷远，真异地也。旧说宋蒲宗闵有《记》，清代已不可考。院久废，止存其址。

宋文同与可有《记》云：

① 谓：嘉庆《汶志纪略》作“论”。

繇玉垒山南下，过笮通，西循皂江，左折越太平渡，行深入曲，无虑六十里。至茂之汶川，有地曰柘平。群山却立，大陆初露；畦麻畛稻，杳远空阔；披壖带麓，壤土鲜阔；景物瑰丽，人物纯笃。就其居处，有院曰“罗汉”。昔有头陀德钦，戒操甚严，岁腊居久，其徒委散，是身独在，常惧其所将堕落，愿择高行属以香火。得永康军大中祥符寺僧义海者付之。至惟简师，凡五世也。惟简惟[①]颛洁，所趣端慎，守僧律，作佛事。癯形晦面，不避风雨。远近四众，咸宗仰之。既至此地，乃图崇饰，伐木镌岩，大辑材础，构广厦、设尊像、储秘典、纳净侣，凡所欲一二完具，殆逾一纪，功力方绝。以名上列，乃锡今号。庭堂虚敞，檐宇飘动，丹明碧照，缋绣崖谷。诚归向之福地，而庄严之道场也。惟简，余之邑人，远来求纪其事，间常谓余曰：青城诸峰，惟大岷最为高厚。然丈人上清之望者，乃世俗之所能见尔。如吾所居，正向其面，脉络里面[②]，披敛出没。涧壑钓蔓，峦岭曲折，高林巨樾，巍岗险顶，晨霞夕霭，染渍辉耀，湍瀑淙激，禽虫啼响，一日万状，无有穷极，蒐眼倾耳，不知厌倦。此方外清绝之境，世间奇伟之观，而惟简辄擅有之。山林之人，所获多矣，安得君之车马，一至其地，以信[③]吾言之不诬。余听其说，衮衮令人喜闻。回视此身，若处泥井，何时濯洗，以从师傲兀于其间哉！因命笔缀次其事，使归琢诸岩石，遂以为记云。熙宁二年十月十五日记。

茅　亭

县南一百二十里，岷山之麓。相传蜀王作亭，盛夏避暑，曰茅亭。居人没其址，今讹为茅田。又蜀汉建兴四年，幸湔山登坂，观汶川之流，遂名其地为观坂。晋大始八年，皇甫晏为益州刺史，讨叛羌，到都安，屯兵观坂，今之茅田地也。

娘子岭

县南一百一十里，山曰银岭，俗名娘子岭。为入省大路。有关帝庙，道士居之，往来者献以茶。其茶即岭上道士自摘者，味最佳，水亦清冽。左右山峰对峙，中通一路，青篁古木，参差相映。

传志不载，土人以娘子岭呼之，相传为杨贵妃入长安时过路，故名。或云：孟昶游茂州，其妃张太华迎候于此，故名。不可考。太初李元曰：娘子岭，俗称杨贵妃归京时经过此岭，故名。《太真外传》曰：杨妃小字玉环，弘农华阴人，徙蒲州永乐之独头村。高祖令本，金川刺史。父元炎，蜀州司户参军。妃早孤，养于叔父河南府士曹元璬家。又《峤南琐记》曰：贵妃本广西容州普宁县云陵里人，父维，母叶氏。都督杨康乞为女，长史元炎转乞为女。《蜀水经》曰：《唐史》，妃蒲州永乐人。父元炎，叔父元珪，与《外传》合，独珪璬二字小异。方妃贵盛时，其父元炎，母李氏，叔父元珪、堂父铦、堂弟锜鉴、再从兄钊即国忠、姊韩国夫人、妹虢国夫人、秦国夫人、国忠长男暄、小男昢、韩国婿崔珣、虢国男裴徽，秦国婿柳澄、澄弟潭、澄男钧，皆蒙贵显，何得本

---

① 惟：疑当为“性”。
② 脉络里面：嘉庆《汶志纪略》作“脉络表里”。
③ 信：嘉庆《汶志纪略》作“幸”。

生父母，独无荣施？《琐记》不足信也。又按，杨元炎任蜀州司户参军，而贵妃生焉。唐蜀州，武德元年置，天宝改唐安郡，今之崇庆州也。世传贵妃生茂州，而汶川因有娘子岭。然茂州在隋开皇三年，废州郡为蜀州，七年已改会州矣。又按，开元二十三年册寿王妃杨氏，二十八年度杨氏为道士，号太真。天宝三载，潜纳于宫中，号娘子。四载，册为贵妃。十载，安禄山生日，召入禁中，用缯帛为大襁褓，使宫人裹而沐浴，赐贵妃洗儿钱。十五载，缢死马嵬。考明皇生于垂拱元年八月五日，贵妃生于开元七年六月一日。纳宫之年，明皇六十一岁，贵妃二十六岁，何媟昵之甚欤[①]？安禄山生于景龙四年二月，至天宝十载已四十四岁，贵妃方三十三，乃襁褓洗儿？明皇不悟，亦大可怪矣。正史不载此事，当由小说之诬也。

附：八景

汶邑八景之说，言人人殊。前邑令黄俞有"凤岭飞沙""虹桥夜渡"之说。前松茂副使薛曾有"东山夕照""苏村春晓"之说。邑生董敏德亦开列八景之名以示余，凿凿可听。因采其尤雅者列为八景。若夫"凤岭虹桥"，其险已甚；"层台天巧""灵峰呈霁"之说，虚渺难窥；而"屏山远钟"，似涉于诡；"磨溪文石"，又近于俗矣。故未敢从众。

"道钧灵山""元阳古洞""须弥圣灯""温凉异水""雁门晴雪""龙洞潜流""玉垒浮云""银台宿雨"。

附：名胜

《旧志》于古迹之外，仅附八景。百余年来，以行旅频繁，名胜之地，遂更有发现，因博采诸说，附志于此。

雁门古墓。雁门高冈多古墓。川大教授冯汉骥氏，云为三代以上古坟。尝掘得钺斧铠甲，谓系周铜。

过街楼。传为唐李卫公所建，或曰即筹边楼也。虽无确证，然是处北枕雁门，西带岷江，固应为屯兵要地。迄今柳树蓊葱，溪水曲流。于汶茂大道上，犹不失为风景可观之处也。

板桥关。在治北二十里，有额曰"北道锁钥"。二十四年，红军尝惨败于此，因有"搬不完的萝葡寨，打不开的铁板桥"之谚。

沙窝。越七盘关后，俗有"飞剑斩五龙"[②]之传说。验其地势，良似。而积沙成岩，一望无际，亦奇观也。

簇头。在河西。树木荫翳，风景绝异。

金波寺。在草坡，中涌一顶，周约六十余丈，四面祟林，中建佛庙一，创自明崇祯时。至今庙宇辉煌，香火不绝。古历十二月十五日，朝者尤多。人有以七绝赞之者，曰：

巍巍庙宇接云间，金波为名自古传。

---

① 欤：嘉庆《汶志纪略》作"也"。

② 飞剑斩五龙：《中国地方志集成·四川府县志辑》本《民国汶川县志》作"飞刘斩五龙"。

佛法西来留胜迹，不亚蓬莱一洞天。

龙潭沟海子。在草坡。由龙王庙至董家坡，约六七里。传清嘉庆时犹系海子，深不可量，行人俱由山顶往。有喇嘛降伏水兽，海水枯，人民始开垦。赞之者有诗曰：

磨梭古迹访龙潭，海子尤凭父老传。
不是喇嘛降水兽，而今何以得平安。

凤岭。系草坡官寨岸山，状如凤，每起雾，必降雨。近岩中有一羊毛篼，终日滴水，为天旱祈雨之所。好事者赞以诗，曰：

凤岭东峙雾锁巅，层峦叠障路弯环。
万丈悬岩临篼海，终朝惟听水潺潺。

公馆塔。在草坡，系清乾隆时岳钟麒征金川，由汶川小路进兵修行营时所建。有诗赞之曰：

玉塔原来岳帅修，克征金川到此游。
驻扎行营曾建筑，一片忠贞万古留。

钱粮山海子。凡三处：曰深海子，曰双海子，曰青草坪海子。海子清澈，虽极深，然常见底，如人工砌成者然。海滨有葱，海上常有云雾。河西居民，每祈雨于此。药夫至，无敢哗者。

神树坪。在跟达桥东北转经楼沟。古树二十五株（外杂木二），不识其名，居人名之曰神果树。传明季有番僧经此，以手杖插地而成。春花秋实，食之有异香。花繁实茂，收获必丰，故居人以神树目之。风景殊异，亦名胜之一也。

长岩窝。在耿达桥。有大海子一，周围环以八小海，水清如镜，长年见底。药夫尝云：投以石，则波澜汹涌，黑雾四起，顷刻间冰雹大作。而其风景之异，亦仅药夫可以见之。

盘龙寺。在盘龙山。俯视群峰，几小如丘垤，北望雪龙包，仿如银台。寺周风景，清幽而雄奇。游人至此，常有出尘之感。方之灌县青城，无多让焉。

涂禹山。在治北河西十五里，与治南十里之刳儿坪遥遥相对。昔人谓禹娶涂山氏之女，所谓涂山氏，即居今之涂禹山也。地肥腴，为全邑之冠。瓦寺公署在焉。大硐屹立，居民数十家。公署北为土司祖茔，古柏苍然，阴幽可爱。茔北为土司家庙，庙中壁画千余幅，皆佛像，技术尚称精巧。有藏经楼，原贮佛经不少，惜一毁于民国二十四年之兵燹，复被二十九年之地震摧残，致壁画经籍，俱已无存，良可惜也！

绵虒古墓。涂禹山、白土坎、河坪多古墓，俗称矮人坟。居民尝掘得石棺，遗骨较今人长大。殉葬物有五铢钱、半两钱、瓦罐、土碗、宝剑等物。

望乡石。在映秀乡。由磨子沟入，约三十五里。伫立其上，可望蓉、灌、温、郫等处城垣，胸怀为之一畅。古代之无音寺，据云在其右侧也。

乾龙池。在映秀湾西岸上游，距映约七十里，为高山盆地，面积约三四百亩。昔年有池，为近处人民祈雨之所。

艺 文

历代史志，俱有艺文，或称文苑，或称文学，或称文艺，皆取一朝之能文章、工词赋者，编为列传。各处州县志，既不能多有其人，每邑或几人，人或几篇，载入志内，为一邑之光。汶自置县以来，既未有扬马文章之士，而先辈碎金片玉，又不多得。为取碑石之仅存及流传人口者，次第而书之，以备一斑。为艺文志。

祭玉垒王舜卿文元正

明　杨慎

古语有之：同病相怜，同忧相救。嗟君我之形踪，何斯言之相副。忆嘉靖之甲申，当金商之卒侯。昧一鸣以斥伏，同三进而及雷。嗤蒙梏之未脱，冒瞽言之难奏。纷巧簧之易如，惭面甲之益厚。违天颜于咫尺，褫龙章于阙右。落孤影于清浔，下承明于紫宙。予孑孑以无依，子茕茕而在疚。联艕艘于潞水，埸嗡呓而相叩。赴岩督以难往，怅非狂而东走。交呻吟于蓬席，忘饘粥于昏昼。苦吊影于魍魉，甘生涯于鼪鼬。君违秦而巴僝，我去蜀而滇僽。哽题绅以分袂，各扶伤而携幼。限天隅之一柱，望月弦而几彀。捧戎檄以予归，喜少城之君逅。讶垂白之如新，命重碧以话旧。歌嘐喻以无解，语聊浪而失读。听南音于西林，主北道于草阜。发孤笑于群忧，伸眉颦于面皱。吟江鸿之夜度，赋鬼车之晨雊。杂欢悲于须臾，类栩梦之一宿。涓甲畐以吾行，胖兹会之难又。望北风而开襟，怪嗣音之不复。竟庚了之日斜，忽辰巳之相凑。丧资斧于旅巢，慨河清于人寿。感徒系于匏瓜，恻不食于井甃。涕却留而已零，杯欲奠而先覆。呜呼！盈万物于两间，恒接构而心斗。何淑皃之罕临，而良辰之希遘。巾柴车以碧纷，懞驽骀以朱就。既贫尼而富虒，且焚焚而菼茂。岂黔嬴之混施，兼造物之垢瞀。屈《天问》其焉陈，柳《天对》兮焉咎。惟珵美之莫藏，树令名其不仆。匊芳馨于皎日，等尘劫于刻漏。慰夫君兮九原，庶斯语之不谬。声已吞兮何言，魂归来兮兹侑！

温凉泉铭

王元正

县城南有泉，曰温凉泉。嘉靖戊戌夏五月八日，玉垒山人王元正游汶，观寒水，异而铭之。曰：

气生天一，脉漏山下。孰澄之光？孰引之泻？厥流涓微，靡昼靡夜。

厥味甘寒，罔冬罔夏。玉浆江滀，渊珠海漉。时乎其静，天空月莹。

时乎其动，云蒸雨应。君子清之吉，小人浊之凶。汶氓视铭，厥惟有终。

修建文庙碑记

康熙元年　大学士　胡世安

圣皇初御万年之历，汶川学宫于时告竣。众谓有词，宜勒石以纪成功，而属之余。谨拜首稽首而言曰：粤自之洪濛肇判，圣喆挺生，羲轩而降，作者非一人矣。乃孔子独巍然为帝者师，万世无改。岂直以包举群圣，金声而玉振之哉？盖以孔子之道，乾坤不足以喻其大，日月不足以喻其明，山海不足以喻其高深。先孔子而圣者，非孔子无以传；后孔子而圣者，非孔子无以法。生民以来，未有盛于孔子者。所谓贤于尧舜，岂虚语哉？自周西而后，或尊孔子为尼父，为褒尊侯，为文宣王。宋加至圣，元加大成，极崇褒之而未有定制。至明始改王为师，易像为主，礼备四代，乐用八佾。倚欤休哉！昭天地而超今古矣！

皇清定鼎，首重文教。以学校之废兴，课有司之殿最，万代瞻仰在此举也。汶川屡遭寇兵屠蹂，城舍丘墟，学宫鞠为茂草，濒九年所欲图更造而未能。大参陈公子达以内翰分藩威茂，聿兴盛举。邑侯张公，殚[①]襄厥成。汶人亦相帅出力以缮其事。工不阅岁，而烬者兴，墟者完，门殿宫墙，焕乎一新。诸生趋跄其中，率德励行，共修大业，与海内结轨而驰，孰不曰自今日始。弟兵燹后，琐尾流离，文献淹没而不可考，诸生亦知尔汶庠之发祥有自来乎？唐元友谅以名进士起家，文章事业彪炳一时。明董策中乙卯科乡试，孟绍孔以恩选贡，由州守仕至二千石，而臬而藩而抚军，功业烂然。其余府佐州县不可屡数。

盛朝初辟贤科，杨开运以髫龄中甲午科乡试。时当圣主当阳，海宇宁谧，方修礼乐，崇儒术，以致太平。诸生幸逢其会，当必有硕大光明之才应期而出。树骏流鸿，以为兹学宠重，庶不负邑侯张公耀祖兴起学校、乐育人才之美意哉！

张公，山阴人，自署篆即真县令，莅汶者二十余载，与士民共甘苦，同患难，生聚教养，不遗余力。如复县治、筑城堡、建神祠，重建桥垒，调驭夷情，湛恩汪濊，沦洽肌髓，汶民之尸祝恐后，不亦宜乎？是役也，四川监军道程公凤翔、松龙副戎沈公继芳经始于前，捐助有差，于法得并书而复系之以诗，曰：

昊穹生民，厥有圣神。体阴法阳，尊主群伦。於灿宣尼，道隆德溥。金玉其成，时惟木铎。

六经删定，典训煌然。譬彼日月，朗而行天。流泽鸿庞，以觉来裔。万祀宗之，血食勿替。

皇清御宇，惟圣是式。薄海之内，庙貌有翼。瞻彼岷麓，黉宫兀突。流氛鼓焰，建遭回禄。

上下交饬，亟命鼎新。斥金捐廪，心经目营。爰度爰谘，爰兴缔构。群工毕艺，不日而就。

肆肆其筵，奕奕其楹。丹雘黼黻，既穆且贞。爰入其门，爰跻其堂。执事具陈，金丝琅琅。

厥奠维何，豆笾簠簋。神之来临，既安且喜。章甫峨峨，缝掖翩翩，威仪有楚，载歌载弦。

元灵有辉，万年有造。人文丕炽，赞我皇道。岷山矗矗，汶小汤汤。琢词贞珉，并垂无疆。

① 殚：原脱，据嘉庆《汶志纪略》补。

重修关帝庙碑记

汶川知县　张耀祖[①]

粤自炎鼎将倾，群雄竞起。关公以天生神武，义重桃园，忠扶帝胄，独伸志誓死不回。予耀，披阅志余，当兼危之际，公叱吴人曰：大丈夫生则立威，死则立节。我死，当有精灵上薄霄汉。且将神随天帝缥缈，下鉴人世顺逆忠节，若者福，否者祸，令万古知有我。大哉斯言，炳若丹券，迄于今千百余年，令人景仰于九天之上。其勇雄义风、精忠大节，真堪以骑箕驭无，类日月之星辰。庙食普天，神灵百代。凡有血气，莫不钦崇。至其振古之威名，累朝之封号，夫且与天壤同其悠久，小子何敢复赘一辞。

汶城西南，旧有关帝庙。自置县以来，久经崇祀。国朝定蜀之年，耀祖来守兹土，拜谒之余，亟图所以新之。惟边疆甫靖，拮据匆遑。于己亥春正月望后三日，鸠工缔造，阅数月而告成。嵬然翼然，不特重新其坛宇，复有像而尊奉之，俨然如在其上。俾瞻拜之下者，凛凛其敬，不啻亲接神灵于觌面者，何莫非公之精爽所致也哉。盖申公之忠义，历万古而不磨；故公之英灵，自亘万古而不朽。益信乾坤正气，无往不同。正所谓：掘地得泉，随在见水，又何独汶之庙祀而已。庙貌既新，神明孔赫。爰匾其榜曰"关帝庙"。夫公之称号多矣。前将军，固蜀汉本号也。称真君、称元帅、称侯、称王以至称帝，皆历代崇之号。予之建庙，至尊也，故从其尊者而称云。

大清康熙元年岁次壬寅吉日立。

文林郎知汶川县事蓬莱张耀祖鼎建。

重修城隍庙碑记

汶川知县　张耀祖[②]

《传》曰：天生民而立之君，使司牧之。故长吏为天子守土而亲民，是大君所分符而出治者也。设一州县，必设一城隍，会典中皆载有封号，于其理幽冥而司祸福，是上帝所分灵而幽赞者也。是故幽明一理也。鬼神之德之盛，其彰瘅之微权，直堪以佐衮钺之用，而襄政教所不及也。使天下之人，群而奉之，莫不敢射也。

汶川之下关，出城数十武，旧设有城隍庙，每祷必灵，为民除害，至今遗有获豹碑，威灵赫如也。兵燹后，满目沧桑，神庙且鞠为丘墟而莫之问。予耀滥叨司牧，怅然伤怀，亟亟焉议复新之，不靳劳费，而修缮者亦愿乐输以从。然无材木，弗给何？丙申夏，忽大水陡作，江流澎湃，涌至大木若干。随材取用，罔不具备，而独少一柱为栋木，索之弗得也。无已，命工由水滨觅至凤头关下，见沙渚上露有大木寸许，循而求之，其大小与前栋木同。及揣其本末，则长短尺寸与前栋木恰相合，众皆异然，惊喜过半。冥漠中真有若启若翼于其间者，微神，威灵不及此。遂于是岁七月，告吉兴工，不几月而工竣，宜若有神助焉。规划经营，适皆如是[③]；黝垩丹漆，焕然一新。从此拜邀

① 底本署名在文末，今据《艺文志》体例乙正。

② 底本署名在文末，今据《艺文志》体例乙正。

③ 是：嘉庆《汶志纪略》作"式"。

神贶，庇我蒸民。予何幸而乐观厥成也。

虽然，朔望之期、公议之会，入其庙，神明在上，司牧者得无恍然思乎？思何以抚下而保民，思何以奉公而经国，思何以恪供乃职而服官。思之切而慊，自心之神明使可以对在上之神明。入其庙，天鉴在兹，司牧者得无悚然惧乎？惧其剥膏而浚民生，惧其覆餗而隳国计，惧其簠簋不饰而玷官箴。惧之深而不愧，自心之天鉴，使可以对在上之天鉴。定以古人膺任之初，必斋宿于庙，然后升堂视事，盖惟先质鬼神而后乃莅民物，惟贞白乃心，而后能靖共尔位。则分灵而幽赞，与分符而出治者之感召，志气之蒸，未尝不互相协赞，而谓幽明有二理哉？予承乏汶川，先后几二十年，所治民事神，行虽不逮而心窃志之，庶神之灵有以鉴其言。记于后，以告后之君子。

大清康熙元年壬寅仲夏。

文林郎知汶川县事蓬莱张讳耀祖。

重修城隍庙碑记

孟其才

寰宇之大，凡府卫州邑，无不立庙祀城隍。诚以理明治幽，神盖与牧守令长分司此土者也。汶邑神庙，旧载康熙元年壬寅，邑侯张公耀祖建，落落数楹，简略弗备。历百余年，风雨剥蚀，且就倾圮。邑人议更新之。乾隆三十四年己丑，粤西刘父台摄县事，领首等具由以请，捐资报可。因分募于众，一时士民商客，咸乐输以襄厥美，敛金颇饶。庙基故窄隘，买地改筑，倍加深广。鸠工庀材，凡殿寝廊庑，以及乐台垣墙，次第兴作。

阅三年，告成。迎神殿中而拜妥之，并庄像诸所宜奉，惟称其所羡金。复筹派起息于前，四十二年买业邑之下水里尤溪，以资焚献。事难而克就，固人情慕善之诚，要莫非神之默为助也。从兹以还，神之为汶祐者，宁有极哉？计始事迄今，春秋已十二易，恐日久实晦，谨列其端末，泐诸碑阴，以志不朽。

重修文庙碑记

阙　名

世运之盛衰在人才，人才之奋兴由学校。圣天子重道崇儒，诞敷文教。亲致祭于阙里，洒神翰于泮宫。配享诸贤有赞，训饬士子有文。颁示宇内，光昭天壤。近奉考试直省师儒，分黜陟以端表率，即有司考成，亦必以学校之兴理为课最良。以胶庠乃风化之本，尼山实万代之宗，非若梵宫萧院，兴废一任乎人也。

汶学创始嘉庆三年，后燹于兵。康熙壬寅岁，始克重建，规模初具，皆属草创。朔望非不谒也，惟循街四拜；春秋非不祀也，仅举爵三登。以致菁莪胜地，将同茂草荒区。

甲戌（按[①]：为康熙三十三年）春，浔阳廖公来莅兹土，目击心凛，毅然以重修为己任。奈需费甚奢，名虽因而实创也。捐俸倾箭，心力交瘁。几几乎大观矣，乃功未竟而公遽卒。有心者，犹系思不置。甲申（按：为康熙四十三年）夏初，威郡陈公兼摄汶

① 《重修文庙碑记》中两处“按”语，嘉庆《汶志纪略》均无。

篆。谒庙之际，虑废坠之不修，惜成劳之并弃，慨然追廖公而终其事。于是，由殿宇而及庑门墙坊阙，及圣龛贤座，凡鸠工庀材，丹涂既茨，悉捐囊办理。不数月间，而百年丹雘之盛，于今复覩。且欲建魁楼以培地势，筑泮桥[①]以肃观瞻，宗庙之美，必臻其备。

史传文翁治蜀，郡国皆置文学，蜀人自此显名不绝。今汶之有学，煌煌甲于他邑。入其门而赫然以临，登其堂而忾然入见，则从事于圣人之道也，必力于文翁之化，不几先后有同揆耶？《易》曰：圣人作而万物睹。余汶虽处僻壤，沐浴既久，殆必有仰副盛朝作人之雅化者也。至于端学术、正人心、立品行、存道德，非法言不敢言，非法行不敢行，破拘牵之习，以进于圣贤之途，是在我辈之克自振拔而已。

是役也，肇始于甲戌，告讫于甲申，阅今十年。天干合而人事竣，夫岂偶然也哉？后之君子，可以兴矣。

书院学田记

王声銮

余登岷山，涉汶水，见石骨崚嶒，江流盘折，白云青霭，遍照[②]桃花，碧岫丹岩，时舒兰臭，鸟鸣千涧，猿啸三更。意必有钟江山之秀，抱瑜瑾之光者，乃青衿领袖，质则胜文。而丹雘宫墙，名无其实。门庭寥落，几兴茂草之嗟；书卷飘零，竟作焦灰之悼。深求其故，知古之以贫而工者，今且以贫而废也。余亟思振之，岁省养廉之余，为士子延师膏火之费。又值边陲有事，路当孔道，军行火烈，檄动星驰。凡我士民，相从于奔驰扰攘间者，日无宁晷。回思曩志，仅托空言矣！

十四年春，圣德覃敷，元臣振旅。予恰受特恩，迁合州牧。得代之后，稍有余暇。光华糺缦，云霓扬千羽之辉；淑问清和，膏雨润琴书之气。山明川媚，铺开锦绣文章；巷咏途谣，击动康衢舞籥。乃进绅士孟申生等，买田六十三亩于崇宁县之平乐村，岁得租五六十石，作饘粥之资，为经久之计。投戈讲学，绰有余闲，而偃武修文，良无废事。余买田租之意，非徒为文人骚客玩山林花鸟之资，实欲使异质殊尤，储经济猷为之器也。

嗟嗟！风平浪息，河清海晏之秋；雾散空晴，虹驾云垂之势。进琴堂而习礼，远绍鹿洞渊源；面绛帐以传经，快睹龙门蔚起；式鲁齐之遗意，推文正之良模。勉尔生徒同登衽席，将见焚膏继晷，为韩潮苏海之词宗；不患画粥谈经，无刘庄陆厨之错助也。至买田为数甚少，本不足筹，但源不清则流浊。谨纪其事于石。

求雨文

郑宗孔

维神鉴观有赫，德溥无私。奠万井之生灵，将享原期上达；司九天之雨露，瓣香仰冀潜通。兹者，月届清和，时当耕耨。曦轮焦灼，四邻多辍耒而嗟；膏雨微寒，兆姓尽悬锄而待。虑赫炎之炽烈，芟柞空劳；忧雨泽之愆期，耘耔失候。况汶邑汉番交错，鹑

---

① 桥：《中国地方志集成·四川府县志辑》本《民国汶川县志》作“楼”。

② 照：嘉庆《汶志纪略》作“点”。

结堪怜。即使风雨常调，犹有呼庚呼癸之室；若乃亢阳滋甚，奚耒多稌多黍之休。岁或勿登，民何堪命？爰是谨涓吉旦，敬展香筵，下吏某亲率僚属人等，洁斋顶礼，盥沐投诚，伏望神慈俯垂恩鉴，泻明河而洒润。须臾，乳滴层霄，通瀛河以飞甘；俄顷，膏流九陌，处处珠联绿野。麦陇飘香，村村玉散青畦；禾畴舒秀，士庶被沾濡之泽。无庸刻遍桐鱼，村郊无枯悴之虞，不致望穿石燕。则荷蓑戴笠，既优既渥茅檐。共仰神庥，将女馌男耕，有干有年，蔀屋群邀惠泽矣。用伸虔告，布沥丹忱，鹄俟甘霖，惟祈神鉴。下吏等无任迫切待命之至。敬缮辞，焚献以闻。

谢雨文

维神德育穹黎，恩周边邑。怜蔀屋羌巢之苦，灵雨时行；悯高山瘠土之艰，甘霖飞沛。千畦流润，荞麦不妨播种之期；四野沾濡，麦陇且按登场之候。村郊喜溢，士庶欢腾。下吏等，制锦未娴，负蚊滋惧。蒙湛恩之汪濊，益知职守当勤；感矜恤之宏慈，弥惕鉴观匪远。伏愿阴阳协序，二气交宣；箕毕从风，五辰咸正。处处衢歌巷舞，颖粟生香；年年物阜民和，衾箱致庆。则禾成双穗，乐皇王有道之长；将梦多鱼，邀神恩无疆之锡矣。下吏不胜踊跃祷切之至。谨缮俚词，瓣香陈谢以闻。

古墓文[1]

徐廷钰

乾隆戊申冬，余摄汶篆。偶步东偏小园，抚墙瞻眺，见一古墓，鞠为茂草矣。有碑记曰：前代老先生之墓。不详何朝，人第浑言之曰前代，亦不详其乡里姓氏，第称之曰老先生。夫老先生者，必有德行道艺，然后可以当之。今既不知其朝代、不知其姓氏，又何由知其有德行道艺，而目之曰老先生？闻之长老云：每阴霾之日，仿佛有服绛袍着乌纱者，若隐若现，初不知为墓中游魂也。后因改修城垣，墓崩而绛袍乌纱者豁然外露焉，乃择他地而瘗之。余以为观其服制，知为前代矣，而著绛袍乌纱，则必曾官此土者也。特游魂为变，时或现形，似非有德行道艺者所为，奚以尊之曰老先生？伏思其故，知所由然矣。今夫匹夫匹妇饮恨而死，气结不散，往往化而为历，齐彭生、郑伯有，其较著者也。今先生时或现形，意必有抑郁未伸之志，抱恨于九泉之下；而不可磨灭之气，遂时形于阴云愁惨之中，特不同含冤蓄毒之夫，化为厉鬼，骇听闻，惊父老也。

余尝考诸往昔，蜀郡之地，每为奸人窃据。而汶川为川西极边之地，益州有变，则汶川即为孤城。群山隙地，羊肠鸟道，上达松潘，旁无可通之路。故虽得地险，适以自困，纵有石田，不足备饷。由汶而西皆氐羌部落，反覆无常，既不可倚以为援，又无可退以为守，即有孙吴之术，一入此地，束手为虏已。先生其或官此地，值此变，蓄其忠君忧国之念、战阵守御之奇，而为地所扼，无从发泄，是以精英之气历久不灭。若夫与世浮沉之辈，日逐于声色货利之场，以自竭其精气，死则寂然灭矣。而先生如此神异者，故知其有德行道艺；又遭时之变，抑郁而殁于此者也。前之宰是邑者，无从考其本来。第曰前代，尊之曰老先生。余是以因故老之传闻，推其所由然以记其事。

---

① 文：嘉庆《汶志纪略》作“记”。

奇石记

徐廷衽

一石也，而遭遇各异，盖有幸不幸焉。戊申，余来治汶，与友人薛生散步荒园，见一巨石横卧颓垣之下，偃蹇若狮子状，东抵短垣，蹲然外峙，旁有缺陷，可拾级而登。虽形体磈磊，而古貌天然，迥异寻常。由是芟其荒芜，日与友人登临其上，见夫群峰拱峙，番寨历落，暮火朝烟，起灭隐现，直不啻画图之悬于牖也。闻江涛之汹涌，仰涂山之巍峨，则相与谈大禹随刊疏导之绩，心志为之豁然一畅焉。是余之幸也，亦石之幸。是为记。

见庵氏曰：乙丑岁，余回汶治。时四境宁恬，年岁充仞，簿书无事，竟日闲居。乃于治之东偏，剪荆榛，砌乱石，构堂而居焉。汶地产花蕊石，白质黑理。东垣立一巨石，余就而笼焉。辽阳徐君，曾为《奇石记》以志之。余既作堂，即颜其额曰“蕊石山房”，因镌以诗云：

门外万仞山，门内一砼石。
晤对两忘言，相与娱晨夕。

时小阳第八日也。

石纽山圣母祠碑记

李锡书

城南十里曰飞沙岭，俗呼凤岭，即石纽山也。岭上平衍处曰刳儿坪，有祠曰启圣祠，年久圮废。山侧有路，陡险不可行，飞沙射人，往来以为难。乙丑岁，邑士孟其敏等请移其路于山之麓。于是凿壁开道，阅三月而成，建祠于其上而崇祀焉。

考诸记[①]载；禹，汶山人，母曰修己，见流星贯昴，生禹于石纽。又曰：女嬉得薏苡而生高密。又曰：女秋得月精，吞而孕。而《路史》称：修己，年壮不字，获若后于石纽，服媚之而孕十四月，以六月六日屠䎘而生禹。数说不同，皆荒远不可稽。太史公犹近古，无所依据，其意可知也。虽然，大禹神人也，其所自出必神人也，或称字、或称名，纪载不同，要亦汶人也。平成之绩，明德远矣。天下后世被其泽，而不推其所自出以崇报之，可乎？况我汶人犹当溯水源木本之思，而不祀圣母以崇报之，可乎？

祠既成，爰以六月六日率乡邑民人而致享焉，岁以为常。用鼓吹牲醴，令愚夫愚妇尽知之，自为祈报。圣母，神人也，必有以佑我汶人而延受多福也。爰书而志之于石。

蕊石山房记

宋廷桢

见庵李君，作蕊石山房，石在室中。岁甲申，改建全署，移室于石后，石遂啸傲风月，屹立阶前。非我不欲与此石同居，石不肯复游此室，以与我相逼处也。

---

① 记：嘉庆《汶志纪略》作“纪”。

翠云贞女传

吴鼎立

翠云贞女者，汶之寒水驿人，选拔祥辉之女，姓高氏，翠云其字也。母氏郭，生翠云一人，生九年而郭亡。父鳏居，翠云矢志弗嫁，彻环瑱，勤绩纺，洁羞以奉高年，青稞荞子，自俸不给，晏如也。岁辛亥，高公老，疾作。中馈之余，兼司药饵，昼夜无倦色。两阅月而高公殁。戚邻咸集，而女目弗见，盖血泪之枯久矣。力办殓资，以葬高公。三日，贞女绝粒死，面如生。阖邑请旌谥，命为之传。赞曰：椿枯兰摧，厥志不回。终身弗字，视死如归。高公尔作，生女勿悲。

大成会序

李英万

大成会者，普天同庆者也。通都大邑，无在无之。汶川则祀典而外，寂焉无闻，未免贻讥僻陋。岁癸酉，余莅任于兹，即屡谕诸生等，创建此会，以昌文教。今有孟堪、胡畲、高敬炘、黄元吉、唐炳勋、郭之桢、孟钟镒、郭裕猷，共襄盛举。即于戊寅年起办。凡我同人，务期倾囊相助，凑作会资，咸成丰洁，每岁轮班，俾垂久远。善始也而尤贵善终，是则余之厚望也夫。

渔塘湾碑跋

四川总督鄂山

汶川县之雁门，倚玉垒，俯岷江，为松茂汉夷要路，往来者以此得通焉。岁久，木朽石颓，或濒于危。时甲午，余接节于斯，属邑宰魏煜，凿山得路，既修既平，其山积石巉岩，上加绝壁，奥草蒙翳，除尘剔藓，露石刻四字，曰“万载江山”。笔迹苍古，无书者名及镌刻岁月。荒山僻壤，岂无故为是异？传词者或曰：是刻不知始于何时，而独见于今日，殆山灵特为我国家鼎祚孔长兆也。是为记。

谕九寨羌民

魏　煜

九寨羌民等知悉：汶邑无处不山，又极寒冷，天愈晴而风愈大，粮益贵而贩益稀。汉人集处城市之中，犹虞无术可谋升斗，尔等世处山头之上，即便有能，那挣分毫。火种刀耕，纵遇风调雨顺，收获尚且无多。卖柴鬻炭，就是终岁辛勤，得钱诚然有限。故富户少而贫民多。日食杂粮，五味之调和，未曾入口；常穿麻布，衣裳之锦绣，那能着身。霜夜爬山，雪天上岭，冷透骨髓，谁为矜怜。一有急需，非出重息，无人赊借。加以路通松茂，非第零星流差，累尔羌民，即是大宪巡阅，亦是无有帮贴。由来县定章程，照久暂远近，给发工钱，恐所得亦未敷用。昔年九寨户口全在，差徭尚可互为通融。近来偶遭干旱，庄务不好，计杂粮所获，除还借债外，桶柜竟不余留。父母饥寒，妻儿冻馁，无门赊借。有业者不得不折算当卖，割肉心头；产尽者只好远去他乡，佣工枥下。推其本意，何甘久弃窝巢，忍离故土也。现查户口甚少，未减差徭。尔等急公奉上之心，不分闲忙，一呼即至，无论远近，从未失遗。本县洞悉尔等境况，鼻酸泪落，踌躇至再。本欲多为捐廉，可令目下公私有益，只缘力绵缺苦，必须十年，方受福泽。捐发钱廿千，计属无几。若以尔等借债，至少之息，每月每千三十，利上获利，积至九年，本利可积四百余千。津贴差徭，岂不超超有余哉？愿尔等在九年之内，全作无钱之想，好好依照条款，谨慎经理，不少懈怠，其取益自无穷极。捐钱虽少，行之日久，保惠羌民无穷。此番苦衷，业经廪告城隍神灵阴鉴。愿尔羌民，依上所开条款，实力久遵，神必降之以福，多受禅益，至无穷极。倘阳奉阴违，欺凌羌民昏弱无知，明之王法，暗之鬼神使之也。况冥冥中之昭报，何可胜记哉！凛之慎之！道光乙未。

双镇塔赞

黄　杰

惟汶石纽，古凤头山。群峰锁钥，众壑门阑。迹追先圣，功集后贤。临渊作塔，倚壁为垣。沙飞雁翥，石结龙盘。金峦拱翠，玉浪回旋。壶中日月，洞里云烟。灵昭古庙，险踞重关。创捐双镇，留题二仙。钟英毓秀，于万斯年！

龙池龙王庙碑记

文生　雷澍[①]

同治十年，川中大旱，自春至夏，江河浅蚀，井泉干涸，通都大邑，叠灾于火。当此之时，农不插种，商绝往来，盗风骎骎欲起。且自咸丰九年，遭滇粤诸匪之乱以来，兵戈阨之，水火扼之，瘟疫扼之，其饥馑之扼，起于同治甲子岁，迄今八载，大荒荐臻，市无赤米，困鹿空虚，道殣相望。岌岌乎周于黎民，靡有孑遗之势也。

时值大司马吴公督蜀，公忠孝文武，仁慈惠和，轸念殷殷，终悯疮痍未复，讵意复降此大厉，岂果欲尽斩伐耶？公夙夜忧惧，颁祷穹苍，遍及江渎山川诸神，为民请命。久之，迄无应。公曰：昔成汤圣人，而位天子，犹婴茅代牺，今我微末凡庸，焉能有格天之德？是予与民命固尽之时也。于是有前署汶川县令桐君叶先生者，乃上言曰：汶治之南百二十里，循溪东上，岭横霞绮，中有天池，盈盈清水，弥漫巨浸，寂然停止，其神最灵，行云布雨，救旱祈年，感应无比。明公竭诚，云霓将起，泽沛甘霖，宜在于此。谨呈愚昧，公其祷祀！

公曰：善哉！即命成都太守黄公往祷。覆命后，殊不雨，公忧危益甚，复沐书忱悃，西出郭门，礼望遥祝。选择太守周公、副将军贵公往祷。二公往，竭诚尽志，于望五日旋省后，风清月朗，天犹昭昭然有嘒其星焉。斯时，公及群僚，戚戚之衷，皆无聊奈矣。时将夜半，云从西来，掩蔽星月，雨满天垓，赤地千里，同时淋培，连朝二次，酣注盈阶。通国上庶，从声若雷，福国祐民，扫患御灾。

公命建祠斯池之隈。面阳位吉祭，筑层台，奏请祀典，将享永该。蜀山崔巍，蜀水潆洄，于斯万年，神其佑哉。由此观之，苏子瞻以雨名亭，诗喜一时，小而私者也；公因雨建祠，求恩万世，普而公者也。岂可同日语哉？独忆宣王中兴，旱魃为虐，其灾威

① 原文署名在文末，今据《艺文志》体例乙正。

也。蕴隆虫虫，涤涤山川，其灾害也。饥馑荐臻，大命近上，忧惧之危，至于兢兢业业，如霆如雷焉。祭祷之切，至于不殄禋祀，靡神不宗焉。诚于尽礼也，靡爱斯牲，王壁既卒矣。遍于仰诉也，上至昊天上帝，下及群公先正矣。群臣助救之多，贵而冢宰庶正，贱而膳夫左右，靡人不周矣。而其灾之不可猝弭，究不知曷惠其宁至无聊欲遁矣。夫宣王侧身修行，中兴圣主也，弭灾救害之难如此，其足见天心之难必。今明公一祷于龙池，再祷于龙池，不崇朝而神灵应、阴阳和、嘉祥见、百姓安者，何若斯之奇也！意者其有异术欤？噫嘻，我知之矣。宣王承厉年之烈，乖戾之气，蟠结未消，故求猝弭也难。我国家定鼎以来，圣君代作，深仁厚泽，固结天心，虽有小丑，犹尺雾障天，寸云黠日，顷刻消散耳。故今上以冲幼践祚，肃清海宇，存神於穆，与天合符，诚中兴之令辟，福世之圣人，祥风和气，遍蒸海内矣。且龙者，天地之精，君象也。明公圣朝辅翼，云形，祷雨斯池，诚云之从龙，公即云，云即雨也。岂非有感斯通，泽从公降哉？《易》曰：云行雨施，品物流形。又曰：云从龙，风从虎，圣人作而万物睹。其此之谓欤？

明年壬申秋，祠成。公遣祀奠安其位，书其额曰“泽普崇朝”。深山岩壑，创兹巍峨庙貌，凡荒陬老叟，山谷黄童，莫不扶杖往观，欣欣然空谷回春，均列帡幪之下，捧觞执爵，皆愿为明公寿。自兹以往，有不进而为礼教富庶之乡哉？后世览公遗绩，闻风慕德，猷将流连永叹，兴起泽润生民之思。澍虽草茅下士，不获登公之堂，以歌颂皇仁功德，然生于斯，长于斯，宁能已于斯，而不纪其胜事耶？故不揣愚陋，备陈其迹，勒诸琐珉。澍愿来守是邦者，聿修祀事，以介景福。无慢神，自能感神，能感神，在无负民，乃无负公也。是为记。文生雷澍撰并书。

先妣行述

祝世德[①]

先妣魏氏，讳定鸿，世居巴中恩阳河。年十六，来归先父，时吾家方中落。祖考讳传寿，性闲散，不治生产。祖母杨，以积劳早逝，遗三子二女。先父讳万鸿，行二。兄讳万银，娶马氏，已分立。姊适邓，有家。弟、妹一，皆年幼，常依先妣如慈母，以先妣提携卫护，视饥进食，涤秽易衣，固不啻子之女之也。吾姑少慧，以病疮早故。病时，常澈[②]夜呻吟，先妣起视之者数四。每起，即噤呻，先妣辄抚之，为覆被。姑慨然泣曰：我嫂！我病不致死，勿忧！盖不愿过劳嫂氏也。当弥留时，持先妣哀啼，愿转生为之女以报之。

叔讳万才，长娶刘氏，不淑，尝媒谮先妣于吾叔，叔怒，捽而仆之地，拳击之曰：吾非嫂氏难成立，汝何人，敢訾之乎？

先严任侠好施与，性直切。逊清之末，常与同志会中人交游，有怨于里中豪强。民国六年春，豪强诬其通靖国军师长郑启和，受营长职。遂冤死。先妣时年二十九，余仅九龄。二妹：一泉芝，六岁；一即杜若，方襁褓中耳。豪强者明告众，且将置余于死。

① 原文署名在文末，今据《艺文志》体例乙正。

② 澈：同“彻”。

先妣讼之三年，虽得伸，而吾家益困，至无一瓦之覆，无立锥之地，仅赖先妣以女红供四口尔矣。余就学高小，期纳灯油费，仅制钱五百，时亦无力措办。先妣曾抚余而泣，然终不令辍学。

伯叔以生计奇窘，辄置先祖于不顾。先妣请就养于吾家。每设馔，俟先祖至，余等始就食，虽粗粒，先祖亦甘之。民国十二年夏，先祖病，缠绵床笫，乃商诸房主，移居吾家。伯叔闻，至问疾，每不答，进食饮汤药，摇首而已。余至床侧，始索饮食。弥留之际，俗例由子孙次第进询，谓之讨封赠。伯叔婶母近呼，无一应者。余以为已逝，纵声哭。先祖忽启目视余。余呼询之，即应曰：汝好，汝等好。言毕而逝。

甲子岁，大旱，妹泉芝以浣衣坠水死，仅年十二。时余就学阆中川北师范，先妣惧怆余心，不以告。余闻其哭女痛，双目常赤，乃谬作书曰：某夜，男梦大妹跨鹤背，鹤忽飞去。急询之，笑曰：阿兄读书，此岂不知者？此似不祥，敬乞留神及之。先妣得书，哀稍减。嗟乎！今先妣已弃养矣，节孝一生，死宜作神，不知在天之灵，果见吾泉芝妹跨鹤作仙否耶？伤哉！

十六年秋，余以生计，漂流四方，数年之间，而渝，而万，而汉，而沪，而幽燕，而赣北。每七日，辄寄书禀安好。间以疏失，浑忘却，则慈询频至，忧思如焚。余每痛自责而犹常忘之。嘻，余负先妣多矣！二十二年春，“赤祸”及川，故邑及通、南二县，首罹其灾。余居赣二年余，深知其烈，乃弃教职遄返渝，冀于流民群中截获先妣，果遇于渝市。七年未晤，慈发已见斑白，心窃痛之！先妣启箱箧，无他物，七年安禀，宛然全在。余一一检视，笺上且常见泪痕，心怦然。强笑语曰：儿今在侧，尚安用此！私念今后当戒远游也。而余性亦直切，宛似先严，落落寡合，常惧失业。先妣以介推目余，而自甘作介母，以是家中尚有贫而乐之趣。

二十六年，妹杜若卒业治平女中，余劝之升学，不即答，私谓先妣曰：阿兄太苦，儿不欲重累之，今且就业，冀或可分其重负也。余闻感泣，不忍强。而是时就业不易，伊遂常奉先妣，糊口于江津、綦江之间。是年，余薄治产业于故邑，欲以稍慰慈心。翌年春，余告失业，迫赴蓉。冬，妹自涪陵奉先妣返乡，而久别复始。三十一年冬十一月，余奉省命，出长汶川，妹适于是时适唐。先是，余书禀先妣，愿以故里薄产，全作奁资，以酬其奉养劳。妹强拒，不果行。本年春，复奉先妣莅任所，余往迎之五里外，则先妣皤然白发，而吾妹亦萎病矣。途中，余谢其养母劳备至。妹泣，余亦泣。

九月初，妹将生产，以贫，复为节省计，就医茂县。二十日，凶电至。先妣大痛，哭失声，凡昏绝而复苏者再，且欲自戕。余日夜泣解之。甫进食，即病泻。十月初，余奉召至茂，出席本区秋季行政会议，得凶电，皆报先妣病，谓日重。乃遄归，侍疾十二日，而先妣竟不起，盖距吾妹之死，仅三十七日耳。

常念吾妹，酷似吾早夭之姑，伊岂果为吾姑之转生耶？何孝思之笃而感吾先妣之深且切也！呜呼！人困则呼天，谚语也。十余年来，余每当忧患困苦之时，辄于心中，连呼阿母，以此勇气增而消沉之念除。今已矣。余不信天而先妣复见背，后此心灵，将何所依？而忧愁困扼，方齐岷峨而与日俱增矣，哀哉！谨书数语，以志永痛。民国三十二年十一月二十六日不孝祝世德谨述。

书红军事变

高世枢

民国二十四年，孟夏，红军渡嘉陵江，扰北川而窥茂县。未匝月，城陷，至板桥。回师西渡，进据理番，固守要隘。时农历四月十三日事也。当其破嘉陵，入北川，茂城告急之际，川西屯殖督办公署，乃征调茂、理、汶三县民工修补茂县城垣，以资据守。经二十余日竣事。并由四十五军调兵两营，进驻土门。而人心动荡不安，相率迁徙。四月十三日晨，土门失守，遂弃茂城，退守文镇。及夜，转移雁门，与红军鏖战。以兵力薄弱，被围，歼灭殆尽。雁门虽险，非攻守之地也。红军绕道威州，四路进袭，雁门势孤，守军三百余，多投江死。幸边防军李家钰率全部驰援，扼守板桥关隘，大挫敌锋，始招聚向导，严密布防。又调集大军，由龙溪沟进驻尖山，与板桥联络，守线而不守点。红军猛攻数月，终未得逞。

岷江西岸，亦边防军堵剿之区，奉令守西岸招佃岭岗两处，配备兵力一团。该地险要，与板桥相峙，以守军不战而退，红军遂直抵河西簇头。不数日，草坡、跟达、三江等地，相继沦陷。边防军乃沿岷江，自板桥至映秀湾白岩一线，修碉堡，筑战壕，与西岸之红军相抗。七月二日，红军以被边防军压迫，粮弹匮乏，乃经理番，至金川流域，与南路红军会，悉往青海甘肃而去。

川西人民，当茂城失守之际，弃财产，别父母，抛妻子，流离颠沛，哭声盈野，群向灌县、成都避难。盖以红军每至一处，辄烧杀破坏，老幼活埋陷阱，丁壮编列成军，以当前卫，妇女则奸淫屠杀。更利用地方流痞，诛富绅，找公务员役，以造成赤色恐怖故也。①

汶城居民，于四月十三日夜半，当红军攻入茂城之时，秩序大乱。杨县长晴舫，与地方绅耆聚商，移往河西。佥认红军必沿大道而下，以为断镇关索桥，即可保全。及晨，扶老携幼，妻泣儿啼，大有风声鹤唳之势。不意红军渡河，由西岸下，遂奔灌县逃避。经大路者，有滥军掠夺之忧，沿小道越天成山经跟达、漩口等地者，有土匪行劫之患。于是空前浩劫，殃及吾汶矣。汶人在灌境流连，生计日艰，异乡漂泊，托钵沿门。当局施赈，既属暂时，杯水车薪，何能言济。塔子坝、竹林寺之难民区域，为汶民集住之所。时值盛暑，疫症流行，死亡枕藉，相愿悲伤，不忍听闻，嗟乎！红军之乱，于斯极矣。幸板桥天险，阻遏其锋，川军云集，百日之间，失地旋告收复，汶民陆续迁回。

远近互相告语，始恙羌土民众，有刚毅善战之风，寒暑不惧，饥饿不馁，制弹药，备干粮，老弱留家守望，丁壮远走山荒。当红军窜境大肆蹂躏时，羌土人民，密商发难，遂于七月十二日子夜，将簇头红军政治部人员百余，全数歼灭，再进与河坪声援。惜河坪以时机失误，图谋泄露，男女死难者计七十九人。伤哉！次日川军由马鬃山攻入，与羌土民众，协力收回河西，旋即恢复镇关索桥，交通为之畅适。厥功可谓伟焉！

① 此段文字，作者站在国民党反动的政治立场上，对红军极尽诬蔑诽谤之能事。红军长征路过汶川，“打土豪、分田地”，拯救人民于火海之中，极大地触动了他们的利益，他当然怀恨在心。因此，他所写此文《书红军事变》中充满了不实之辞和敌对观点，但为了保存本志篇目原状，故照旧录下，让其和其他相关史料中所载历史原貌及广大羌、藏穷苦人民的心声相互对比，其谬论则不攻自破。

于是东西两岸人民，先后返里。而板桥、七盘、雁门等地，房舍悉被红军付诸一炬，风餐露宿，结草为棚，哀鸿遍野，遗尸横地，洵足以惊天地而泣鬼神也！汶城及沿江一带房屋，川军驻后，亦椽柱空留，河西村寨，大多折毁无余。疮痍满目，残局丘墟，大有荆棘铜驼之感。经此厄后，元气大伤，计人民逃亡逾千，财物损失亿万，地土荒芜，景物凋零，迄今休养生息，将近十年，而元气尚未恢复其半。执笔述之，为后世鉴焉。

禹　庙

唐 杜甫

禹庙空山里，秋风落日斜。
荒庭垂橘柚，古屋画龙蛇。
云气生虚壁，江声走白沙。
早知乘四载，疏凿控三巴。

登玉垒山

唐 岑参

玉垒天晴望，诸峰尽览低。
故园江树北，斜日岭云西。
旷野看人小，长空共鸟齐。
高山徒仰止，不得日攀跻。

赠王舜卿游玉垒山

明 郭庄

金马风流玉垒仙，紫鸾黄河驾青天。
浮云变态含今古，美酒忘怀见圣贤。
旧雨仍同今雨好，他生已结此生缘。
登临一任恣多兴，收拾奚囊入古编。

酬郭观口

明 王元正

鹭巾凫舄学飞仙，二月寒潭玉垒天。
蚁绿醉忘身是客，鹿鸣歌愧我非贤。
台端藻句能遥寄，云里山灵结旧缘。
谁近锦官传盛事，登临那得少陵编。

雪山天下高

明 周洪谟

巨灵擘断昆仑山，移来坤维参井间。
内作金城障三蜀，外列碉碫居百蛮。

自昔蚕丛始开国，千岩万谷积寒雪。
疑有五城十二楼，玉色玲珑界天白。
光临银汉霏秦虹，六月大暑飘寒风。
俯见五岳在平地，遥窥三岛皆冥濛。
此去石纽无几许，昔钟灵秀生大禹。
当时自此导江流，至今名垂千万古。

羌佣行

明 孙复纮

太平天子真洪福，六合之内不异族。
我来西蜀四经年，眼见羌蛮乐豢畜。
其地距蜀又极西，峭峰插汉多阴谷。
其性畏暑不畏寒，春去秋来避炎燠。
其俗不任蚕桑功，杂织色毛为绿服。
朱离音解变华言，雅有名姓人皆熟。
不分长幼与妻儿，负重履危若平陆。
蜀人利其操作能，年年相赁亟乘屋。
壮者刈茅老者苫，女者负土男者筑。
自秋徂春日无虚，朝此暮彼群相逐。
戳力不省何名勤，率性那辨谁与睦。
嘻嘻笑语处处家，团团起处便便腹。
吁嗟乎！
乐莫乐兮此羌佣，几忘荷我圣主之陶育。
君不见，
中原万里辞家人，故园儿女欲穿目。

汶　山

黄　俞

翠屏千障立，险峻岭摩天。
老树依岩屋，青溪漱石田。
寻花过涧底，采药步云巅。
俯视群峰小，悠然势欲仙。

汶　水

浩浩来天际，流通吴楚遥。
浪过庾岭雪，怒挟浙江潮。
野鹜飘如叶，浮鸥散若舠。
看人竞晚渡，扶缆跻绳桥。

汶　日

日出天将午，喧阳鸟语残。
晴晖临院宇，山色隐阑干。
竹径苔犹润，花阴露未干。
漫嗟弹指过，景物亦奇观。

汶　风

边庭临塞域，日落晚风狂。
飒飒声驰壁，阴阴冷透房。
飘飖松翠滴，萧瑟竹枝凉。
兀坐空亭久，呼童索绮囊。

汶　云

山川灵秀气，日日起岩窝。
历乱铺吴锦，氤氲漾越罗。
钟鸣知野寺，鸟语识秦窝[①]。
莫叹溪云幻，人情较更多。

汶　雪

积雪原无异，相看夏月奇。
山山冰作质，树树玉为枝。
风劲人游少，寒凝花信迟。
最怜清苦士，惆怅怨天时。

汶　路

鸟道盘峰顶，王阳恨未平。
石形蹲似虎，山势直入[②]城。
雨润苍苔滑，岩崩古木横。
萧然人境外，何事苦虚名。

汶　城

蕞尔中流峙，居民杂汉羌。
垣危石磊磊，江滚日汤汤。

---

① 秦窝：嘉庆《汶志纪略》作“禽窠”。
② 入：嘉庆《汶志纪略》作“如”。

署令歌长铗，碑碣卧短墙。
荒城堪吏隐，石户乐陶唐。

砥亭新月

一派残霞带夕烟，新华浅露翠峰巅。
银梳斜挂笼青鬓，玉镜微悬浸碧天。
小圃疏辉香淡淡，半亭清庾影娟娟。
垣[①]娥素性甘幽寂，乍出宫帏未肯圆。

碉楼夕照

楼傍江流水一湾，危垣苔迹色班班。
千峰紫气倾西牖，半岭斜辉映雪山。
野鹤寻巢连影去，寒鸦翻翅带霞还。
登临王粲浑无力，吩咐傒童静掩关。

索桥春涨

蔼蔼春风起碧波，忽闻惊浪泻银河。
潺湲石触千条练，盘转龙飞百丈涡。
两岸人游临水叹，数茎竹缆带云拖。
依稀声出藤萝杪，江上渔翁晚唱歌。

岭上梅花

春光微暖月微凉，月映梅花月亦香。
冉冉松枝堪作侣，青青竹径共成行。
罗浮有梦寻山径，和靖多情卧草堂。
莫摘池边初放蕊，任他日日作风狂。

登玉垒山

保县令 陈克绳

谢公有高兴，蜡屐远登山。
绝磴千盘上，危峰一线攀。
鸟声深涧里，人影乱云间。
不觉东风至，野花色欲殷。

① 垣：嘉庆《汶志纪略》作“姮”。

龙洞远眺

邑李廉 杨开运

洞峡流清去复旋，两山环抱一溪烟。
岚嘘岫偃山疑侧，水激桥浮石似悬。
高下阴樗同蔽日，嶙峋古柏独撑天。
才疏不厌功名薄，无限闲情寄辋川。

娘子岭

石磴迂回矗五云，南晴北雨岭头分。
香生堕马新兴髻，翠绕留仙擘皱裙。
月镜开妆当岭挂，泉声似织隔林闻。
巫山艳述襄王梦，此地何年亦有云？

龙溪卜居

儒门作用佛门装，玉尘金卮白昼长。
避世身轻麻履健，逃名梦稳布衣香。
猖狂弄笛和鹂唱，酩酊携尊就竹凉。
三万六千皆此日，神仙有术笑荒唐。

岷山二首

邑孝廉 杨钰

梁镇岷山势极天，高逾三百镇西埏。
平开沃野环千里，深锁群羌障一边。
六月怀冰流玉柱，三更喷火散金莲。
灵钟石纽平成奏，明德巍巍亿万年。

西北从来势已高，更当玉垒接天遥。
日临傍午方知影，雪积弥年总不消。
万里江源分绣岭，三城关塞锁绳桥。
连峰截断华夷界，独树坤维第一标。

龙洞潜流

邑孝廉 孟侯

远疑无路觅西东，忽到溪头一线通。
劈破高峰开锦嶂，列成崖岸养神农。
猿啼绿树山山外，月落寒深隐隐中。
锁住烟霞千万里，长留彩翠映苍穹。

吊邑侯郑堕马落水处

姜　绣

何年沦落使君舟，为尔招魂吊古侯。
雪拥寒关山寂寂，花随流漾水悠悠。
为官上应星孤落，入梦前缘月一钩。
题罢语凉伤往事，飞崖倒影下江头。

吊郑邑侯和前韵

邑孝廉 孟其才

急流如驶不胜舟，策蹇崎岖误郑候。
风舞平沙怀渺渺，云愁断岸恨悠悠。
驰回峻坂肱三折，吊罢深渊黍一钩。
惆怅寒山人宛在，何年紫气到关头？

金川凯旋

张依仁

数载辛勤湔水旁，大军西讨驻疆场。
寒霜渐染鬓眉异，火檄凭催晓夜忘。
悬钺未传劳李愬，车师不定问陈汤。
一朝露布闻驰驿，洗尽尘氛莫永康。

过娘子岭

潼川太守 沈清任（澹园）

青山索我上青云，及到云根山未分。
十五回环娘子岭，罗衣翠髻并氤氲。
挽粟飞刍供亿烦，三年朝夕走元元。
何如一匹逍遥马，哨入秋林看水源。

题卫公筹边楼

李锡书

节度西川历几年，精思广运在全川。
七星桥跨三江水，百尺楼撑一线天。
此地画疆称扼要，当年图阁亟筹边。
八关俱在公先出，记取丹扆列圣筵。

观太学纪功碑

荒城一片枕山隈，高碣巍峨石作堆。
域外恪遵丞相教，军中呼动令公来。
标连玉宇层峦作，道出金成次第开。
屯议三章终古事，马援应不画云台。

出口四首

行跟达桥

盘蛇一径最纡徐，山谷人家散漫居。
赑矗沙洲碉作寨，零星茅店草为庐。
峰回已渡王阳阪，野舍才停郭伋车。
荒俗也知尊长吏，群啾莫辨笑攀舆。

早过天成山

浓云霭霭雨濛濛，早雾漫漫塞涧中。
石栈陡铺冰练滑，篾丝松系板桥空。
几家驿舍经年戍，万仞蚕丛曲径通。
伫立岭头频眺望，渺沧一气接苍穹。

宿草坡驿

重重叠叠绕山蹊[1]，历尽长坡路渐低。
匹马骘飞腾云[2]窖，群蛮峰拥下云梯。
野人尚猷燎衣火，酋长犹添供馔鸡。
茅屋数椽行役瘁，暮烟横罩画桥西。

回渡索桥

行见长江夹两江，危桥悬跨锁重关。
索垂断岸千寻矗，板衬中腰一带弯。
踏处滉摇风漾漾，凌虚飘渺水潺潺。
自从通道西戎日，疆吏由来任去还。

① 蹊：《中国地方志集成·四川府县志辑》本《民国汶川县志》作“跃”。
② 云：嘉庆《汶志纪略》作“雪”。

行灌口观堰

字迹平凹古壁题，沟滩深处作堰低。
湍流下就能归壑，泛滥浮漂不坏堤。
云外青城山叠叠，眼前绿野草萋萋。
徘徊太守疏渠意，日到浮云玉垒西。

蕊石山房即事

修墙补屋便栽花，一椽茅檐即是家。
古砚墨凹东岭雾，旃檀香透北窗纱。
芳兰入澜[①]才舒叶，红药当阶未吐葩。
莫怪春光来不早，东风已着绛桃华。

过班烂山留题

李锡书

立马秋风绝顶山，千岩万壑拥班烂。
拨开云雾依辰极，身在青山紫气间。

步李邑侯过班烂原韵

李时华

霜叶如花点碧山，循良尽瘁越斑烂。
遥知叉手高吟处，仿佛河阳二月间。

行过观坂

李兰亭

闻说后主观江处，云山苍苍水泱泱。
我从城外祠堂看，不配老子配儿郎。

读花蕊夫人题后

十四万人同解甲，百篇新咏奉君王。
可怜一块沉香木，不及当年七宝妆。

过娘子岭

传说贵妃年少日，从斯选入寿王宫。
原来多少倾城者，生在深山大泽中。

① 澜：嘉庆《汶志纪略》作“涧”。

扬钊首唱西巡策，妃子从中赞有言。
却恨马嵬埋玉早，不曾随驾到兴元。

乙丑岁李明府再来汶任敏馈一鱼并诗呈正

贡生　孟其敏

恬淡儒风襆布车，休将尘釜笑莱芜。
已对封鲊侵官物，自有衔鳣集上庐。
爨下折薪人共抱，街头乞米字频书。
殷勤惭愧山阴老，厅事何年认挂鱼。

观邑侯李明府演武厅校士

贡生　高从孔

山抱长江一线流，翠屏环绕白沙洲。
几重卧雪堆蛮寨，半落飞云隐堞楼。
学道有源王赣抚，传心不让陆荆州。
今朝鼓角来观射，命中无须贯革求。

春日校志仰凤轩

贡生　孟维世

倚红叠翠映围垣，晨夕相于仰凤轩。
丞相有恩涕廖立，廷臣无术走王元。
天边峻岭云间树，雨后鸣莺雾里猿。
座右研硃详点缀，为从龙驿问渊源。

登道角山六真观留题

邑生　尚崇山

层峦叠翠忆崆峒，户接青天一线通。
殿角①俯临岩洞外，人家罗列晓烟中。
鳌峰亦许寻徐福，龙鼎何曾守葛洪？
记得河图参妙谛，无须道角问元功。

石纽山

邑生　高万选

势极龙山一气通，山形纽折石穹窿。
香传薏苡王孙草，瑞霭流星圣母宫。

① 角：嘉庆《汶志纪略》作“阁”。

古道几湾留野牧，危江一带锁长虹。
羌人指点刳儿畔，隐约朝霞暮雾中。

飞沙关

邑生　孟维聪[①]

巍巍高岭挂斜晖，渊下何年浴妃贵？
日照华清娘子倦，钱盈绣褓羯儿肥。
紫茵已断霓裳舞，白垄空传土粉绯。
回首泰陵遗事在，可怜风扑乱沙飞。

温凉泉

邑生　高言安[②]

山间一沼大如盆，味最清凉性最温。
曲曲小池澄碧落，萋萋芳草伴黄昏。
读书自许陶真性，执谏何为撼禁门。
世庙不原诸义礼，流泉和泪湿苔痕。

玉垒山题字

邑生　何肇远

蜀帝亲题玉垒山，深岩窅窅水潺潺。
渊沉静处青云里，峰插高标碧汉间。
丞相营田屯渭上，将军解[③]甲赴天关。
遥怜舆驾登临日，曲唱无愁避暑还。

七盘古道

邑生　高辉斗

由来蜀道共称难，谁把蚕丛凿七盘？
丞相庙临江水激，卫公楼衬日光寒。
征衣半透朝云润，隤马高衔晓月残。
行到山头回顾望，不知何处是层峦。

---

① 原不署作者，嘉庆《汶志纪略》有“邑生孟维聪”。今按行文体例补入。
② 高言安：嘉庆《汶志纪略》作“高吉安”。
③ 解：嘉庆《汶志纪略》作“卷”。

过雁门观晴雪

邑生　高万崐

竟夕凉风促晓行，披裘五月度边城。
云浮玉垒千层现，雪映龙山一片明。
岭外红[①]霓垂古道，人家烟火趁新晴。
凝眸身在瑶池里，忘却蓬壶海上生。

汶阳八景咏

邑生　高辉光

道角凌霄一鹫峰，元阳洞口白云封。
星明碧汉灯初挂，草入池塘露已浓。
曾上雁门嘲食雁，屡经龙洞忆犹龙。
朝来散步银台望，玉垒高标听晓钟。

俸满调取引

陈立畲

（见将去汶邑作此述怀，即以志别。）
一官匏系古绵虒，景物留连欲去时。
报政敢云登上考，养民终愧乏深慈。
豳风图绘闲中拟，楚泽云山梦里思。
此日行行几回首，十分惆怅是临岐。

汶水岷山太古邻，羲皇风物葛天民。
人求菽粟安耕凿，户有弦歌无贱贫。
驿路四时花似锦，讼庭终岁草成茵。
宦游如我萧闲[②]甚，留得书生面目真。

蕊石斋房一亩余，翛然猿鹤伴琴书。
看山细辨云中树，芟竹常携月下锄。
未行仁恩加父老，幸尤盗贼扰村墟。
官民习惯差藏拙，却被瓜期促客车。

此去朝天道路长，关河风景自评量。
征衣半湿涂山雨，容鬓新添剑阁霜。

① 红：嘉庆《汶志纪略》作“虹”。
② 闲：《中国地方志集成·四川府县志辑》本《民国汶川县志》作“条”。

浪迹卅年同倦鸟，余情一宿恋空桑。
沿堤手种成荫树，莫遗行人纵斧戕。

石纽山圣母祠

四川宪制　吴棠

共传大禹产西羌，明德千秋颂莫忘。
江水发源神肇迹，休将石纽比荒唐。

龙池龙神祠

四山云合毓龙池，茂宰经营为置祠。
一瓣心香遥膜拜，浥尘朝雨想灵旗。

李卫公筹边处

赞皇硕画重筹边，蕃昭西南势诘连。
白雪三城遗戍在，后人成法倚前贤。

经茂汶即景

蹙额终年垦石田，茂汶（读氓）生计太萧然。
边民竟似流民苦，敢怨苍苍覆载偏。

游涂禹山

孙卫士

风日晴和宿雨收，南山结伴足勾留。
簪花曾醉金台酒，着屐今看瓦寺秋。
戏咏枣糕挥蠹节，闲听蕊傍卜龙头。
遥知儿辈登高处（哲嗣孙愚，是联科捷成进士，后补丹棱知县），应向螺峰续旧游。

松游小唱

前清直隶理番厅廪贡生　湘琴、董玉

松游小唱者，辛卯明松潘之游，随游随唱也。曷唱乎尔？自来名士从军，才人入幕，途次无俚，就所阅历，发为诗歌。窃欲以五七字赋之，而又苦于裁对。因念古人如白玉蟾、朱陶椎辈，信口狂吟，自鸣天籁，韵之高下，句之短长，皆所不计。自灌束装，以迄抵松，有见必唱，间有挂漏，亦略所当略。阳春白雪尚矣，下里巴人何妨。敝帚自享，二三知己，幸勿将板桥《道情》，当作越女《弹词》也。

橐笔往西游，灌阳郁郁闲居久。辞不脱三顾茅庐访武侯，把行期定到九月九。走镇夷关，高踞虎头，第一程江山雄构。大江滚滚日东流，恶滩声从此吼。灵岩在前，圣塔在后，伏龙在左，栖凤在右，二王宫阙望中浮。好林峦，蔚然深秀。看不尽山外青山楼外楼。尽夷犹，故乡风景谁消受。

行行至白沙，路转西斜。平畴入望野桑麻，流水小桥，是一幅苏州图画。舟人自舟，筏人自筏，生涯在水涯。回首灌城，茫茫雉堞在残阳下。长桥竹索横空跨，过桥来柳阴闲话。

从此渐登山，五里茶关。关门口绝好楹联，上写着：东来险阻无双隘，西出崎岖第一关。来往要稽盘，是国计民生税美。五里楠木园，又五里龙洞前面，摩崖大字，关塞极天。洞头流水响涓涓，千寻石壁撑霄汉。外衬着藤萝点染，恐黄筌米颠，笔无此健。周道如砥直如弦，平镶石板，恰趁着鱼鳞天晚。雁齿桥边，诸峰林壑，尤美在西南。尽盘桓，破题儿龙溪头站。

天生一岭界华夷，上十五里，下十五里，佳名自昔称娘子。把新旧《唐书》重记起，天宝开元者，典故无从考据。伍子胥、杜十姨，或恐是才人游戏。盼不到为云为雨巫山女，梨花一枝，仿佛在溟濛天际。空山甕马蹄，一路儿迤逦，行来在岭头小憩。

憩毕又肩舆，下坡路儿略快些。坎有高低，弹丸走坂回须防备。最怕是狭路逢弯，肩舆簸荡在空中系，俯视深无底，令人惊悸。猛想起九折邛崃有人叱驭，又想起“有胆为云”出自《淮南》语。丈夫忠信涉波涛，胆儿小怎步的上云梯去。况七百里途程，如瓜初蒂。千思百虑，死生有命何须计。渐渐的行来平地，抬轿人馁矣，坐轿人惫矣，映秀湾息憩。

憩毕肩舆又上肩，松潘西望路漫漫。风景渐难看，河在中间，山在两边，九曲羊肠，偏生跨在山腰畔。抬头一线天，低头一匹练。滩声响似百万鸣蝉，搅得人心摇目眩。无改换，总是那司空见惯。最可厌，一山才断一山连。问蚕丛开国几经年者，沧桑如何不变？行程要耐烦，水榭风亭，或有个地儿消遣。东界脑，无可观，东倒西歪，几家茅店。豆耳、银杏与兴文，此三坪实无留恋。弯过罗圈，行来彻底关。关门朽滥，风雨飘摇剩一椽。更兼着阴岩绝壑天容惨，锁不住寒溪水昼夜潺湲。坡下小停骖，吹起炊烟，向来照例该央站。场口闲游玩，人行溜索飞如箭，到头来恰似猱猿，小流连，也要算书生涉险初开眼。红日坠西山，行十里抵桃关。

桃关关上种胡桃，桃树桠枝都合抱。酒肆茶寮，往来商旅蜂衙闹。十年前此地游遨，曾记得斜阳晚眺。见几处门楣真不小，退光漆，驷马门，高泥金额，皇恩旌表。吾宗此地有人豪，是西来佼佼。何事任萧条？方知道，年逢庚寅，我辈朝考，平地起波涛。雷轰电扫，江翻海倒，烟笼雾罩，人语乱啁嘈。鱼鳖登床、蛙上灶，顾不得扶老携幼，哭声嚎啕，把足足的一千人，断送在蛟龙腹饱。我来此地重悲啸，白茫茫寒烟衰草，风景甚刁骚，抵一篇《古战场》文，无此凭吊。匆匆过索桥，余霞散绮暮烟消。红日西沉了，好良宵，羊店睡觉。

羊店一宵眠，飞沙晓渡关。高高一塔插云端。塔铃声脆风吹远，行人徆早晚。日当午，风正酣，若遇着大王雄纵，乌获、孟贲也称不敢。扬尘扑面，吹小亭贺山，杜陵老屋怎经卷。沙川鸣滩，银涛雪浪飞珠溅，点点湿征衫。雄崖万丈汇深渊，风猛烈，水喧阗，把风声水声拿来搅成一片。纵有健儿百万齐声喊，强弩三千，射不得涛声转。得得到关前，观音殿闲停喘，放眼江山。由来此称天险，把滟滪、瞿塘上游独占，不敢低头看。方信到如临深渊，兢兢战战。下坡去，沙平路软，舆人快活三放胆。高眠，行程不过五里远，天容渐淡，山容渐宽。隔江树色浓于染，蓦然见金碧辉煌，问道是何王宫殿？途人指点说觇仙，祷应多灵验。此语闻来真喷饭，又不是御大灾，捍大患，皇皇祀典，非鬼何须谄，木客山魈，或恐把俎豆馨香来赚，枉白费金钱。堪笑还堪叹。不觉得，汶川县。

一城如斗拱万山，城内萧然，城外悠然，风景太清闲。断井颓垣，疏疏落落谁家院。行过泮宫前，衙门对面，绝不闻人语声喧，皆因是讼庭草满。由来此地出名贤，甲榜先生多部铨，尽可学鸣琴子贱，潘孟阳饮酒游山。真消遣，且偷安。纵教选个庞士元，百里才无从施展。街道匆匆游览遍，过桥去涂禹山。土司土官论世袭，远称唐汉。切勿笑夷蛮，要算是此邦文献。行过三教湾，投宿在板桥茅店。

板桥早发，七盘沟残月如钩。晓风吹起毵毵柳，门外碧溪流。水碓鸣廓间，点缀花间篱豆，却少个临风招展飘旗酒。山势渐夷犹，上坡路不平不陡。水似巴江学字流，整整的七盘消受。攀跻到岭头，望威州绝胜齐州，云烟点九。

岭上风光分外明，路旁沙色白如银，纵刀断斧截，无此齐整。风起皱沙纹，片片龙鳞影。滩声远不闻，山鸟山花都雅静。且消停，来访天官旧日坟。惜无有传志碑铭，何朝何氏起家声，翁仲已斜倾，石羊石马荒榛困，怪不得荆棘铜驼，周伯仁感慨到河山风景。五龙飞剑不须论，野语齐东姑妄听。绝塞暮云深，凉月东生，山深况复是秋深，西风飘飘肩舆冷，何处远人村，烟火成燐，茅屋柴门孤灯，透出寒光影。不必雨纷纷，已是行人欲断魂。猛抬头，威州已近。

威州从古属维州，城号无忧。三面环山一面水，李文饶就把边筹。冤哉悉怛谋！李牛从此生仇构。怀古不胜愁，匆匆旅店投。店门闲走，大街灯火明如昼，真果是人烟辐辏。呼儿旅邸频沽酒，深宵话久，一枕黑甜游。鸡声唤起行人走，鞍马铃骡，又扑起征尘五斗。

十里过街楼，山明水秀，好风景在场头。振冠束袖，特地访名流。尚家昆仲无与俦，白眉犹属后来秀。姑勿论九世明经，吾乡罕有，只此腹笥便便，要算文坛老宿。一笑登堂话不休。清茶一瓯，强如座对贤人酒。非我爱勾留，是西来好友，是生平畏友。欲别又绸缪，殷勤话旧。大丈夫各有千秋，赠言只当临歧酒，抵多少河梁携手，送我在雁门口。

锁钥西来一雁门，是松州重镇。边气郁萧森，江间波浪兼天滚。周将军到此何曾？偏有这脱靶痕双撑石笋。长途渐荡平，塘锁烟墩，汉唐古迹今犹剩。猛想起前朝战争，羽檄征兵，尺得尺来寸得寸，处处劳安顿。由来弃地有明征，回纥土番，蛮夷猾夏，何须惩。何物最撩人，野鸟蛮花，幽岩曲涧饶风韵。明妃出塞最销魂，青冢黄昏。纵文姬归来，不继飘零红粉。往事怕重论，同是天涯沦落人，司马青衫，年年都被泪痕损。青坡草色碧如茵，三十里文镇。（下略）

汶川纪行诗

于右任

往哲辛勤迹未消，流传佳话永迢迢。

曾经玉垒关前望，父子河渠夫妇桥。

（住灌县一日，游伏龙观、二郎庙，并观索桥。）

岷山山半白云横，云上青山树几层。
多少山民歌且舞，犁云锄雨望中兴。
（羌民与土司，多悬崖结屋，辟山耕种。）

石纽山前沙尚飞，刳儿坪上黍初肥。
茫茫禹迹从何得，蹀躞荒山汗湿衣。
（坪上启圣祠，不知何年移山下。）

坪上羌民余两户，坪前高处有颓墙。
坪中父老说神禹，手斩蛟龙下大荒。
（坪前高处，惜余等未到，一羌民云上有颓墙。）

苦溯岷江此一行，茆帘雨湿睡须惊。
蒸民粒食知何易，彻夜愁闻捍患声。
（农民夜守包谷，防野豕来侵，彻夜呼喊。）

世代忠贞且勉之，天生才杰本无私。
英英能自承家业，涂禹山前九岁儿！
［涂禹山土司（酋长）索国光来谒，年九岁，甚英敏。余题其父讣闻为“世代忠贞”四字。］

禹王明德古今悬，那计汶川与北川。
四海横流复昏垫，再平水土是何年？
（余题汶川县禹王宫“明德远矣”四字。）

游石纽山访禹穴怀古

廖　政

其　一

禹迹何处寻，此山即石纽。
有村曰禹碑，有碑曰句娄。
羌民今犹繁，风俗古所有。
禹吾无间然，已称宣圣口。
谟贡纪厥功，还劳我传否。

其　二

千载议纷纷，夏禹降生处。
传志载北川，终非定论语。
我来管是邦，携尊凭吊古。
不见禹王坟，犹见禹敷土。
景仰行止间，空山啼杜宇。

雁门关

阙　名

未识何人凿，雄哉此雁关。
千年成道路，万载属江山。
雪霁朝晴里，霞映夕照间。
凌霄高阁废，叠石尚堪攀。

夷齐庙

阙　名

西山片石夕阳留，薇蕨高歌古寺幽。
富贵浮云皆看破，塤篪逸韵好相求。
山河抛去追虞夏，戎马兴来责武周。
想必此间人古处，仁风让到过街楼。

索桥草堂回文

阙　名

更深降雨喜春荣，落尽残花春鸟鸣。
明月照桥小寨静，淡烟浮树晚村平。
新弹笔去空斋冷，酒醉长吟与客行。
惊梦孤鸡啼报晓，清风满座我怡情。

福禄寺九柏一槐

阙　名

福禄古刹植良材，秀色芳姿却胜梅。
霜劲雪凋惟仰柏，叶繁条密独称槐。
谁知那代诚心种，未识何人妙手栽。
天数重重真共得，扶疏黄蕊已先开。

姜维城

阙　名

平羌扶汉立边功，千载峰头雉堞雄。
芳树尚余营柳绿，晴霞犹作阵云红。
兵机不愧师龙凤，将略何惭继虎熊。
飒飒英风人共说，旌旗如在女墙中。

福禄寺九柏一槐歌

阙　名

柏胡为而九？古人之意原不苟。槐胡为而一？造物之心不可测。君不见衡山之北九嶷山，峰峰相似迷登攀，大块文章不易读，故作疑团在世间。又不见黄河之源难测度，奔入中华成九曲，绿野青畴亿万千，一条金蛇游大壑。造化庸心在无始，鸿蒙判后心方止，奇观至此为极矣。九柏森森兮莫柯枝，一槐郁郁兮惟柏是资。天耶人耶孰为之，如来神通不可知，藏世界于一粟，纳芥子于须弥[①]。风雷不敢伤，因所蕴蓄者有如是之奇。

附：文献

《汶志》简略，只字片言，殊觉可珍。当采访时，邑中热心之士，越岭跋山，搜求残碑断简于荒榛丛林之中，此种辛劳，曷可埋没？因作“文献”，附于“艺文”之后。

碑　记

（字迹风化不明者以□记之）

教官岁得俸银四十金，薪米费亦足用矣。惟汶地苦寒不产□□，买运斗米，值钱八百，以□为常。而汶学□考入学六名多□在□□，邑中士寥寥也。以故历年来学师多不至汶。余之来也，力杜□□籍之弊，非土著不考送，所取之□皆汶人，阅十年得十余人，皆彬□妙才也。是不可不有以教之。因念吾人学古入官，原不徒为□□，惟是身衣口食，亦不可缺，枵腹□事，人情之所难堪。戊辰春，□邑士高从孔、孟其敏、杨明远、董海、杨正仁、孟其基、冯良弼、陈三俊、孙芳、贾延献、吴友谅十一人，得五百五十金，买灌县金马场田三□，岁入租□三十石。除支费外，岁奉学师米八石，为羞□之用。又□署数楹，什物备具。□是出入有□，朝夕有□，乃支学师至我汶□之□，登而堂，课而士，□先生其安居此，□□汶士之□□□□□□未有□际也。于是邑□士请书其事□石。

嘉庆十四年仲春吉旦

赐进士出身文林郎知汶川县事候补同知加五级纪录大功十次右李锡书撰

经买田监生孟其□

神龙祠谕示

四川直隶茂州汶川县知事，加三级纪录十次，为遵批示谕，以垂久远事：成绵道承札开；光绪十五年六月十九日，奉总督部堂刘札开，案据藩司详称，该县会勘估计神龙祠工程，及筹款修理暨岁修银两，统应给发九七平银五百六十两，作为现届工程应用。余银四百两，即由该县转发三费局士月领生息，作为岁修之费。当即于库储土厘公费项下提拔九七平银五百六十两，札发该县查收遵照办理，等因。奉此，除饬本城三费局绅周之鼎等具领岁修生息银肆百两，并尤溪龙祠首事陈守谦等具领现在培修银一百六十两

① 纳芥子于须弥：《中国地方志集成·四川府县志辑》本《民国汶川县志》作“纳须弥于芥子”。

外，复经本县禀覆藩、督、道宪札示立案。所有现修工程，饬令督饬首事，核实兴修，不得偷减干咎，事竣报销。其岁修本银肆百两，发交城内三费局士结领，岁缴息四十两，遇有应修之处，须由住持告知祠内首事，廪请勘估确实数目，动息培修。每年息银如有余剩，仍行积存，以备历久大修之用。兹特刊碑泐石，以垂久远。合行示谕为此示，仰三费局神龙祠首事并军民人等一体遵照毋违，特示遵！右谕通知。

光绪十五年十二月十八日

新建尤溪公馆记

尤溪当太平驿灌县关道之冲，上下相去各四十里许，山川盘折，道路阻修，使节宾旅往来，率停午于斯。旧设有铺，丘墟久矣，供亿者向假龙王庙前楹为草舍，权也。庙去铺数步，夹在民居，岁月既久，栋宇腐颓，户垣毁折，湿秽日甚。

余顾而叹曰：是可以驻使节，是尚可以仍陋而就敝哉！乃谋□监收[①]别驾李子檄、汶川尹郑子右计更构，约费二十余金。予出所余□□银十二两，委典史蒋文举、张鹤、驿丞巨邦奇，鸠工庀材，更制而鼎新之。李子、郑子暨灌尹税子亦各捐己以资共济焉。经营五旬，匾曰[②]工告讫，作室三间，中为厅事，左右二官房，前二门，门各有廊，傍各有庑，区而厢之凡六，为门厨胥隶之所，缭垣周固，粉饰其美；供赈什物，亦略具焉。匾曰“尤溪公馆”，为使车暂憩云。是役也，财不帑费，力不乃[③]宿；供者既便，行去无虞。因告成事，爰记所由；勿俾践履，勿俾倾圮。司款之责，看守以人；勿谓无益，一劳永逸；勿谓易易，详观斯记。

钦差整饬威茂等处兵备四川按察司副使前吏部考功清吏司员外郎闽福清南岐薛鲁[④]撰

替理成功成都府监收威茂粮储通判李如粟

汶川县知县邹启元

灌县知县税延宾

管理工程汶川县典史蒋文举

灌县典史张鹤

太平驿丞巨邦奇

乾隆三年岁舍己巳夏五月端阳吉旦立

瓦寺土司差役碑

特调四川茂州直隶州汶川县正堂加五级纪录十次黄，为给发断碑，以垂永遵事：案查前升道宪徐，详奉督部堂琦批准，详定瓦寺各项差役条规事宜。开列于后：

一、每年各塘上兵，应领羊折茶面银两，每年汶川县赴司领回，行知宣慰司定期发给。

---

① 收：疑当为“牧”。

② 匾曰：疑为衍言。

③ 乃：《中国地方志集成·四川府县志辑》本《民国汶川县志》写作“止”。

④ 薛鲁：当为“薛曾”。

一、每年土司官田，该土民耕种上粪草一季，每年秋收之时，除归还籽种外，收有玉麦一石，分赏给土民二斗四升；荞豆一石，分赏土民一斗二升；其余悉数运交宣慰司收纳。内有涂禹山、凹山、皇坎等土民，耕种官田，每日一人赏发荞麦饼一个，重一斤。卧龙、跟达每年所上贝母五斤，让减一斤，以上四斤。

一、土舍等给称，督宪琦批示每土舍一人准用跟役二名，该土舍等因念土民近年户少差苦，公同相议缴退跟役一名，只用跟役一名，轮流更换。土舍之子孙不得滥用跟役，不得私增。

一、每年桥梁道路，二年小修，各修各界，五年大修，二十八寨朋修，自戴家坪起至大石包止，该土民等照旧认修，不得违误。

一、倘有兵差并一切大小差事，该土民等承当，不得违误。

一、每年坐塘递送文报差事，该土民等，不得违误。

一、土司署内上班，二十八寨土民轮流充当，不得违误。

一、土司每年官背每烟户认出一夫，烟户只有四五家，一人一若差，官背有余不敷背者，印主承认。

一、涂山、白土坎、板桥、河坪、四山五寨，土民伙畔，印主官田十九石种内，土司让免二石五斗种不耕。

一、每年土民土官麦粮不得违误。

咸丰三年九月二十四日瓦寺土司十八寨[①]会同汶城绅士保甲公立

按：右碑分立涂禹山瓦寺土司署一方，汶川城北外禹王宫碑一方，字文略有出入，惟大义仍相同耳。

瓦寺土司组织系统表

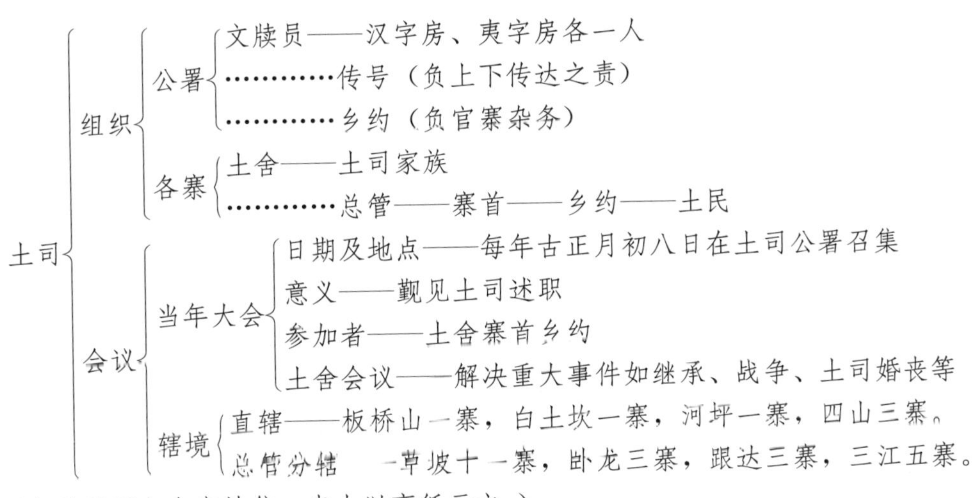

（土司以下之土官地位，表上以高低示之。）

① 十八寨：按文内所记各寨，当为“二十八寨”。

沙窝陈氏茔墓碑记

进士□□□郎，北京大司徒云南清夷王事侯维章撰，奉训大夫知成都府威州事福建乡贡进士蒲田杨国本书。嘉庆七年三月初一日，威州守御千兵宋琏，其内阃陈氏，以病陨□诣□言曰：兹墓石幸有□□□□卜新域于五龙山原，将送殡而徙焉。为是阡□无文无以表识将来，敢以托□□以□□生。按：陈氏属成都人，父□□有潜德，为□府所重。君闻而纳之。天性沉静慈和，□□□□□弗出诸□，而事上逮下，皆有法度。经纪家务，外内维新。君坐视不□而得一乃心力，弘济边艰，氏力也。先是予未第时，尝游维州，与君善，见其庶务整办，盖陈氏□□处者□□。二子希郊、希祁，皆□俊可重，闻之，曰陈氏出也。始之陈氏之有能以克干□蛊，有德以克昌厥后，其有功于宋宗不浅矣。景命不融，溘尔长逝。□□也哉！氏生弘治丙辰正月二十日，据卒之年，寿仅三十又三。涓是年十一月初六日，葬五龙山原上，去威□里，在汶川旧县境，面江拱□，翠峰迤逦，□□□有风气□□者，以三千金易之，□□□□□□□□□□于三月戊子竣事，五月壬午，遂成一佳域焉。夫衣衾□委此□□□□□□□棺椁□世人□□秋占牛鹤乘牛炁者也。此青岛景□氏之术□□□□□。矧陈氏卓有贤声，两生贤嗣，氏宜得此胜地而封之，用荫孙枝，则君之□□□□为石椁南山者哉。其穴，成都术士徐古用□其地居民张富、董志华鬻之□□□□□□□□杨旺、董之法，当□书是为记。

嘉靖七年仲冬初六日立

重建索桥村外三圣宫庙宇碑序

盖闻莫为之前，虽盛弗传；莫为之后，虽美弗彰，然神与人妥而神与人安，神因人则灵，人因神而佑。故神人有求必应，而人神有诚必通。今昔若是，各道皆然。宗教所由，理固然矣。惟我索桥一村，所建三圣神圣之庙宇，自古昭然，由唐、宋、元、明以来，至前清，历有年所。忆昔顺治年间，已经前人补葺，乐善捐输，以遗后世万载不朽之功耳。特是寒来暑往，山河变迁，月缺日盈，成败旋转，物无不敝之理，而事亦无不转移之机。虽庙貌辉煌，经百余年之风霜雨雪，鸟鼠栖留，有不凋残颓败者乎？于斯时也，我村中之忠厚长者，积聚公项，共乐为善，存积数年，觉有余钱百十千，兼之村内老幼同心，协力募化，乐善诸公，囊贮锱铢，众善适从，鸠工庀材，锐意修建。择就吉日吉时，开阔庙基宽数丈，兴工修建，不数月而庙宇焕乎为之一新，诚足以状大观。兹则功成告竣，华彩美丽，殿宇巍峨，神灵赫耀。斯乃神以妥而以灵，而人宜福亦宜寿。此固神人胥庆，正所谓大有丰年，时和岁稔，祝颂升平，而歌咏醉饱者耶？故有捐资勒石，芳名永著，庶我村各善士，后之子孙，共鉴此意，而庙宇之香火，千秋万古，以传不朽云。

又尝考天角有缺，以石补之；衮职有阙，以德补之；故乡有亭而里有庙。或字库塔子，以补地势，以培山川育秀之气矣。通都大邑，何则无之？乡村市镇，各道皆然。想我村朱陈两姓，原属亲谊。自大明时，离湖广麻城孝感地方，伙同上川，由灌近汶，辄迹至今相沿，屈指四百余年。当始之时，其地四面虽山，而高低凸凹，颇有形势，上有美女看船，下有龙墩塞雁。兴龙磨月，背岭添光，前背渔潭走马，古号万载江山。况又黑土在右，黄泥在左，泉源溪水，合塘入河，磨沟旋转，乾坤不停。其间葡萄满架，一碗千金；尔时之突兀峥嵘，蜒蜿绵亘，其形若势，无不壮丽。迄今沧海桑田，几成泽国，山崩石落，宛如丘墟，不无颓败。竟不地其地，亦人所当为，兴衰在人之力欤？岂今日之索桥非昔日之索桥也。虽年丰岁稔，而吾人不无告急，意者地脉纷驰，应动乎人，故余等集合同商，众善乐捐，修枋建柞，三相培补，以壮地势，而美观瞻。圣代即今多雨露，人文从此会风云。家欢户乐，人寿年丰，庶可无冻馁云尔！

茨玉村川主庙碑记

□□神灵赫赫，固足保境邑风光，庙貌辉煌，实克显神圣之威灵。兹者我村及上下人等，睹殿宇之败坏，见风雨之飘摇，不惟神祇之不安，亦惟斯民之不□□也。但我村蕞尔之区，地瘠民贫，岂能舍旧而图新？爰□合村公议首事，补其残缺□□倾颓，我川主会、土主会，亦稍捐微资，以助其万一，壮其弹丸之光耳。道光十一年，做匾捐钱。

道光三十年八月初一日立

小寨子袁姓墓碑（火坟）

盖闻先祖语留，当是时也，湖广填川，我先祖来川者，乃弟兄八人，系麻城县孝感乡人氏。上川分处插业，始祖袁文嘉，来至古绵虒上山到此，即今上水里也。草林畅茂，有方里而井，居房朽坏，建有一残坊，上书“乐善村”三字，今人呼为小寨子也。我祖欣然乐插此业，报粮入册，垦田园，创房宇。彼时此地泥水泛滥，安葬亡魂，犹恐肌肤近泥，故立此墓，号曰火坟。世代先祖，概葬于此墓。后代人丁兴，二十余家，以后各扦茔墓。近因年久日深，惧后人忘却本源，而将族谱派行编列于碑，二十四字曰：

天培世隆，庆康文光。照耀斗辉，大有士明。洪朝正开，以晓后人。

是以为序。光绪二十年三月二日，耳孙袁朝辅奉书，众姓建立。

月里庙宇（川主庙）碑记

盖闻神得人妥，人得神安，神非人何以得崇庙宇而奉明禋，人非神何以托庇护而隆昭报？是神与人，两相需者也。

我汶治月里村，旧属威州吊下里，建立有川主土主神庙，应感常昭，威灵丕著，不知经历多年矣。查考宝鼎上所刻名讳，前朝邱、高、冯、张、向、王、杨七姓人等修建，年号遗失。国朝康熙乙亥年重建，大殿上文瓦木柱石，皆是古人创造。迄今千百余载，为风雨所飘摇，而庙庑缺角，为鸟鼠所休息，而丹雘剥残，是神不妥而人亦不安也。客岁十月之朔，因山神会期，酒后失手，误伤二人，命延旦夕，连夜梦神医救，不日伤愈无恙。若非神圣保佑，不但二人恩沾再造，即合村亦受异矣。川主土主在天之灵，有求必应，无感不通。爰有首事筹谋之村人，公同计议，即于本处募化锱铢，今功成勒石。乃圣乃神，有妥侑之，所以享以祀，得膜拜之休。士农工商获清平之庆，东西南北咸沾惠泽之孚。是神妥人安，一举而兼得。同乡善士捐钱，计刻于后，永垂不朽，以是为序。

大清咸丰六年六月二十四日吉旦，文生赵万寿。

过街楼魁星阁钟记

汶治北五十里过街楼，旧有宋大学士范仲淹题匾，匾曰："岷山起凤""汶水腾蛟"，悬于上下二阁。相传唐李卫国公楼阁也。下楼奉祀魁星夫子，旧建康熙壬辰年。至道光壬辰年，合村众善捐金重修。公议信士尚崇山为之督工，越三年而工竣，聿观厥成。因念有庙无钟，朔望无以发蒙启醒。崇山与胞弟子侄等，公共出资，敬献魁星夫子殿前洪钟一口，俾声教传于遐迩。伏祈保佑地方科甲联登，人文蔚起，诚无不格，福有攸归也。四川直隶茂州汶川县上水里过街楼居住信士尚崇山。

大清道光十四年十月十二日吉旦。

过街楼福缘寺钟记

福缘寺，吾邑古刹，稽建明皇，由来久矣。先铸钟已颓于乾隆乙亥年，先辈复铸，至嘉庆癸酉，忽损而废。吾里捐资于嘉庆己亥，合志重铸，敬献佛祖，永昭千古，恳祈钟声催地运□□□代启荣幸，谨志。

嘉庆二十年七月十二日铸。

月里川主庙钟记

四川西道直隶茂州汶川县上水里地名，居住众姓会首人等，开列于左：川主土主二位宫下，道钟一口，万古代昌。故□修庙弟子邱、燕二姓后，居本村弟子赵、刘、蔡三姓公立，会首九人。

嘉庆二十四年六月十四铸，金火匠人张秀、薛弟如、杨举。

茨玉村川主庙钟记

从来庙貌巍峨，固足培境里之风脉；而钟声嘹亮，亦能显神圣之威灵。传万凌之一声，若雷霆之奋响；聆悠扬之四彻，与朝鼓以争鸣。洪音达云霄，凛凛之威风，和音直闻于天上；恢响播寰宇，赫赫之英气，并响尽著于人间。是以喤喤应来，赖令民安物阜；钦钦宣处，辄使魍避疫除。猗欤！既能致夫地灵。休哉！更可佑其人杰。况夫月朔望晦，焚香者惟悃，可藉以□拜表投诚；酬愿者凡情，堪赖以格设□设虚。倍增殿宇之辉煌，树羽崇牙，愈益祠院之光彩。爰集众以襄是举，庶神旺而人自兴。今据大清国四川省西道成都府直隶茂州汶川县上水里茨玉村，众姓弟子，虔心敬铸川主土主二主二位尊神殿前洪钟一口。望神恩保佑，俾合姓家家清吉，户户平安，五谷丰登，六畜顺遂，二六时中，吉祥如意。

乾隆四十四年己亥季夏月谷旦。

七盘沟观音庙钟记

原夫庙之设钟也，而叩之上通天堂，下彻地府，中而福国佑民，其功德良非大哉。我七盘沟观音庙，道光二十五年本邑老女居士三十余人，铸钟一口。年久忽损，今阖街加料重铸。查前女居士存阳者少，未便详镌，谨将重铸捐名，备列于后。

大清同治十三年桂月吉旦。

过街楼福缘寺椽记

维大明成化七年，岁次辛卯六月壬寅朔十九日庚申良旦，证明修造宫舍，高茂英同缘首尚有信、董亨刚、王旭，偕众姓等发心舍财建立。谨题。

赵氏家谱序

从来家之有谱，犹国之有史，所以昭信纪实，重本笃亲，使后世子孙，不敢妄其所自出。盖支分派衍之际，系序易淆，非肇之于谱，而数世以还，茫然不知祖考所自出，或相视若秦越焉，将何以昭兹来许，克绳其祖武于勿替乎？我始祖赵公讳芳，本湖广黄州府麻城县孝感乡之大族世家。自明时弘治十八年，随叔威州知州赵符节入川为千户长。修筑城池，经理有功。嘉靖十一年，为雁门通鹤城堡军把总。隆庆二年，为威州吊下里（月里）村寨等处汉羌军兵千总。所生二子，长讳茂申，次讳茂甲，迁移放马坪。天启二年，一世祖茂申复徙居于月里创业，贻谋刘赵二姓，分割地界，各报丁粮，原非无征不信。今以月里村中路为凭，路以上是刘姓地土，路以下皆赵家粮田。明末献贼乱后，将族谱遗失，逮传数代，后裔有移住成都、郫、灌者，又有迁居茂、理、金川者。迨今代远年湮，时移世易，族姓繁多，或出或处，竟有忘其所自出而不知其来由者。六世祖赵公讳福寿，考究书札，清查来历，将辈数名讳，逐一传授于予父。予父深痛之！是以虔修谱序，序创嘉庆甲子来历，已书于上，碑竖道光己丑，根由稍表其中。况匪予父议之，独赖先祖传授，实宗而主之，碑竖祖茔之侧，谱藏族长之家，后辈能继志述事者，必以予父之言为非悖也。迪前人之光，罔敢失坠；授后辈之字，毋庸错乱。

从一世起至廿世，字辈之诗曰：

申绍三世长，门庭文万永。维思邦国正，大启自崇光。

盖凡族姓之始，忻然一父之子也，久之而亲者疏矣，又久之而疏者远矣，矧分疆异地，系序阙焉，甚相若视为秦越者，势也。予父承先祖传授，恻然念祖考所自出，因笔为家谱，既有系，复有图，用心不可谓不厚矣。独念予父汶邑职贡生，予弟兄五人，予幸叨恩在庠，未能上进，虽不能继先人之志，亦可以敬述先人之事也。

今日者，族姓蕃衍，迁析子孙，各祖其祖，承先烈而式廓之，即南北悬殊，而按谱以稽，森然雁序。譬诸黄河之水，千里九曲，穿龙门过积石以达于海，其始固同源星宿。读斯谱也，油然而孝敬生，蔼然而礼让接，重本笃亲，毋忘所自，是则予父之志也。予亦敬跋数语，凡我子孙，其珍重敬奉之哉！是为序。

时大清嘉庆九年，岁在甲子，小阳月上浣日，八世孙文才，字成章，敬序。男万嘉，字三吉，又于光绪九年岁次癸未上巳吉日，照谱誊录，敬跋。

汶川县政府创设图书室启事

祝世德

窃本府创设“汶川县政府图书室”，计其理由，约有四端：

一、行政措施，日趋进步，县政建设，百端待理。故从事地方行政人员，匪仅应具有丰富之行政经验，尤须加紧学习高深之理论知识，始能相辅为用，相得益彰，因以斟酌损益，革新创造，迅赴事功，措施适宜。此对于推行与改革地方行政而言，不可不加紧学习者一。

二、我国官吏，素为识者所轻，“肉食者鄙”，自古以来，几成定论。推溯其原，良由一行作吏，即将典册束之高阁，上焉者终日劳神于案牍之间，不知此外尚有天地；下焉者因循敷衍，贪墨无状，其眼光之短浅，见解之卑劣，尤足以见轻于士林。救之之方，要在使其尚友古人，增长识见。此对于培养学术风气，以矫正鄙习而言，不可不加紧学习者二。

三、汶川一邑，偏处西陲，号称边地，文化设施，既属寥寥，正当娱乐，尤属乌有。公余之暇，寝浸而酒肆茶房，言不及义，浪荡自甘，荒废岁月。上行下效，风动草偃。言念及此，不寒而栗。救之之道，端在提倡高尚嗜好，以期自救救人。此对于公务人员自爱自修而言，不可不加紧学习者三。

四、吾人处世，贵在力争上游，学问与自修之途，皆如逆水行舟者然，不日日上进，必日日后退。今之负一县行政者，固已为一县之人才，然不可以此自限，尤不可不以全省及全国之人才深自期许。自勉之道，端在力学。此对于努力深造，以勉为国家人才而言，不可不加紧学习者四。

故该室之设立，意在使全府工作同人，公余之暇，得有机会，努力自修，相互研讨。惟是成立伊始，书报图籍，均感缺乏，而本府经费，既感拮据，边地书物，亦苦于不易购置。袖短手长，殊为憾事！（下略）

附　录

附录一

《旧志》存目

旧志名《汶志纪略》，署山右李锡书纂述，邑贡生高从孔、孟其敏编列。脱稿当在清嘉庆十年三月前（见李元题后），付梓当即在是岁或稍后。道光同治中，再度增益，惟仅增“职官”“选举”“孝义”诸目中之姓氏耳。今岁大加修订，面目已异畴昔，惧前人苦辛，或致湮没，因为之附表，以存其目。

卷数（字数）	题目	附目	字数	备考
卷一（9781）	疆域		642	在今志卷一
	建置		2025	在今志卷一
	城邑		364	在今志卷一
		职官	3541	在今志卷二
	关隘		1604	在今志卷四
	桥梁		822	在今志卷四
	驿站		72	在今志卷四
	铺递		217	在今志卷四
	营汛		108	在今志卷四
	塘递		386	在今志卷四

续表

卷数（字数）	题目	附目	字数	备考
卷二（14217）	赋役		1246	在今志卷三
		仓储	67	在今志卷三
		乡里	1110	在今志卷三
	榷法		564	在今志卷三
	学校		1022	在今志卷三
		书院	230	在今志卷三“学校”中
	祀典		652	在今志卷五
		寺院	545	在今志卷五
	祀典仪则		8785	在今志卷五“祀典”中
卷三（8888）	选举		1285	在今志卷六
	孝义		1508	在今志卷六
	风土		810	在今志卷五
		物产	1332	在今志卷四
	山川		3953	在今志卷一
卷四（22879）	古迹		8224	在今志卷七
		八景	152	在今志卷七
	艺文		7611	在今志卷七
	瓦寺土司		2965	在今志卷六
		西路土司	1007	在今志卷六
		文六篇	2451	在今志卷七“艺文”中
		附姓名表	469	在今志卷三“学校”后

附：《汶志纪略》题后

元游蜀垂二十年，山川城邑之名，人物事迹之实，尝访求焉。往往一地互见，一事异闻，或有其轶见于他说，而地势名称甚悬殊。商瞿，鲁人也，而志之双流。李白，陇人也，而志之彰明。盖核实之难也。余与见庵交最笃，见庵于书无不读，且能探天根月窟之微奥。所著有《河洛图说》《周官图说》二种，元受而读者屡年矣。今岁春，以老且病，将去蜀，见庵以《汶志纪略》一卷邮致。观之，不知其耄之祛而病之却也。大要体段，得迁、固遗意，而谨严如陈令史，中所称引，又如裴松之注陈志者然。名以“纪略”，是见庵之碎金而汶人之拱璧也。余先有书致见庵，云考辨禹迹，极为详确，纂入志乘，要是千秋佳话。旋里在即，不及拜别为怅。他日相思，仅得邮筒一寄阔怀也。乙丑三月下巳书于锦城东岳僦舍，太初李元题后。

《汶志纪略》叙言

汶无志，或曰：大江奔流，九石而一土，地分边徼，无可志。或曰：《一统志》志之，《通志》又志之，无庸志，似也。固将言之：降宅之功，成于敷奠。疏导之事，起自南条。岷山导江，四渎之首。禹以汶人而先岷事，书尝登岷山，瞯江水，峥嵘诡谲，澎湃奔腾。雪山霞岭环绕乎其外，九龙、天彭蔓延乎其内。纵横排奡，窃有异焉。古人谓：清气为天，浊气为地，天一而地体三，三者何？水、土、石也。《易象》：为土者一，为山者一，为泽为水者二。《经世书》：地分刚柔，水土石各一。故《禹贡》称：奠高山大川为地之平成。而《中庸》称：生物不测。亦以见山水之广大也。今蜀之人曰：吾冬宜麦，夏宜谷，高燥宜禾，卑湿宜稻；山有矿，水有盐，锦则称江，粟亦号海。金流沙底，木拱岩边。包罗水陆之珍，充仞车舟之利。睇夫灵秀之发泄，怪怪奇奇：布以火浣，丝以露染，碱烧于灰，蜡生于树；不灰之木，夏草之虫，地下取油，井中出火。虽《蜀都》不能赋其全，《华阳》未足志其略也。物固有之，人亦宜然。犊鼻而赋，啮饼而玄；梦圣传经，著《玄》比《易》。至于伯生南岳之神，太白入怀之月，文同能魁，苏轼为奎。崇伯也，而黄龙；望帝也，而杜宇。道士化鹤，太守斗牛。种种奇人，咄咄怪事，凡此皆山川之发育地气然也。善夫郭景纯之言曰：总其所以，华鼓之于一响；成其所以，变混之于一象。阳火出于冰水，阴鼠生于炎山。故胡人见布而疑黂，越人见罽而疑毳。异也，亦常也。此全蜀之所同而非汶人之所独也。夫江水之盛聚于蜀，江岷之源起于汶。汶之地少土而多石，石气刚烈，迥异寻常。若大禹神人而汶生焉，岂不异甚？今灌之人曰：蚕崖，吾关也；威之人曰：玉垒，吾山也；石泉之人曰：石纽，吾地也。不惟邑之疆界无分，即神灵诞降之异而亦不著也。是不可以不志。见庵李锡书谨述。

嘉庆十年春二月朔日。

附录二

汶川县续修县志委员会题名录

一事之成，每为群力，贪众人之功为己劳，有志者所不屑为也。县志续修，自不外此，因作“题名录”于左，其他鼓励促成之者，尚以不克尽录为恨云。

续修县志委员会兼编辑委员会

主任委员：	县长	祝世德
委员兼编辑：	秘书	吴仲申
	临时参议会副议长	高世枢
	教建科长	杨琛玉
	士绅	郭伍贤

名誉编辑：	县执委会书记长	彭　晶
	县司法处审判官	廖　政
调　查　员：	县指导员	陈永明
	第二区区长	刘宗禄
	第三区区长	杨公溥
访　　员：	参议员	陈昌洪
	参议员	郭德必
	雁门乡长	尚毓文
	绵虒镇长	郭谓之
	草坡乡长	罗文焕
	草坡副乡长	何克武
	映秀乡长	吴自奇
	龙溪镇长	刘聘三
	卧龙乡长	明仲修

缮　　写：康志为、林济元、龚联壁、黄泽清、余文龙、赵子卿、罗天和、董震、邹维新、周梦熊、萧乾元、赵恒、余杰、张在明、陈树

校　　对：祝世德

汶川图说

（民国）祝世德　著

民国三十四年铅印

提 要

（民国）《汶川图说》，祝世德著。

《汶川县志》刊刻后，世德查出书中记载偶有讹误之处，且卷帙过繁，难以一一追改；又民国三十三年以后诸事，尚未辑入；故化繁为简，重新辑录《汶川图说》，付之剞劂。

该志卷首有“序”“目录”，卷尾附录唐、明、清三代图说，正文分“城邑”“县府”“水系”“山脉”“民政”“教育”“交通”“物产”“禁政治安”等七图、说。

是书图文并茂，简明扼要，眉目清晰，可视作“县志之姊妹篇”（祝世德《序》），是汶川县现存唯一一部民国图志。

目　录

序

一、县志既成，汶川情形，泰半为世所知。而自今日视之，其缺点有不可为讳者。汶邑建县，远在汉武帝元光五年（前130年）通西南夷之后，至清仁宗嘉庆十年（1805年），凡一千六百七十余年始有旧志，复迟至民国三十二年，凡一百三十八年始获续修。续修之时，以县中人士期望殷切，遂计日督功，焚膏继晷，期其速成。集稿之期不及半岁，脱稿之时，仅得一月，若干史实，遂有遗误。如余考武庙残碑，始知明世宗嘉靖三十二年（癸丑，1553年），关中有杨舜夫者，尝宰是邑，而旧志遗漏，新志因之。又李锡书回任之年，于其《蕊石山房记》中明谓“乙丑岁”，计时当在嘉庆十年，而旧时续增之者，谓其为十二年回任，新志失考，遂袭其误。此虽细事，而以信史之目光论之，不可不为之增订之也。

二、新志既成，约十六万言，较旧志五万余字者增益二倍。卷帙浩繁，读者病之，且成书之时，为民国三十二年底，三十三年之县政动态阙焉。欲有以化繁为简，使读者一览清晰，县政动向，复能了然于心，则亦应有更张之处也。因是二端，余乃复于公退之暇，增制《汶川图说》，以补其缺。读者果能左按舆图，右视说明，则汶川之为汶川，自能开卷洞悉矣。故是书之成，谓其为《县志》之姊妹篇也可；然谓其为独立之书册，可以显示今日汶川之真面目者，固亦未尝不可也。

三十四年元月，作者祝世德谨序

汶川城邑说

汶川故城，在今理番县新堡乡（即威州）东山腰之坦平处。明弘治（公元1488年—1505年）[①] 中，拟迁威州于汶川，而迁汶川县城于寒水驿（即今治）。正德七年（1512年）以生番袭破坝州（按，应即今理番通化），遂徙汶川故城，更名威州，而徙汶川至驿治。汶城极小，即以此也。

汶川新城，为明正德七年知县李明所筑，以山石砌垣，周一百四十二丈，高一丈六尺，二门，门各有楼。清康熙四十七年（1708年）大水，城坏，年久未修。乾隆二十八年（1763年）知县李天骏，始详请修建，规模较前为大，计高一丈八尺，底宽九尺，顶宽六尺，周二百八十丈。上下二门，南曰“永丰”，北曰“宁远”。城楼二所。嘉庆五年（1800年）知县李锡书建上下二关：上关在今索桥东山腰，下关在南门外，自有关后，民渐阜繁，故百余年来，北门至上关间，居民遂增至一百一十余家。今二关俱已颓废矣。

兹将各种建设及公共机关，简述于左：

1. 由凉水井至南门外，约一里许，为三十三年十一、十二两月新筑马路。并拟于凉水井建亭，马路两侧植树，以为居民游息之地云。

2. 城隍庙，在南门外东侧。建于明季，清康熙元年（1662年）知县张耀祖重修。乾隆三十四年，知县刘昌蔚复事扩建。

3. 公共体育场，在城内南门东侧。

4. 武庙，在城内南门西侧。明嘉靖三十二年（1553年）知县杨舜夫建。清顺治十六年（1659年），知县张耀祖重修。民国三十三年三月，再事修葺，作为城区警察所办公之所。

5. 文庙，在公共体育场北。清康熙元年，知县张耀祖修建，今为绵虒镇中心小学校。民国三十三年，重修。

6. 县府，在城内正西。司法处、田管处在其内。

7. 县立幼稚园，在文庙侧，原为学署，道光八年（1828年）知县郑善长建，凡两楹。民国二十四年，红军窜茂，南窥汶邑。邑中住军甚众，遂毁门窗，唯余瓦角。三十三年，始折其一楹，余一楹加以培修，移作县立幼稚园教学之用。

8. 县立卫生院，在县府北。

---

① 原作“（公元一四八八年——一五〇五年）”，今改为（公元1844年—1505年）。按：下文出现有关年代、数量统计等中文记录数字单位，均改。

9. 邮局，在卫生院对面。

10. 电台，在卫生院北。

11. 合作金库，在电台北，二十九年新建。

12. 临参会，在北门外，三十三年副议长高子中、参议员姜甫耕等建修。在城中，除金库外，其堂宇之辉煌，固莫之与京者也。

13. 禹王庙，在北门外东侧，三十三年加以培修，即作为县训所，兵团部民教馆办公之所。

14. 绵虒镇公所，在禹王庙北。

15. 县党部，在镇公所侧。

16. 正街柏油路，为民国十七年知县雷蔚华所筑。路平且直，垂杨夹道，行旅至此，咸称有内地风光焉。

汶川城邑图[①]

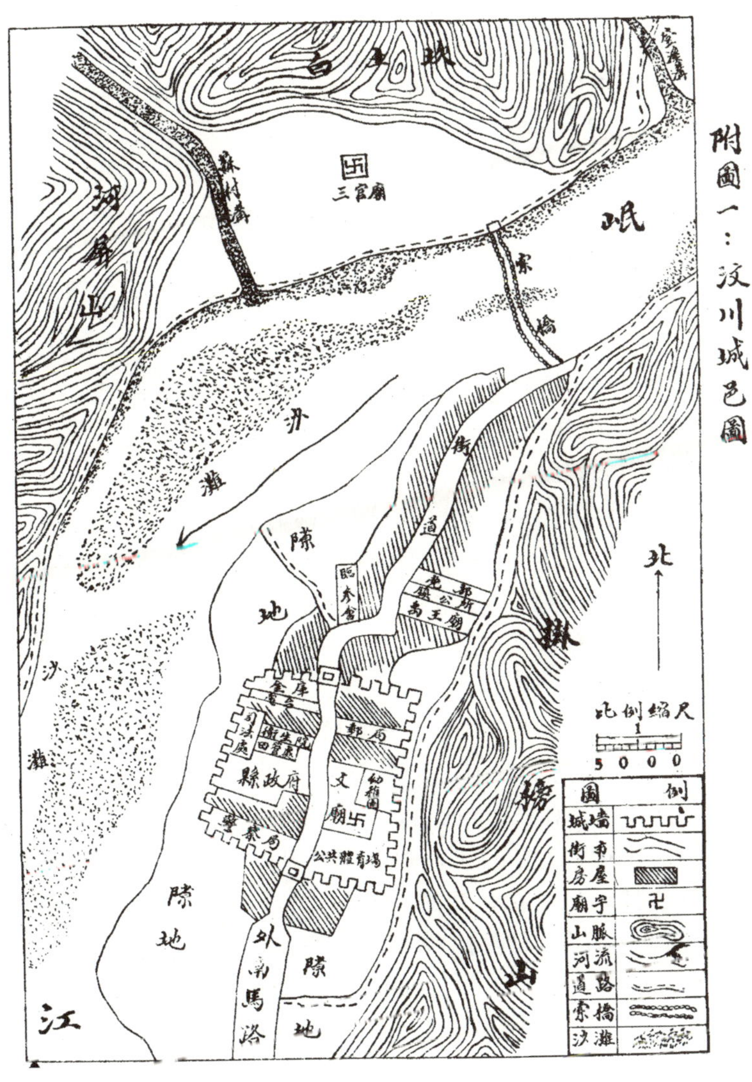

① 底本中图均放于书末，而图名下均写作“见附图某”，今按目录调整，将附录之图移此，下同。

汶川县府说

语云："衙门向南。"汶川县府乃独向东。盖以山势由北而南，县城市街随之，住宅遂均东西向，县府自亦未能例外也。

头门、宜门、南北角门，康熙六年（公元 1667 年）知县陆洽源建。道光四年（1824 年）五月，知县宋廷祯重修。

旗台，在宜门东北，为升降国旗之所。

大堂，清顺治间（1644—1661 年）知县张耀祖建。道光四年四月，知县宋廷祯重修。其南北合为职员宿舍与收发室。

二堂，何时何人所建，已不可考。道光四年二月，知县宋廷祯重建。其南北皆为宿舍。

川堂，康熙八年（1669 年）知县田卜昌建，匾曰"玉轮清署"。何时重修，无可考，推断当在道光四年。民国十六年（1927 年）知县邓作齐复建。

西宅，道光四年知县宋廷祯重建，为县府极西屋舍，凡五间，其中为会客室。北为县长办公室及电话室，更北为县长寝室。其南为秘书室、监印室，更南为出纳室。经收处临时办公室，实为二堂与西宅间川堂。民国三十二年，四壁装修，为书报阅览室。旋移经收处至内办公，而移图书室于其北宅。其南，又宿舍也。

警察中队部，在旗台西。

大宿舍，在中队部西。

办公室，光绪三年（1877 年）八月，知县曾景福重建。在大宿舍西。

司法处，在西宅北。原为蕊石山房，嘉庆十年（1805 年）知县李锡书建。其记中有云："乙丑岁，余回汶治。（县志沿旧书，谓嘉庆十二年李氏回任，失考）……东垣立一巨石，余就而笼焉……"道光四年，知县宋廷祯移石西侧，作《蕊石山房记》云："见庵李君，作蕊石山房，石在室中。岁甲申，改建全署，移室于石后，石遂啸傲风月，屹立阶前……"民国二十九年，县司法处成立，遂画[①]拨为司法处办公之所。

北宅，在办公室北，道光四年三月，知县宋廷祯重建。历年失修，几成废墟。三十三年，余呈准修复，以其中为会计室办公处，其东作档案室，其西为职员宿舍。

厕所，民国三十三年新建，在大宿舍北，财政科长黄国祯为之作铭，余校之曰："取精用华，遗其糟粕，新陈代谢我非昨。立身亦如此，日新务去恶，戒贪慎独，神其视若！"

---

① 画：当为"划"。

男女监狱及看守所，在宜门西南。

浴室，在大堂南。民国三十三新建。余铭之曰：“夙夜奉公，其汗淫淫。汗淫淫，勿忘洁尔身；洁尔身，犹思洁尔心。嗟我同志，勿渝斯铭!”

厨房，在浴室西。

仓库，在西宅南，为田赋征实储藏之所。

花园，在西宅西。

汶川县府图

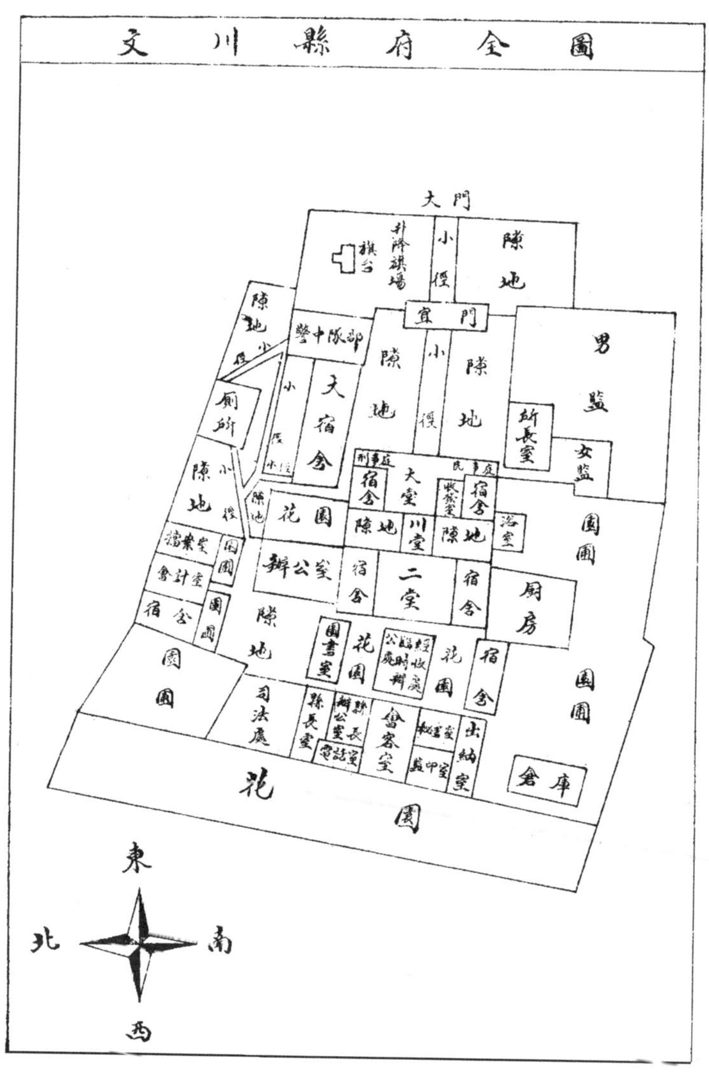

汶川水系说

县中大水，首推岷江，次二河，次西河，又次焉为草坝河，其他沟渠，皆注入此四水者也。兹分述之：

一、岷江

由茂县属之青坡流入县境，经雁门、绵虒、银杏、映秀四乡镇公所所在地及龙溪镇属之茅亭、珠瑙坝而入灌县境。急流恶湍，乱石嵯岈，舟楫灌溉，均称不利，而一入灌口，分为岷、沱，川西十四县灌溉之利均仰赖之。所属沟渠，计有：

1. 雁门沟，在治北五十里雁门关内，源出汶、彭界山上。

2. 次玉沟，在治北四十里，穿威州入岷江。

3. 七盘沟，在治北三十里，源出汶、彭界山上。其北即七盘山，古七盘关在焉。

4. 板桥沟，在治北二十里，沿沟越山，可通彭县，犯禁烟匪，常取道于此。

5. 大溪沟，在治北关外，源出汶、彭界山上。

6. 安家沟，在治南十里，甚浅近。

7. 桃关沟，在治南三十里，即古所称桃川者也。

8. 佛堂坝沟，在治南三十五里。

9. 沙坪关沟，在治南四十五里，俗称罗圈湾沟。

10. 太平驿沟，在治南七十里，甚深。明末，张献忠限[①]成都，将掠松、茂，兵至彻底关，不得过，乃由太平沟进，绕出佛堂坝，已越彻底，乃得至茂。

11. 磨子沟，在治南九十里，越沟即映秀湾。

12. 龙溪沟，在治南一百二十里，亦有称龙溪河者。其上游四十里曰“白龙池”，荒地至阔，约七千亩，谭[②]开发者多注意焉。

13. 贾家沟，在治南一百三十五里，为汶、灌交界处。

以上诸沟渠，均在岷东。

14. 登溪沟，源出雪龙岭。

15. 苏村沟，源出高东山。

16. 篾头沟，在河西，距县治十五里。

① 限：按上下文意，“限”当为“陷”。

② 谭：同“谈”。

17. 野牛沟，甚浅近。

18. 澈底关沟，在澈底关河西，唐于沟口尝设草堂堡焉。

19. 磨子沟，甚浅近。县人于沟上设水磨者，每以磨子名之，非仅映秀湾有此名也。

20. 小沟，长四十余里，产野杉甚富。

以上诸沟在岷西。

二、二河

源出班烂山，过卧龙关（今更名曰飞龙关）时，名皮条河。东流绕纳娃山。经耿达桥出中滩堡、娘子岭，注入岷江。在汶除岷江外，即以此水为大，故名二河，盖以岷江为大河也。所属诸沟，计有：

1. 大水沟，在中滩堡西南。沟东，灌县界也。

2. 瓦寺沟，为映秀乡与飞龙乡分界处。

3. 黄连沟，沿沟越山，可通灌县。

4. 鹦哥嘴沟，行一日可至小钱粮山，山上产大黄、羌活、贝母等药材，故土人以小药山称之。

5. 大阴沟，甚浅近。

6. 七层楼沟，源出韩凤岭。越岭取道童漕沟（亦名韩凤岭沟），可至三江口。

7. 水井湾沟，源出纳娃山。

8. 贾家沟，在耿达桥西。

9. 转经楼沟，在耿达桥东，源出天赦山。地肥美，为取道草坡必由之路。

10. 龙潭沟，有住户五十余家。

11. 白岩沟，自理番境内杂谷脑方向发来，注入二河，长约二百华里，故土人复称之为白岩河，亦烟匪惯行之间道也。

12. 转经楼沟，在飞龙关东。源出牛头山，为取道三江口必由之路。属飞龙乡，与属耿达乡之转经楼沟，在昔均设有转经楼，故均以是名沟，盖二地也。

13. 飞龙关沟，源出斑烂山，长约百里。

14. 五里墩沟，距飞龙关西五里。

15. 银厂沟，在飞龙关西十四里，有二源，皆出班烂山，一名二沟，一名热水塘，为最佳之温泉。南华山在沟尽处，产金甚富。

16. 龙岩沟，距飞龙关约五十里。

17. 鹦哥嘴沟，距飞龙关约七十里。与耿达乡所属之鹦哥嘴，皆以地形险阻得名。

18. 三圣沟，又名魏家沟，距飞龙关八十里，源出班烂山，沟尽处有大营盘遗址，闻征金川时尝取道焉。

19. 马塘沟，源出斑烂山。

20. 臭水沟，源出牛头山，长约五十华里。

三、西河

源出终年积雪之大雪塘山，均为人迹罕至之处，故知之者绝少，土人难道其详，唯知合五股水至鸳鸯沱，始名西河（入灌县境，称寿江）。所属沟渠，最著者计有：

1. 黑石江，源出盘龙山，长约五十里，虽以江名，实沟也。

2. 中江，源出牛头山，长约九十里，与黑石江均流至三江口合，实亦沟也。河内尚有二沟。其一为童漕沟，源出盘龙山，沿沟越山，取道七层楼沟，可至耿达桥。又其一，名麻柳坪沟，源出格巴山，长约六十里，亦有称之为豆豆坪沟者。

3. 飞水岩沟，源出格巴山，长约三十里。

4. 龙竹园沟，源出龙竹园山，长约四十华里。

5. 白英沟，源出贝母山，约长七十华里。

四、草坝河

源出汶、理界山，初名茅茅沟，至两河口与草坡河会，其流始大。至平房索桥入岷江。旧以草坡河为是河主流，以不知由两河口上溯其源，其长度当两倍草坡河也。所属各沟，计有：

1. 正沟，甚浅近。

2. 银厂沟，越山可通龙潭沟。非飞龙乡之银厂沟也。

3. 桂花坪沟，至克葱合草坝河。

4. 草坡河，源出天赦山，至两河口与草坝河合流，长约六十里，虽名为河，实亦沟也。河内尚有二沟：其一名赤足沟，至麻龙合流。又其一名龙潭沟，至草坡合焉。

汶川水系图

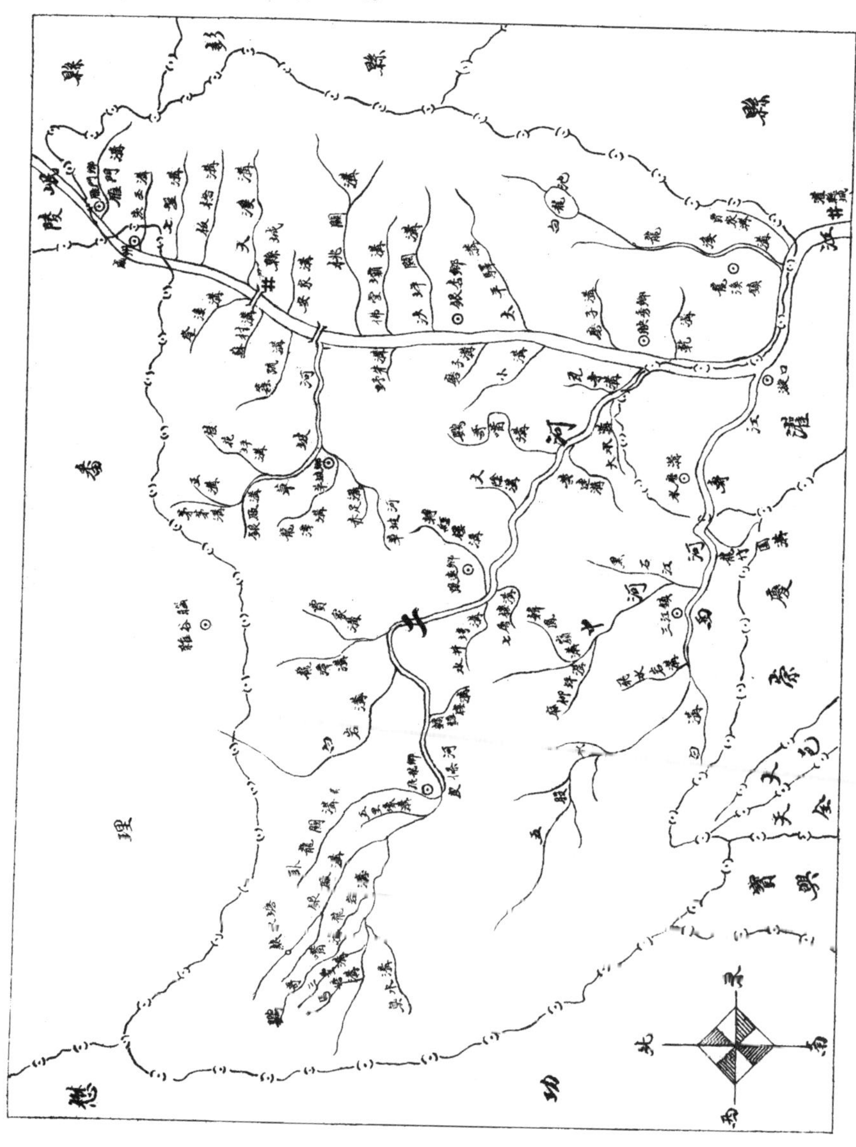

附图三：汶川水系图

汶川山脉说

汶川，山邑也，除四水诸沟外，全境皆山，无百亩以上之平原。所谓沟者，纵令其长度号称百里，亦多由中山急冲而下，形如挂水，其势可知。而此万山千峰，亦重叠险巇，屹立曲折，不以涧断，不由壑分。古云："一山中断曰壑，两山夹水曰涧。"例之汶邑，则岷江、二河、西河、草坝河四水，几皆可谓为涧，乃绝无壑。山势之绵延，可推知矣。而北绵延重叠之群山，峰上有峰，岭上有岭，峰有其名，岭有其号，冈峦伏起，千里不绝；冈有其名字，峦有其称谓，第故叙述时甚感困难。今姑沿旧习，以岷江画东西，而总称岷东诸山为东岷，岷西诸山为西岷。

一、东岷所属各山

略述如下：

1. 雁门山，在治北六十里。
2. 玉垒山，在治北四十里。
3. 陈甲山，在县治东北，横亘于汶、茂、彭三县界上。
4. 七盘山，在县北三十里。
5. 板桥山，在治北二十里。
6. 尖尖山，与板桥山相连而高过之。
7. 襄阳山，在县东。
8. 挂榜山，在治东，山麓，即城堞矣。
9. 沙飞岭，在治南十里。
10. 羊后山，在治南十五里，顶有刳儿坪，为神禹降生地。
11. 大联山，亦称大梁山。土人称之为大联合山梁子，为汶、彭、灌三县界山。
12. 九股山，脉出大联山。
13. 玉石山，在治南五十里，产玉甚富。
14. 白云山，在兴文坪。
15. 巨人山，在治南七十里。
16. 娘子岭，在治南一百里。俗传杨贵妃归京时经过此岭，故名。按：《太真外传》云：杨妃小字玉环，弘农华阴人。是伊人一生，似未至蜀，当属无稽。或云：古昔汶郡，本为冉駹地，是岭地界华夷。汉人经商夷地，每娶夷妇，当其归时，夷妇多送之岭上，洒泪诀别。汉人念之，遂呼娘子岭云。

17．白岩岗，在县南一百二十里。

18．湿板山，在县南一百三十里。

19．大尖峰，在白龙池后。

20．龙池山，在白龙池后。

21．挖断山，汶灌界山也。

22．天彭山，在漩口对面汶江出口处，东西二山如峡，李冰所谓之天彭门也。

二、西岷所属各山

昔本不详，近年以来，行旅渐多，居民较众，始渐为世人所知，兹亦略述如左：

1．雪龙岭，亦称雪龙包。旧《汶志纪略》云："西岷之顶也。"

2．涂禹山，俗呼同灵山。瓦寺土司住宅在其上。或曰："禹娶涂山氏之女，即此地也。"

3．白土坎，在登溪苏村二沟之间。

4．高东岭，亦称高东山，雪龙岭之支脉也。

5．簇头山，脉出雪龙岭。

6．河屏山，在治西五里许山腰处。

7．马鬣山，在县河西。

8．和尚头山，属草坡。

9．么姑娘山，在草坡西。

10．钱粮山，产药甚富，土人采药于此，以纳土司钱粮，故名。

11．东瓜漕山，在草坝河南，春秋遇雨，满山积雪，亦高山也。

12．天赦山，亦名天成山，脉出钱粮山，至彻底关对岸止。上山[①]盛产竹，为造纸甚富希望之地。

13．小钱粮山，俗称鸡公梁子，旧耿达三寨土民，每采贝母以缴纳土司钱粮之药山也，故亦称之曰小药山。

14．大厚山，在兴文坪河西。

15．天官山，属映秀乡。

16．鸟涌岭，在耿达乡龙潭沟后。

17．白岩，在耿达乡，非映秀乡属之白岩冈也。

18．正沟梁子，产药亦富，为耿达、飞龙两乡界山。

19．红沙冈，属飞龙乡。

20．南华山，在飞龙乡银厂沟后，产金甚富。土人云："同治间有张舟扬者，尝设厂采金于此，致富巨万，有工人三千余。张以事败，遂禁开采。"又云："是处产金，较松潘樟腊[②]，有过之无不及也。"

---

① 上山：当为"山上"。

② 樟腊：《汶川图书》中亦写作"章腊""漳腊"等。

21. 班烂山，一名巴郎山，脉出虹桥，界于汶、懋之间，逶迤至大邑止。由邓村（亦曰邓生）至山顶大石包，且六十里。清嘉庆中，邑令李锡书过此留题云：“立马秋风绝顶山，千岩万壑拥班烂。拨开云雾依辰极，身在青山紫气间。”

22. 牛头山，为班烂山支脉，绵延至灌县河西止。汶、懋大道，由山顶经过汶邑，有名之大山也。

23. 觉么山，在飞龙关东。

24. 纳娃山，俗称老鸦山，为耿达、飞龙乡交界处：以东属耿达，西则为飞龙矣。

25. 韩凤岭，为耿达乡、三汀镇界山。

26. 盘龙山，与韩凤岭接。

27. 九龙山，在三江口北。中河寨在其上，为土司三江口五寨之一。

28. 鹞子山，在三江口东。其尾天马寨，为三江口五寨之一。

29. 格巴山，系牛头山支脉，直至三江口街后止。

30. 大雪塘，终年积雪，西河发源于此。

31. 黄桶岭，在三江口南，五寨之一党扎寨在其上。（三江五寨，除上述天马、中河、党扎三寨外，余为草坪、鹿耳坪二寨。）

32. 陈家山，在三江口南。

汶川山脉图

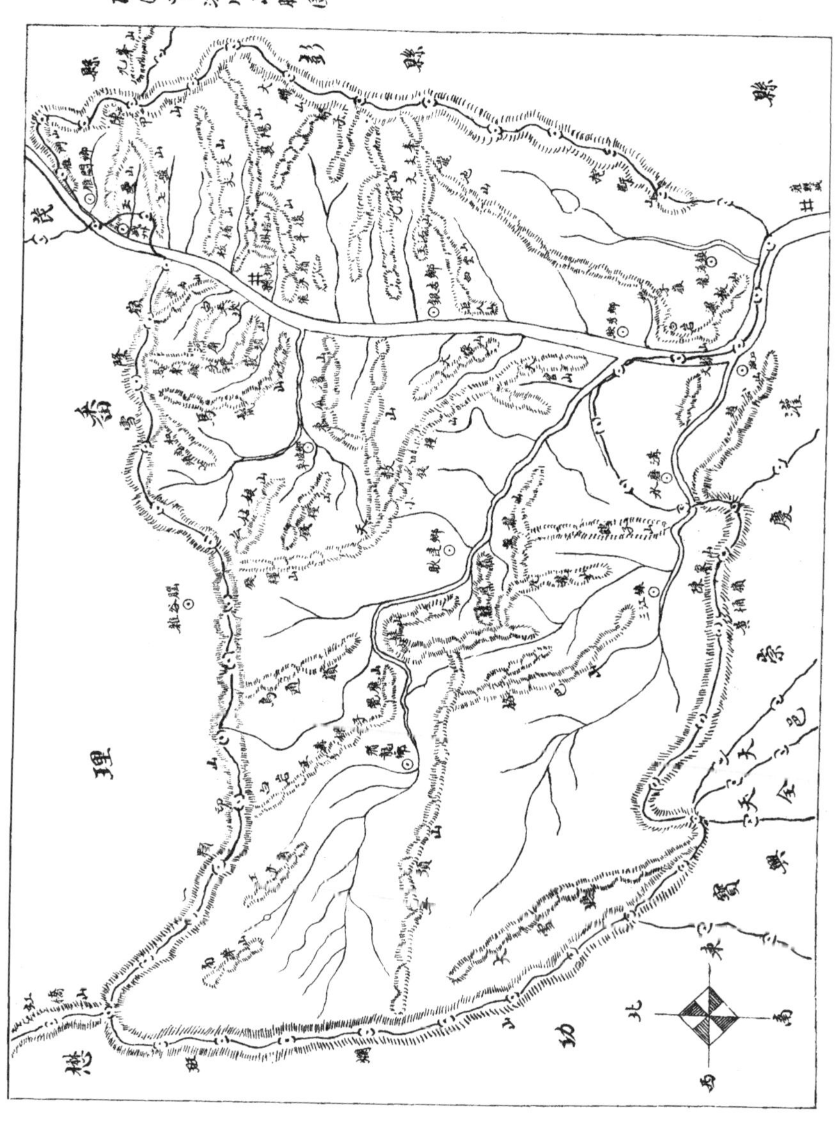

汶川民政说

县设四区：第一、第四两区为指导区，设指导员；二、三两区各设区署。第一区计辖二乡镇：曰绵虒镇，设镇公所于治城；曰雁门乡，设乡公所于过街楼。第四区计辖乡二：曰银杏乡，设乡公所于银杏坪；曰草坡乡，即设乡公所于草坡。第二区区署在龙溪，辖一镇一乡：曰龙溪镇，设镇公所于龙溪；曰映秀乡，设乡公所于映秀湾。第三区区署在三江镇，三十二年，奉令移飞龙关；三十三年，复以“匪患”，呈准暂移三江口。凡辖镇一乡二：曰飞龙乡，设乡公所于飞龙关；曰跟达乡，设乡公所于耿达桥。全县凡镇三，乡六。

保甲户口，民国三十年尝一度整编完竣，计三区，辖乡四镇三，辖保四十四，甲三百九十九，户四千五百八十六，人口二万二千一百一十八。三十二年，复行整编，并呈准新设乡二，计三区，设乡六，镇三，辖保五十四，甲四百三十，户四千五百九十四，人口二万二千二百三十一（详见新修《汶川县志》）。三十三年，复奉省令整编，乃于八月一日开始，于同月二十日赶办完毕，结果如次：

汶川县各区乡镇保甲暨人口一览表

<table>
<tr><th rowspan="2">区别</th><th rowspan="2">乡镇别</th><th rowspan="2">乡镇公所所在地</th><th rowspan="2">保数</th><th rowspan="2">保办公处所在地</th><th rowspan="2">甲数</th><th rowspan="2">户数</th><th colspan="3">人口</th><th rowspan="2">备考</th></tr>
<tr><th>男</th><th>女</th><th>合计</th></tr>
<tr><td rowspan="8">第一指导区</td><td rowspan="8">绵虒镇</td><td rowspan="8">在城镇</td><td>第一保</td><td>城外上关</td><td>14</td><td>143</td><td>343</td><td>296</td><td>639</td><td rowspan="9"></td></tr>
<tr><td>二</td><td>白鱼落</td><td>9</td><td>94</td><td>223</td><td>221</td><td>444</td></tr>
<tr><td>三</td><td>涂禹山</td><td>8</td><td>89</td><td>114</td><td>230</td><td>444</td></tr>
<tr><td>四</td><td>三官庙</td><td>6</td><td>71</td><td>161</td><td>241</td><td>302</td></tr>
<tr><td>五</td><td>河　坪</td><td>5</td><td>52</td><td>150</td><td>151</td><td>301</td></tr>
<tr><td>六</td><td>簇　头</td><td>7</td><td>82</td><td>213</td><td>220</td><td>433</td></tr>
<tr><td>七</td><td>克　约</td><td>6</td><td>51</td><td>154</td><td>149</td><td>303</td></tr>
<tr><td>八</td><td>高店子</td><td>9</td><td>89</td><td>229</td><td>211</td><td>440</td></tr>
<tr><td></td><td colspan="2">小计</td><td>8 保</td><td></td><td>64 甲</td><td>671 户</td><td>1687</td><td>1619</td><td>3306</td></tr>
</table>

续表

区别	乡镇别	乡镇公所所在地	保数	保办公处所在地	甲数	户数	人口			备考
							男	女	合计	
第一指导区	雁门乡	过街楼	第一保	七盘沟	8	81	197	168	365	第四指导区为三十四年第一指导区划出者
			二	沙窝子	7	76	178	178	356	
			三	秉里村	11	119	284	282	566	
			四	上白水	7	76	155	157	312	
			五	青土坪	7	85	193	209	402	
			六	雁门关	10	110	263	281	544	
			七	索　桥	6	72	148	178	326	
			八	萝葡寨	7	82	204	311	514	
	小计		8 保		63 甲	701 户	1622	1764	3386	
第四指导区	草坡乡	起凤场	第一保	草　坡	9	97	246	231	477	
			二	麻隆沟	9	89	249	246	495	
			三	两河口	10	101	273	251	524	
			四	刁　头	7	78	183	182	365	
			五	克　冲	7	72	189	186	375	
	小计		5 保		42 甲	437 户	1140	1096	2236	
	银杏乡	下银杏坪	第一保	皂角沱	8	74	183	164	347	
			二	罗图湾	6	53	139	113	252	
			三	一碗水	5	50	148	118	266	
			四	兴文坪	5	53	138	157	295	
	小计		4 保		24 甲	230 户	608	552	1160	
	共计		25 保		193 甲	11039 户	5057	5031	10088	
第二区	龙溪镇	龙溪	第一保	龙　溪	14	166	411	392	803	
			二	八角庙	8	105	336	302	638	
			三	楠木园	12	137	357	363	722	
			四	珠瑙坝	10	136	359	342	701	
			五	张家湾	10	104	291	256	547	
			六	地母庙	10	111	278	262	540	
			七	南岳庙	12	123	387	373	760	
			八	娘子岭	10	111	259	200	459	
	小计		8 保		86 甲	993	2678	2492	5170	

续表

区别	乡镇别	乡镇公所所在地	保数	保办公处所在地	甲数	户数	人口			备考
							男	女	合计	
第二区	映秀乡	映秀湾	第一保	映秀湾	10	112	239	195	428	
			二	坡　底	5	60	152	132	282	
			三	黄家村	10	106	252	259	511	
			四	白　岩	10	99	242	240	482	
			五	石柱坝	10	92	250	253	503	
			六	东界老	7	86	167	178	345	
			七	中滩堡	5	54	127	119	246	
	小计		7 保		57 甲	609 户	1423	1376	2709	
	共计		15 保		143 甲	1602 户	4101	3868	7669	
第三区	三江镇	三江口	第一保	三江口	6	57	128	127	255	
			二	核桃坪	7	77	186	165	351	
			三	尊土里	6	64	168	146	314	
			四	白鳝泥	8	86	232	236	469	
			五	鹿耳坪	7	78	204	206	410	
			六	龙竹园	8	85	193	205	398	
			七	草　坪	6	56	148	132	280	
	小计		7 保		48 甲	513 户	1259	1217	2476	
	跟达乡	跟达桥	第一保	跟达桥	7	75	185	151	336	
			二	龙潭沟	7	76	209	188	297	
			三	老　雅	7	70	181	182	363	
			四	水界牌	5	50	93	92	185	
	小计		4 保		26 甲	271 户	668	613	1281	
	飞龙乡	卧龙关	第一保	卧龙关	5	46	111	106	217	
			二	花红桥	6	60	139	149	288	
			三	转组楼	4	41	100	103	203	
	小计		3 保		15 甲	147 户	350	358	708	
共计			14 保		89 甲	931 户	2277	2188	4465	
总计			51 保		425 甲	4572 户	11435	11087	22522	

汶川民政图

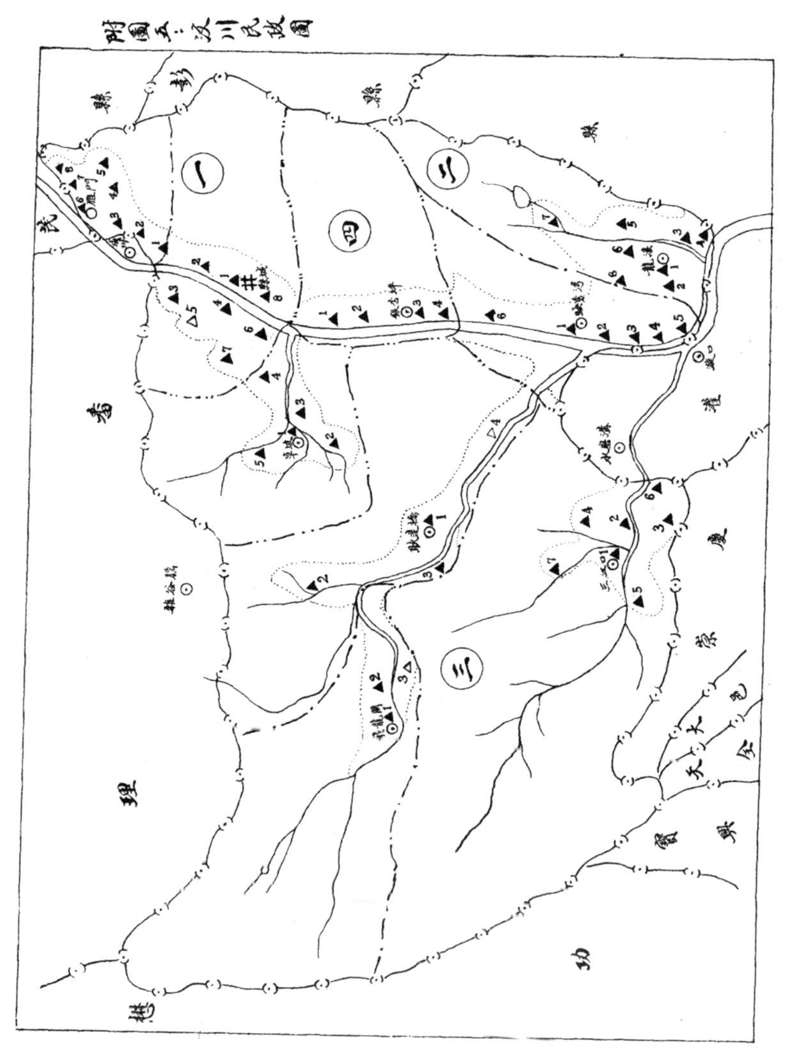

图中所示：黑字所书之（一）（二）等为区别，绘⊙者为乡公所。绘▲者系保办公处所在地，绘△除指出保办公处外，间示其为特编保。至于红字标出之1、2、3等，则示其为保之番号，如“1”第一保，“2”为第二保是。至于红色一片，则指其为人迹罕至之处也。①

① 据图注，该图应为双色套印，但查底本仅为单色，未详何故，待考。

汶川教育说

自新县制推行后至民国三十一年，以汶川地瘠民贫之故，仅得中心学校四，保国民学校二十有五所。三十二年，努力推行，中心学校仍旧，保校始激增至四十。三十三年，以增新乡二，复增设中心校二，保校八。三十四年，复就银杏、耿达两乡第一保校，改设中心校二所。计共得中心校八，保校四十有六所。全县现计有乡镇九，辖保五十有四，粗略计之，似与新制所求一保一校者，差相吻合。惟中心校方面，除绵虒、龙溪两镇尚称完全外，余以人户星处学生均多为二三班人。飞龙一乡，仅辖三保（尚有特编保二），住户一百四十四，人口一百〇八，而又零星散处于七十四里之间（是乡有人居处，为由烧汤至银厂沟口）平均每里约得二户，不及七人。人口密集之处如飞龙关，住户亦仅十家左右。故中心校直无法设立。耿达第四保，辖户五十，人口一百八十五，散居中滩堡至青岗坪之间，约六十里，平均每里不及一户，人口仅三人强，户口密集之保办公处水界牌，亦仅六家，以是保校亦无由举办。此本县所以有一保之间分立二校，而若于保尚无学校设立之现象也。

兴办教育，重有的款。汶川自逊清乾嘉时，于灌县、崇宁购置水田以充学产后，弦歌之声，赖以不绝。民国以还，军阀割据，搜刮剥削，无所不用其极，此他县客产，不知费尽地方人士几许心力，仅乃得免。而自地方财政统筹统支后，学产所入（年为食米三百六十一市石），遂全收入预算，旋发作公教人员食米之用，于是名为学产，自教育方面言之，实已名存实亡矣。数年以前，县城两等小学校，食费制报书籍等费，几全为公款供给，故尚能造就几许人才。今者，地方贫苦犹昔，而此等优待已邈，树人之计，拟就无从，乃不禁感慨系之也。教师待遇，复苦不易解决。三十二年下期，余乃遵照省令，分遣同人深入各保，一面清理保校校产，一面筹集基金，然以地方贫苦，终未全如所愿。

兹将设立学校情形及各校校产基金数，表列如下，读者参以图中所示，或亦了如指掌欤？（图中红⊙示中心校，红〇示保校[①]，“1”“2”“3”示保校番号。）

① 原书表中有五“⊙”和“〇”，然亦单色。

汶川县各中心/保校所在地暨基金年息校产一览表

学校名称		所在地	基金数（元）	年息数（石）	校产租数（石）
绵虒镇中心校		县　城		28	
雁门乡中心校		雁门乡		6	
草坡乡中心校		草坡乡	20000.00	8	
映秀乡中心校		映秀乡	40000.00	16	
龙溪乡中心校		龙溪乡		28	
三江镇中心校		三江镇		10	
银杏乡中心校		银杏乡	20000.00	8	
耿达乡中心校		耿达乡			
乡镇别	保别	所在地	基金数（元）	年息数（石）	校产租数（石）
绵虒镇	第二保校	白鱼落	600.00	3.15	3.00
	第三保校	涂禹山	920.00	4.553	
	第五保校	河　坪	10300.00	5.15	
	第六保校	簇　头	10700.00	5.35	
	第七保校	克　约	10600.00	5.30	
	第八保校	三　店	无	无	
雁门乡	第一保校	七盘沟	11200.00	5.60	
	第三保校	茨玉村	10000.00	5.00	
	第四保校	上白水	10130.00	4.50	
	第五保校	青土平	9000.00	4.50	
	该乡原有基金一千零一十三元，以每元每年以二分五生息（新筹基金九千元，以每百元年纳利息玉麦旧量五斗，共计一石〇〇一斗）				
	第六保校	月　理	6000.00	3.00	
	六保分校	麦　地	1150.00	0.575	3.30
	第七保校	上东桥	10000.00	4.00	0.38
	第八保校	萝葭寨	13500.00	6.75	
草坡乡	第二保校	刘家湾	10100.00	4.04	
	第三保校	两河口			
	第四保校	刁　头			
	第五保校	克　冲	10000.00	4.00	
银杏乡	第一保校	银杏坪	10000.00	4.00	0.60
	第二保校	桃　关	8820.00	3.528	
	第三保校	兴文坪	6000.00	2.40	2.10

续表

学校名称		所在地	基金数（元）	年息数（石）	校产租数（石）
龙溪镇	第二保校	八角庙			4.10
	第三保校	茅　亭	5150.00	2.10	2.00
	三保分校	楠木园	5150.00	2.10	2.10
	第四保校	珠瑙坝	2025.00	4.41	
	第五保校	张家湾	7000.00	2.80	1.50
	第六保校	地母庙	6750.00	2.70	1.50
	第七保校	南岳庙			
映秀乡	第二保校	坡　底	1600.00	0.64	1.80
	第三保校	马家村			4.00
	三保分校	黄家村	7850.00	3.18	0.80
	第四保校	白　岩			
	第四保分校	黄家坝			
	第五保校	石柱坝	3326.00	1.32	2.40
	第五保分校	石鸭村			
	第六保校	东界脑			2.90
	第七保校	中滩堡	10000.00	4.00	
三江镇	第一保校	土司衙署			
	第二保校	漆　山			
	第三保校	吊脚楼			
	第四保校	四圣庙			
	第五保校	龙竹园			
	第七保校	草　坪			
飞龙乡	第一保校	飞龙关			
	第二保校	花红树			
跟达乡	第一保校	跟达桥			
	第二保校	龙潭沟			
	第三保校	转经楼			

汶川教育图

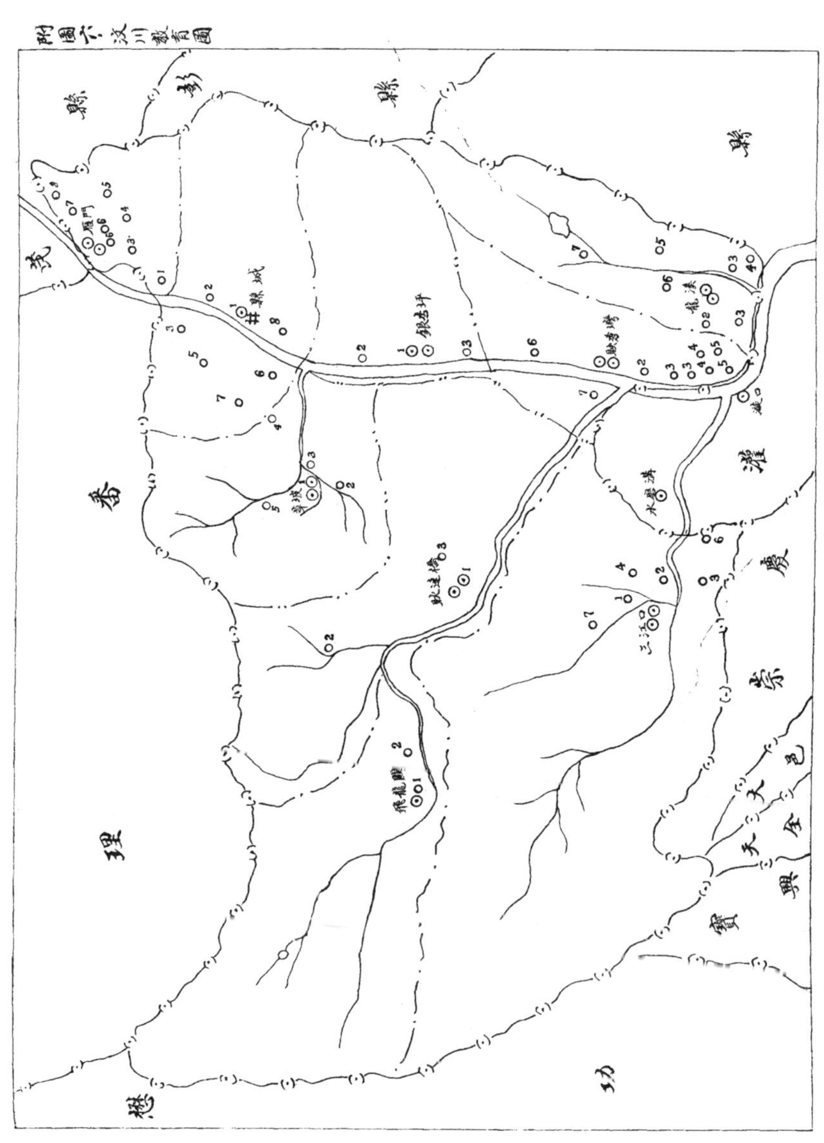

汶川交通说

一、邮电

县城设有四川省无线电台第七分台，可与成都省府及茂县专署直通消息。防空电线，于三十一年十一月，自灌敷设至城内。三十二年五月，复由县城架设至茂县。此际县人已可利用其与茂、灌二县直接通话。复假理番架设之乡村电线，与理番互通情愫。

境内原设有邮寄代办所三：一在县城，一在龙溪，一在三江口。迭经县人请求，西川邮务管理局始于三十三年三月，改城内代办所为三等邮局。

二、桥梁

全县有索桥八道半，名称如下：

1. 上关索桥，在治城北。
2. 灵秀桥，在映秀塆上游半里许。
3. 青白桥，在映秀塆下游白岩。
4. 平房索桥，又称戴家坪索桥，在草坝河口。
5. 耿达索桥，在耿达桥侧。
6. 三江口桥，在三江口场首西河上游。
7. 黑石江桥，在三江口场尾中河黑石江下游。
8. 塘房索桥，在草坝河下游，已冲毁，犹未修复。
9. 两邑桥，在映秀乡中滩堡侧，半属灌县，半属汶川，故汶民以半道称之。

木桥及溜索，所在皆有。以图中无有，从略。

三、道路

汶灌大道，沿江下行，里程如下：

县城至飞沙关，十里——羊店，五里——大邑坪，五里——沙坝，五里——桃关，五里——瀫底关，十里——银杏坪，十里——兴文坪，十里——东界脑，十里——豆芽坪，十里——映秀湾，十里——娘子岭，十五里——龙溪，十五里——珠脑坝[①]，十五里——灌县，十五里。

汶茂大道，沿江上行，里程如左：

县城至白鱼落，十里——板桥，十里——沙窝，十里——威州，十里——雁门关，十里——青坡，十里——茂县，七十里。

灌懋大道。俗称小西路，里程如下：

灌县至水磨沟，九十里——三江口，三十里——草坪，十二里——安家坪，八里——麻柳坪，二十里——童漕，二十里——烧茶坪，二十里——沟口，四十里——[②]飞龙关，三十里——糍粑街，四十里——邓村，六十里——相爷坪，三十里——大石包，三十里——日隆关，六十五里——懋功，一百五十里。

由县城下行过平房索桥，至飞龙，俗称小路，里程如左：

县城至平房索桥，二十里——东瓜漕，十里——两河口，十五里——草坡，八里——麻龙，十五里——树林口，十五里——黄草坪，三十里——转经桥，二十里——耿达桥，十里——纳娃山，四十里——烧汤，三十里——二道桥[③]，十里——飞龙关，三十里——行至沟口时，已与灌懋大道合。

由县城南下九十里至映秀塆，有道二，其里程如下：

映秀塆至白岩，十里——取道青白桥至漩口，二十里——亦与灌懋道合矣。

映秀塆取道灵秀桥至中滩堡，十五里——烧火坪，十里——兰花坪，五里——川兴店，五里——木江坪，五里——水界牌，十里——大阴沟，十里——青岗坪，二十里——田竹子，七里——耿达桥，十三里——与由县城经草坡至飞龙关之小路合焉。

由县城上行取道上关索桥至草坡，亦有小道，里程如左：

县城至簇头，十五里——刁头，十五里——定湾，十五里——草坡，十五里。

---

① 珠脑坝：又作“珠瑙坝”。

② 原破折号为“，”，今按上下文体例订正。

③ 原文模糊不清，今按民国《汶川县志》相关内容补入。

汶川交通图

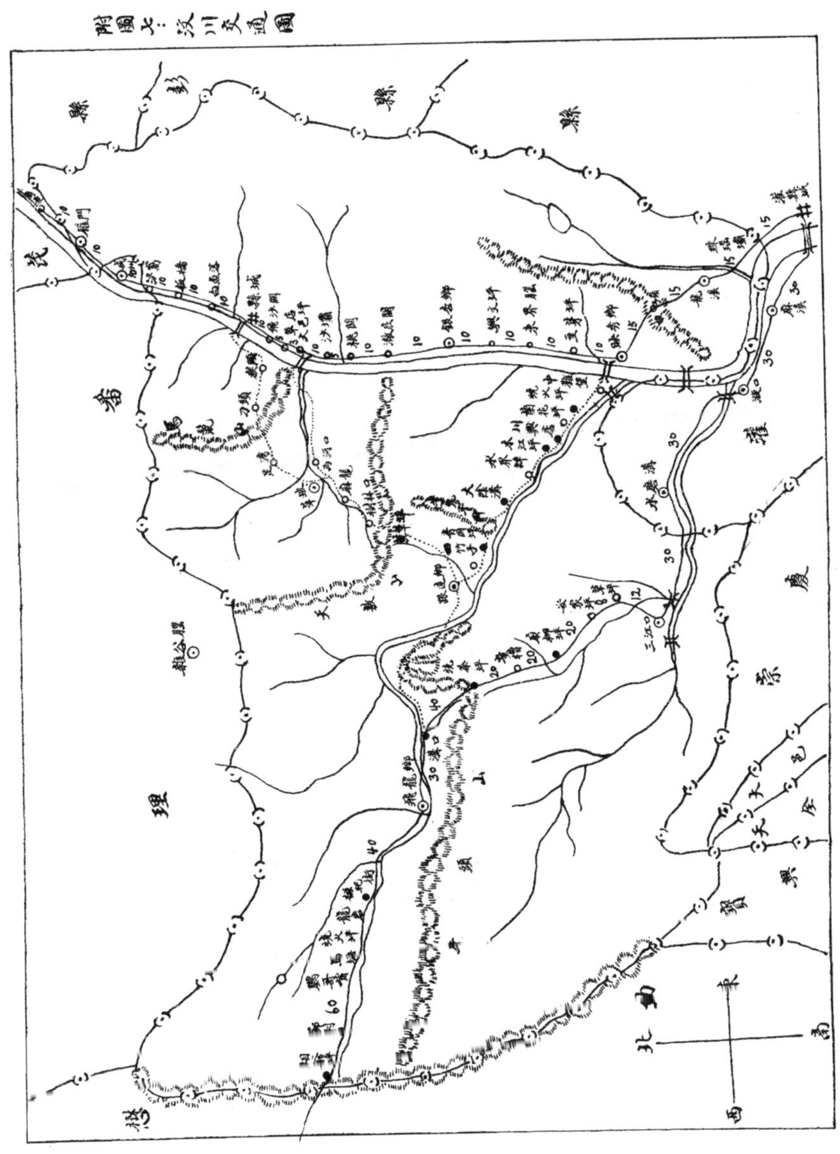

汶川物产说

汶邑物产，县志纪之其详[①]。惟志书以体例攸关，轻重并列，遂乏重笔，不易引人注意。今兹所述，则较重有特点者也。以是日食大宗如玉麦等，乃反从略。

（一）以特产而言，计有：

1. 白熊。尝出风头于亚美利加者，实为本县草坡产物，耿达桥一带亦有之。此物在乡，本不名贵，后以蒋夫人馈送友邦，飞渡重洋。饱受美人青睐之故，遂亦令国人另眼视之矣。

2. 金钗[②]、石斛。实为二物：金钗，俗称小黄草，生崖隙中，以入药，治虚弱肺肝诸症，缺乏时，直与黄金同价。石斛，俗称大黄草，其价值较逊于金钗。皆盛产于本邑绵虒之板桥。惟惜近年采者乏人，遂致货弃于“岩”耳。

3. 野牛。兕之别名，产飞龙、耿达、三江一带大山中。其足骨制食，为名贵补品之一。

4. 玉。产银杏坪玉石山。清乾隆时即已开采，至今不乏。将来如能用机器大量采发，当亦为本县富源之一。今灌县以之制作小形[③]器物，市面畅销。称其为灌县玉，不知实张冠李戴也。

5. 水晶。产雪龙岭，透明如镜。

（二）以珍品而言，计有：

1. 金线猴皮。金线猴之学名为狨，毛深可达尺余，作金黄色，状似金线，以之制裘，较白狐皮尤为珍贵。本县各山林多产之。

2. 麝香。麝属反刍类，似鹿无角，长三尺许，毛灰褐色，甚长。牡者犬齿突出口外。腹部有皮脂结成之块，大如鸡卵。香甚烈，即麝香也。可入药，销行国际。耿达、飞龙一带产之。

（三）以富源而言，计有：

1. 金。岷江、二河沿岸，均产沙金。惟如专业淘之，则需用二两资本，始得一两。此处所言，乃指南华山产金，南华山产金之丰，过于松潘章腊，马牙金、沙金均有。同

① 其详：应为“綦详”。
② 钗：底本无，今据下文补入。
③ 形：当为“型”。

治中，张子扬尝设厂致巨富。

2. 木材。县中深山间，犹多原始森林。将来如能一面采发，一面培植，自有取之不尽，用之不竭之效。龙溪之杉，多人造林，亦富源也。

3. 药材。前瓦寺土司属地，如钱粮山、小钱粮山、汶理界山、牛头诸山脉，皆盛产药材。虫草、贝母、羌活、大黄等，所在多有。映秀乡乡长吴自奇，种植大黄，且告成功，惜未大量推广之耳。

4. 硷[①]。全境皆产，而以草坡一乡为盛。计草坡一地，当今衰落之时，亦年产六百余筒。运之至灌县，可售价一千二百余万元。将来如能加以经营，年产量至少可得三千筒，以今日时价计之，亦当在国币六千万元以上。

5. 漆。草坡各山之漆，稍加经营，至少可年产五十担，约值时价国币五百万元，桃关沟内亦二年内可产千斤。耿达一乡，漆树亦盛。三处之漆，皆野生物也。

6. 茶。龙溪茅亭之茶，驰名内地。兴文坪之茶与茅亭埒。人多不知。惜乡人多以之为副业，无全力经营之者。映秀乡一带，产量亦丰。

7. 蜜。雁门、草坡、耿达三处，多野蜂蜜。盖蜂筒制就，野蜂自来，不待人养，其甘味过于家蜂，俗名之曰白蜂蜜。

8. 银。产牛头山，惜未开采。

9. 铜。产牛头山，未开采。

10. 安。产三江镇，未开采。

11. 竹。产天赦山一带，不知其数，以之造纸，直取之不尽，用之不竭也。

（四）就一般而言，计有：

1. 胡桃。绵虒镇簇头所产，实大皮薄，尚负盛名。雁门次之。

2. 雪豆。雁门一带所产，大如胡豆，内地人士多珍视之。

3. 花椒。为佐食佳品，产雁门、耿达等地，亟宜提倡种植。

4. 白石。质稍次于美玉，产桃关沟、七盘沟内，产量亦丰。

5. 煤。产珠瑙坝，运销灌县。

6. 炭。产三江镇。

7. 硫磺。产耿达乡。

① 硷：同“碱”。

汶川物产图

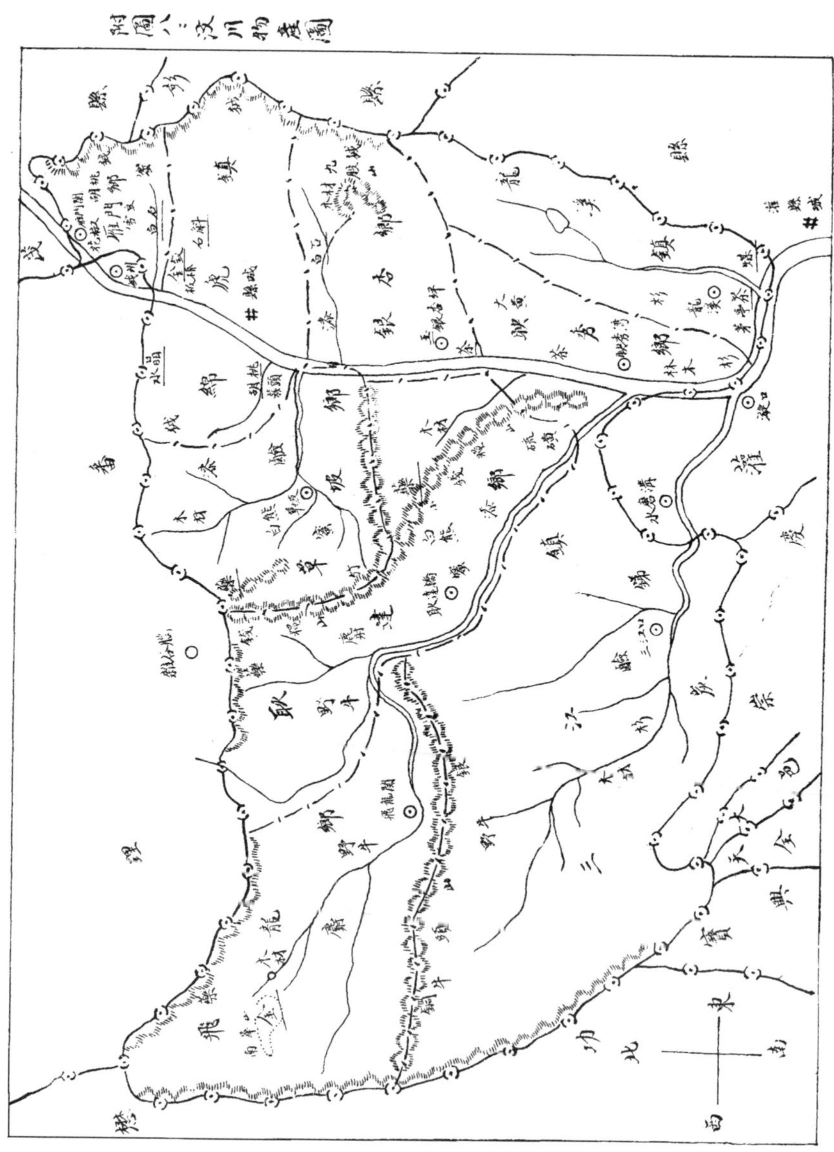

汶川禁政治安说

图中以箭头指出者，为杀人越货之匪徒所取之方向，其先以箭头指出方向而后接以虚线者，为运输烟匪所取之途程。今请分别加以说明。

一、治安

红线侧书旧字加圈者[①]，为数年以前匪徒常时出没之地。全境计凡二处：

1. 由天全北，大邑之弄口及宝兴之尧集三地出发之匪，多越大雪塘，沿五股水，翻牛头山属之马鞍桥，以直趋马塘、龙岩等处，抢劫行商，岁必数次。民国二十九年以前，龙岩、马塘、邓村等地，住户星散，今成住民绝迹之故，即以此也。

2. 由彭县黑窝子地面出发之匪，越界山大联山梁子，沿沙坪关沟以直趋汶灌大道，抢劫由松潘而出之茸帮，亦时有之。今日局势，乃忽大变。郭保之等股匪，以崇庆县万家坪地面为其老巢；袁旭东等股匪，以灌县赵公山为其巢穴；周联武等匪徒，以灌县红口西某地为其山寨；三处皆昼夜威胁汶川。图中红线侧书新字加圈者，盖以别于往昔匪徒之行径，计新匪与旧匪不同之点凡七：

(1) 旧匪为小股，新匪为大帮；

(2) 旧匪除行劫外无企图，且无支援，新匪目的，显然在结合为一大势力，且显然有支持之者；

(3) 旧匪劫人，大多使用刀与土枪，新匪则常为长短快枪，且常配以机关枪数挺；

(4) 旧匪劫人时始结合，劫人后即散伙，新匪则确有其巢穴，且一部分为经常之集合；

(5) 旧匪多为穷而无告，铤而走险之徒。新匪则为思发财、思升官、思享受之流(故常有落伍军人混迹其间)；

(6) 旧匪与行商，必为死敌，新匪且常组保商队；

(7) 旧匪无爪牙，新匪则除匪部外，其爪牙每遍于各地。

有此七点，故治旧匪易，治新匪难。然此问题非此间所能讨论者，兹仅一述其路线如下：

1. 万家坪一股，由老巢出发，越界山，渡两河尾，沿格巴山进发，时时威胁灌懋大道必经之牛头山岭。数年以来，已非一次。间由中途，由麻柳坪沟折出，邀击烟匪或

① 书中内容没有用此种符号标注，当在《汶川禁政治安图》中标识，但图为单色，亦难以分辨。

部队于麻柳坪。三十二年五月二十四日行人被劫，二十七日保安队二营七连战败于此，即为一例。有时亦直趋西河索桥，渡桥直袭三江镇。三十三年五月十四日及十八日三江口两度被劫，即其证也。

2. 赵公山一股，除威胁灌县麻溪（曾一度被劫）、漩口水磨沟外，尝于三十三年五月与万家坪一股合谋，沿山取道龙竹园，直袭镇三江。（三十二年三月二十九日娘子岭劫案，亦其爪牙所为）。

3. 红口一股，越山，沿龙溪沟下行，趋龙溪，沿大道直窥映秀乡。三十三年月①映秀湾一度被占，翌晨始趋中滩堡，欲耿达，即其所为。有时亦于越山后，沿龙溪沟上行，再越龙池山支脉，出太坪驿沟，以威胁汶灌大道。三十三年九月二十九日，兴文坪一地被匪焚毁，即其例也。

间常深思，汶邑地虽苦瘠，而荒地特多，副业亦众，吾民稍知勤劳，则粗衣粝食，自足温饱。以是汶民常以朴实称，全境之中，数十年来，乞丐无有，小偷绝迹，遑论盗贼？近数年中，股匪虽自外入，而地方确有其爪牙。果以向种引诱，使吾民堕落至此乎？且也，吾汶民终岁勤苦，所食者玉麦，所服者鹑衣，彼大批匪徒，日夕觊觎吾地，岂玉麦、鹑衣之是谋？然则又果以何种引诱，使彼股匪猖獗至是乎？此无他，禁政是矣。

吾汶禁种、禁售、禁吸，虽属年有成效，而地当十六区孔道，往来必经，彼运烟之徒，入则贩运枪支弹药，出则易带鸦片。匪徒之来，为抢劫或为保护烟帮（匪称之曰保商）也。抢劫不得，或保护失败，遂转移目标，进而蹂躏我民众，焚毁我房舍。关节所在，端在乎此。

二、禁政

是故汶邑欲图治匪，必须于禁止种售吸之外，严厉禁运。考烟匪出入孔道，约有下列数处：

1. 为由日隆关来者，计分二道：

甲. 由日隆关取道邓村，经飞龙关，越牛头山，过三江口，以达水磨沟漩口。即所谓灌懋大道。

乙. 由日隆关越班烂山，避去灌懋大道，沿南华山、白岩、正沟梁子，插乌通岭山尾，经跟达桥、水界牌、中滩堡，以达漩口。或竟由中滩堡，经映秀湾、龙溪等地以趋灌县。

2. 为由杂谷脑来者，又分二道：

丙. 越山，沿白岩沟以向耿达桥，出中滩堡（耿达亦有小道可出三江口）。

丁. 越山，出茅茅沟，沿草坝河正流，以至草坡。遂东出平房索桥，以取道岷东，或南至耿达，以向中滩堡焉。

① 原书中缺月份。

3. 为由威州对岸来者，亦分二路：

戊. 沿岷江西岸取道瓦寺（涂禹山）河屏以向簇头。至簇头村时，复有二途：一为出平房索桥至岷江东岸，取道己条所示之路。二为取道草坡以出耿达桥，以趋乙条所示之道。

己. 由索桥至威州，经板桥时复有二道：一为沿板桥沟越山赴彭县。二为沿岷江下行至大溪沟口，以避县城，越山出羊店，直取汶灌大道出灌县；或至桃关时，沿沟越山至灌至彭；或至沙坪关沟口时，取道旧匪路。

4. 为由茂南来者，复分二途：

庚. 过雁门关，直向威州，以趋己条所示之路。

辛. 过雁门关，沿雁门沟越山，以至彭县。

夫禁政与治安，其关系若此其密切，双管齐下，吾人将以何术施之欤？或曰：使用协禁部队，或曰：健全民间武力。皆是也，而皆未得其要，盖协禁部队，时往时来，不可常恃；民间武力，每感薄弱，且多不愿开罪烟匪。主要之道，乃在健全警察组织。警力如允，控制既易，亦可以之补助。并促成使民间武力，而禁运治匪始能如愿完成。三十三年十月，汶川县府曾拟具三十四年度警政计划书，特引于后，以供参阅。考唐、明、清三代，汶川设防，武力皆较充实，今昔问题虽殊，而需要可靠之武力则一，是在施政者之警觉而已。

汶川县政府拟具三十四年度警政计划书

窃本县地处边隅，幅员辽阔，汉夷杂处，文化低落，万山重叠，交通不便，举凡政令推行，治安维护，在在均感困难。全县虽仅分三区，辖九乡镇，而东与彭县黑窝子接壤，南界灌县、天全、大邑、宝兴，西与懋功毗连，北达茂县、理番。南北纵长一百九十五里，东西横阔凡五百里。除汶灌、汶茂山路，历经常年修整，交通尚可畅行外，其余均属羊肠小径，凹凸不平，悬岩绝壁，险阻万端。兼之山深林密，人烟稀少，股匪盘据，越货杀人，烟匪结队，持械横行。各乡镇以武力薄弱，民众以智识未开，自卫组织，两不健全。凡此种种，均为治理汶川症结所在。致县政艰于推动，治安难于维持，烟毒肃清困难，自治无从实现。如欲达到禁烟毒，消灭匪患，政令推行无阻，自治得以完成之境，惟有扩大警察组织，加强地方武力，庶乎有济。查一、二、三区警察所，案已成立，其余六乡镇，拟于三十四年度分别成立警察组织以资因应。兹将应请设置情形，列表胪呈于后：

汶川县政府造呈三十四年度设置各乡镇警察分驻/派出所详明调查表

区别	乡（镇）别	警察组织	理由
第一区	银杏乡	警察分驻所	查该乡为汶灌交通孔道，距县城五十华里，行商往来不绝。沿途时有宵小出没，山险路窄，民智低落。又为通彭县黑窝子小道，烟匪去来无常，地方武力薄弱，必须增设警察，用收禁政治安之功效。
	雁门乡	警察派出所	查该乡位汶茂大道，距城六十华里，汉夷杂居，文化低落，政令推行，颇感困难。拟请立警察派出所，以资补助。
	草坡乡	警察分驻所	查该乡为通夷地要道，距城五十华里，夷人约占百分之八十。教育不发达，民智水准低下。山深林密，宵小潜滋。又为烟匪通理番杂谷脑之要道。必须成立警察组织，以资镇慑。
第二区	映秀乡	警察分驻所	二区计辖两乡（镇），龙溪镇区警察所，已经成立。该乡距区署三十华里，距城九十华里，为汶灌必经之道。小路纵横，四通八达，娘子岭常生匪患，行旅苦之。须常川驻警镇慑。
第三区	跟达乡	警察分驻所	该乡位于万山丛中，距城窎远。前属土司辖地，夷民居多，宵小潜滋，烟匪横行。而幅图辽阔，道路纵横，维持治安，推行政令，两感困难。非常用驻警，殊不足应付环境。
	三江镇	警察分驻所	该镇位于县城极边之地，距灌县九十里，距县城二百一十里，与大邑接壤，山深林密，素为烟帮往来、股匪出没之要道，本年曾两遭匪劫。应请常用驻警，以资控制。
附记			

（一）经费

查汶川地处边陲，瘠苦异常，县财政收入有限，各项政费支出，统恃中央补助。三十四年度扩充各乡镇警察组织，所需经费食米，恳请沿例，仍由中央划拨补助。

（二）人事

1．警官。汶川现有警官，仅足原有额设。三十四年度所需警官，除遴选合格人员充任外，拟请钧府分发警训毕业学员充任之。

2．长警。查新立警察机关，应征调本县甲级壮丁服充警役。惟汶川人口稀少，壮丁有限，拟征招并行：半由招募，半由征调。

（三）武器

本县公有枪械，为数无多，三十四年度各乡镇警察所应须[①]枪械，拟征用各乡镇烙印民枪，其弹药由本府统购分发。

（四）训练

各乡镇警察所成立后，除各所队实施长警常年教育外，由县组织县警察教育班，分

① 须：当为“需”。

期调集各乡镇警察所长警，集中县城，施以三月至六月之短期训练。

（五）增设警察队一中队

查本县为十六区门户，为烟贩常经之道，二、三两区尤为股匪出没之区。原有警察一中队，常感力量不足，不敷分配。拟请于三十四年度增设警察一中队，以资镇慑。

（六）增设常备消防一组

查本县消防组织，原未设置，仅此空袭严重，灾害堪虞之际，请于三十四年度，增设消防一组，用资预防。

（七）增设侦缉组

查本县辖境辽阔，县府耳目难周，窃盗虽少，烟匪特多。拟请于三十四年增设侦缉组一组，负侦查缉捕之责。

（八）组织义勇警察

遵照部颁战时警方案，拟于三十四年度组织本县各乡镇义勇警察，由各乡镇警察所官警负责，就各乡镇壮丁编成义勇警察，由各乡镇警察所官警员负责，就各乡镇壮丁编成义勇警察队，施以训练，灌输警察常识，完成全县警察网。

（九）组织义务消防

遵照部颁战时方案，拟于三十四年度组织本县各乡镇义务消防队，由各乡镇官警负责，就各乡镇壮丁及技术工人编成之，施以训练，灌输拆卸、救护各种常识，以资预防空袭灾害。

（十）组调民众

本县各乡镇警察组织完成，进而组训全县民众，提高文化水准，增加国族观念，健全自卫团结精神，以期如限完成地方自治。

汶川禁政治安图

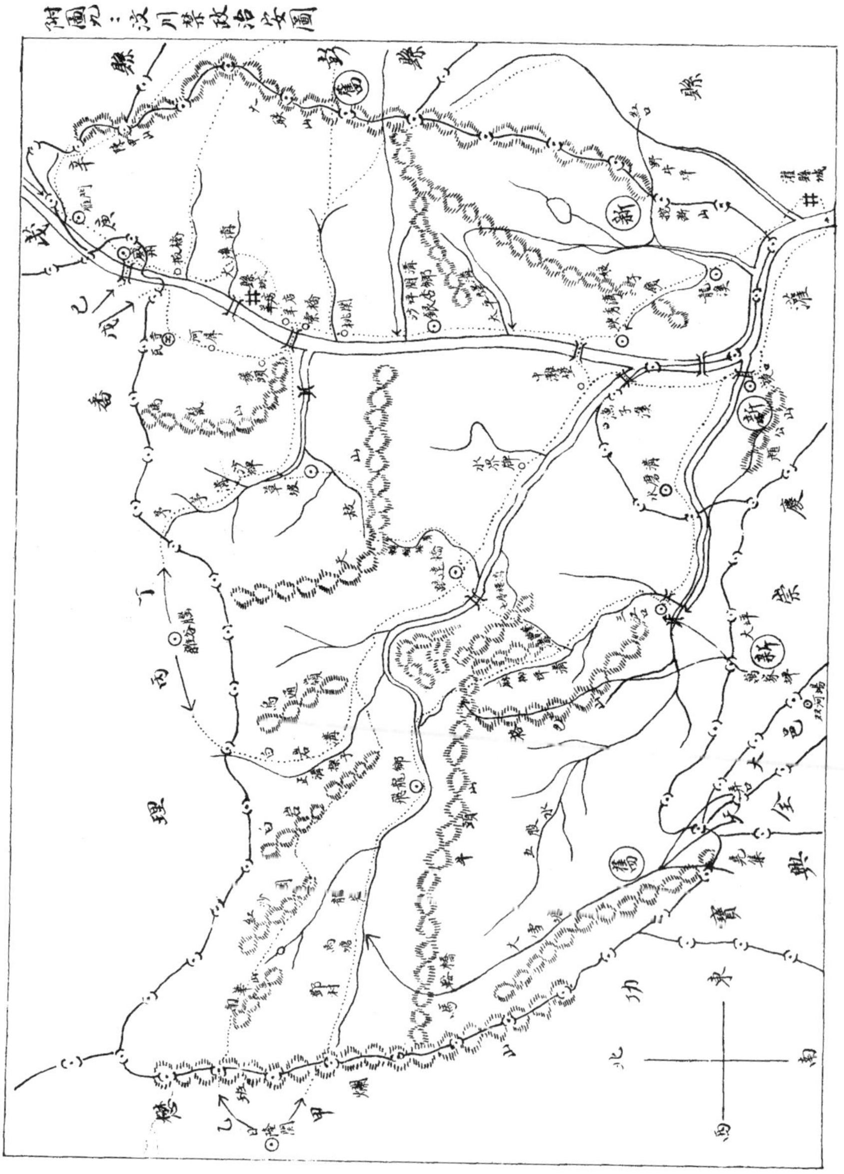

附　录

附录一　汶川唐代边防说

唐代边患，首推吐番。岷西一带，又均为吐番势力，故唐人于岷江沿岸，自松州至汶、灌（当时为导江、青城二县）均在在设防。其在本邑布置，可考者约略如下：

1. 雁门关，距旧治十里，即通鹤军也。城址至今犹存。
2. 宋功城，在雁门沟尽处之四十里塘。
3. 七盘关，在旧治南十五里。
4. 沙坪关，在旧治南九十五里。
5. 草堂堡，在澈底关西岸。
6. 乾溪堡，在旧治南一百五十里，据娘子岭上。
7. 中滩堡，距旧治一百五十五里，在映秀湾西岸，扼二河入岷之口。
8. 渔子汛，距旧治约一百六十里，在中滩堡南。今属灌县，名渔子溪。
9. 龙溪城，在旧治南一百七十里。
10. 茶关，唐称蚕岩关，在旧治南一百九十里，设之以盘诘出入行旅者。

汶川唐代边防图

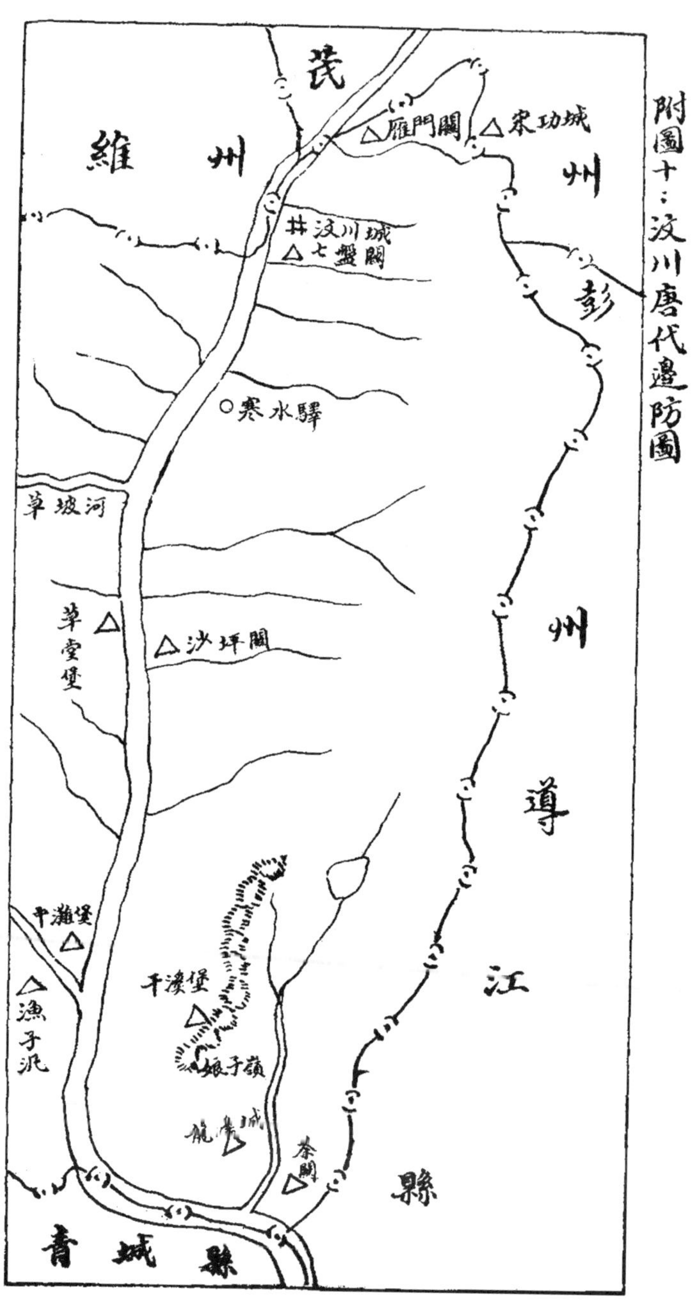

茂
維州
雁門關
來功城
州
汶川城
七盤關
彭
寒水驛
草坡河
州
草堂堡
沙坪關
導
中灘堡
江
干溪堡
漁子沠
娘子嶺
茶關
縣
青城縣
附圖十：汶川唐代邊防圖

附录二　汶川明代边防说

明于汶川置五里：曰索桥里，自七盘沟起，至兴文坪止；曰旧县里，姜舍坝以上，至青坡止；曰东界里，太平驿起，至珠瑙坝止；曰上水里，附县河西以上，接威州；曰下水里，附县河西以下，中滩堡起，东自赵公山脊，直交崇庆州，北以牛头山为界。其设防情形如左：

1. 雁门堡，距旧治北十里。正统十年（公元 1445 年），黑虎等番叛，始设。

2. 定远墩，距新治北六十里。黑虎诸番出入要隘。弘治十三年（1500 年）设。

3. 保安墩，距新治北五十五里。正德十二年（1517 年）黑虎诸番叛，始设。

4. 三路口墩，距旧治北十五里（是时治城尚在玉垒山侧）。正德四年（1509 年）设，里虎[1]等寨生番要口。

5. 青土坪墩，距旧治十五里。成化十二年（1476 年）设，三姐等番出入要隘。

6. 天门石墩，距旧治十二里。正德二年（1507 年）设，三姐等番出入要隘。

7. 七盘关，在七盘沟北。

8. 三教湾墩，距新城北十五里。正德十四年（1519 年）曲山诸番入寇，始设，系曲山、竹打等番要隘。

9. 汶堡，在河西，距旧治四十二里。正统七年（1442 年）设。界内有苏村，为草坡等寨番蛮出没隘口。内提督、戍官各一员，戍军四十三名，各墩土番兵一百三十七名。

10. 远安堡，在县河西，距新城十五里。正德十三年（1518 年）建，曲山、竹打等寨番蛮出入要隘。

11. 落潭墩，距旧城五十五里。正德五年（1510 年）设，有碉头（即今刁头）村，为草坡等寨番蛮出入要隘。

12. 马原墩，距新城三十里，在马原山（即马鬣山）顶。草坡番蛮出入路口。隆庆二年（1568 年）平草坡蛮，始议移设簇头村。筑城置堡官，辖威州军四十名，成都卫戍军六十名，各墩土番兵五十名。

13. 桃关，在新城南三十里。

14. 草堂堡，在澈底关西岸。

15. 沙坪堡，在新城南四十五里。

16. 乾溪堡，在新城南一百里。

17. 中滩堡，在新城南一百一十五里。

18. 渔子汛，在二河南。

19. 獠洋关，距新城一百七十里，今名鹞子山。

20. 慕义墩，在龙溪沟后，系黑虎、三姐等番出没隘口。

21. 社坛墩，在龙溪沟后，弘治十五年（1502 年）设。

22. 茶关，新城南一百四十里，设之以盘诘出入行旅者。

---

① 里虎，据上下文，疑当为“黑虎”。

汶川明代边防图

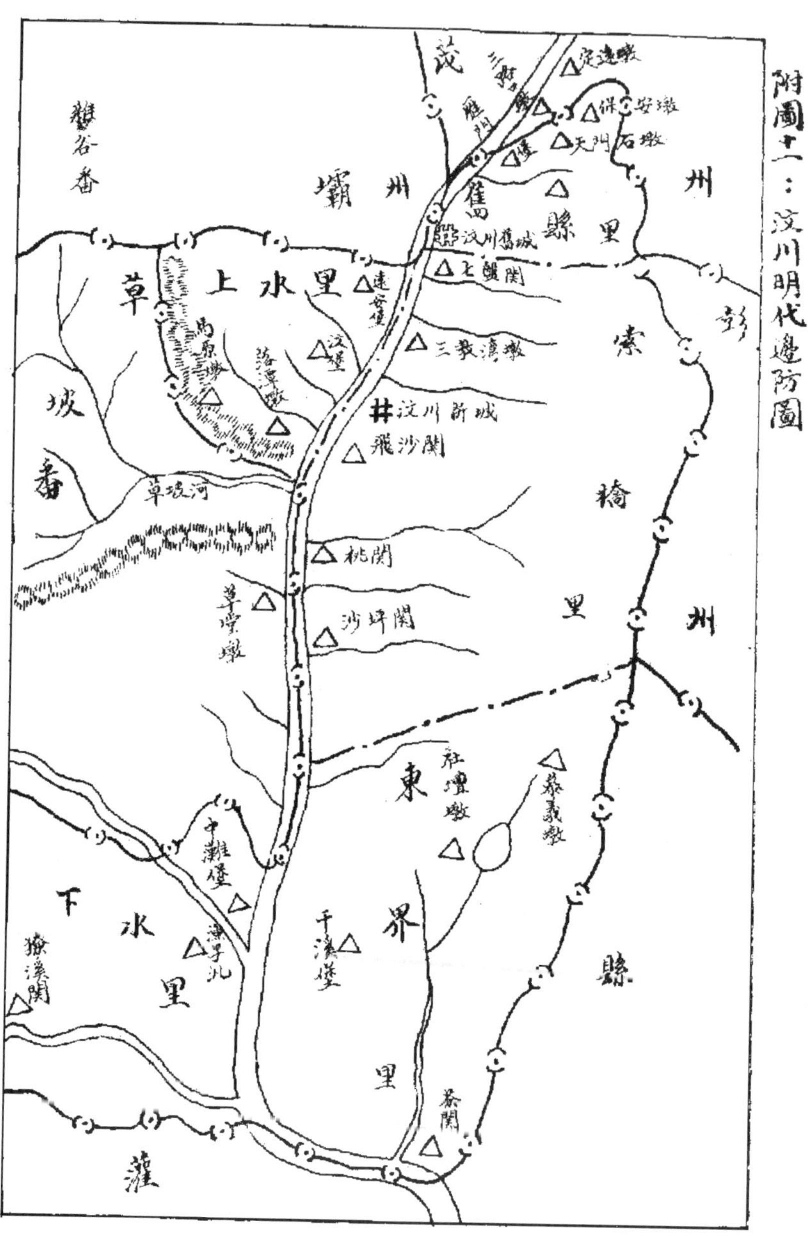

附圖十一：汶川明代邊防圖
霸州
舊縣里
汶川舊城
七盤關
上水里
三歲溪墩
汶川新城
飛沙關
草坡河
桃關
沙坪關
索橋里
州
東界里
杜壩墩
下水里
中灘堡
里

附录三　汶川清代防务说

清初，下水里滋茂乡，划入灌县之筏村，即今兴仁（水磨沟）、清正（漩口）两乡境。威州时称保县，犹系借地置邑，城内与汶川纳粮，今则久假不归，非我有矣。

唐、明所设诸关，清代多已废置，其余存及新设者如下：

1. 雁门关，距城五十里；
2. 七盘沟，距城三十五里；
3. 上关，距城里许，嘉庆五年（1800 年）建；
4. 下关，在城南里许，嘉庆五年建；
5. 索桥关，在城北索桥头，乾隆二十五年（1760 年）知县李成桂详设，稽查盐茶影射及汉羌番民之出入；
6. 飞沙关，在城南十里；
7. 澈底关，在城南四十里。

然清代防务，其重心已不在关堡，而在营汛与设塘。盖汛塘所在，兵力、塘递、烟墩、哨楼诸军事设备，类皆设置完备也。计全境共四汛，二十五塘，记之如左：

（一）营汛

额设兵丁，除坐塘外，余均驻守汛地。

1. 汶川汛，把总一员，带兵四十名；
2. 茶关汛，把总一员，带兵四十名；
3. 桃关汛，把总一员，带兵五十五名；
4. 卧龙关汛，千总一员，带兵五十五名。

（二）塘递、烟墩、哨楼

1. 内地（岷东）十塘，每塘设兵五名。

汶川塘，在治城南关内；

大邑坪塘，距城二十里；

澈底关塘，距城四十里；

兴文坪塘，距城六十里。（右四塘，由汶川汛拨兵驻守）

豆耳坪塘，距城八十里；

乾溪堡塘，距城一百里；

尤溪[1]塘，距城一百二十里；

茶关塘，距城一百四十里。（右四塘，俱茶关汛拨兵驻守）

板桥塘，治北二十里，系新保关汛拨兵驻守。

雁门关塘，治北五十里，系茂州营南路塘拨兵驻守。

---

① 尤溪：据上下文，当为“龙溪”。

（三）[1] 口外（岷西）

十五塘，每塘设汉兵五名，土兵（由瓦寺土司分派）五名。
桃关戴家坪索桥塘，在治南三十里，出口；
大邑坪塘，距城六十里；
草坡塘，距城九十里；
树林口塘，距城一百二十里；
黄草坪塘，距城一百五十里；
耿达桥塘，距城一百八十里。（右六塘，俱桃关汛拨兵驻守）
纳娃山塘，距城二百一十里；
烧汤塘，距城二百四十里；
二道桥塘，距城二百七十里；
卧龙关塘，距城三百里；
岩洞塘，距城三百二十里；
龙岩塘，距城三百六十里；
邓生塘，距城三百九十里；
向阳坪塘，距城四百二十里；
大石包塘，距城四百五十里。（右九塘，俱卧龙关汛拨兵驻守）

按，右汛塘，共计汉兵二百名，士兵七十有五，其武力可谓相当雄厚。今者，禁政治安，较昔边防尤急。而民国三十二年，全县仅一城区警察所与一警察中队。三十三年，始增设二、三两区区警察所，额设警士，名额虽有二百一十余名，而以生活高涨之故，常患不克养足，政府武力，遂时呈捉襟见肘之象，不亦大可警惕欤？

① （三）：原作“二”，今按顺序改为“（三）”。

汶川清代防务图

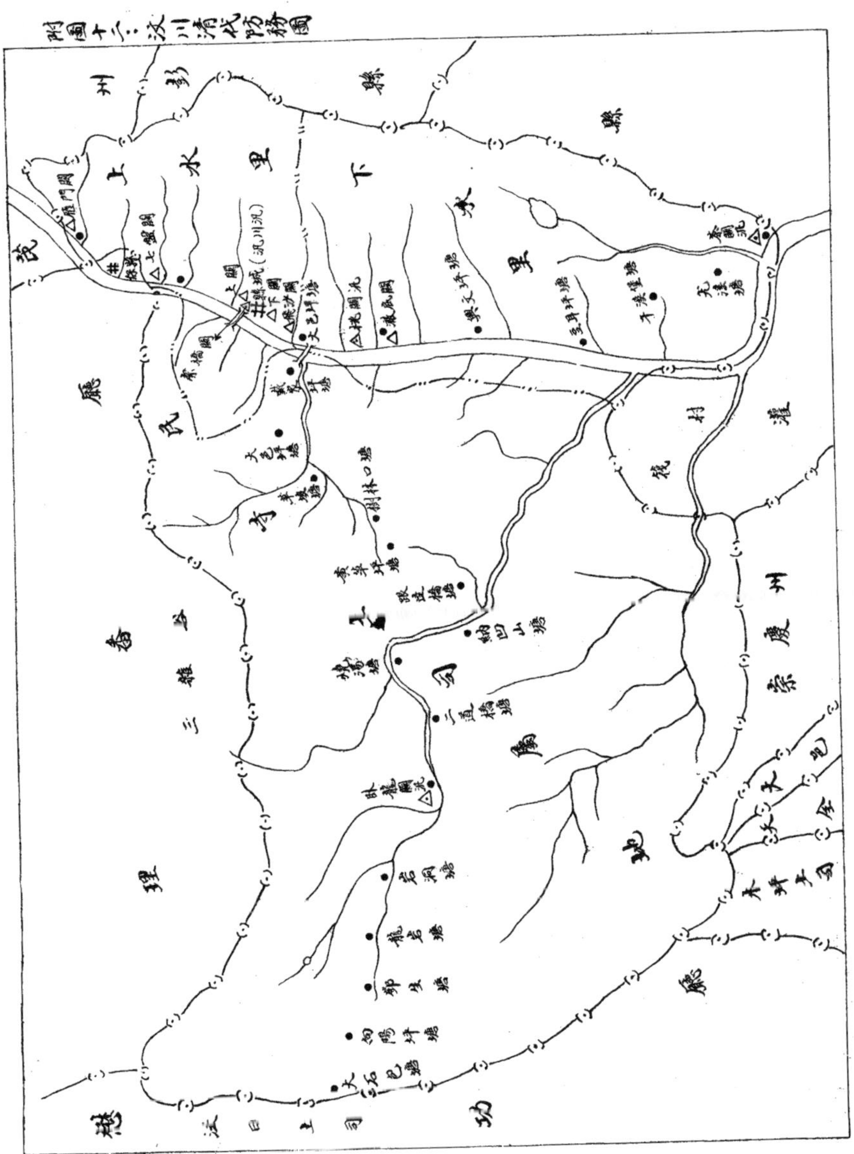